高等教育财经类核心课程系列教材
高等院校应用技能型精品规划教材
高等院校教育教学改革融合创新型教材

统计学

Statistics

（第二版）

理论·实务·案例·实训

李 贺◎主 编

视频版·课程思政

上海财经大学出版社

图书在版编目(CIP)数据

统计学:理论·实务·案例·实训/李贺主编.—2版.—上海:上海财经大学出版社,2022.12

高等教育财经类核心课程系列教材

高等院校应用技能型精品规划教材

高等院校教育教学改革融合创新型教材

ISBN 978-7-5642-4047-9/F·4047

Ⅰ.①统… Ⅱ.①李… Ⅲ.①统计学-高等学校-教材 Ⅳ.①C8

中国版本图书馆 CIP 数据核字(2022)第 159046 号

□ 责任编辑 汝 涛

□ 书籍设计 贺加贝

统计学

——理论·实务·案例·实训

(第二版)

李贺 ◎主编

上海财经大学出版社出版发行

(上海市中山北一路 369 号 邮编 200083)

网 址:http://www.sufep.com

电子邮箱:webmaster@sufep.com

全国新华书店经销

上海新文印刷厂有限公司印刷装订

2022 年 12 月第 2 版 2025 年 2 月第 4 次印刷

787mm×1092mm 1/16 17.75 印张 489 千字

印数:16 501—19 000 定价:52.00 元

前 言

统计学是一门搜集、整理、分析和解释数据的方法论科学。随着以大数据、人工智能为代表的新一代信息技术的迅速发展,数字经济已经成为引领全球经济社会变革、推动经济高质量发展的重要引擎。无论是国民经济宏观管理还是企业微观管理都会涉及大量复杂多变的数据,运用统计方法搜集、整理、分析和解释这些数据背后蕴藏的规律,能够为做出正确的决策提供科学依据。

为了适应新形势下高等院校转型和培养应用技能型人才的需求,本书遵循"以应用为目的,以够用为原则",系统地介绍了统计学的基本原理、基本技能和基本方法,以最新的内容体现知识点的具体应用。对此,根据"项目导向、任务驱动、实操技能"课程体系的要求,编者凭借多年的实践和教学经验编写了这本富媒体数字化教材。富媒体数字化教材实现了传统纸质教材与数字技术的融合,通过二维码建立链接,将视频、图文和题库等资源呈现给学生;从教材内容的选取整合来看,实现了技能教育与产业发展相融合,注重专业教学内容与专业技能素养的有效对接;从教材的教学使用过程来看,实现了线下自主与线上互动的融合,学生可以在有网络支持的地方自主完成预习、巩固与复习等。

本书把知识要素、技能要素和素质要素落实到教材具体教学内容中,以新的知识内容体现知识点的具体应用,兼顾"就业导向"和"生涯导向",紧紧围绕中国"经济发展新常态"下高等教育和应用技能型人才培养的目标,依照"原理先行、实务跟进、技能同步、实践到位"的原则,全面展开统计内涵,坚持创新创业和改革的精神,体现新的课程体系、新的教学内容和教学方法,以提高学生整体素质为基础,以能力为本位,兼顾知识教育、技能教育和素质教育,力求做到:从项目引导出发,提出问题,引入含义,设计情境,详尽解读。

根据高等院校教育教学改革融合创新和应用技能型人才培养的需要,本书力求体现如下特色:

1. 结构合理,体系规范。作为教科书,本书在内容上特别注意吸收比较新的统计知识和学术研究领域前沿,按理论与实务兼顾的原则设置教学内容,引入比较新的学习工具和方法,如 R 语言和 SPSS 软件等应用知识,鉴于本书篇幅和教材定位,仅对 R 语言和 SPSS 软件在统计中的运用做了简单的概括。针对高等教育和应用技能型院校教学课程的特点,本书将内容庞杂的基础知识系统性地呈现出来,体系科学规范,内容简明实用。

2. 与时俱进,紧跟动态。本书所阐述的内容既体现了先进的教学理念,也运用了计算机等辅助教学手段。分布于每个项目任务的"做中学"及课后习题体现了应用统计方法解决实际问题的必要性和重要性,使学生牢固树立统计方法源于实践又服务于实践的基本思想。

3. 突出应用,实操技能。本书注重 Excel 在统计学中的应用,强调学生专业知识储备"必需、够用",有利于提高学生的学习兴趣。每个项目任务中包含了运用 Excel 进行统计数据处理的操作过程和分析解读内容，这不仅能极大地提高教师的教学效率，而且能增加学生学习统计学的兴趣。大量的数据通过 Excel 进行分类、汇总、制表及数据模拟，得以清晰、简明地表达出来。主要引导学生“学中做”和“做中学”，一边学理论，一边加以应用，实现理论和应用一体化。

4. 栏目丰富，形式生动。本书栏目形式丰富多样，教学项目设有“知识目标”“技能目标”“素质目标”“思政目标”“项目引例”“做中学”“提示”“注意”“项目训练”（包括单选题、多选题、简述题、综合题）、“项目实训”（包括实训项目、实训目的、实训资料、实训要求、实训报告）等栏目，并添加了二维码视频等，充分体现新时代互联网特色。本书的项目训练和项目实训，使学生对所学的内容达到学以致用，丰富了教材内容与知识体系，也为教师教学和学生更好地掌握知识内容提供了首尾呼应、层层递进的可操作性教学方法。

5. 课证融合，双证融通。本书能满足学生对统计基础知识学习的基本需要，为对接国务院人力资源社会保障行政部门制定的职业标准，实行“1＋X”证书制度，夯实学生可持续发展基础，鼓励学生在获得学历证书的同时，积极取得多类职业技能等级证书，提高就业创业本领，缓解结构性就业矛盾。鉴于此，本书与统计师资格证书考试相衔接，做到考证对接、课证融合。

6. 理实一体，素能共育。在强化应用技能型教育特色的同时，本书特别注重学生人文素养的培养。编者在内容上有所突破，把社会主义核心价值观教育融入教材内容，贯穿课程思政工作全过程，营造全员育人环境，全面提升人文素质，以培养和提高学生在特定业务情境中提出问题、发现问题、分析问题和解决问题的能力，从而强化学生的职业道德素质。

7. 课程资源，多元立体。为了使课堂教学达到多元立体化，编者开发教学资源（含有动漫视频、教师课件、习题答案、教学大纲、多套模拟试卷及答案等）；为学生学成技能配备了以“主要纸质教材为主体，线上学习平台为载体”，多种教学资源混合的立体化教学资源体系。

本书由李贺主编，李明明、赵昂、李虹、王玉春和李洪福 5 位负责全书教学资源包的制作。本书适合高等教育层次的会计学、审计学、财务管理、资产评估、财政学、税收学、金融学、国际经济与贸易、经济统计、大数据管理与应用、工商管理等财经类、经管类专业学生使用，同时也可作为自学考试、统计师专业技术人员和社会从业人员的业务学习辅助教材。

本书得到了出版单位的大力支持，以及参考文献中的作者们的贡献，谨此一并表示衷心的感谢！本书在编写过程中参阅了参考文献中的教材、著作、网站等资料，由于编写时间仓促，加之编者水平有限，本书难免存在一些不足之处，恳请专家、学者批评指正，以便不断更新、改进与完善。

初级、中级

全国统计专业技术资格考试大纲(2021年)

内容更新与修订

编 者

2022 年 9 月

目　录

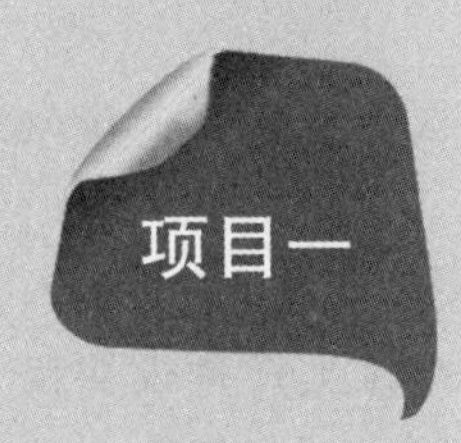

项目一

统计学绪论

○ **知识目标**

理解：统计与统计学的概念；统计工作组织机构；统计学的产生与发展历程。

熟知：统计学的性质；统计的基本职能；统计学的分科。

掌握：统计学的研究对象及其特点；统计工作过程及研究方法；统计学的基本概念。

○ **技能目标**

能够结合所学的统计知识，分析统计工作过程及研究方法，能够辨析统计学的基本概念。

○ **素质目标**

运用所学的统计学基本原理和知识研究相关事例，熟悉 SPSS 工具和 Excel，培养和提高学生在特定业务情境中分析问题与决策设计的能力；结合行业规范或标准，运用统计学绪论知识分析行为的善恶，强化学生的职业道德素质。

○ **思政目标**

能够正确地理解“不忘初心”的核心要义和精神实质；树立正确的世界观、人生观和价值观，做到学思用贯通、知信行统一；通过统计学绪论知识，了解我国统计学发展史，树立兢兢业业的工作态度和职业守则，增强爱国主义情怀。

○ **项目引例**

国家卫健委：2022 年 8 月 2 日新增新冠肺炎确诊病例 101 例，其中本土病例 38 例

国家卫生健康委员会 8 月 3 日通报，8 月 2 日 0—24 时，31 个省（自治区、直辖市）和新疆生产建设兵团报告新增新冠肺炎确诊病例 101 例。其中，境外输入病例 63 例（广东 19 例、福建 10 例、北京 6 例、上海 6 例、吉林 4 例、黑龙江 4 例、四川 4 例、云南 4 例、天津 2 例、辽宁 1 例、浙江 1 例、山东 1 例、重庆 1 例），含 13 例由无症状感染者转为确诊病例（福建 5 例、吉林 3 例、天津 2 例、北京 1 例、山东 1 例、四川 1 例）；本土病例 38 例（海南 12 例、甘肃 10 例、内蒙古 8 例、广西 4 例、山东 3 例、四川 1 例），含 12 例由无症状感染者转为确诊病例（甘肃 10 例、广西 2 例）。无新增死亡病例。无新增疑似病例。

当日新增治愈出院病例 128 例，其中，境外输入病例 34 例，本土病例 94 例（甘肃 40 例、广西 27 例、广东 15 例、上海 5 例、安徽 3 例、四川 2 例、河南 1 例，海南 1 例），解除医学观察的密切接触者 10 589 人，重症病例较前一日减少 1 例。

境外输入现有确诊病例 570 例（无重症病例），无现有疑似病例。累计确诊病例 20 850 例，累计治愈出院病例 20 280 例，无死亡病例。

截至 8 月 2 日 24 时，据 31 个省（自治区、直辖市）和新疆生产建设兵团报告，现有确诊病例 1 567 例（其中重症病例 1 例），累计治愈出院病例 223 009 例，累计死亡病例 5 226 例，累计报告确诊病例 229 802 例，无现有疑似病例。累计追踪到密切接触者 4 679 817 人，尚在医学观察的密切接触者 126 590 人。

31 个省(自治区、直辖市)和新疆生产建设兵团报告新增无症状感染者 335 例，其中，境外输入 84 例，本土 251 例(广西 74 例、河南 56 例、甘肃 37 例、山东 36 例、新疆 20 例、新疆生产建设兵团 11 例、四川 5 例、浙江 4 例、内蒙古 3 例、河北 1 例、江西 1 例、广东 1 例、海南 1 例、云南 1 例)。

当日解除医学观察的无症状感染者 663 例，其中，境外输入 54 例，本土 609 例(甘肃 411 例、广西 106 例、河南 22 例、安徽 20 例、上海 13 例、广东 10 例、天津 5 例、吉林 5 例、福建 5 例、江西 5 例、江苏 2 例、海南 2 例、浙江 1 例、重庆 1 例、四川 1 例)；当日转为确诊病例 25 例(境外输入 13 例)；尚在医学观察的无症状感染者 6 219 例(境外输入 604 例)。

累计收到港澳台地区通报确诊病例 4 986 317 例。其中，香港特别行政区 357 232 例(出院 68 002 例，死亡 9 520 例)，澳门特别行政区 791 例(出院 760 例，死亡 6 例)，台湾地区 4 628 294 例(出院 13 742 例，死亡 8 994 例)。

资料来源：新华网，http://www. news. cn/politics/2022-08/03/c_1128886354. htm。

试分析：结合资料说明大数据背景下，统计在当代经济发展中的重要性，并对上述背景的数字进行分析，在新冠肺炎疫情下，通过什么方式实现了数据资源的整合？

○ **知识精讲**

任务一　统计与统计学概述

一、统计与统计学的概念

动漫视频

统计

统计作为一种社会实践活动已有悠久的历史。在外语中，“统计”一词与“国家”一词来自同一词源。因此，可以说自从有了国家就有了统计实践活动。最初，统计只是为统治者管理国家的需要而搜集资料，弄清国家的人力、物力和财力，作为国家管理的依据。

今天，“统计”一词已被人们赋予多种含义，因此很难给出一个简单的定义。在不同场合，统计一词可以具有不同的含义。统计是一种用以搜集数据、整理数据和分析数据最终得出结论的概念、原则和方法，并得出对总体特征规律性认识的方法论科学。大至对宏观社会的整体调查研究，小至对微观事物的观察分析，涉及社会政治、经济、文化和科技等领域、部门、单位乃至具体的人和事。可以说，凡是人们需要了解和认识的问题，都要进行统计，并且社会越发展，人们需要了解和认识的问题越广泛、越深刻，统计调查研究活动就越全面、越深入。

统计作为一个专业术语，就其本身性质而言，一般包括三层含义，即统计工作、统计资料和统计学。

(一)统计工作

统计工作，也称统计实践，是搜集、整理、分析和研究统计数据资料的工作过程。统计工作在人类历史上出现比较早。随着历史的发展，统计工作逐渐发展和完善起来，使统计成为国家、部门、事业和企业、科研单位及个人认识与改造客观世界和主观世界的一种有力工具。统计工作，可以简称为统计。例如，某统计师在回答自己的工种时会说是做统计的。这里所说的统计指的就是统计工作。

【提示】统计工作是对社会经济现象和自然现象进行数据搜集与整理分析的实践活动的总称。

(二)统计资料

统计资料,也称统计数据资料,是对统计工作活动进行搜集、整理、分析和研究的主体及最终成果。不管是个人、集体和社会,还是国家、部门和事业、企业及科研机构,都离不开统计数据资料。例如,电视台、广播电台和报纸杂志所说的"据统计"的"统计"指的就是统计数据资料。统计资料也可简称为统计。

【提示】统计资料是统计工作过程所取得的各种数据以及与其相关的情况说明等资料的总称。

统计资料的主要表现形式有四种:①以统计表形式提供的统计资料,包括调查表、综合表、图表及文字说明;②以统计报告形式提供的统计资料,包括统计报告、统计分析研究材料;③以电信、磁介质形式提供的统计资料,包括统计表资料和统计报告资料;④以出版物形式提供的统计资料,包括《中国统计年鉴》及其他各种统计年鉴等。

【注意】以数据为核心的统计资料所提供的信息是社会经济信息的主体。

(三)统计学

动漫视频

统计学

统计学,也称统计理论,统计学是以搜集、整理、分析和研究等统计技术为手段,对所研究对象的总体数量关系和数据资料去伪存真、去粗取精,从而达到显示、描述和推断被研究对象的特征、趋势和规律性的目的。统计学也可简称为统计。例如,我们所学的统计课,实际指的就是统计学课程。

【提示】一般来说,统计学是对研究对象的数据资料进行搜集、整理、分析和研究,以显示其总体的特征和规律性的学科。统计学的研究对象是客观事物的数量特征和数据资料。

早期统计学的学派之一,"政治算术学派"的创始人威廉·配第和约翰·格朗特,首先在其著作中使用统计数字和图表等方法来分析研究社会、经济和人口现象,这不仅为人们进一步认识社会提供了一种新的方法和途径,而且为统计学的发展奠定了基础。

动漫视频

统计方法

目前,随着统计方法在各个领域的应用,统计学已发展成为具有多个分支学科的大家族。因此,要给统计学下一个普遍接受的定义是十分困难的。在本书中,我们对统计学做如下解释:统计学是一门收集、整理和分析统计数据的方法科学,其目的是探索数据和抓取数据的内在数量规律性,以达到对客观事物的科学认识。

(1)统计数据收集是获取统计数据的过程,它是进行统计分析的基础。离开了统计数据,统计方法就失去了用武之地。如何取得所需的统计数据是统计学研究的内容之一。

(2)统计数据整理是对统计数据的加工处理过程,根据统计研究目的和分析的需要将数据进行分类、汇总、综合概括,并用图表等形式展示出来,目的是使统计数据系统化、条理化,符合统计分析的需要。

【提示】数据整理是介于数据收集与数据分析之间的一个必要环节。

(3)统计数据分析是统计学的核心内容,它是通过统计描述和统计推断的方法探索数据内在规律的过程,从而选择适当的统计方法研究数据,并从数据中提取有用的信息,以认识客观现象的本质和规律性。

可见,统计学是一门有关统计数据的科学,统计学与统计数据有着密不可分的关系。在英文中,"statistics"一词有两个含义:①当它以单数名词出现时,表示作为一门科学的统计学;②当它以复数名词出现时,表示统计数据或统计资料。统计学是由一套收集和处理统计数据的方法所组成的,这些方法来源于对统计数据的研究,目的也在于对统计数据的研究。

【提示】统计数据如果不用统计方法去分析,仅是一堆数据而已,无法得出有益的结论。

【注意】统计数据不是指单个的数据,而是由多个数据构成的数据集。单个的数据显然用不着统计方法进行分析,仅凭一个数据点,我们也不可能得出事物的规律,只有经过对同一事物进行多次观察或计量得到大量数据，才能利用统计方法探索出其内在的规律性。

上述统计的三层含义之间有着密切的关系，既有区别也有联系。统计资料是统计工作的成果；统计学则是统计工作和统计资料的理论概括和经验总结，而统计学形成的理论又指导着统计工作；统计工作一方面受统计理论的指导，另一方面又检验统计理论的正确与否，并推动和促进统计理论的发展。统计学与统计工作、统计资料之间的关系表明：统计理论来源于统计实践，反过来又为统计实践服务，统计实践的发展和完善为统计学的发展奠定坚实的基础，统计理论与统计实践是辩证统一的。

二、统计学的研究对象及其特点

统计学的研究对象是社会经济现象总体的数量方面，即现象总体的数量特征和数量关系。数量特征具体是指总体现象的规模、水平、结构、比例等；数量关系是指各种平衡关系、依存关系、质量互变的数量界限等。统计学研究对象的特点有以下几点：

(一)数量性

统计离不开数字，数字是统计的语言。社会经济统计研究的目的是通过数据认识社会经济发展变化的过程和规律，提高社会经济管理水平。统计工作，即统计调查研究活动，是通过调查、整理、分析社会经济现象总体数量方面的资料，反映现象的数量水平、数量关系、数量界限。这一点使统计学区别于哲学、经济学、政治学、历史学等学科。对社会经济现象的认识最终必须把质与量统一起来，一切客观事物都有质和量两个方面，事物的质与量总是密切联系、共同规定着事物的性质。没有无量的质，也没有无质的量。一定的质规定着一定的量，一定的量也表现为一定的质。但在认识的角度上，质和量是可以区分的，可以在一定的质的情况下，单独地研究数量方面，通过认识事物的量进而认识事物的质。因此，事物的数量是我们认识客观现实的重要方面，通过分析研究统计数据资料，研究和掌握统计规律性，就可以达到我们统计分析研究的目的。例如，要想知道国内生产总值是多少，必须认清什么是国内生产总值，国内生产总值与国民总收入有什么区别、与社会总产值有何区别等。

【注意】统计不是单纯地研究社会经济现象的数量方面，而是在质与量的密切联系中研究现象的数量方面，定性研究是基础，定量研究是目标。

(二)总体性

统计工作研究的是总体的数量特征而非个体数量表现。因此，只有把大量的个体数量资料经过汇总、综合，才能表现出总体数量特征。统计的大数法则认为，大量的个体数量之间存在很大的差异，但它们也有其内在的共性能够表明总体的规律性。从总体上研究社会经济现象的数量方面，是统计学的重要特点。

统计遵从由个体数量到总体数量的认识逻辑。也就是说，统计的数量研究是要对大量普遍存在的事实进行综合研究，对调查取得的大量资料加以综合汇总，得出反映现象总体的数量特征，说明现象变化的规律。例如，研究居民的消费水平，每个居民的消费水平千差万别，变化情况也复杂多样，但全体居民的消费水平却相对稳定，变化有规律可循。

【提示】统计研究的总体性并非排斥对个体单位的研究，以通过大量观察得出的综合数量特征形式来研究社会经济发展过程，必然会出现一般化和抽象化，因此，必要地抽取个别单位来深入细致地分析具体事实和过程，有助于更好地把握总体现象的规律性。

(三)具体性

统计研究的数量不是抽象的数字，而是社会经济现象在具体时间、地点、条件下所表现的数量。例如，《2021 年国民经济和社会发展统计公报》发布，我国 2021 年全年国内生产总值 1 143 669.7

亿元,这个数字特指 2021 年我国整个国民经济一年内创造的全部最终产品的价值量,有具体经济内容,是一个客观存在的事实。这一点是统计有别于数学的根本特征。

【注意】虽然统计工作是研究具体的数量,但为了进行复杂的定量分析,还需要借助抽象的数学模型和数理统计方法,遵循数学规则。因此,统计工作具体的数量研究需要密切联系抽象的数学方法,以抽象方法为手段,以具体数量为目的,体现统计工作中具体与抽象的辩证关系。

(四)变异性

统计研究对象的变异性是指构成统计研究对象的总体各单位,除了在某一方面必须是同质的以外,在其他方面又要有差异,并且这些差异并不是由某种特定的原因事先给定的。例如,高等院校这个统计对象,除了都是从事高等教育的教学活动这一共同性质之外,各高等院校在隶属主管部门、院校性质、招生规模、专业设置等方面又有差异。工人作为统计数据资料对象,每个工人在性别、年龄、工龄、工作性质、工资等方面是会有不同的。这样,统计分析研究才能对其表现出来的差异探索统计规律性。

三、统计学的性质

从统计学的发展史来看,统计学从研究社会经济现象开始,逐渐趋于成熟,成为一门研究客观事物总体数量方面的方法论科学。这里所指的方法论,包括指导统计活动的原理和原则、统计核算和分析的方法。这些方法是在统计工作的实践中产生的,再经过理论概括,反过来又用于指导统计实践,为统计工作服务。人们通过对客观事物中的各种数量关系的研究来认识客观事物发展的规律性。

【注意】统计学在研究社会经济规律现象时,首先从定性研究开始,其次进行定量分析,最后达到认识客观现象的本质、特征或规律,这就是质—量—质的统计研究过程和方法。由于统计学的研究对象既存在于自然领域也存在于社会领域,因此,统计学是一门具有跨学科性质、较高概括程度和较大适用范围的一般方法论科学。

统计学是一门方法论科学,与理论科学不同,它不能直接阐明社会经济规律,而只是为研究社会经济现象数量表现、数量关系及其发展规律提供原理、原则和方式方法。因此,统计学只是认识社会的方法、工具和手段。只有掌握正确的方法,才能准确地认识和反映客观规律;只有方法对,才能情况明,认识客观规律,做出正确的决策。

四、统计的基本职能

统计是认识社会的有力武器,是各级政府和企业进行经济管理的重要工具,是对国民经济和社会运行状况进行监督的有效手段。其基本任务是对国民经济和社会发展情况进行统计调查、统计分析,提供统计资料,实施统计监督。统计的基本职能可以概括为信息职能、咨询职能和监督职能。

(一)信息职能

信息职能,即提供统计资料,反馈经济信息。社会经济统计通过统计工作获得了各种社会经济信息,统计信息是社会经济信息的主体。统计信息以数量性和总体性为特征,运用总量、水平、速度、结构、比例关系等特有的方法来反映国民经济和社会发展的总体情况以及国民经济和单个行业发展的总体情况。统计所提供的资料、所反馈的经济信息、所进行的统计预测,是党和国家确定战略目标、制定长远规划和经济计划的基础,是各级党政领导了解情况、制定决策的重要依据。

(二)咨询职能

咨询职能,即提供统计咨询,为社会公众服务,为市场经济服务。统计是利用已掌握的丰富的统计信息资料,运用科学的分析方法和先进的技术手段,深入开展综合分析和各种专题研究,为各级党政领导机关制定政策和决策提供咨询建议。同时,要重视统计信息的开发利用,改善统计服务的方式,扩大统计服务的领域,充分发挥统计为社会公众服务、为市场经济服务的职能。

(三)监督职能

监督职能,即真实地反映客观实际情况,实行统计监督。统计监督的客体是国民经济和社会运行情况,是社会生产的各个环节、各个要素及条件的状况。统计监督与其他监督相比有两个显著特点:①数量性,即对经济和社会运行是否正常提出数量警示,进行数量监测;②总体性,即对监督对象进行综合性的、全局性的统计监督。强化统计监督,就是加强统计调查和统计分析,及时、客观地从总体上对国民经济和社会运行状况进行全面、系统的定量检查、监督和预警,真实、准确地反映客观实际,以促进经济和社会活动按照客观规律的要求持续、稳定、协调、均衡地发展。

【提示】统计信息职能、统计咨询职能和统计监督职能是相互联系、相辅相成的。搜集和提供统计信息是统计最基本的职能。

【注意】统计信息职能的完成,是统计咨询职能和统计监督职能实现的前提、基础和保证;而统计咨询职能是统计信息职能的延续和深化;统计监督职能的最终实现又是对统计信息职能、统计咨询职能的促进。

五、统计工作组织机构

统计是认识社会的有力武器。有效和科学地组织、管理全国范围内的统计活动,是一项十分复杂而又庞大的社会系统工程,必须加强领导、加强组织管理,建立一套完整的、科学的、符合我国国情的统计组织制度和管理体制,把国家统计系统建设成为社会经济信息的主体、国民经济核算的中心以及国家重要的咨询和监督系统。

我国的统计系统由各级政府综合统计系统、各级政府部门统计系统以及城乡基层单位的统计组织所组成。

(一)政府综合统计系统

我国政府自上而下设置统计机构或配备统计人员,构成政府综合统计系统。目前,国务院设立国家统计局,县以上地方各级人民政府设立独立的统计机构(统计局)。乡一级人民政府则由专职或兼职的统计人员来负责统计工作的具体协调管理。此外,国家统计局还直接管理着遍布全国的调查队,各调查队既是政府统计调查机构,也是统计执法机构,依法独立行使统计调查、统计监督的职权,独立向国家统计局上报调查结果,并对上报调查资料的真实性负责。同时,承担地方政府委托的各项统计调查任务。

全国性的统计工作任务、制度、方法由国家统计局统一制定,全国性的统计报表由国家统计局会同国务院有关部门制定,重要的报请国务院批准下达。全国性的基本统计数字由国家统计局统一管理,并按时向中央领导机关和有关部门提供综合性的社会经济统计资料,全面检查监督社会经济活动的运行情况。

(二)政府部门统计系统

政府部门统计系统由国务院各政府部门和地方各级人民政府的各政府部门,根据统计任务的需要设立的统计机构或在有关机构中设置的统计人员构成,如工业部门、交通部门、电信部门、金融部门等的统计机构。以中国人民银行系统为例,中国人民银行设立了统计司,中国人民银行地区分行设立了统计处。各级政府部门的统计机构在业务上受国家统计局和同级地方人民政府机关的指导。

(三)基层单位统计组织

基层单位统计组织包括乡镇统计组织或统计人员、企事业单位的统计组织或统计人员。乡政府和镇政府都是国家的行政组织,需要建立统计机构或配备统计人员,并需要建立乡镇统计信息网。乡镇统计人员和乡镇统计信息网在统计业务上受县人民政府统计机构的领导。企事业单位根据统计任务的需要，设立统计机构或配备统计人员，在业务上受所在地人民政府统计机构的指导，负责执行本单位的各项统计任务。

现阶段，我国还出现了一些按市场规律运行的信息产业组织，即民间统计组织。民间统计组织性质上是独立的事业法人或企业法人。它是信息市场商品生产和经营的主体，也是信息市场竞争的主体。它的职能和任务是：在市场上为客户提供其需要的信息；为企业的微观决策提供较具体的商品价格、供求关系、竞争热点和投资环境等方面的信息。它们可以受客户委托直接进行市场调查，或者搜集大量间接资料，经过鉴别分类整理，提供给客户。它们也可以为客户提供市场分析、市场预测、经营决策等方面的咨询服务。它们还可以接受委托进行社会调查、民间调查。民间统计组织有市场调查所、社会调查所、统计事务所、信息开发公司、行业协会统计组织等多种形式。

此外，随着统计改革深化的需要，我国各省、市、县、区的调查队（由原城市经济调查队和企业调查队合并组成），已从地方统计局中分离出来，由国家统计局直属领导，各省、市、县、区的农村社会经济调查队也由各省统计局直属领导，这使统计数字摆脱地方的干扰，更有利于保证统计数字的准确性。

六、统计学的分科

从统计方法的构成来看，统计学可以分为描述统计学和推断统计学；从统计方法研究和统计方法的应用角度来看，统计学可以分为理论统计学和应用统计学。

（一）描述统计学和推断统计学

描述统计学(Descriptive Statistics)研究如何取得反映客观现象的数据，并通过图表形式对所收集的数据进行加工处理和显示，进而通过综合概括与分析得出反映客观现象的规律性数量特征。它包括统计数据的搜集方法、数据的加工处理方法、数据的显示方法、数据分布特征的概括与分析方法等。

推断统计学(Inferential Statistics)，也称统计推断，是研究关于如何根据样本数据去推断总体数量特征的方法。它是在对样本数据进行描述的基础上，对统计总体的未知数量特征做出以概率形式表述的推断。

动漫视频

统计推新

从描述统计学发展到推断统计学，既是统计学发展的巨大成就，也是统计学发展成熟的重要标志。

【注意】描述统计学和推断统计学的划分，既反映统计方法发展的前后两个阶段，也反映应用统计方法探索客观事物数量规律性的不同过程。

从图1—1中可以看出描述统计学和推断统计学在探索客观现象数量规律性中的地位。

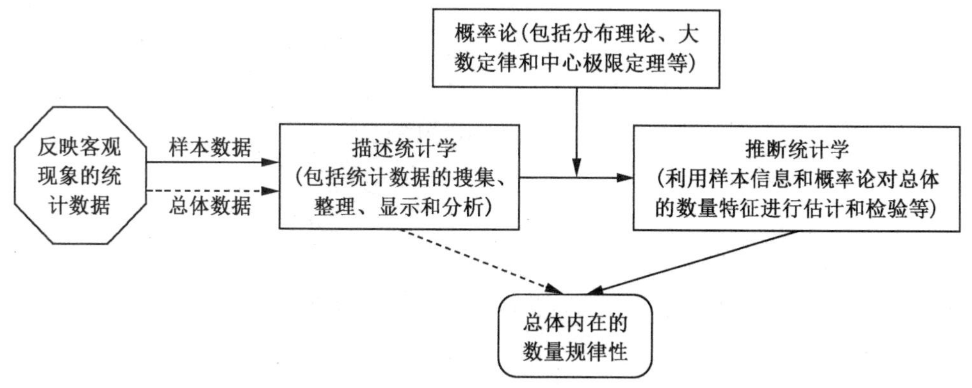

图1—1 统计学探索客观现象数量规律性的过程

从图 1—1 中可以看到，统计研究过程的起点是统计数据，终点是探索出客观现象内在的数量规律性。在这一过程中，如果搜集到的是总体数据（如普查数据），则经过描述统计之后就可以达到认识总体数量规律性的目的了；如果所获得的只是研究总体的一部分数据（样本数据），要找到总体的数量规律性，则必须应用概率论的理论并根据样本信息对总体进行科学的推断。

显然，描述统计和推断统计是统计方法的两个组成部分。描述统计是整个统计学的基础，推断统计则是现代统计学的主要内容。当然，这并不等于说描述统计不重要，如果没有描述统计搜集可靠的统计数据并提供有效的样本信息，即使再科学的统计推断方法也难以得出切合实际的结论。

【提示】从描述统计学发展到推断统计学，既反映了统计学发展的巨大成就，也是统计学发展成熟的重要标志。

（二）理论统计学和应用统计学

理论统计学（Theoretical Statistics）是指统计学的数学原理，是主要研究统计学的一般理论和统计方法的数学理论。理论统计学把统计研究对象一般化、抽象化后，形成的可以应用于各种统计活动的一般统计理论和方法。统计学基础属于注重应用的理论统计学。由于现代统计学用到了几乎所有方面的数学知识，从事统计理论和方法研究的人员需要有坚实的数学基础。此外，由于概率论是统计推断的数学和理论基础，因而广义地讲统计学也是应该包括概率论在内的。

【注意】理论统计学是统计方法的理论基础，没有理论统计学的发展，统计学也不可能发展成为今天这样一个完善的科学知识体系。

在统计研究领域，从事理论统计学研究的人相对是很少的一部分，而大部分则是从事应用统计学（Applied Statistics）研究的。应用统计学是研究如何应用统计方法去解决实际问题的。应用统计学是统计的一般理论和方法应用到各个领域形成的科学，比如，国民经济统计学、管理统计学、人口统计学、医学统计学、生物统计学等。统计学是一门搜集和分析数据的科学。由于在自然科学和社会科学研究领域中，都需要通过数据分析来解决实际问题，因而，统计方法的应用几乎扩展到了所有的科学研究领域。例如，统计方法在生物学中的应用形成了生物统计学，在医学中的应用形成了医疗卫生统计学，在农业试验和育种等方面的应用形成了农业统计学。

综上所述，统计学可以作如下分类，如图 1—2 所示。

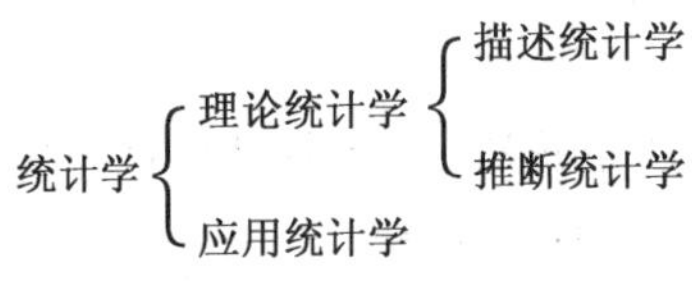

图 1—2 统计学的分类

本书编写的目的，主要是为高等院校经济学、管理学门类的学生及应用统计工作者提供一本统计学的入门读物，因而侧重于介绍统计方法的应用条件和统计思想，使读者通过本书的学习，能应用统计方法去解决实际中的一些基本问题。当然，要用好这些统计方法，不同领域的读者还必须具备不同学科领域的一些基础知识。

七、统计学的产生与发展历程

从统计学的产生和发展过程来看，大致可以划分为三个时期：统计学的萌芽期、统计学的近代期和统计学的现代期。

（一）统计学的萌芽期

统计学初创于 17 世纪中叶至 18 世纪，当时主要有国势学派和政治算术学派。

1. 国势学派

国势学派产生于17世纪的德国,代表人物是康令(H. Conring)、阿坎瓦尔(G. Achenwall),代表作品是《近代欧洲各国国情学概论》。他们在大学中开设了一门新课程,最初称作"国势学"。他们所做的工作主要是对国家重要事项的记录,因此又被称为记述学派。这些记录记载着关于国家、人口、军队、领土、居民职业以及资源财产等事项,偏重于事件的叙述,而忽视量的分析。严格来说,这一学派的研究对象和研究方法都不符合统计学的要求,只是登记了一些描述性材料,借以说明管理国家的方法。

2. 政治算术学派

政治算术学派起源于17世纪的英国。在英国,当时从事统计研究的人被称为政治算术学派。虽然政治算术学派与国势学派的研究都与各国的国情、国力这一内容有关,但国势学派主要采用文字记述的方法,而政治算术学派则采用数量分析的方法。因此,从严格意义上来说,政治算术学派作为统计学的开端更为合适。其主要代表人物是威廉·配第(W. Petty,1623—1687)和约翰·格朗特(J. Graunt,1620—1674)。英国学者威廉·配第在他所著的《政治算术》(1676年)一书中,对当时的英国、荷兰、法国之间的"国富和力量"进行数量上的计算和比较,做了前人没有做过的从数量方面来研究社会经济现象的工作。正是在这个意义上,马克思称配第是政治经济学之父,在某种程度上也可以说是统计学的创始人。

配第的朋友约翰·格朗特,通过对伦敦市50多年的人口出生和死亡资料的计算,写出了第一本关于人口统计的著作——《对死亡表的自然观察和政治观察》(1662年)。从此,统计的含义从记述转变为专指在"量"的方面来说明国家的重要事项。这就为统计学作为一种从数量方面认识事物的科学方法,开辟了广阔的发展前景。

政治算术学派在统计发展史上有着重要的地位。首先,它并不满足于社会经济现象的数量登记、列表、汇总、记述等过程,还要求把这些统计经验加以全面系统的总结,并从中提炼出某些理论原则。这个学派在搜集资料方面,较明确地提出了大量观察法、典型调查、定期调查等思想;在处理资料方面,较为广泛地运用了分类、制表及各种指标来浓缩与显现数量资料的内在信息。其次,政治算术学派第一次运用可度量的方法,力求把自己的论证建立在具体的、有说服力的数字上面,依靠数字来解释与说明社会经济生活。然而,政治算术学派毕竟还处于统计发展的初创阶段,它只是用简单的、粗略的算术方法对社会经济现象进行计量和比较。

(二)统计学的近代期

统计学的近代期是18世纪末至19世纪末,这时期的统计学主要有数理统计学派和社会统计学派。

1. 数理统计学派

最初的统计方法是随着社会政治和经济的需要而初步得到发展的,直到概率论被引进之后,才逐渐形成一门成熟的科学。在统计发展史上,最初把古典概率论引进统计学领域的是法国天文学家、数学家、统计学家拉普拉斯(P. Laplace)。他发展了对概率论的研究,阐明了统计学的大数法则,并进行了大样本推断的尝试。

随着资本主义经济的发展,统计被应用于社会经济的各个方面,统计学逐步走向昌盛。比利时统计学家、数学家和天文学家凯特勒(A. Quetelet)完成了统计学和概率论的结合。从此,统计学开始进入更为丰富发展的新阶段。国际统计学界有人称凯特勒为"统计学之父",就在于他发现了大量现象的统计规律性并开创性地应用了许多统计方法。凯特勒把统计学发展中的三个主要源泉,即德国的国势学派、英国的政治算术派、意大利和法国的古典概率派加以统一、改造并融合成具有近代意义的统计学,促使统计学向新的境界发展。可以说,凯特勒是古典统计学的完成者,又是近代统计学的先驱者，在统计发展史上具有承上启下、继往开来的地位。

同时，凯特勒也是数理统计学派的奠基人，因为数理统计就是在概率论的基础上发展起来的。随着统计学的发展，对概率论的运用逐步增加；同时，自然科学的迅速发展和技术的不断进步，对数理统计方法又提出了进一步的要求。这样，数理统计学就从统计学中分离出来自成一派。由于这一学派主要在英、美等国发展起来，故又称为英美数理统计学派。

2. 社会统计学派

自凯特勒后，统计学的发展开始变得丰富而复杂起来。由于在社会领域和自然领域统计学被运用的对象不同，统计学的发展呈现出不同的方向和特色。19 世纪后半叶，正当致力于自然领域研究的英美数理统计学派刚开始发展的时候，德国异军突起，兴起了与之不同的社会统计学派。这个学派是近代各种统计学派中比较独特的一派。由于它在理论上比政治算术学派更加完善，在时间上比数理统计学派提前成熟，因此它很快占领了“市场”，对国际统计学界影响较大，流传较广。

社会统计学派由德国大学教授尼斯(K. G. A. Knies)首创，主要代表人物为恩格尔(C. I E. Engel)和梅尔(G. V. Mayr)。他们认为，统计学的研究对象是社会现象，目的在于明确社会现象内部的联系和相互关系；统计应当包括资料的搜集、整理，以及对其分析研究。他们认为，在社会统计中，全面调查(包括人口普查和工农业调查)居于重要地位；以概率论为理论基础的抽样调查在一定的范围内具有实际意义和作用。

(三)统计学的现代期

统计学的现代期是自 20 世纪初到现在的数理统计时期。20 世纪 20 年代以来，数理统计学发展的主流从描述统计学转向推断统计学。19 世纪末和 20 世纪初的统计学主要是关于描述统计学中的一些基本概念及资料的搜集、整理、图示和分析等，后来逐步增加概率论和推断统计的内容。直到 20 世纪 30 年代，费希尔(R. Fisher)的推断统计学才促使数理统计进入现代范畴。

现在，数理统计学的丰富程度完全可以独立成为一门学科，但它也不可能完全代替一般统计方法论。传统的统计方法虽然比较简单，但在实际统计工作中运用仍然极广，正如四则运算与高等数学的关系一样。不仅如此，数理统计学主要涉及资料的分析和推断方面，而统计学还包括各种统计调查、统计工作制度和核算体系的方法理论、统计学与各专业相结合的一般方法理论等。由于统计学比数理统计在内容上更为广泛，因此，数理统计学相对于统计学来说不是一门并列的学科，而是统计学的重要组成部分。

从世界范围来看，自 20 世纪 60 年代以后，统计学的发展有几个明显的趋势：①随着数学的发展，统计学依赖和吸收的数学方法越来越多；②向其他学科领域渗透，以统计学为基础的边缘学科不断形成，如经济统计学；③随着统计学应用日益广泛和深入，特别是借助计算机后，统计学所发挥的作用日益增强；④统计学的作用与功能已从描述事物现状、反映事物规律，向抽样推断、预测未来变化方向发展。它已从一门实质性的社会性学科，发展成为方法论的综合性学科。

任务二　统计工作过程与研究方法

一、统计工作过程

统计工作是对社会经济现象数量方面进行的一种调查研究活动，也是对事物的表象、本质及其规律性的认识活动。这一活动是由浅入深的序列过程，一般来说，统计工作过程可概括为统计设计、统计调查、统计整理和统计分析四个阶段。

(一)统计设计

统计设计是统计工作的第一个阶段,它是指根据统计研究对象的性质和研究目的,对统计工作的各个环节和各个方面进行统筹安排。统计设计的关键任务,是通过对客观现象本质的认识来确定研究对象的范围及反映这一对象范围的指标及其指标体系,通过统计设计使统计工作有序地开展起来。统计设计阶段主要考虑四个问题:

1. 设计指标与指标体系

统计设计要根据统计的任务、目的和具体研究对象的特点选择那些能够反映现象本质特征的指标组成一个指标体系。另外,还要考虑各指标之间的相互联系,明确指标的口径、范围、计算方法和重要的分组等。设计指标与指标体系是统计设计的核心内容。

2. 设计搜集资料与整理资料的方法

统计调查与统计整理的方法很多,如搜集统计资料的方法有报表制度、普查、抽样调查等,要根据统计的目的和任务确定适当的方法,方法得当才能事半功倍。

3. 设计各种保证条件

统计活动需要一定的人员、文具、表格资料、计算机、经费等。这些都需要预先考虑其供应,不能因条件不足而影响统计工作的正常进行。

4. 设计具体的实施方案

具体安排各个环节,提出日程表和工作进度,以此指导实施工作。

【注意】统计设计的结果,往往表现为各种设计方案,如统计指标体系、统计分类目录、统计分析提纲等。

(二)统计调查

统计调查

统计调查,即统计资料的搜集,是统计工作过程的第二个阶段。它是根据统计研究对象和研究目的的要求,采用科学的调查方法,有组织、有计划地搜集统计资料的工作过程。统计调查的方式和方法主要有统计报表制度、普查、抽样调查、重点调查、典型调查等。这一阶段是统计实践活动的开始,属于表层和感性认识阶段,但因为统计是要用数字说话的,而统计数字来源于统计调查。

【提示】统计调查属于定量认识阶段,它的工作质量如何,直接关系和影响到以后各阶段的工作质量。

(三)统计整理

统计整理,即统计资料的整理,它是对统计调查阶段搜集的资料进行加工、分类和汇总。调查阶段搜集的资料既丰富也零乱,既大量也粗糙,因此,需要统计整理去粗取精、去伪存真,使大量丰富的资料条理化、系统化。这一阶段是对事物由表层认识到深层认识的连接点,对统计分析的质量有举足轻重的作用,是一个承上启下的中间环节。

(四)统计分析

统计分析,即统计资料的分析,它是在统计整理的基础上,对统计资料进行多种多样的定量和定性分析或评价、论证,由表及里、由浅入深、由此及彼,做出科学的结论,达到对事物本质和规律的认识。这一阶段是认识活动上升到深层次和理性认识的研究阶段。

【注意】统计工作的四个阶段是一个统一体,无论哪一个环节出了偏差,都会背离统计认识活动的规律,从而歪曲反映事物。

统计调查出现偏差,会直接影响统计整理的质量和统计分析结果的正确性;统计分析出现偏差,会造成统计调查和统计整理两个阶段前功尽弃。

【提示】四个阶段的工作质量和效果是密切相关的,因此,要注意它们之间的衔接和协调。

此外,统计工作过程除了以上四个工作阶段以外,还包括统计预测和决策阶段、统计资料提供和保管阶段。应该说这两个方面工作都是统计工作的重要内容,因为整个统计工作绝不能仅仅满足于对统计数字的简单加工和初步分析,统计工作的一个重要内容就是要利用过去和现在的资料对现象的长期趋势做出判断和预测,并以此作为企业决策的依据。

【注意】统计信息的披露与保管都是统计工作不可或缺的组成部分。

综上所述,统计工作过程是从统计设计(定性认识)到统计调查和统计整理(定量认识),最后通过统计分析达到对事物本质和规律性的认识(定性认识)的过程。这种"质—量—质"的认识过程是统计认识的一个重要特点。

二、统计学的研究方法

统计学研究现象的性质和特点,决定着统计学的研究方法。统计学的基本研究方法很多,主要有大量观察法、统计分组法、综合指标法和统计推断法。

(一)大量观察法

大量观察法是指对要研究事物的全部或足够多的单位进行观察的方法。这一方法主要用于统计调查工作阶段。

【提示】"大量"的标志不在于总体单位的多少,而在于认识总体的准确程度,只要达到一定准确性的要求,就足够多。这种调查可以是全面的,也可以是部分的。

在统计调查中,无论是全面调查还是非全面调查都必须采用这一方法。因为统计要研究社会经济现象总体的数量特征,而社会经济现象是受各种因素影响和作用的。因此,只选择其中一部分单位进行观察,观察的结果往往不足以代表总体的一般特征,只有对总体的全部或足够多的单位进行观察并加以分析,才可以使现象中的非本质和偶然因素相互抵消,从而反映现象总体的数量特征。

根据大量观察法的要求,它可以在全面调查中使用,如统计报表、普查等;也可以在非全面调查中使用,如重点调查、抽样调查等。

【提示】大量观察法是统计调查工作中应遵循的法则,但调查中也可以对个别单位进行深入调查,如典型调查等,它是对大量观察法的总体进行补充,以便深入细致地说明社会经济现象。

大量观察法的数学依据是大数定律。大数定律是随机现象的基本规律。大数定律的一般概念是:在观察过程中,每次取得的结果不同,这是由偶然性所致的,但大量、重复观察结果的平均值却几乎接近确定的数值。狭义的大数定律就是指概率论中反映上述规律性的一些定理,表述平均数的规律性与随机现象的概率关系。

大数定律的本质意义在于经过大量观察,把个别的、偶然的差异性相互抵消,而必然的、集体的规律性便显示出来。例如,当我们观察个别家庭或少数家庭的婴儿出生时,生男生女的比例极为参差不齐,有的是生男不生女,有的是生女不生男,有的是女多男少,有的是男多女少,然而经过大量观察,男婴、女婴的出生数则趋向均衡。也就是说,观察的次数越多,离差的差距就越小,或者说频率出现了稳定性。这就表明,同质的大量现象是有规律的,尽管个别现象受偶然性因素的影响出现偏差,但观察数量达到一定程度就呈现出规律性,这就是大数定律的作用。

(二)统计分组法

统计分组法是根据统计研究的目的和任务,将统计调查所得到的大量资料,按照一定的标志将其总体划分成不同的类型或组,即同类相聚、异类相分,以便进行汇总和总体内部结构分析,从而达到正确运用指标来表明事物本质与规律的目的。

【注意】总体内部存在各种差异,有些甚至是本质性的,只有通过分组才能观察各部分的数量特征,深入认识总体内部的结构和数量关系。

统计分组法主要适用于统计整理工作阶段，但在统计调查、统计分析等阶段，也都有自己独特的意义。因此，统计分组法既是统计研究中的一种基本方法，也是统计分析中的一种重要方法。

（三）综合指标法

综合指标法是指通过计算各种综合指标，研究和说明现象本质的综合数量特征和数量关系的方法。任何一种具体的社会现象，最终都可以归入某指标范畴。统计指标反映的不是个别现象的数量特征，而是经过汇总、综合的总体的某项数量特征，因此统计指标也称综合指标。统计指标一般有总量指标、相对指标、平均指标等形式。

【注意】统计分析中其他各种统计方法，如时间序列分析、指数分析、相关分析等都是以综合指标为基础的。

【提示】综合指标法是统计分析中的基本方法，它主要应用于统计分析工作阶段。

（四）统计推断法

统计推断法是以一定的置信标准，根据样本数据来推断总体数量特征的一种方法。在统计研究中，我们所观察的单位常常是部分单位或少数单位，而要判断的总体对象的范围却是大量的。这就需要根据样本数据，对全部总体数量的特征做出具有一定置信度的判断。例如，调查10‰的城市居民的收入水平，就可以推断出城市全部居民的收入水平；调查1‰的农田的收获量，就能推断出万亩农田的收获量。总之，随着市场调查在市场经济中发挥着越来越重要的作用，统计推断方法也越来越被广泛重视，并成为统计研究的基本方法。

【注意】统计推断法可以用于总体数量特征的估计，也可用于对总体某些假设的检验。由于我们观察的很多是样本资料，因而统计推断是现代统计学的基本方法。

任务三　统计学的基本相关概念

一、统计总体与总体单位

既然统计要研究社会经济现象总体的数量特征，那么，统计总体就是统计学的基本范畴，而统计总体又是由总体单位构成的。

（一）统计总体

动漫视频

统计总体

统计总体简称总体，是指客观存在的、在同一性质基础上结合起来的许多个别单位的整体。统计总体的范围随着统计研究目的的不同而改变，范围可大可小，统计总体具有同质性、大量性和变异性三个主要特点。

1. 同质性

同质性是指总体中的各个单位必须具有某种共同的属性或标志数值。例如，国有企业总体中每个企业共同标志属性是国家所有。同质性是总体的根本特征，只有个体单位是同质的，统计才能通过对个体特征的观察研究，归纳和揭示出总体的综合特征和规律性。

【注意】同质性是形成统计总体的一个必要条件，是总体的一个重要特征。构成统计总体的每一个单位在某一方面必须具有共同的属性。

2. 大量性

动漫视频

总体

大量性是指总体中包括的总体单位有足够多的数量。总体是由许多个体在某一相同性质基础上结合起来的整体，个别或很少几个单位不能构成总体。总体的大量性，可以使个别单位某些偶然因素的影响——表现在数量上的偏高、偏低的差异——相互抵消，从而显示出总体的本质和规律性。

【注意】少数个体事物的特征往往不能说明总体的特征，只有研究大量个体组成的总体，才能使偶然因素的作用相互抵消，从而显示出事物的本质特征。

3. 变异性

变异性又称差异性，是指构成总体的每一个个体单位，在某一方面性质是相同的，但在其他方面必定有差异。例如，同是某股份制企业的职工，也有工种、工资、工龄、文化程度等方面的差异。又如，某领域的职工总体中各单位间有男、女的性别属性差异，有 20 岁、21 岁、22 岁、23 岁、24 岁、25 岁、26 岁等年龄标志数值的差异。

【提示】同质性是统计研究的基础，变异是统计研究的前提，离开了变异，统计也就失去了存在的意义。

【注意】统计研究实质上就是研究总体各单位某种品质或数量变异的程度、趋势等，从而寻找出规律性。

(二)总体单位

总体单位是构成统计总体的每一个基本单位，是各项统计特征的承担者。构成总体的这些个别单位称为总体单位。例如，所有的工业企业就是一个总体，这是因为在性质上每个工业企业的经济职能是相同的，即都是从事工业生产活动的基本单位，这就是说，它们是同性质的。这些工业企业的集合就构成了统计总体。对该总体来说，每一个工业企业就是一个总体单位。

【注意】统计总体与总体单位之间体现着全体与个体、整体与局部的关系。统计总体和总体单位的确定，要视研究问题的需要和研究范围的大小而定。

同一事或同一物，在不同的研究目的下，时而为总体时而为总体单位，不是固定不变的。随着研究目的不同，它们是可以转化的。例如，在研究某地上市公司的情况时，该地的每一家上市公司就是总体单位。但若我们的研究目的改变，把该地某家上市公司作为研究目标时，这家公司就成为新问题中的统计总体了。

一个总体所包含的总体单位数可以是无限的，无法一一计数，称为无限总体；也可以是有限的，可以一一计数，称为有限总体。例如，在连续大量生产的某种小件产品中，总产量是无限的。又如，2021 年我国人口总数虽多达 14.13 亿人，但总归是有限的，可以计数的。区分无限总体和有限总体是确定科学的调查研究方法的前提条件。通常，对于无限总体，无法进行全面调查，只能进行非全面调查；对于有限总体，既可进行全面调查，也可进行非全面调查。

总体可以分为有限总体和无限总体。①总体所包含的单位数是有限的，称为有限总体，如人口数、企业数、商店数等。②总体所包含的单位数是无限的，称为无限总体，如连续生产的某种产品的生产数量、大海里的鱼资源数量等。

【提示】对有限总体可以进行全面调查，也可以进行非全面调查。但对无限总体只能抽取一部分单位进行非全面调查，据以推断总体。

确定总体与总体单位，必须注意两个方面：

(1)构成总体的单位必须是同质的，不能把不同质的单位混在总体之中。例如，研究工人的工资水平，就只能将职工的工资收入列入统计总体的范围。同时，也只能对职工的工资收入进行考察，对职工由其他方面取得的收入就要加以排除，这样才能正确反映职工的工资水平。

(2)总体与总体单位具有相对性，随着研究任务的改变而改变。同一单位可以是总体也可以是总体单位。例如，要了解全国工业企业职工的工资收入情况，那么全部企业是总体，各个企业是总体单位。如果旨在了解某个企业职工的工资收入情况，则该企业就成了总体，每位职工的工资就是总体单位了。

二、统计标志

(一)标志和标志表现

统计标志简称标志、标识,是指统计总体各单位所具有的共同特征的名称。每个总体单位从不同的角度和要求观察,可以有多个属性、特征。从不同角度考察,每个总体单位可以有许多特征,如每个职工可以有性别、年龄、民族、工种等特征。这些都是职工的标志。

标志表现是标志特征在各单位的具体体现。例如,某职工的性别是"女",年龄为"32 岁",民族为"汉族"等,这里"女""32 岁""汉族"就是性别、年龄、民族的具体体现,即标志表现。

(二)标志的分类

1. 标志按变异情况,可分为不变标志和变异标志

当一个标志在各个单位的具体表现都相同时,这个标志称为不变标志;当一个标志在各个单位的具体表现有可能不同时,这个标志称为可变标志或变异标志。如 2020 年 11 月中国第七次人口普查规定:"人口普查的对象是具有中华人民共和国国籍并在中华人民共和国国境内常住的人。"按照这一规定,在作为调查对象的人口总体中,国籍和在国境内居住是不变标志,而性别、年龄、民族、职业等则是变异标志。

【提示】不变标志是构成统计总体的基础,因为至少必须有一个不变标志将各总体单位联结在一起,才能使它具有"同质性",从而构成一个总体。变异标志是统计研究的主要内容,因为如果标志在各总体单位之间的表现都相同,那就没有进行统计分析研究的必要了。

2. 标志按其性质,可分为品质标志和数量标志

品质标志表示事物的质的特性,是不能用数值表示的,如职工的性别、民族、工种等。数量标志表示事物的量的特性,是可以用数值表示的,如职工年龄、工资、工龄等。

【注意】品质标志主要用于分组,将性质不相同的总体单位划分开来,便于计算各组的总体单位数,计算结构和比例指标。数量标志既可用于分组,也可用于计算标志总量以及其他各种质量指标。

三、统计指标

(一)统计指标的概念及其构成要素

统计指标简称指标,是反映社会经济现象总体某一综合数量特征的范畴,由指标名称和指标数值两部分构成。指标名称反映了现象所属的一定的社会或经济范畴,指标数值反映了现象在具体条件下的规模、水平及比例关系。对统计指标的概念,一般有两种理解和两种使用方法。

1. 统计指标是指反映总体现象数量特征的概念

例如,人口数、商品销售额、劳动生产率等。它包括三个构成要素:指标名称、计量单位、计算方法。这是统计理论与统计设计上所使用的统计指标含义。

2. 统计指标是反映总体现象数量特征的概念和具体数值

例如,2021 年全年我国国内生产总值为 1 143 369.7 亿元。这个概念含义中包括了指标数值。按照这种理解,统计指标除了包括上述三个构成要素外,还包括时间限制、空间限制、指标数值。这是统计实际工作中经常使用的统计指标的含义。

【提示】统计指标包括指标名称、计量单位、计算方法、时间限制、空间限制、指标数值六个具体的构成因素。

(二)统计指标的特点

1. 数量性

数量性是指所有的统计指标都是可以用数值来表现的。这是统计指标最基本的特点。统计指

标所反映的就是客观现象的数量特征，这种数量特征，是统计指标存在的形式，没有数量特征的统计指标是不存在的。正因为统计指标具有数量性的特点，它才能对客观总体进行量的描述，才使统计研究运用数学方法和现代计算技术成为可能。

2. 综合性

综合性是指统计指标既是同质总体大量个别单位的总计，又是大量个别单位标志差异的综合，是许多个体现象数量综合的结果。例如，某人的年龄、某人的存款额不能称作统计指标，一些人的平均年龄、一些人的储蓄总额、人均储蓄才称作统计指标。统计指标的形成都必须经过从个体到总体的过程，它是通过个别单位数量差异的抽象化来体现总体综合数量的特点的。

3. 具体性

统计指标的具体性有两个方面的含义：①统计指标不是抽象的概念和数字，而是一定的具体的社会经济现象的量的反映，是在质的基础上的量的集合。这一点使社会经济统计与数理统计、数学相区别。②统计指标说明的是客观存在的，已经发生的事实，它反映了社会经济现象在具体地点、时间和条件下的数量变化。这一点又与计划指标相区别。

【提示】统计指标反映的是过去的事实和根据这些事实综合计算出来的实际数量，而计划指标则说明未来所要达到的具体目标。

(三)标志与指标的区别和联系

1. 标志与指标的区别

(1)标志是说明总体单位特征的，指标是说明总体特征的。例如，一个工人的工资是数量标志，全体工人的工资总额是统计指标。

(2)标志有用文字表示的品质标志和用数值表示的数量标志，指标则都是用数值表示的，没有不能用数值表示的指标。

2. 标志与指标的联系

(1)统计指标的数值多是由总体单位的数量标志值综合汇总而来的。例如，工资总额是各个职工的工资之和，工业总产值是各个工业企业的工业总产值之和。由于指标与标志的这种综合汇总关系，有些统计指标的名称与标志是一样的，如上例中的工业总产值。

(2)标志与指标之间存在着变换关系。如果由于统计研究目的的变化，原来的统计总体变成总体单位了，则相对应的统计指标也就变成了数量标志。反过来，如果原来的总体单位变成总体了，则相对应的数量标志也就变成了统计指标。

(四)统计指标的种类

1. 统计指标按其说明总体内容的不同，可分为数量指标和质量指标

(1)数量指标是反映说明总体外延规模的统计指标。例如，人口数、企业数、工资总额、商品销售额、产值、产量等。数量指标所反映的是总体的绝对数量，一般以绝对数表示，具有实物的或货币的计量单位，其数值的大小，随着总体范围的变化而变化，它是认识总体现象的基础指标。

(2)质量指标是反映说明总体内部数量关系和总体单位水平的统计指标。例如，人口的年龄构成、性别比例、农业—轻工业—重工业比例、平均单产、平均工资、劳动生产率、流动比率、速动比率等。它通常是用相对数和平均数的形式表现的，其数值的大小与范围的变化没有直接关系。

2. 统计指标按其作用和表现形式的不同，可分为总量指标、相对指标和平均指标

总量指标又分为实物指标、劳动指标和价值指标三种。这些统计指标的概念、内容、计算方法和作用各不相同，将在以后项目中叙述。

3. 统计指标按管理功能作用不同，可分为描述指标、评价指标和预警指标

(1)描述指标主要是反映社会经济运行的状况、过程和结果，提供对社会经济总体现象的基本

认识，是统计信息的主体。例如，反映社会经济条件的土地面积指标、自然资源拥有量指标、社会财富指标、劳动资源指标、科技力量指标，反映生产经营过程和结果的国民生产总值指标、工农业总产值指标、国民收入指标、固定资产指标、流动资金指标、利润指标，反映社会物质文化的娱乐设施指标、医疗床位数指标等。

（2）评价指标是用于对社会经济运行的结果进行比较、评估和考核，以检查工作质量或其他定额指标的结合使用。它包括国民经济评价指标和企业经济活动评价指标。

（3）预警指标一般是用于对宏观经济运行进行监测，对国民经济运行中即将发生的失衡、失控等进行预报、警示。通常选择国民经济运行中的关键性、敏感性经济现象，建立相应的监测指标体系。例如，针对经济增长、经济周期波动、失业、通货膨胀等，可以建立国民生产总值与国民收入增长率、社会消费率、积累率、失业率、物价水平、汇率、利率等预警指标。

4. 统计指标按其反映时间特点的不同，可分为时点指标和时期指标

（1）时点指标是反映现象在某一时点上的数值表现的指标，如人口数、黄金储备量等；

（2）时期指标是反映现象在某一时期内的数量表现的指标，如产值、产量等。有关这两类指标的特点、计算等在时间序列分析中还将作详细论述。

四、统计指标体系

统计指标体系是指各种相互联系、相互制约、相互补充的统计指标所构成的一个有机整体，用来说明所研究现象各个方面相互依存和相互制约的关系，它可以全方位、多角度地反映现象总体的数量特征。

对一个复杂、多层次的现象总体而言，单个指标往往只能从某个角度来反映其数量特征。要达到全面反映现象总体的各个角度和特征的要求，我们必须用一系列相互联系、互为补充的指标体系的组合，来反映总体的全貌。例如，我们可以用出生人口数、死亡人口数、迁入人口数、迁出人口数这四个指标组成的体系来反映某地区人口变动的状况及数量特征；也可以用销售利润率、流动比率、应收账款周转率、存货周转率、社会贡献率、社会积累率等指标来评价企业的经济效益等。

（一）根据所研究问题的范围大小，可分为宏观统计指标体系、微观统计指标体系和中观统计指标体系

1. 宏观统计指标体系

宏观统计指标体系就是反映整个现象大范围的统计指标体系，如反映整个国民经济和社会发展的统计指标体系。

2. 微观统计指标体系

微观统计指标体系就是反映现象较小范围的统计指标体系，如反映企业或事业单位的统计指标体系。

3. 中观统计指标体系

介于前两者之间的可以称为中观统计指标体系，如反映各地区或各部门的统计指标体系。

（二）根据所反映现象的范围内容不同，可分为综合性统计指标体系和专题性统计指标体系

1. 综合性统计指标体系

综合性统计指标体系是较全面地反映总系统及其各个子系统的综合情况的统计指标体系，如国民经济和社会发展统计指标体系。

2. 专题性统计指标体系

专题性统计指标体系是反映某一个方面或问题的统计指标体系，如经济效益指标体系。

五、变异、变量和变量值

(一)变异

统计中的标志和指标都是可变的,如人的性别有男女之分,各时期、各地区、各部门的工业总产值各有不同等,这种差别称作变异。变异就是有差别的意思,包括质的差别和量的差别。

【提示】变异是统计的前提条件。

(二)变量

变量就是可以取不同值的量,这是数学上的一个名词。在社会经济统计中,变量包括各种数量标志和全部统计指标,都是以数值表示的,不包括品质标志。变量就是数量标志的名称或指标的名称,变量的具体数值表现则称为变量值。例如,职工人数是一个变量,因为各个企业的职工人数不同。A 企业有 852 人,B 企业有 1 686 人,C 企业有 964 人,都是职工人数这个变量的具体数值,也就是变量值。要注意区分变量和变量值。如上例,852 人、1 686 人、964 人三个变量值的平均数,不能说是三个“变量”的平均数,因为这里只有“职工人数”这一个变量,并没有三个变量。

以整数值变化的变量,称为离散型变量;也可以有连续数值变化的变量,即可以用小数值表示的变量,称为连续型变量。

【提示】离散型变量的各变量值之间是以整数位断开的,如人数、机器台数、工厂数等,都只能按整数计算;连续型变量的数值是接连不断的,相邻的两数值之间可作无限分割,如身高、体重、年龄等。

(三)变量值

连续变量

变量值按是否连续可分为连续变量与离散变量两种。

1. 连续变量

在一定区间内可任意取值的变量称作连续变量,其数值是连续不断的,相邻两个数值可作无限分割,即可取无限个数值。例如,生产零件的规格尺寸、人体测量的身高和体重等为连续变量,其数值只能用测量或计量的方法取得。

2. 离散变量

动漫视频

离散变量

可按一定顺序一一列举其数值的变量称作离散变量,其数值表现为断开的。例如,企业个数、职工人数、设备台数、学校数、医院数等,都只能按计量单位数计数,这种变量的数值一般用计数方法取得。

项目训练

一、单项选择题

1.“统计”一词的基本含义是( )。

A. 统计调查、统计整理、统计分析　　B. 统计设计、统计分组、统计计算

C. 统计方法、统计分析、统计预测　　D. 统计资料、统计工作、统计学

2. 调查东北某财经类大学大二 2 000 名学生学习情况,则总体单位是( )。

A. 2 000 名学生　　B. 2 000 名学生的学习成绩

C. 每一名学生　　D. 每一名学生的学习成绩

3. 统计指标按其说明的总体现象的内容不同,可以分为( )。

A. 基本指标和派生指标　　B. 数量指标和质量指标

C. 实物指标和价值指标　　D. 绝对数指标、相对数指标和平均数指标

4. 统计学的基本方法包括(　　)。
A. 调查方法、整理方法、分析方法、预测方法
B. 调查方法、汇总方法、预测方法、实验设计
C. 相对数法、平均数法、指数法、汇总法
D. 大量观察法、统计分组法、综合指标法、统计推断法
5. 要了解某市国有工业企业生产设备情况,则统计总体是(　　)。
A. 该市国有的全部工业企业　　B. 该市国有的每一个工业企业
C. 该市国有的某一台设备　　D. 该市国有制工业企业的全部生产设备
6. 变量是(　　)。
A. 可变的质量指标　　B. 可变的数量指标和标志
C. 可变的品质标志　　D. 可变的数量标志
7. 构成统计总体的个别事物称为(　　)。
A. 调查单位　　B. 总体单位　　C. 调查对象　　D. 填报单位
8. 统计总体的基本特征是(　　)。
A. 同质性、大量性、变异性　　B. 数量性、大量性、变异性
C. 数量性、综合性、具体性　　D. 同质性、大量性、可比性
9. 下列属于品质标志的是(　　)。
A. 工人年龄　　B. 工人性别　　C. 工人体重　　D. 工人工资
10. 标志是说明(　　)。
A. 总体单位的特征的名称　　B. 总体单位量的特征的名称
C. 总体质的特征的名称　　D. 总体量的特征的名称

二、多项选择题

1. 统计指标的特点有(　　)。
A. 数量性　　B. 社会性　　C. 总体性　　D. 综合性
2. 变量按其是否连续,可分为(　　)。
A. 确定性变量　　B. 随机性变量　　C. 连续变量　　D. 离散变量
3. 品质标志表示事物的质的特征,数量标志表示事物的量的特征,因此(　　)。
A. 数量标志可以用数值表示　　B. 品质标志可以用数值表示
C. 数量标志不可以用数值表示　　D. 品质标志不可以用数值表示
4. 某企业是总体单位,数量标志有(　　)。
A. 所有制　　B. 职工人数　　C. 月平均工资　　D. 年工资总额
5. 统计指标的构成要素有(　　)。
A. 指标名称　　B. 计量单位
C. 计算方法　　D. 时间限制和空间限制

三、简述题

1. 简述统计和统计学的概念。
2. 简述统计研究对象和特点。
3. 什么是标志?什么是指标?二者有什么联系与区别?
4. 简述统计学的研究方法。

5. 什么是统计总体？统计总体有哪些特征？什么是总体单位？

四、综合题

要调查某卖场销售的全部洗衣机情况，试指出总体、总体单位是什么？试举若干品质标志、数量标志、数量指标、质量指标。

项目实训

【实训项目】

统计学绪论。

【实训目的】

通过对统计总论知识的了解，加深对统计学的认识。

【实训资料】

各种变量在统计上有不同含义，在生活中我们常常会遇到如下一些变量：A. 选民选票数；B. 存款余额；C. 车轮转速；D. 毕业生人数；E. 飞机耗油量；F. 零件尺寸偏差；G. 生猪存栏数；H. 森林覆盖面积；I. 企业数；J. 降雨量。

【实训要求】

1. 试根据资料指出这些变量哪些属于连续型变量，哪些属于离散型变量。

2. 撰写《统计学绪论》实训报告。

《统计学绪论》实训报告		
项目实训班级：	项目小组：	项目组成员：
实训时间：　　年　月　日	实训地点：	实训成绩：
实训目的：		
实训步骤：		
实训结果：		
实训感言：		
不足与今后改进：		

项目组长评定签字：　　　　　　　　　　项目指导教师评定签字：

统计调查

○ **知识目标**

理解:统计调查的概念和要求。

熟知:统计调查的种类;统计调查误差;统计调查方案的内容。

掌握:统计调查组织形式;统计调查方法;统计调查问卷的撰写。

○ **技能目标**

能够结合所学的统计调查知识进行统计调查问卷的撰写,发表读后感想;能够实施统计调查并在此基础上完成统计调查问卷。

○ **素质目标**

运用所学的统计调查基本原理知识研究相关案例,培养和提高学生在特定业务情境中分析问题与决策设计的能力;结合行业规范或标准,运用统计调查知识分析行为的善恶,强化学生的职业道德素质。

○ **思政目标**

能够正确地理解"不忘初心"的核心要义和精神实质;树立正确的世界观、人生观和价值观,做到学思用贯通、知信行统一;通过统计调查知识,引导学生在统计调查过程中实事求是、严谨求真,培养耐心细致的工作作风和严肃认真的科学精神。

○ **项目引例**

第七次全国人口普查

2019 年 11 月,经李克强总理签批,国务院印发《关于开展第七次全国人口普查的通知》。根据《中华人民共和国统计法》和《全国人口普查条例》规定,国务院决定于 2020 年开展第七次全国人口普查。

第七次全国人口普查入户工作于 2020 年 10 月 11 日至 12 月 10 日期间进行,11 月 1 日起正式开启。此次人口普查将采取电子化方式开展普查登记,同时倡导普查对象自主填报的方式,鼓励大家使用手机等移动终端自行申报个人和家庭信息。中国在 2020 年开展的全国人口普查,普查标准时点是 2020 年 11 月 1 日零时,彻查人口出生变动情况以及房屋情况。普查对象是普查标准时点在中华人民共和国境内的自然人以及在中华人民共和国境外但未定居的中国公民,不包括在中华人民共和国境内短期停留的境外人员。普查主要调查人口和住户的基本情况,内容包括姓名、公民身份证号码、性别、年龄、民族、受教育程度、行业、职业、迁移流动、婚姻生育、死亡、住房情况等。

2021 年 5 月 11 日,第七次全国人口普查结果公布,全国人口为 1 443 497 378 人,其中:普查登记的内地 31 个省、自治区、直辖市和现役军人的人口共 1 411 778 724 人;香港特别行政区人口为 7 474 200 人;澳门特别行政区人口为 683 218 人;台湾地区人口为 23 561 236 人。

第八次人口普查时间为 2030 年。人口普查每 10 年进行一次,尾数逢 0 的年份为普查年度。

新中国成立以来,我国已经成功进行过七次全国人口普查,分别在1953年、1964年、1982年、1990年、2000年、2010年、2020年。

资料来源:新华每日电讯,http://www.xinhuanet.com//mrdx/2021-05/12/c_139940702.htm。

试分析:什么是普查?普查与统计调查有什么关系?

○ **知识精讲**

任务一 统计调查概述

一、统计调查的概念

动漫视频

统计调查

统计调查是搜集资料获得感性认识的阶段,它既是对现象总体认识的开始,也是进行资料整理分析的基础环节。统计调查是指根据统计研究的目的、要求和任务,运用各种科学的调查方式和方法,有目的、有计划、有组织地获取统计资料的工作过程。

统计调查的基本任务是按照所确定的指标体系,通过具体的调查,取得反映社会经济现象总体全部或部分单位以数字资料为主体的信息。这些信息是总体单位有关标志的表现,是经过整理进行系统化的原始资料,或有过初步整理必须进行进一步系统化的次级资料。

【提示】搜集大量的、以数字资料为主体的信息是统计调查不同于一般社会调查的主要特征。

统计调查所获取的统计资料包括原始资料和次级资料。

(一)原始资料

原始资料是向调查单位获取的未经任何加工整理的反映个体单位特征的统计资料。它是统计实践活动所取得的第一手资料,又称初级资料。

动漫视频

原始资料

原始资料通常是通过调查或实验获取的。通常,调查是对社会现象和经济现象而言的,如进行经济普查,被调查单位工业企业提供该企业的产品产量、职工人数、原材料消耗、利税额等,餐饮企业提供的营业额、利税额等,均是未经任何其他部门加工汇总的资料,是原始资料。实验大多是对自然现象而言的,如新药疗效的临床试验取得的资料,农业科技工作者实验了解水分、温度对农作物产量的影响等。实验作为获取统计资料的方法也被广泛地应用到社会科学研究中,心理学、教育学、经济学、管理学中也大量使用实验的方法获取研究资料。

(二)次级资料

次级资料是指已经经过加工整理,由个体过渡到总体,能够在一定程度上说明总体特征的统计资料,又称为间接资料或二手资料,如从统计公报、统计年鉴、信息机构以及报纸杂志上所获得的统计资料。

从获取的渠道看,次级资料可以取自系统内部,也可以取自系统外部。取自系统内部的资料主要包括业务资料,如与业务经营活动有关的各种数据、记录,经营活动过程中的各种报表,财务、会计核算资料等。取自系统外部的资料主要有统计部门和各级政府部门公布的有关资料,如定期发布的统计公报、定期出版的统计年鉴等。

【注意】次级资料的获取比较容易,取得成本较低,因而在实际中得到广泛应用。但次级资料也有很大的局限性,使用时要保持谨慎的态度。

二、统计调查的要求

统计调查是统计研究的基础环节,统计数据质量的好坏,直接影响统计研究是否能达到统计研究的目的。因此,对所调查搜集到的数据,提出了以下四点要求。

(一)准确性

准确性是指调查资料要反映客观现象的实际情况。保证统计调查资料的准确性不仅是一个技术问题,而且涉及坚持统计制度和纪律、坚持实事求是、必须真实可靠、如实反映情况的原则,做到既不修饰也不渲染。统计调查准确性要求被调查者,依照《统计法》和国家的规章制度,实事求是地报送统计资料,不允许虚报、瞒报、拒报和伪造篡改。统计机构和人员必须实事求是如实提供统计资料,同时要保证他们依法独立行使统计调查、统计报告、统计监督的职权不受侵害,以确保党和国家掌握国民经济和社会发展的真实情况,充分发挥统计服务和监督职能。

【提示】准确性是保证统计数据质量的首要环节,是统计工作的使命。

(二)及时性

及时性是指对统计工作的时间限制,是一个全局问题,包括完成调查任务和调查资料的及时上报等,即在统计调查所规定的时间内,满足各部门对统计资料的要求。一项统计任务的完成,是由许多单位共同努力奋斗的结果,任何一个报告单位不能按规定时间提供资料,都会影响全面的综合工作,贻误整个统计工作的开展。

各项调查资料需要及时上报,这是最基本的要求,因为过时的资料落在了形势发展的后面,失去时效性,犹如"雨后送伞"起不到应有的作用。

【提示】保证统计调查的及时性,要求各报告单位增强全局观念,认真遵守统计制度和统计纪律。

(三)完整性

完整性是指统计调查取得的资料必须全面完整,不重复、不遗漏,将应该调查的单位及其调查项目的数据毫无遗漏地进行搜集。统计资料的完整性一般包括两个方面的含义:①调查单位的完整性是指按规定需要报送统计资料的单位,都必须准确及时地上报统计资料,不能有遗漏和重复;②调查项目的完整性,是指每个调查单位,都必须按统计调查内容,一项不漏地报送统计资料。只有这样,才能使资料全面准确地反映现象的实际情况。

【注意】如果搜集的资料不完整,就不能全面、准确地反映被调查对象的情况,会给统计整理和统计分析带来困难,影响到整个统计工作的进度和质量。

(四)适应性

适应性要求主要是针对次级资料而言的。次级资料是为了其他调查目的而形成的统计资料,若本次调查目的发生变化,所使用的次级资料是否能符合本次调查的目的,就要考虑其适应性,对于那些不适应或不能完全适应的数据,要进行剔除或调整,以使资料能够为本次调查所用。

统计工作的各个环节是紧密衔接、相互依存的。统计调查作为统计工作的基础环节在调查过程中所得到的原始资料,其质量直接影响最终成果的质量。

【注意】如果在搜集原始资料时出现差错,又不能及时更正,那么以后无论怎样认真地整理这些资料,错误的数据都将影响最后结论的正确性和可靠性。

三、统计调查的种类

统计数据的搜集方式,从不同的角度划分,有不同的调查种类。

(一)按调查对象包括的范围,可分为全面调查和非全面调查

1. 全面调查

全面调查是对构成调查对象的全部单位进行无一遗漏的调查登记的一种统计调查方式,包括全面统计报表和普查。如为全面掌握全国人口的基本情况,每隔十年进行一次的人口普查,属于全面调查。

2. 非全面调查

非全面调查是对调查对象中的一部分单位进行调查登记的一种统计调查方式,包括非全面统计报表、抽样调查、重点调查和典型调查。例如,要了解城市职工的生活情况而对选出的一部分职工家庭进行的调查,要了解市场物价的变动情况而对选出的一部分商品进行的调查。

【注意】全面调查的资料比较详细,完整,但却需要大量的人力、物力和财力,而且有些情况下,也无法进行全面调查,或没有必要进行全面调查。在这种情况下,就需要进行非全面调查,既可以节省人力、物力和财力,也可以解决有些无法进行全面调查或没有必要进行全面调查的问题。

(二)按调查登记的时间是否连续,可分为经常性调查和一次性调查

1. 经常性调查

经常性调查又称连续性调查,是指随着调查对象情况的变化,随时进行连续不断的登记的一种统计调查方式。如对工业企业增加值、产品产量、原材料消耗量等在观察期内连续登记,这些指标的数值变动很大,必须进行经常登记才能满足需要。

【提示】经常性调查获取的统计资料,能够反映社会经济现象在一定时期内的总量,它一般适用于对时期现象进行调查。

2. 一次性调查

一次性调查又称不连续调查,是指间隔一定时间,一般是相当长的时期进行的调查登记。如土地面积调查、每隔五年进行一次的经济普查、每隔十年进行一次的人口普查、机器设备台数登记等。这些调查对象的指标数值在一定时期内变动不大,不需要进行连续不断的登记,而只需要间隔一定的时间进行登记即可满足需要。

【提示】一次性调查所获取的资料反映现象在某一时刻(瞬间)的水平,它一般适用于对时点现象进行调查。

【注意】一次调查并非只调查一次,而是间隔很长一段时间再进行的调查。

(三)按调查的组织形式,可分为统计报表和专门调查

1. 统计报表

统计报表是国家统计系统和专业部门为了定期取得系统、全面的统计资料而采用的一种搜集资料的方式。它是按照国家统一规定的调查要求和表格形式,自上而下统一布置、自下而上逐级提供统计资料的一种统计调查方式,目的在于获取反映国家政治、经济、文化等方面的基本统计资料,为进行宏观调控和各相关部门制定政策提供依据。

动漫视频

统计报表

【提示】在我国,统计报表形成了一种制度,因此也称为统计报表制度。

2. 专门调查

专门调查是为了了解和研究某一特定现象或专门问题而专门组织的统计调查。如人口普查、经济普查、在校贫困大学生状况调查、高校教育质量调查等。专门调查包括普遍调查、抽样调查、重点调查和典型调查等方式。

(四)按搜集资料的方法不同,可分为直接观察法、报告法、采访法、网络法和实验法

1. 直接观察法

直接观察法是由调查人员亲自到现场对调查单位直接查看、测量和计量以取得统计资料的一种调查方法。例如,进行农作物产量调查,调查人员亲自参加抽选样本、收割、脱粒、称重等工作;为了解生猪存栏头数,调查人员亲临养猪场对生猪头数进行清点。

【注意】直接观察法可以保证所搜集的资料具有较高的准确性,但这种方法需要花费较多的人力、物力和时间。

2. 报告法

报告法是指由基层单位以各种原始记录、统计台账和核算资料为基础，按有关规定和隶属关系逐级向上提供统计资料的一种调查方法。

【提示】我国各地区、各部门、各单位所采用的统计报表，就是采用报告法取得资料。

3. 采访法

采访法是由调查人员向被调查者提问，根据被调查者的答复取得调查资料的一种调查方法。它又分为个别访谈法、开调查会法、邮寄调查法和计算机辅助调查法。

(1)个别访谈法就是调查者通过与被调查者直接交谈或逐一询问，从而获取统计资料的调查方法。这种调查方法通过与被调查者接触，能够控制调查过程，获得比较可靠的调查资料。

(2)开调查会法是调查人员有计划地邀请一部分被调查者集中到调查现场，通过座谈、讨论的方式获得统计资料的调查方法。

(3)邮寄调查法是通过邮寄或宣传媒体等方式将调查表或问卷送至被调查者手中，由被调查者填写，然后将填写好的调查表或问卷寄回或投放到指定地点的一种搜集统计资料的调查方法。

(4)计算机辅助调查法即计算机辅助电话访问，它是由电话、计算机、访问员三种资源组成的访问系统，使用一份按计算机设计方法设计的问卷，用电话向被调查者进行询问，以获取统计资料的一种调查方法。

【提示】计算机辅助调查法的优点是资料的准确度高，获取的速度快；缺点是花费较高，且对访问员的计算机操作技能要求较高。

4. 网络法

网络法是调查人员利用互联网与被调查者进行交流，从而获得统计资料的一种调查方法。网络法可以将调查表或问卷直接放在网站上，在规定的时间内由被调查者填写，也可以通过电子邮件方式将调查表或问卷发给被调查者，被调查者填写完成后再通过电子邮件回复。

5. 实验法

实验法是指设置专门的现实场景，由调查人员在现场通过亲身体验、观察、访问获取统计资料的一种调查方法。在统计调查中，如通过设置一些场景调查职工的态度、行为等来获取有关资料；让消费者免费试用一些新产品，以得到消费者对新产品看法的资料。

四、统计调查误差

准确可靠的统计资料是统计工作的生命，统计能否正确地发挥其信息、咨询和监督的职能，关键在于统计资料的质量。由于影响统计工作的因素较复杂，且影响因素大多是动态的，因而统计工作所获取的数据资料与研究对象的客观实际是存在差异的。

统计调查误差是指调查的数据资料与真实情况之间的差异。通常将统计调查的误差按其产生的原因分为登记性误差和代表性误差。

(1)登记性误差，是指在调查过程中，由于主客观原因引起的登记性的差错而造成的误差。具体来讲，它又分为度量性误差、知识性误差、态度性误差和干扰性误差。度量性误差是指因计量工具或者计量手段不合理造成的误差，如由于标尺的偏误造成器具测量长度与实际长度产生的误差；知识性误差是指调查者因统计知识的局限，对调查的时间范围、空间范围、调查项目含义的不理解或错误理解、记忆不清所产生的误差；态度性误差是指调查者主观随意填报统计数据而产生的误差，包括多填、漏填或不按规定的计量单位、计算方法填报等；干扰性误差是指受到外部干扰而有意识地虚报、漏报或者捏造统计数据而产生的误差。

【提示】无论是全面调查还是非全面调查，都会出现登记性误差。

(2)代表性误差,是指在抽样调查过程中,由抽样总体代表全部总体而造成的误差,这种误差仅存在于抽样调查的组织方式中。代表性误差又分为系统性代表误差和偶然性代表误差。系统性代表误差是指在抽样调查过程时,违背随机原则而造成的误差。例如,违背随机原则有意识地多选择较好单位或较坏单位进行的调查,有意识地将偏高或偏低的数据进行剔除等。偶然性代表误差是指在抽样调查过程中,在遵循随机原则的前提下由于样本的结构不足以代表总体的结构而产生的误差。

【注意】偶然性代表误差是在任何抽样调查中都不可避免的误差,但调查人员可以通过选择适宜的抽样组织方式、扩大样本容量等方式对其进行控制。

任务二　统计调查方案内容

统计调查是一项复杂的、严格的科学工作,必须在确定的目的下有计划、有组织地进行,这就需要在每次调查之前,制订一个周密的方案以使整个调查工作能够顺利完成。统计调查方案也是统计设计的具体体现,通常一个完整的调查方案包括以下六个方面的内容。

一、明确调查目的

制订调查方案,首先要确定调查的目的,它要解决的是为什么进行调查的问题。调查目的是调查所要达到的具体目标,它是任何一个统计调查方案首先要解决的问题。

【注意】调查目的应尽可能规定得具体明确,突出中心,否则,调查来的资料可能并不是需要的,而需要了解的情况又得不到充分的反映。

调查目的决定调查对象和调查内容,不同的调查目的需要不同的调查资料,不同的调查资料又有不同的搜集方法。如果调查目的不明确,就无法确定向谁调查、调查什么、怎样调查,结果可能是调查来的资料不能满足需要,而需要了解的情况又得不到充分反映,既浪费人力、物力和时间,又耽误整个统计工作。

【注意】调查目的回答的是为什么调查、调查要解决什么样的问题、调查具有什么样的社会经济意义的问题。

对任何社会经济现象都可以从不同的目的出发进行研究。如对工业企业的研究,既可以从产品满足市场需求的角度进行研究,也可以从产品生产成本的角度进行研究,还可以从投资者利益的角度进行研究。

【提示】调查目的不同,调查的项目也就不同。

二、确定调查对象和调查单位

调查目的确定之后,就要解决向谁调查或由谁来具体提供统计资料的问题,即确定调查对象和调查单位。

所谓调查对象,就是需要进行调查的那些社会经济现象的总体,它是由性质上相同的许多调查单位组成的。

【注意】确定了调查对象,就明确了所研究总体的范围,而划清调查范围能够防止调查工作中产生重复和遗漏。

所谓调查单位,就是构成调查对象的每一个具体单位,即总体单位,它是在调查过程中需要调查登记的各个标志的承担者或载体。确定了调查单位,就明确了应该从哪里取得有关标志的情况和资料。例如,调查目的在于取得国有大中型工业企业产品产量、产值、成本等资料,那么所有国有大中型工业企业就是调查对象,而构成所有国有大中型工业企业这个总体的每个工业企业则是调查单位。

明确调查单位还需要把它与填报单位相区别。填报单位也称报告单位，是指负责向上级提供调查资料的单位。填报单位一般在行政上、经济上具有一定的独立性；而调查单位可以是人、企事业单位，也可以是物。调查单位与填报单位有时一致，有时不一致。例如，工业企业普查，每个工业企业既是调查单位又是填报单位，两者是一致的；而工业企业生产设备普查，调查单位是工业企业的每台生产设备，填报单位则是每个工业企业，两者是不一致的。

【注意】明确调查对象和调查单位，其目的是要确定向谁进行调查的问题，只有正确地确定了调查对象，才能划清所要研究的总体界限，这对保证调查资料的准确性十分重要。

三、确定调查项目和设计调查表

(一)确定调查项目

调查项目是指需要向调查单位了解的内容，也即能说明调查单位特征的有关标志。它完全由调查的目的和任务的性质、特点所决定，包括由品质标志和数量标志所构成的标志体系。通俗来说，调查项目就是一份在调查过程中应该获得答案的各种问题的清单。

统计调查的具体内容可称作为调查项目，是说明调查单位某种属性或特征的名称或概念，在统计上又称标志。确定调查项目，就是要解决向调查单位调查什么的问题。就所要调查的总体而言，确定调查项目应本着“少而精”的原则，把需要和可能相结合，即确定的调查项目应是需要并能够取得实际资料的项目，有些项目虽然需要但在实际中却难以取得资料，这样的项目不应被列入。例如，第七次全国人口普查表短表共有 18 个项目，其中按户填报的有 6 项、按人填报的有 12 项。项目内容包括姓名、性别、受教育程度等人口基本情况。

调查项目的确定，以调查目的和任务为依据，同时也要考虑到调查对象的特点。在拟定调查项目时，要注意以下三个问题：①所选择的项目必须是能够取得确切资料的项目。对于不必要或者必要但不可能取得资料的项目，就不应该设置调查项目。②调查的每一个项目都应该有确切的含义和统一的解释，以免调查人员或被调查者按自己的不同理解进行填写，使调查结果没有统一的答案。③各个调查项目之间尽可能做到相互联系、彼此衔接，以便于从整体上了解现象之间的相互联系，也便于有关项目相互核对，提高调查资料的质量。

(二)设计调查表

调查表是将调查项目按照一定的顺序排列起来所形成的表格。调查项目一般都是用调查表来反映的。使用调查表可以为下一阶段的统计整理提供极大的方便。

调查表一般有单一表和一览表两种形式。单一表是每个调查单位填写一份，可以容纳较多的项目；一览表是把许多调查单位登记在一张表上，在调查项目不多时较为简便，且便于合计和核对差错，但在项目较多的情况下，一览表并不太适用，因为势必会产生调查表篇幅过大的情况。

调查表是将拟定的具体调查项目按一定的结构和顺序排列而形成的表格。

【注意】调查表是调查方案的核心部分，是统计调查中搜集原始资料的基本工具。

调查表的内容一般由表头、表体和表脚三部分组成。

(1)表头。表头用来表明调查表的名称以及调查单位的名称、性质、隶属关系等，它在核实和复查各调查单位时是不可缺少的。

(2)表体。这是调查表的主要部分，包括统计调查所要说明的社会经济现象的项目和这些项目的具体表现也即数字、计算单位等。

(3)表脚。表脚包括调查者的签名和调查日期等，其目的是明确责任，一旦发现问题，便于查询。

第七次全国人口普查表短表样式如表 2－1 所示。

经国务院批准进行第七次全国人口普查
普查试点登记的标准时间为：2020年6月11日零时
普查的原始资料不向任何单位和个人提供　仅供汇总使用
公民应履行如实申报普查项目的义务

第七次全国人口普查短表

表号：R 7 1 1 表
制表机关：国　家　统　计　局
国务院第七次全国人口普查办公室
批准文号：国发[2019]24号
有效期至：2020年10月

本户地址：_____ 县(市、区)_____ 乡(镇、街道)_____ 普查区 _____ 普查小区　建筑物编号 _____
地址码：

H户编号	H1. 户别	H2. 本户应登记人数		2019年6月11日-2020年6月10日 H3. 出生人口		H4. 死亡人口		H5. 住所类型	H6. 本户住房建筑面积	H7. 本户现住房间数
				男	女	男	女			
__ 号	1. 家庭户 2. 集体户	2020年6月10日晚居住本户的人数：____ 人	户口在本户，2020年6月10日晚未住本户的人数：____ 人	__ 人	__ 人	__ 人	__ 人	1. 普通住宅 2. 集体住所 3. 工作地住所 4. 其他住房 5. 无住房 (选择2-5的，跳至个人项目)	____ 平方米	(不包括厨房、过道、厅) ____ 间

每　个　人　都　填　报

D1. 姓名	D2. 与户主关系	D3. 公民身份证号码	D4. 性别	D5. 出生年月	D6. 民族	D7. 调查时点(2020年6月11日零时)居住地	D8. 户口登记地	D9. 离开户口登记地时间	D10. 离开户口登记地原因	D11. 受教育程度（3周岁及以上的人填报）	D12. 是否识字（15周岁及以上的人填报的项目）
	0. 户主 1. 配偶 2. 子女 3. 父母 4. 岳父母或公婆 5. 祖父母 6. 媳婿 7. 孙子女 8. 兄弟姐妹 9. 其他		1. 男 2. 女	出生于： __ 年 __ 月	族	1. 本调查小区 2. 本村(居)委会其他调查小区 3. 本乡(镇、街道)其他村(居)委会 4. 本县(市、区)其他乡(镇、街道) 5. 其他县(市、区)，请填写下面地址 6. 港澳台或国外 ____ 省(区、市) ____ 市(地、州、盟) ____ 县(市、区、旗)	1. 本村(居)委会 2. 本乡(镇、街道)其他村(居)委会 3. 本县(市、区)其他乡(镇、街道) 4. 其他县(市、区)，请填写下面地址 5. 户口待定→D11 ____ 省(区、市) ____ 市(地、州、盟) ____ 县(市、区、旗)	1.没有离开户口登记地→D11 2.不满半年 3.半年以上，不满一年 4.一年以上，不满二年 5.二年以上，不满三年 6.三年以上，不满四年 7.四年以上，不满五年 8.五年以上，不满十年 9.十年以上	0.工作就业 1.学习培训 2.随同离开/投亲靠友 3.拆迁/搬家 4.寄挂户口 5.婚姻嫁娶 6.照料孙子女 7.为子女就学 8.养老/康养 9.其他	1.未上过学 2.学前教育 3.小学 4.初中 5.高中 6.大学专科 7.大学本科 8.硕士研究生 9.博士研究生	1.是 2.否
	0. 户主 1. 配偶 2. 子女 3. 父母 4. 岳父母或公婆 5. 祖父母 6. 媳婿 7. 孙子女 8. 兄弟姐妹 9. 其他		1. 男 2. 女	出生于： __ 年 __ 月	族	1. 本调查小区 2. 本村(居)委会其他调查小区 3. 本乡(镇、街道)其他村(居)委会 4. 本县(市、区)其他乡(镇、街道) 5. 其他县(市、区)，请填写下面地址 6. 港澳台或国外 ____ 省(区、市) ____ 市(地、州、盟) ____ 县(市、区、旗)	1. 本村(居)委会 2. 本乡(镇、街道)其他村(居)委会 3. 本县(市、区)其他乡(镇、街道) 4. 其他县(市、区)，请填写下面地址 5. 户口待定→D11 ____ 省(区、市) ____ 市(地、州、盟) ____ 县(市、区、旗)	1.没有离开户口登记地→D11 2.不满半年 3.半年以上，不满一年 4.一年以上，不满二年 5.二年以上，不满三年 6.三年以上，不满四年 7.四年以上，不满五年 8.五年以上，不满十年 9.十年以上	0.工作就业 1.学习培训 2.随同离开/投亲靠友 3.拆迁/搬家 4.寄挂户口 5.婚姻嫁娶 6.照料孙子女 7.为子女就学 8.养老/康养 9.其他	1.未上过学 2.学前教育 3.小学 4.初中 5.高中 6.大学专科 7.大学本科 8.硕士研究生 9.博士研究生	1.是 2.否

续表

每个人都填报										3周岁及以上的人填报	15周岁及以上的人填报的项目
D1. 姓名	D2. 与户主关系	D3. 公民身份证号码	D4. 性别	D5. 出生年月	D6. 民族	D7. 调查时点 (2020年6月11日零时) 居住地	D8. 户口登记地	D9. 离开 户口登记地时间	D10. 离开户口 登记地原因	D11. 受教育程度	D12. 是否识字
	0. 户主 1. 配偶 2. 子女 3. 父母 4. 岳父母 或公婆 5. 祖父母 6. 媳婿 7. 孙子女 8. 兄弟姐妹 9. 其他		1. 男 2. 女	出生于： ____年 ____月	族	1. 本调查小区 2. 本村(居)委会其他调查小区 3. 本乡(镇、街道)其他村(居)委会 4. 本县(市、区)其他乡(镇、街道) 5. 其他县(市、区)，请填写下面地址 6. 港澳台或国外 ________省(区、市) ________市(地、州、盟) ________县(市、区、旗)	1. 本村(居)委会 2. 本乡(镇、街道)其他村(居)委会 3. 本县(市、区)其他乡(镇、街道) 4. 其他县(市、区)，请填写下面地址 5. 户口待定→D11 ________省(区、市) ________市(地、州、盟) ________县(市、区、旗)	1.没有离开户口 登记地→D11 2.不满半年 3.半年以上，不满一年 4.一年以上，不满二年 5.二年以上，不满三年 6.三年以上，不满四年 7.四年以上，不满五年 8.五年以上，不满十年 9.十年以上	0.工作就业 1.学习培训 2.随同离开 /投亲靠友 3.拆迁/搬家 4.寄挂户口 5.婚姻嫁娶 6.照料孙子女 7.为子女就学 8.养老/康养 9.其他	1.未上过学 2.学前教育 3.小学 4.初中 5.高中 6.大学专科 7.大学本科 8.硕士研究生 9.博士研究生	1.是 2.否
	0. 户主 1. 配偶 2. 子女 3. 父母 4. 岳父母 或公婆 5. 祖父母 6. 媳婿 7. 孙子女 8. 兄弟姐妹 9. 其他		1. 男 2. 女	出生于： ____年 ____月	族	1. 本调查小区 2. 本村(居)委会其他调查小区 3. 本乡(镇、街道)其他村(居)委会 4. 本县(市、区)其他乡(镇、街道) 5. 其他县(市、区)，请填写下面地址 6. 港澳台或国外 ________省(区、市) ________市(地、州、盟) ________县(市、区、旗)	1. 本村(居)委会 2. 本乡(镇、街道)其他村(居)委会 3. 本县(市、区)其他乡(镇、街道) 4. 其他县(市、区)，请填写下面地址 5. 户口待定→D11 ________省(区、市) ________市(地、州、盟) ________县(市、区、旗)	1.没有离开户口 登记地→D11 2.不满半年 3.半年以上，不满一年 4.一年以上，不满二年 5.二年以上，不满三年 6.三年以上，不满四年 7.四年以上，不满五年 8.五年以上，不满十年 9.十年以上	0.工作就业 1.学习培训 2.随同离开 /投亲靠友 3.拆迁/搬家 4.寄挂户口 5.婚姻嫁娶 6.照料孙子女 7.为子女就学 8.养老/康养 9.其他	1.未上过学 2.学前教育 3.小学 4.初中 5.高中 6.大学专科 7.大学本科 8.硕士研究生 9.博士研究生	1.是 2.否
	0. 户主 1. 配偶 2. 子女 3. 父母 4. 岳父母 或公婆 5. 祖父母 6. 媳婿 7. 孙子女 8. 兄弟姐妹 9. 其他		1. 男 2. 女	出生于： ____年 ____月	族	1. 本调查小区 2. 本村(居)委会其他调查小区 3. 本乡(镇、街道)其他村(居)委会 4. 本县(市、区)其他乡(镇、街道) 5. 其他县(市、区)，请填写下面地址 6. 港澳台或国外 ________省(区、市) ________市(地、州、盟) ________县(市、区、旗)	1. 本村(居)委会 2. 本乡(镇、街道)其他村(居)委会 3. 本县(市、区)其他乡(镇、街道) 4. 其他县(市、区)，请填写下面地址 5. 户口待定→D11 ________省(区、市) ________市(地、州、盟) ________县(市、区、旗)	1.没有离开户口 登记地→D11 2.不满半年 3.半年以上，不满一年 4.一年以上，不满二年 5.二年以上，不满三年 6.三年以上，不满四年 7.四年以上，不满五年 8.五年以上，不满十年 9.十年以上	0.工作就业 1.学习培训 2.随同离开 /投亲靠友 3.拆迁/搬家 4.寄挂户口 5.婚姻嫁娶 6.照料孙子女 7.为子女就学 8.养老/康养 9.其他	1.未上过学 2.学前教育 3.小学 4.初中 5.高中 6.大学专科 7.大学本科 8.硕士研究生 9.博士研究生	1.是 2.否
户编号：			本户共__ __张		，本张是第__张		申报人(签字)：	普查员(签字)：		填报日期： 月 日	

表 2-1

调查表的形式一般有单一表和一览表两种。①单一表是每一张表上只登记一个调查单位的调查资料，它可以容纳较多的调查项目，可以得到更丰富、更详细的资料，适宜于较详细的统计调查。②一览表是在一张表上登记若干个调查单位的调查资料，它的调查项目不宜过多，且便于合计和核对差错，但在项目较多的情况下，一览表并不太适用，因为势必会产生调查表篇幅过大的情况。这种表的使用不仅节省人力和物力，而且一目了然。

【提示】我国的人口普查表就是采用一览表的形式，在一张调查表上要填写全家每个成员的情况。

填写调查表必须附有简明扼要的填表说明和项目解释。填表说明是用来提示填表时应注意的事项，项目解释则是为了说明调查表中某些标志的含义，包括范围、计算方法等。

【注意】填表说明和项目解释必须依据国家统一标准制定，以保证统计调查中采用的指标含义、计算方法、分类目录和统计编码等方面的标准化，这是填报人员必须遵守的准则。

四、确定调查时间

(一)调查资料所属的时间

如果所调查的是时期现象，要明确规定调查对象的时间范围(起止时间)；如果所要调查的是时点现象，就要明确规定统一的标准时点。例如，调查工业产品产量，就要明确是一个月还是一个季度或是一年的产品产量；进行人口普查，就要明确人口数具体是哪个时点上的数量。

(二)调查时限

调查时限即整个调查工作的起止期限，包括搜集资料和报送资料的整个工作所需要的时间。为了保证资料的及时性，对调查时限的规定要尽可能短。例如，第七次全国人口普查规定的标准时间是 2020 年 11 月 1 日 0 时，并要求在 2020 年 11 月 1 日至 10 日完成普查的登记工作。其中，2020 年 11 月 1 日 0 时就是调查时间，2020 年 11 月 1 日至 10 日就是调查时限。

【提示】统计调查及时性要求的就是调查工作在规定的时间内完成。

【注意】调查时间和调查期限是不一致的，有时调查时间比调查期限长，有的时候调查时间比调查期限短。例如，在 2022 年 1 月份调查一个企业 2017—2021 年所上缴的利税总额，这项调查的指标内容所属时间为 2017—2021 年，而调查期限则是 2022 年 1 月份。

五、确定调查的方式和方法

调查的方式和方法是指进行调查的组织方式和方法。这主要取决于调查的目的、内容和调查的对象。调查方法是指在调查中所采用的具体调查技术或技巧，它包括直接调查法、报告法、采访法、统计调查问卷法。

六、制订调查的组织实施计划

为了保证整个统计调查工作顺利进行，在调查方案中还应该有一个考虑周密的组织实施计划。其主要内容应包括：①调查工作的组织领导机构和调查人员的组成；②调查前的准备工作，包括宣传教育、人员培训、调查文件的准备等；③调查资料的提供方式；④调查经费的预算和开支办法；⑤提供或公布调查成果的时间；⑥调查方案的传达布置、试点及其他工作等。

【注意】以上六项内容是调查方案的主要内容，但在实际工作中，需要根据调查的实际情况进行适当调整，可以增加一些内容，也可以省略一些内容，但最终目的是要将整个调查工作的各个环节、各个方面做一个详细的计划，以保证调查的顺利实施。

任务三　统计调查组织形式

社会经济现象是错综复杂的，统计调查的目的也是多种多样的，因此，要做好统计工作，就应根据调查的目的和要求，以及调查对象的特点，选择适当的调查方法。在我国，统计调查主要的组织形式有统计报表、普查、重点调查、典型调查、抽样调查等。

【提示】我国的统计调查方法体系是：建立以必要的周期性普查为基础，以经常性的抽样调查为主体，同时辅之以全面统计报表、重点调查和科学的统计推算综合运用的统计调查方法体系。

一、统计报表

（一）统计报表的概念

动漫视频

统计报表

统计报表是按照国家统一规定的调查要求和表格形式，自上而下统一布置、自下而上逐级提供统计资料的一种统计调查方式。

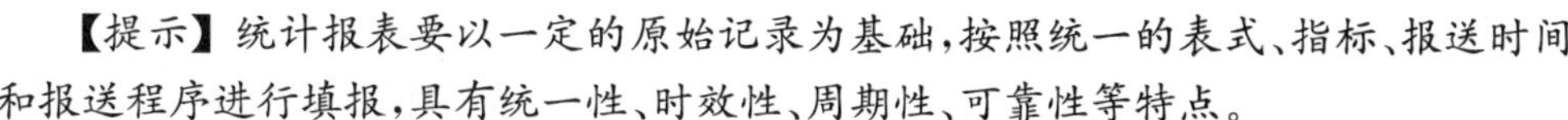

【提示】统计报表要以一定的原始记录为基础，按照统一的表式、指标、报送时间和报送程序进行填报，具有统一性、时效性、周期性、可靠性等特点。

（二）统计报表的优点

（1）基层单位可以利用统计报表的资料，对生产、经营活动进行科学管理。在统计报表涵盖的范围内，基层单位填报的资料，在部门、地区以及全国进行综合汇总。各部门、地区可以由此得到管辖范围内的统计资料，从而得以经常了解本部门、本地区经济和社会发展情况。

（2）统计报表的调查项目不仅相对稳定，而且是定期进行的，有利于经常搜集和积累资料，可以进行动态比较，研究经济建设和社会发展变化的规律。

（3）统计报表所反映的基础资料是编制经济和社会发展计划、检查计划执行情况的基本依据。统计报表为我国宏观经济管理提供了及时、准确的信息。

【提示】统计报表是国民经济管理的重要工具，是我国定期取得统计资料的主要调查方法。

（三）统计报表的任务

统计报表的任务是经常地、定期地提供反映国民经济和社会发展基本情况的资料，为各级政府和有关部门制定国民经济与社会发展计划、方针政策及检查计划执行情况服务。

（四）统计报表的种类

1. 按报表内容和实施范围不同，可分为国家统计报表、部门统计报表和地方统计报表

（1）国家统计报表。国家统计报表也称国民经济基本统计报表，是根据国家统计调查项目和调查计划制定的统计报表，用于搜集全国性的经济和社会发展基本情况的统计资料。

【提示】国家统计报表由国家统计局制发，在全国范围内实施。

（2）部门统计报表。部门统计报表也称专业统计报表，是根据有关部门统计调查项目和调查计划制定的统计报表，用于搜集本部门所需的统计资料。

【提示】部门统计报表由各主管部门制发，为本部门或本系统的经营管理服务。

（3）地方统计报表。地方统计报表是根据有关地方统计调查项目制定的统计报表，主要是为本地区的管理服务。

【提示】地方统计报表由各地方编制，在本地区范围内使用。

2. 按报送的周期长短不同，可分为定期报表和年报

（1）定期报表。定期报表是定期反映阶段生产和经营情况的报表，以指导生产工作和积累有关统计资料。定期报表包括日报、旬报、月报、季报和半年报。

【注意】一般来说,报送的周期越短,对资料时效性的要求就越强,填报的项目就越少;报送的周期越长,对资料时效性的要求就越弱,填报的项目就越多。

(2)年报。年报具有年末总结的性质,要求的内容更全面。内容包括各单位、各部门年度计划执行情况及全年经济活动的完整资料,通过它可以对各单位、各部门全年生产经营活动进行综合分析。

3. 按填报单位不同,可分为基层统计报表和综合统计报表

(1)基层统计报表。基层统计报表是由基层企事业单位填报,反映基层企事业单位经营活动情况的报表。

(2)综合统计报表。综合统计报表是由主管部门或统计部门根据基层统计报表逐级汇总填报的统计报表。

【提示】综合统计报表是以基层统计报表为基础,广泛利用各业务部门的资料。

(五)统计报表制度

统计报表制度,是对统计报表内容的一系列规定,以及必须遵守的制度。我国的统计报表制度主要对以下内容进行了统一:①报表内容和指标体系;②表式;③报表的实施范围;④报表的报送程序和报送日期;⑤填表说明;⑥统计目录。

统计报表制度是一个庞大的组织系统。它不仅要求各基层单位有完善的原始记录、台账和内部报表等良好的基础,而且要有一支熟悉业务的专业队伍。因此,它占用很大的人力和财力。

【注意】发挥统计报表制度的积极作用,必须严格按照统计法规办事,实行系统内的有效监督和管理;报表要力求精简,既要防止多、乱、滥发报表,又要防止虚报、瞒报和漏报,保证统计数字的质量,降低统计的社会成本。

(六)统计报表的资料来源

统计报表的资料来源于基层单位的原始记录、统计台账、内部报表。

1. 原始记录

原始记录是对基层单位生产经营活动的最初数字和文字记载,一般用表格形式记录,是未经加工整理的第一手资料。它记录的是基层单位各方面的活动情况,涉及范围广泛,如工业企业中的产品产量记录、工人的出勤记录等。它一般由直接参加生产经营活动的人员来完成。

2. 统计台账

统计台账是一种系统积累统计资料的表册。它是用一定的表格形式反映的原始记录资料,分门别类地按时间顺序记录在表册上,使资料系统化。

3. 内部报表

内部报表是根据原始记录和统计台账,经过汇总后编制的一种报表。它是基层单位内部各职能部门和单位领导取得统计资料的一种形式,是实行科学管理、提高经济效益的主要信息来源。

(七)统计报表的特点

具体包括:①统计报表采用统一的表式、填报项目、报送时间和报送程序,既保证了统计资料的一致性,又便于统计资料的综合汇总。②统计报表以各单位的原始记录为依据填写,保证了统计资料的可靠性。③统计报表按照一定的周期进行填报,可以连续地、系统地积累统计资料,保证了统计资料的动态性。

二、普查

(一)普查的概念

普查是为某一特定目的而专门组织的一次性全面调查,主要用于调查一定时点上(瞬间)社会经济现象的总量,搜集那些不能够或者不适宜用定期全面报表搜集的统计资料,如人口普查、第三

产业普查、经济普查、农业普查、基本单位普查等。

普查和全面统计报表虽然都是全面调查，但两者是有区别的：①统计报表属于经常性调查，报表的内容主要是经常调查的项目；普查属于一次性调查，主要用于调查有关国情国力的重要资料在一定时点状态下的数量。②普查比一般调查不仅规模大，而且调查内容详细，可以得到完整的统计资料，而统计报表则不可能像普查那样掌握非常详尽的全面资料。

【提示】有些社会现象不可能也不需要进行经常调查，但又需要掌握比较全面的统计资料，就要进行普查。

(二)普查的组织方式

普查的组织方式一般有以下两种：

(1)建立专门的普查机构，配备大量的普查人员，对调查单位进行直接登记，如人口普查等。这种组织方式适用于内容比较多、涉及范围较大的情况。

(2)利用调查单位的原始记录和核算资料，发放调查表，由调查单位自行填报，如物资库存普查、工业普查等。这种组织方式适用于内容比较单一、涉及范围较小的调查，特别是为了满足某种紧迫需要而进行的"快速普查"，它由调查单位将填报的表格越过中间一些环节直接报送到最高一级机构集中汇总。

(三)普查的特点

(1)普查通常是一次性的或周期性的。由于普查涉及面广、调查单位多，需要耗费大量的人力、物力和财力，通常需要间隔较长的时间，一般每隔 5 年或 10 年进行一次。例如，我国的人口普查从 1953 年至 2020 年共进行了 7 次。目前，我国普查趋向规范化和制度化，每逢末尾数字为"0"的年份进行人口普查，每逢"3"的年份进行第三产业普查，每逢"5"的年份进行工业普查，每逢"7"的年份进行农业普查，每逢"1"或"6"的年份进行统计基本单位普查。

(2)普查要规定统一的标准时点。标准时点是指对被调查对象登记时所依据的统一时点。调查资料必须反映调查对象这一时点上的状况，避免调查时因情况变动而产生重复登记或遗漏现象。例如，我国前四次人口普查确定的标准时间为普查年份 7 月 1 日 0 时，第五次、第六次、第七次人口普查的标准时点为普查年份 11 月 1 日 0 时，就是要反映这一时点上我国人口的实际状况。

(3)普查是全面调查，可以获得全面、准确、系统的统计资料。

(4)普查的适用面较窄。普查需要对全部调查单位进行逐一调查，调查的工作量大、成本高、组织工作复杂，目前仅限于重要的国情国力基础数据的搜集。

(四)普查的原则

普查是一次性的全面调查，涉及面广、工作量大，需要动员很多人力、物力和财力。根据普查工作的特点，在组织普查时，必须遵守以下几个基本原则：

(1)必须规定统一的时点，即统计资料所属的标准时间，其目的就是尽量避免重复和遗漏。

(2)在普查范围内的各调查单位应同时进行登记，方法和步调要保持一致，并力求在尽可能短的时间内完成，以保证资料的准确性和时效性。

(3)普查项目统一规定后，不得任意改变或增减，以便于综合汇总。在时间上，性质相同的普查，历次调查项目要尽可能保持相对稳定，以便将历次调查资料进行比较和分析。

三、重点调查

动漫视频

重点调查

(一)重点调查的概念和意义

重点调查是一种为了解社会经济现象的基本情况而组织的非全面调查，它是从所要调查的全部单位中选择一部分重点单位进行调查，借以从数量上说明总体的基本情况。重点调查中的这些重点单位在调查对象中只占一小部分，但调查的标志值在总体中却占较大的比重，因而对这部分重点单位进行调查所取得的统计资料能够反映社会经济现象发展变化的基本趋势。例如，要了解全国钢铁生产的增长情况，只要对全国为数不多的大型钢铁企业如宝武钢铁等的生产情况进行调查，就可以掌握我国钢铁生产的基本情况。

所谓重点单位，是指在总体中具有举足轻重地位的单位，这些单位虽然数目不多，但就调查的标志值来看，在总体标志总量中占有绝大部分比重。通过对这部分重点单位的调查，就可以从数量上说明整个总体在该标志总量方面的基本情况。

【注意】重点调查的关键在于选择重点单位，重点调查的单位可以是一些企业、行业，也可以是一些地区、城市。

如果重点调查的重点单位是客观存在的，则调查单位易于确定，它的选择很少受主观因素的影响。重点调查由于调查单位较少，调查的项目和指标可以多一些，了解的情况也可以细一些。重点调查适用于存在重点单位，并且调查任务只要求掌握总体的基本情况的调查任务。

【注意】并不是所有的调查都可以使用重点调查方法。

(二)重点单位的选择

重点单位的选择，主要考虑以下几个方面的因素：

(1)重点单位的多少，要根据调查任务而确定。一般来说，选择出的单位应尽可能少些，而其标志值在总体中所占的比重应尽可能大些，以保证有足够的代表性。其基本标准是所选出的重点单位的标志值，必须能够反映所研究总体的基本情况。

(2)选择重点单位时，要针对不同问题、不同时间来确定。某个单位在某一时期、某一任务下可能是重点单位，在另一时期、另一任务下可能不是重点单位。

(3)要注意选取那些管理比较健全、业务力量较强、统计工作基础较好的单位作为重点单位。

(三)重点调查的优点

重点调查的优点在于只需花费较少的人力、物力和时间就可把握研究对象的基本情况。一般来讲，在调查任务只要求掌握基本情况，而部分单位又能比较集中地反映研究项目的指标时，就可以采用重点调查。

【注意】重点调查方式可以灵活运用，既可用于一次性调查，又可用于经常性调查。

四、典型调查

(一)典型调查的概念

动漫视频

典型调查

典型调查是根据调查目的和要求，在对调查对象进行初步分析的基础上，有意识地选取少数具有代表性的典型单位进行深入细致的调查研究，借以认识同类事物的发展变化规律及其本质的一种非全面调查。这种调查方法较为细致，适用于对新情况、新问题的调查研究。

【提示】典型调查可以弥补全面调查和其他非全面调查的不足。

(二)典型调查的特点

(1)典型调查是一种“解剖麻雀”的调查方法。它主要依靠调查者深入基层与调查单位直接接触与剖析，因而可以获得调查单位比较详细、系统的资料。

(2)典型调查是根据调查者的主观判断，有意识地选择少数具有代表性的单位进行调查，因此，调查者的政治素质、业务素质和判断能力对所选择的典型单位的代表性起着决定性作用。

【注意】典型调查是对有意识地选择的调查单位进行的调查，因此，容易受人的主观意志的影响。

(3)典型调查方便、灵活,可以节省时间、人力和经费。典型调查的调查单位少,调查时间快,反映情况准,调查内容系统周密,使用调查工具不多,运用起来灵活方便,可以节省很多的人力和财力。

【注意】典型调查可以估计总体,但是不能检验其正确性,因此属于定性调查。

(三)典型单位的选择

典型单位的选择虽然由调查者确定,但并非随意确定,而是根据调查的目的,参照调查对象和典型单位有关资料和情况确定的。选择典型单位时,要反对主观片面性,确保选中的单位具有充分的代表性和典型意义。例如,为了研究新生事物,就要选择处于萌芽状态的新生事物为典型;为了总结先进经验,就应选择先进典型;为了总结教训就应选择后进的典型;如果研究总体的一般情况或一般规律,就要选择一般的典型。

五、抽样调查

抽样调查是按照随机原则从总体中选取一部分单位进行观察,用以推算总体数量特征的一种非全面调查。例如,对轮胎使用寿命进行的调查、对灯管合格率进行的调查等,均可采用抽样调查的方式。

(一)抽样调查的特点

1. 经济性

在满足调查研究目的的前提下,抽样调查中选取的样本单位通常是总体单位中的很小一部分,调查的工作量小,因而可以节省大量的人力、物力和财力。

动漫视频

抽样调查

2. 时效性

抽样调查由于只对总体中的部分单位进行调查,因而工作量小,调查的准备时间、调查时间、数据处理时间等都大大缩减,从而提高数据的时效性。

3. 灵活性

抽样调查可以获得更广泛的信息,它适用于各个领域、各种问题的调查。从适用的范围和问题来看,抽样调查可用于调查全面调查能够调查的现象,也能调查全面调查所不能调查的现象,特别适合对一些特殊现象的调查。从调查的项目和指标来看,抽样调查的内容和指标可以更详细、深入,能获得更全面、更广泛的统计资料。

4. 准确性

抽样调查的数据质量有时比全面调查更高,因为全面调查的工作量大,涉及的范围广、环节多,调查过程中不可避免地产生登记性误差,而抽样调查涉及的单位少,可使调查的各项工作做得更细,从而减少登记性误差。

【提示】用样本特征去推断总体特征时,也会产生推断误差,但这种误差的大小事先可以计算并进行控制,因而推断的结果具有较高的可靠性。

(二)抽样调查的应用范围

1. 用于调查那些不可能或没有必要进行全面调查的社会经济现象

例如,对具有破坏性结果的现象的调查,像显像管耐用时数的检验、玻璃强度的检验等,只能采用抽样调查。再如,对居民个人收入情况的调查,没有必要对所有居民逐一观察、经常登记,通常只需按随机原则选定若干居民进行调查,就能满足分析的需要。

2. 用于对普查的资料进行验证和修正

由于普查涉及面广、工作量大,容易产生登记性误差。通常,可以在普查结束之后,做一次小规模的抽样调查,将抽样调查的结果同原来的普查资料进行核对,计算出差错率,对普查资料进行必要的修正,从而确保普查工作的质量。

任务四　统计调查技术方法

一、访问调查

访问调查又称派员调查，它是调查者与被调查者通过面对面交谈从而得到所需资料的调查方法。访问调查的方式有标准式访问和非标准式访问两种。①标准式访问又称结构式访问，它是按照调查人员事先设计好的、有固定格式的标准化问卷，有顺序地依次提问，并由受访者作出回答；②非标准式访问又称非结构式访问，它事先不制作统一的问卷或表格，没有统一的提问顺序，调查人员只是给一个题目或提纲，由调查人员和受访者自由交谈，以获得所需的资料。

二、邮寄调查

邮寄调查是通过邮寄或其他方式将调查问卷送至被调查者，由被调查者填写，然后将问卷寄回或投放到指定收集点的一种调查方法。邮寄调查是一种标准化调查，其特点是调查人员和被调查者没有直接的语言交流，信息的传递完全依赖于问卷。

【提示】邮寄调查的问卷发放方式有邮寄、宣传媒介传送、专门场所分发三种。

邮寄调查的基本程序是：在设计好问卷的基础上，先在小范围内进行预调查，以检查问卷设计中是否存在问题，以便纠正，然后选择一定的方式将问卷发放下去，进行正式的调查，再将问卷按预定的方式收回，并对问卷进行处理和分析。

三、电话调查

电话调查是调查人员利用电话同受访者进行语言交流，从而获得信息的一种调查方式。电话调查具有时效快、费用低等特点。电话调查可以按照事先设计好的问卷进行，也可以针对某一专门问题进行电话采访。

【注意】用于电话调查的问题要明确、问题数量不宜过多。

四、座谈会

座谈会也称为集体访谈法，它是将一组受访者集中在调查现场，让他们对调查的主题(如一种产品、一项服务或其他话题等)发表意见，从而获取调查资料的一种方法。通过座谈会，研究人员可以从一组受访者那里获得所需的定性资料，这些受访者与研究主题有某种程度上的关系。为获得此类资料，研究人员通过严格的甄别程序选取少数受访者，围绕研究主题以一种非正式的、比较自由的方式进行讨论。

【提示】座谈会适用于搜集与研究课题有密切关系的少数人员的倾向和意见。

参加座谈会的人数不宜太多，通常为 6～10 人，并且是有关调查问题的专家或有经验的人。讨论方式主要取决于主持人的习惯和爱好。通过小组讨论，能获取访问调查无法取得的资料。同时，在彼此间交流的环境里，各个受访者之间相互影响、相互启发、相互补充，并在座谈过程中不断修正自己的观点，从而有利于取得较为广泛、深入的想法和意见。座谈会的另一个优点是不会因为问卷过长而遭到拒访。当然，这要求主持人一般要受过心理学或行为科学方面的训练，具有很强的组织能力足以控制一群不同背景的陌生人，并尽可能多地引导受访者说出他们的真实意见或想法。

五、个别深度访问

深度访问是一次只有一名受访者参加的特殊的定性研究。“深访”这一术语也暗示着要不断深入受访者的思想中，努力发掘他行为的真实动机的意思。深访是一种无结构的个人访问，调查人员运用大量的追问技巧，尽可能让受访者自由发挥，表达他的想法和感受。

深度访问常用于动机研究，如消费者购买某种产品的动机等，以发掘受访者非表面化的深层意见。这一方法最宜于研究较隐秘的问题，如个人隐私问题，或较敏感的问题，如政治性问题。

【注意】对于一些不同人之间观点差异极大的问题，采用深度访问法比较合适。

座谈会和个别深访属于定性方法，它通常围绕一个特定的主题取得有关定性资料。在此类研究中，从挑选的少数受访者中取得有关意见。这种方法和定量方法是有区别的，定量方法是从总体中按随机方式抽取样本取得资料，其研究结果或结论可以进行推论。而定性研究着重于问题的性质和未来趋势的把握，不是对研究总体数量特征的推断。

六、网上调查

(一)网上调查的优点

1. 速度快

由于省略了印制、邮寄和数据录入过程后，问卷的制作、发放及数据的回收速度均得以提高，可以在短时间内完成问卷并统计结果及编制报表。

2. 费用低

印刷、邮寄、录入及调研员的费用都被节省下来，而调研费用的增加却很有限。因此，进行大规模的调研较其他如邮寄或电话调研方法可以省下可观的费用。

3. 易获得连续性数据

随着网上固定样本调研的出现，调研员能够通过跟踪受访者的态度、行为和相关时间进行纵向调研。复杂的跟踪软件不仅能够做到根据上一次的回答情况进行本次问卷的筛选，而且能填补落选项目。

4. 调研内容设置灵活

在网上，调研内容可以很容易囊括在市场、商贸或其他一般站点上。例如，如果一个人上了银行网站主页，激活“信用卡”模块，在进入正式网页之前，他可以被询问几个被认为是最重要的信用卡相关问题。

5. 调研群体大

网上可以接触很多人。目前很难想象还有什么媒体可以提供那么大的调研群体，随着互联网的普及，计算机产品购买者或是互联网使用者，是使用互联网调研的理想对象。利用互联网的企事业单位也是不错的可发展的调研对象。

6. 可视性强

网上调查还有一个独一无二的优点，即其在视觉效果上能够吸引人，互联网的图文及超文本特征可以用来展示产品或介绍服务内容。这是其他调研方式所无法比拟的。

(二)网上调查的缺点

1. 代表性问题

网上调查目前来说还有不少缺点。最明显的是上网的人不能代表所有人口。使用者多为男性，教育水平高以及有相关技术、较年轻和较高收入的人。不过，这种情形正有所改变，有越来越多的人开始接触互联网。

2. 安全性问题

现在很多使用者为私人信息的安全性担忧，加上媒体的报道及针对使用者的网络诈骗，更使人忧心忡忡。然而，考虑到对互联网的私人信息，诸如银行卡账号之类进行担保的商业目的，提高安全性仍是互联网有待解决的重要问题。

3. 无限制样本问题

这是指网上的任何人都能填写问卷。它完全是自我决定的，很有可能除了网民外并不代表任何人。如果同一个人重复填写问卷的话，问题就变得复杂了。

（三）互联网样本

1. 随意样本

随意样本在上文已经提到了，即网上任何人都可以称作被调查单位，只要其愿意，没有任何对调查单位的限制条件。

2. 过滤性样本

过滤性样本通常是以分支或跳问形式安排问卷，以确定被选者是否适宜回答全部问题。有些互联网调研能够根据过滤性问题立即进行市场分类，确定被访者所属类别，然后根据被访者不同的类型提供适当的问卷。

过滤性样本是指通过对期望样本特征的配额限制一些自我挑选的不具代表性的样本。这些特征通常是一些统计特征，如性别、收入、地理区域位置或与产品有关的标准，如过去的购买行为、工作责任、现有产品的使用情况等。对于过滤性样本的使用与随意样本基本类似。

3. 选择样本

选择样本对于已建立抽样数据库的情形最为适用，例如，以顾客数据库作为抽样框选择参与顾客满意度调查的样本。

（四）进行网上调查的方法

1. E-mail 问卷

E-mail 问卷就是一份简单的 E-mail，并按照已知的 E-mail 地址发出。被访者回答完毕将问卷回复给调研机构，有专门的程序进行问卷准备、编制 E-mail 地址和收集数据。

E-mail 问卷制作方便，分发迅速。由于出现在被访者的私人信箱中，因此能够得到注意。但是，它只限于传输文本，图形虽然也能在 E-mail 中进行链接但与问卷文本是分开的。

2. 交互式 CATI 系统

这是利用一种软件语言程序在 CATI 上设计问卷结构并在网上进行传输。互联网服务器可以设在调研机构中，也可以租用有 CATI 装置的单位设备。互联网服务器直接与数据库连接，收集到的被访者答案直接进行储存。

交互式 CATI 系统能够对 CATI 进行良好抽样及对 CATI 程序进行管理，同时能建立良好的提问模式和修改被访者答案。它能够当场对数据进行认证，对不合理数据要求重新输入。交互式 CATI 系统不仅为网上 CATI 调研的使用者提供了一个方便的工具，而且支持程序问卷的再使用。

作为不利的一面，网上 CATI 系统产品是为电话—屏幕访谈设计的。被访者的屏幕格式受到限制，并且 CATI 语言技术不能显示互联网调研在图片、播放等方面的优势。

3. 网络调查系统

有专门为网络调查设计的问卷链接及传输软件。这种软件设计为无须使用程序的方式，包括整体问卷设计、网络服务器、数据库和数据传输程序。一种典型的用法是：问卷由简易的可视问卷编辑器产生，自动传送到互联网服务器上，通过网站，使用者可以随时在屏幕上对回答数据进行整体统计或图表统计。

平均每次访谈，网络调查系统均比交互式 CATI 费用低，但对小规模的样本调查（低于 500 名）的费用都比 E-mail 调查高。低费用是由于使用了网络专业工具软件，并且费用和硬件费用由中心服务系统提供。

任务五 统计调查问卷设计

一、统计调查问卷的概念和特点

统计调查问卷又称调查表，或称问卷表，是以书面形式，由事先设计的反映调查目的和调查内容的一系列问题及答案组成的，从调查对象那里获取答案的书面材料。

【注意】统计调查问卷可以是表格式、卡片式或簿记式。设计统计调查问卷，是询问调查的关键。完美的问卷必须具备两个功能，即能将问题传达给被问者以及使被问者乐于回答。要完成这两个功能，问卷设计时应当遵循一定的原则和程序，运用一定的技巧。

统计调查问卷的特点主要有以下几个方面：

（1）统计调查问卷是调查中广泛使用的一种工具。它广泛应用于各种范围和对象以及各种类型的调查方法中。

（2）统计调查问卷通俗易懂，实施方便。由于采用统计调查问卷这种形式将所要问的问题全部以提问的方式写在书面上，大多数情况下还同时提供多种备选答案，由被调查者从中选择，因此，采用统计调查问卷进行调查，形式上方便，表达上容易为被调查者所接受；同时，统计调查问卷调查不要求调查者一定要具备很高的交流技巧，实施起来比较方便。只要调查者说清意图，并能回答被调查者的问题就可以完成调查任务了。

（3）有利于对资料进行统计处理和定量分析，使回答误差率降低，节省时间，调查效率高。由于统计调查问卷中的大多数问题给出了备选答案，由被调查者从中选出与自己的观点和看法相同或相近的答案即可，因此，统计调查问卷既节约时间，又便于用人工或计算机手段对统计调查问卷中的每一个问题进行汇总和整理，可以很准确地将每一个问题的答案汇总、归类，并进行定量分析，使调查效率提高。

二、统计调查问卷设计的原则

统计调查问卷是以调查的目的和要求为依据，按照某种理论假设而设计出的，由一系列问题、调查项目和备选答案及填写说明组成的，向被调查者搜集统计资料的一种表格形式。

【提示】由于问卷调查通常是由被调查者通过问卷间接地向调查者提供资料，所以调查问卷的设计是否科学合理将直接影响调查资料的真实性、合理性，影响统计调查的质量。

统计调查问卷设计得好坏很大程度上与设计原则有关，其主要的设计原则如下：

（1）合理性原则

合理性指的是问卷必须与调查主题紧密相关。问卷要体现调查主题，其实质是在设计问卷时要重点突出，避免可有可无的问题。

（2）逻辑性原则

问卷的设计要有整体感，整体感要求设计的问题与问题之间要具有逻辑性。问题设置紧密相关，能够获得比较完整的信息，被调查者也会感到问题集中、提问有章法。相反，如果问题设置是发散的，问卷就会给人以随意而不是严谨的感觉。

（3）简明性原则

简明性原则主要体现在问卷设计的形式要简洁，调查的内容设计要简明、易懂，调查的时间要简短。在满足调查目的的前提下，简明性的问卷容易给被调查者以赏心悦目的感觉，愿意采取合作的态度接受调查，并能够在很短的时间内完成问卷的填写。

(4)非诱导性原则

非诱导性指的是问题要设置在中性位置、不参与提示或主观臆断。如果设置了具有诱导和提示性文字的问题,就会在不自觉中掩盖了事物的真实性。

(5)适用性原则

成功的问卷设计除了考虑到紧密结合调查主题与方便调查资料搜集外,还要考虑到调查结果的容易得出和调查结果的说服力,考虑到问卷在调查后的整理与分析工作。

三、统计调查问卷设计的程序

(一)准备阶段

1. 明确研究的主题和调查项目

问卷设计的第一步是要确定研究的主题,并根据研究的主题确定所需要调查的项目,以取得满足研究需要的信息资料。

2. 分析调查对象的各种特征

即分析各被调查者的社会特征、文化特征、心理特征,以此作为拟定问卷的基础。

【注意】这一阶段应充分征求各类有关人员的意见,以了解问卷中应包含的问题,力求使问卷切合实际,能够充分满足统计调查、统计分析的需要。

(二)初步设计

1. 确定调查方式和问卷类型

在明确研究的主题、需要调查的项目和研究对象特征的基础上,就要确定调查方式和问卷类型。不同的调查方式所采用的问卷类型是不同的,研究者应充分考虑各种因素,确定问卷的类型。

2. 确定问题的内容

问题的内容是将调查的项目以问题的形式进行表达,即确定问卷中具体包括哪些问题,这些问题应询问些什么内容。在确定所包含的问题及问题的内容时,要确保能将所要调查的问题明确地传达给被调查者,并获得真实、准确的答案。

3. 确定问题的形式

问题的形式主要有直接性问答题、间接性问答题和假设性问答题,封闭型问题和开放型问题,事实性问答题、行为性问答题、动机性问答题和态度性问答题。调查者应根据研究的主题和调查的项目来确定。

4. 确定问题的顺序

问卷问题的排列顺序即问卷的问题结构是否科学合理,直接影响调查资料的质量。因此,对问题的次序必须仔细斟酌,使问卷具有顺序性和逻辑的连续性。从内容上讲,问卷问题的排列顺序应先易后难、先一般后特殊;从时间或空间上讲,应先近后远,由近及远。除此之外,还应考虑有利于调查资料的整理与分析。具体来讲,问卷问题的排列规则如下:

(1)先易后难,先熟悉后生疏。

(2)先封闭性问题后开放性问题。

(3)先一般性问题后敏感性问题。

(4)专业性强的具体细致问题应尽量放在后面。

(5)对相关联的内容应进行系统的整理,使被调查者不断增加兴趣。

(三)问卷的试答和修改

一般来说,所有设计出来的问卷都难免存在这样或那样的问题。在问卷设计完成正式调查展开之前,应在小范围内对问卷内容进行测试,以检验问卷有无矛盾或不妥之处。

【提示】问卷测试的内容包括所有的问卷问题、问卷构思、问题顺序、问题难度和问卷指导等。

(四)问卷定稿

对经过预测试后的问卷,需要根据测试的结果对出现的问题进行修改、调整,修改后便可将问卷定稿、印刷,以用于正式问卷调查。

四、统计调查问卷问题的形式

(一)开放式问题

开放式问题是指问卷上仅给出问题,问题后不给出备选答案,而是由被调查者根据问题的内容自由表达自己的意见,又称无结构的问答题。

开放式问题的形式主要有以下两种:

(1)填空题。这种问题的答案没有事先给定,而是给出空格,让被调查者根据自己的实际情况来填写。

您喜欢的洗发水品牌是:

①________②________③________④________。

您的年龄是:________。

您每个月的工资薪酬是:________。

(2)自由回答题。自由回答题是由调查人员提出问题,不给出备选答案,由被调查者自由回答的问题。这是开放式问题最为常见的形式,故开放式问题又称为自由型问题。

您对攀比购买心理行为怎样看?

请您对××品牌的洗发水谈点看法。

您为什么购买××品牌小轿车?

因此,在采用开放式问题时,应答者可以用自己的语言自由地发表意见,在问卷上没有已拟定的答案。

例如:您喜欢看哪一类电视节目?您认为加入RECP对我国经济发展有何影响?

显然,应答者可以自由回答以上的问题,并不需要按照问卷上已拟定的答案加以选择,因此应答者可以充分地表达自己的看法和理由,并且比较深入,有时还可提供研究者始料未及的答案。

【提示】通常而言,问卷上的第一个问题采用自由式问题,让应答者有机会尽量发表意见,这样可制造有利的调查气氛,缩短调查者与应答者之间的距离。

开放式问题的优点是:①拟定问题比较容易,对被调查者不限制回答方式、范围,能听取一些好的意见,得到一些新的启发,获取一些调查者易忽略的调查资料;②被调查者有机会进行自我表达或详细描述,有利于发挥被调查者的主动性和想象力;③开放式问题所获得的资料往往比较主动、具体、信息量大,特别适合于询问那些潜在答案很多,或者答案比较复杂,或者尚未弄清各种可能答案的问题,尤其是想了解客户的真实呼声,探求其建设性的意见和建议时,可采用开放式问题,也适用于指标的变化范围很大,想厘清准确数据的问题。

【注意】当封闭式问题不易将备选答案设计出来时,可以使用开放式问题中填空题的形式作为封闭式问题的补充。

开放式问题的缺点是:①如调查结果随意性大,所获取的数据大多数是非标准化的,分类困难,数据处理和分析费时费力,难免受整理者自己的偏见影响,若要保证调查数据的质量,则要对被调查者的文化水平有较高的要求,因而调查对象的选择受到一定的局限,调查资料的代表性和广泛性不足;②由于回答问题比较复杂,被调查者需要花费一定的时间和精力回答问题,因而问卷的回收率可能较低。

(二)封闭式问题

封闭式问题是指在问卷上同时列出问题和各种备选答案,由被调查者在备答案中选出一项或几项作答,又称有结构的问答题。这种问题的表达方法常见的有二项选择法、多项选择法、排序法、评定法等。

【提示】封闭式问题与开放式问题相反,它规定了一组可供选择的答案和固定的回答格式。

(1)二项选择法。它是封闭式问题最简单的一种,是指提出来的问题只有两个备选答案供被调查者选择的方法。备选答案通常是用“是”与“否”、“有”与“无”、“好”与“坏”等来描述,这两个备选答案是对立的、互斥的,被调查者的回答非此即彼,没有更多的选择。例如:

您用过华为手机吗?(在选择的□内划√)

①用过 □　　②没用过 □

这种提问方法便于被调查者选择,并且易于统计分析。但由于问题中两个备选答案的性质不同,调查者只能知道被调查者的一种态度或一种状况,不能弄清形成这种态度或状况的原因,也无法把握被调查者对答案的认同程度。

【提示】二项选择法常常需要其他形式的询问作为补充,才能使提问更深入,使对问题的回答更明朗。

(2)多项选择法。它是指对所提出的问题事先提供两个以上的备选答案,被调查者可从备选答案中任选一项或多项来回答的方法。只选择一项答案的称为单项选择,它适用于答案相互排斥的情况。例如:

您上网最多的地方是:

①家里 □　②网吧 □　③图书馆 □　④办公室 □　⑤其他 □

如果被调查者可以在备选答案中选择两项或两项以上答案的称为多项选择法,它适用于答案互相不排斥的情况。在这类多项选择题中,由于所选择的备选答案不一定能恰当地表达出被调查者的所有看法,所以一般将最后一个备选答案设为“其他”,以便使被调查者能够有机会表达出自己的真实看法和实际情况。对多项选择题答案的选择一般没有个数限制,但有时为了便于统计,也可要求被调查者最多可以从备选答案中选择指定的项数或者不能超过指定的项数。例如:

您选择××品牌电冰箱的主要原因是什么?(在选择的□内划√)

①制冷快 □　②容积大 □　③价格便宜 □　④维修方便 □　⑤外观漂亮 □

⑥别人推荐 □　⑦噪音小 □　⑧售后服务好 □　⑨其他 □

从以上示例中可知,多项选择法同二项选择法相比,其强制性有所缓和,答案有一定的范围,也比较便于统计处理。但是,在运用这种方法时,设计者应考虑三种情况的正确处理:①要考虑全部可能出现的结果,即答案可能出现的重复和遗漏。②要考虑备选答案的个数,一般应控制在8个左右,因为答案过多,一方面使被调查者无从选择,或产生厌烦;另一方面当样本量有限时,易使选择出的答案结果分散,缺乏说服力。③要考虑备选答案的排列顺序,因为有的被调查者经常喜欢选择第一个答案,从而使调查结果产生偏差。

(3)排序法。排序法是要求被调查者根据问题中的答案,按自己的偏好程度判断所列答案的重要程度,并按顺序排列出答案的方法。例如:

请按有效性大小的顺序将寻找工作的一些途径进行排序,您认为最有效的途径标上“1”,其次标上“2”,以此类推。

①邮寄个人简历 □　②在报纸或杂志上登广告 □　③政府就业中心 □　④与朋友商量 □

⑤私人定制服务 □　⑥与雇主直接联系 □　⑦网络求职 □　⑧其他(请注明) □

对这类问题也可以采取让被调查者打分的形式来完成。如设定每个品牌商品应得的最高分为

100 分，最低分为 0 分，被调查者认为该品牌商品应得多少分，就在相应的空格内填上自己打的分数。最后把每一品牌被调查者所打的分数进行平均，如果是 70 分以上，说明较受喜欢，30～40 分说明一般，30 分以下说明不受欢迎。

【提示】排序法便于被调查者对其意向、动机、感觉做出评价和比较性的表达，也便于调查结果的统计处理。

(4)评定法。如果研究的目的是对某一事物的若干特征进行程度比较，则可先将特征与反映特征的重要程度进行排列，然后由被调查者从中选择；或直接将特征与反映特征的程度排列成表格，并赋予分值，由被调查者从中选择答案，即评定法既可用文字来表示，也可以用表格来表示。

其一，评定法用文字表示。例如：

您对××品牌洗发水的喜欢程度如何？

①特别喜欢 □　②喜欢 □　③一般 □　④不喜欢 □　⑤特别不喜欢 □

其二，评定法用表格表示，如表 2－2 所示。

表 2－2　　**评定法表格**

特　征	理　想	较理想	一　般	不太理想	不理想
口　味	5	4	3	2	1
泡　沫	5	4	3	2	1
清　纯	5	4	3	2	1
包　装	5	4	3	2	1
价　格	5	4	3	2	1

在构造应该评定的等级时，必须考虑下面两个问题：

(1)要考虑特征应该有多少个选项，选项可以少至 2 个，也可以多至 10 个。例如，从“不重要”到“特别重要”来划分等级。

(2)要考虑选项中是否包括中性选项，如既不是不满意，也不是满意，因为被调查者有选择中性选项的倾向。例如：

您对我公司提供的客户服务的满意程度如何？

①非常满意 □　②满意 □　③一般 □　④不满意 □　⑤非常不满意 □

封闭式问题的优点是：①答案是标准化的，对答案进行编码和分析都比较容易；②回答者易于作答，有利于提高问卷的回收率；③问题的含义比较清楚。因为所提供的答案有助于理解题意，这样就可以避免回答者由于不理解题意而拒绝回答。

封闭式问题的缺点是：①回答者对题目不正确理解的，难以觉察出来；②可能产生“顺序偏差”或“位置偏差”，即被调查者选择答案可能与该答案的排列位置有关。

【注意】研究表明，对陈述性答案被调查者趋向于选第一个或最后一个答案，特别是第一个答案。而对一组数字(数量或价格)则趋向于取中间位置的。为了减少顺序偏差，可以准备几种形式的问卷，每种形式的问卷答案排列的顺序都不同。

五、统计调查问卷问题设计注意事项

(一)避免提断定性问题

例如，“您一天抽多少支烟？”这就是一种断定性的问题，被调查者可能根本不抽烟，就会造成无法回答。正确的方法是：在这个问题前加一个过滤性问题，“您抽烟吗？”如果回答“是”，则继续提问

"您一天抽多少支烟?";如果回答"否",则结束提问。

(二)设计问题不能太多

在问卷调查中,被调查者通常是义务来回答调查问卷的内容的,如果问卷设计得太多,会造成被调查者产生反感的心理,不愿意回答,致使调查问卷无法完成。

(三)问题应是被调查者能回答的,避免被调查者不了解的问题

例如,在调查钢铁生产的技术是否先进时,调查对象是一名小学生,通常情况下,小学生是不会懂得钢铁生产的技术的,无法回答这样的问题,因此这类问题也应该避免。

(四)不能直接提出禁忌性或敏感性问题

禁忌性或敏感性问题包括各地风俗和民族习惯中忌讳的问题,也包括涉及个人利害关系的问题和个人隐私的问题。例如,"您在考试中作过弊吗?"这涉及个人的利害关系,直接这样问,得到的答案通常不会反映客观事实。

敏感问题调查的处理方法:

(1)释疑法:在问题前面写一段消除顾虑的文字,或在调查表引言中写明为被调查者严格保密,并说明将采取的保密措施。

(2)假定法:用一个假定条件句作前提,然后询问被访者的看法。

(3)转移法:把本应由被访者根据自己的实际情况回答的问题,转移到由被访者根据他人的情况来阐述自己的想法。

(五)问题不能带有诱导性或倾向性,要保持客观中立

诱导性问题是指在提出的问题中,暗示出了调查者的观点和态度,有使被调查者跟着这种倾向来回答问题的可能。例如,"有人认为,被动吸烟会导致肺癌,您同意吗?"这就是一种诱导性问题,在问题中,已经暗示了调查者认为被动吸烟会导致肺癌,因此这个问题可能会使被调查者也跟着认为,被动吸烟会导致肺癌。

(六)问题的内容要单一,一个问题只能有一个询问内容

在问卷设计时,要注意一个问题不能同时有两个或两个以上的询问内容,这样会使被调查者难以回答,也会在问卷整理时造成麻烦。例如,"您的年龄和性别?"这在一个问题中,既问了"年龄",又问了"性别",这就属于一个问题中询问了多项内容。

(七)问题的语言要简单易懂、标准规范

提问问题时语言要简单易懂,少用"一般""经常""很多"等词。例如,"您经常上网吗?"这就是一种让人很难回答的问题,因为"经常"对不同的人来说,其含义是不同的,有的人天天上网谓之经常,有人一个月上网 10 次也是经常,有人认为一个月上网 5 次也算是经常了,所以这种问题很难回答。这样的问题可以问:"您一个月上网几次?"

(八)问题的排列要讲究逻辑性

要先简后难;先过去,后现在,再将来;先封闭,后开放;先事实性问题,后意见性和解释性问题。

六、统计调查问卷设计答案应注意的原则

(一)所列答案应包括所有可能的回答

如果不能将所有答案包含在内,有的被调查者就有可能因没有备选答案可选而导致问题无法回答。如果答案过多,无法罗列所有的可能答案,可将不太重要的答案用"其他"来代替。例如:

您在购买手机时,主要考虑哪些因素?(选择其中三项)

①功能 □　②款式 □　③价格 □　④品牌 □　⑤售后服务 □　⑥其他 □

(二)不同答案之间不能相互包含

如果不同答案之间相互包含,就会给被调查者在回答问题时造成一种疑惑,无法选择。例如:

您喜欢哪项体育运动?

①游泳 □　②跑步 □　③球类 □　④足球 □　⑤篮球 □　⑥田赛 □　⑦跳高 □　⑧其他 □

这里的球类包括足球和篮球,田赛包括跳高,这样的答案就属于包含性的答案。

(三)答案的表达必须简单易懂、标准规范

答案的表达应简单明确,符合通用标准和惯例。在答案中,不要使用方言等非标准语言,也尽量不使用晦涩难懂的术语,要使被调查者很容易理解问题答案的意思。例如:

运动最易受伤的部位是哪里?

①手 □　②脚 □　③脖子 □　④玻璃盖 □　⑤胳膊 □　⑥其他 □

这里的"玻璃盖"是某地的方言,正确用法应该用标准词"膝盖"。

(四)每一项答案应有明显的填答标记

常见的填答标记有 A、□、( )、[ ]等,其回答方式有打"√"或"×"、涂黑等。

七、统计调查问卷设计技巧

(一)事实性问题

事实性问题主要是要求应答者回答一些有关事实的问题。例如,你通常什么时候看电视?

【提示】事实性问题的主要目的在于求取事实资料,因此问题中的字眼定义必须清楚,让应答者了解后能正确回答。

市场调查中,许多问题属"事实性问题",例如应答者个人的资料:职业、收入、家庭状况、居住环境、教育程度等。这些问题又称为"分类性问题",因为可根据所获得的资料而将应答者分类。在问卷中,通常将事实性问题放在后面,以免应答者在回答有关个人问题时有所顾忌,因而影响以后的答案。

【注意】如果抽样方法是采用配额抽样,则分类性问题应置于问卷之首,否则不知道应答者是否符合样本所规定的条件。

(二)意见性问题

在问卷中,往往会询问应答者一些有关意见或态度的问题。例如,你是否喜欢××电视节目?

意见性问题事实上即态度调查问题。应答者是否愿意表达他真正的态度,固然要考虑,而态度强度也有不同,如何从答案中衡量其强弱,显然也是一个需要克服的问题。通常而言,应答者会受到问题所用字眼和问题次序的影响,会有不同反应,因而答案也有所不同。对于事实性问题,可将答案与已知资料加以比较。但在意见性问题方面则较难做比较工作,因应答者对同样问题所做的反应各不相同。

【提示】意见性问题的设计远较事实性问题困难。这种问题通常有两种处理方法:①是对意见性问题的答案只用百分比表示,例如有的应答者同意某一看法等;②旨在衡量应答者的态度,故可将答案化成分数。

(三)困窘性问题

困窘性问题是指应答者不愿在调查员面前作答的某些问题,比如关于私人的问题,或不为一般社会道德所接纳的行为、态度,或属有碍声誉的问题。例如,平均来说,每个月你打几次麻将?如果你的汽车是分期购买的,一共分多少期?你是否向银行抵押借款购买股票?

如果一定要想获得困窘性问题的答案,又避免应答作不真实回答,可采用以下方法:

1. 间接问题法

不直接询问应答者对某事项的观点，而改问他对其他事项的看法如何。

例如，用间接问题旨在套取应答者回答认为是旁人的观点。在他回答后，应立即再加上问题："您同他们的看法是否一样？"

2. 卡片整理法

将困窘性问题的答案分为"是"与"否"两类，调查员可暂时走开，让应答者自己取卡片投入箱中，以减低困窘气氛。应答者在无调查员看见的情况下，选取正确答案的可能性会提高不少。

3. 随机反应法

根据随机反应法，可估计出回答困窘问题的人数。

4. 断定性问题

有些问题是先假定应答者已有该种态度或行为。

例如，您每天抽多少支烟？事实上，该应答者可能不抽烟，这种问题则为断定性问题。正确处理这种问题的方法是在断定性问题之前加一条"过滤"问题。

例如，您抽烟吗？如果应答者回答"是"，用断定问题继续问下去才有意义，否则在过滤问题后就应停止。

5. 假设性问题

有许多问题是先假定一种情况，然后询问应答者在该种情况下，他会采取什么行动。

例如，如果××早餐奶涨价至5元，您是否将改喝另一种未涨价的早餐奶？如果××牌洗衣液跌价1元，您是否愿意用它？您是否愿意加薪？您是否赞成公交车改善服务？以上皆属假设性问题，应答者对这种问题多数会答"是"。这种探测应答者未来行为的问题，应答者的答案事实上没有多大意义，因为多数人愿意尝试一种新东西，或获得一些新经验。

八、统计调查问卷的结构组成

调查问卷一般由三大部分组成：卷首语（开场白）、正文和结尾。

（一）卷首语

问卷的卷首语或开场白是致被调查者的信或问候语。其内容一般包括下列几个方面：①称呼、问候，如"××先生/女士：您好"。②调查人员自我说明调查的主办单位和个人的身份。③简要地说明调查的内容、目的、填写方法。④说明作答的意义或重要性。⑤说明所需时间。⑥保证作答对被调查者无负面作用，并替其保守秘密。⑦表示真诚的感谢，或说明将赠送小礼品。

【注意】问卷的语气应该是亲切、诚恳而礼貌的，简明扼要。问卷的开头是十分重要的。大量的实践表明，几乎所有拒绝合作的人都是在开始接触的前几秒钟内就表示不愿参与的。

【提示】如果潜在的调查对象在听取介绍调查来意的一开始就愿意参与的话，那么绝大部分会合作，并且一旦开始回答，几乎都会继续并完成，除非在特殊情况下才会中止。

（二）正文

问卷的正文实际上也包含了三大部分。

第一部分：向被调查者了解最一般的问题。这些问题应该是适用于所有的被调查者，并能很快、很容易回答的问题。在这一部分不应有任何难答的或敏感的问题，以免吓着被调查者。

第二部分：主要的内容，包括涉及调查的主题的实质和细节的大量题目。这一部分的结构组织安排要符合逻辑并对被调查者来说是有意义的。

第三部分：一般包括两部分内容：①敏感性或复杂的问题，以及测量被调查者的态度或特性的问题；②人口基本状况、经济状况等。

(三)结尾

问卷的结尾一般可以加上1～2道开放式题目,给被调查者一个自由发表意见的机会。然后,对被调查者的合作表示感谢。在问卷最后,一般应附上一个"调查情况记录"。这个记录一般包括:①调查人员(访问员)姓名、编号;②被调查者的姓名、地址、电话号码等;③问卷编号;④访问时间;⑤其他,如设计分组等。

九、统计调查问卷设计应注意的问题

(一)问卷的开场白

问卷的开场白必须慎重对待,要以亲切的口吻询问,措辞应精心考虑,做到言简意明、亲切诚恳,使被调查者自愿与之合作,认真填好问卷。

(二)问题的字词(语言)

由于不同的字词会对被调查者产生不同的影响,因此往往看起来差不多的问题,会因所用字词不同,而使应答者做出不同的反应,作出不同的回答。

【提示】问题所用的字词必须慎重,以免影响答案的准确性。

一般来说,在设计问题时应留意以下几个原则:

(1)避免一般性问题。如果问题的本来目的是在求取某种特定资料,但由于问题过于一般化,使应答者所提供的答案资料无多大意义。

例如,某酒店想了解房客对该酒店价格与服务是否满意,因而作以下询问:你对本酒店是否感到满意?这样的问题,显然有欠具体。由于所需资料涉及价格和服务两个问题,故应分别询问,以免混乱,如:你对本酒店的价格是否满意?你对本酒店的服务是否满意?

(2)问卷的语言要口语化,符合人们交谈的习惯,避免书面化和文人腔调。

(三)问题的选择及顺序

通常问卷的前几个问题可采用开放式问题,旨在使应答者多多讲话、多发表意见,使应答者感到十分自在,不受拘束,能充分发表自己的见解。当应答者话题多,其与调查者之间的陌生距离自然缩短。不过要留意,最初安排的开放式问题必须较易回答,不可具有高敏感性如困窘性问题。否则,一开始就被拒绝回答的话,以后的问题就很难继续了。因此,问题应是容易回答且具有趣味性,旨在提高应答者的兴趣。

【注意】核心问题往往置于问卷中间部分,分类性问题如收入、职业、年龄通常置于问卷之末。

问卷问题的顺序一般按下列规则排列:

(1)容易回答的问题放前面,较难回答的问题放稍后,困窘性问题放后面,个人资料的事实性问题放最后。

(2)封闭式问题放前面,自由式问题放后面。由于自由式问题往往需要时间来考虑答案和语言的组织,放在前面会引起应答者的厌烦情绪。

(3)要注意问题的逻辑顺序,按时间顺序、类别顺序等合理排列。

项目训练

一、单项选择题

1. 重点调查中重点单位是按(　　)选择的。

A. 这些单位数量占单位总量的很大比重

B. 这些单位的标志总量占总体标志总量的很大比重

C. 这些单位具有典型意义,是工作重点

D. 这些单位能用以推算总体标志总量

2. 有意识地选择三个农村调查农民收入情况,这种调查方式属于(　　)。

A. 典型调查　　B. 重点调查　　C. 抽样调查　　D. 普查

3. 2022 年 11 月 1 日零点的第七次全国人口普查是(　　)。

A. 典型调查　　B. 重点调查　　C. 一次性调查　　D. 经常性调查

4. 调查大庆、胜利等主要油田来了解我国石油生产的基本情况,这种调查方式属于(　　)。

A. 普查　　B. 典型调查　　C. 重点调查　　D. 抽样调查

5. 某些不能够或不宜用定期统计表搜集的全面统计资料,一般应采取的方法是(　　)。

A. 普查　　B. 重点调查　　C. 典型调查　　D. 抽样调查

6. 工厂对生产的一批零件进行检查,通常采用(　　)。

A. 普查　　B. 抽样调查　　C. 重点调查　　D. 典型调查

7. 按照随机性原则,从所研究现象的总体中抽选出一部分单位进行调查,从数量上对总体进行推断,这种调查方式是(　　)。

A. 典型调查　　B. 抽样调查　　C. 统计报表　　D. 重点调查

8. 企业要了解其生产的烟花爆竹的不合格率的情况,最好采用(　　)。

A. 重点调查　　B. 抽样调查　　C. 典型调查　　D. 普查

9. 抽样调查和重点调查的主要区别是(　　)。

A. 原始资料来源不同　　B. 取得资料的方法不同

C. 调查的单位数量不同　　D. 抽取调查单位的方式和方法不同

10. 关于典型调查,下列说法中正确的是(　　)。

A. 典型单位只有一个　　B. 必须从数量上对总体进行推断

C. 典型单位是有意识地选取的　　D. 是全面调查

二、多项选择题

1. 非全面统计调查方式有(　　)。

A. 重点调查　　B. 普查　　C. 抽样调查　　D. 典型调查

2. 统计调查方案包括确定(　　)。

A. 调查目的　　B. 调查对象和调查单位

C. 调查项目　　D. 调查时间

3. 下列关于普查说法中正确的有(　　)。

A. 是全面调查　　B. 是周期性调查

C. 必须有一个统一的调查时点　　D. 是非全面调查

4. 统计调查的要求有(　　)。

A. 准确性　　B. 及时性　　C. 完整性　　D. 无误性

5. 在实际调查中,搜集数据的具体方法主要有(　　)。

A. 访问调查　　B. 邮寄调查　　C. 个别深度访问　　D. 网上调查

三、简述题

1. 简述统计调查的概念和要求。

2. 简述统计调查方案内容。

3. 简述统计报表的特点。
4. 简述抽样调查的特点。
5. 简述重点调查、典型调查的概念和区别。

四、综合题

某家用电器生产企业想通过市场调查了解以下问题：企业产品的知名度；产品的市场占有率；用户对产品质量的评价及满意程度。

(1)你认为这项调查采取哪种调查方式比较合适？

(2)设计出一份调查问卷。

项目实训

【实训项目】

统计调查。

【实训目的】

通过调查问卷，掌握调查问卷的撰写。

【实训资料】

大学校风调查问卷

亲爱的同学：您好！

值此新学期开始之际，为支持校风建设，改善教学环境，我们特地组织了这次调查活动。恳切希望您在百忙之中予以支持和帮助。请您根据自己的情况如实填写，您填写的每一项内容都将对我们的研究起到重要作用！

谢谢您的合作！并衷心祝愿您学习进步，心想事成！

××大学学生会

联系人：×××

联系电话：×××

2022年9月12日

问卷要向大量人群发放，填写方法必须一致，否则会造成此后的数据录入和整理工作中不必要的混乱和不便。特别是对问卷中某些可能会引起歧义的地方，一定要加以详细说明。填表说明可放在问卷的扉页上，也可放在问卷的封底上。下面的例子是一次产品质量跟踪调查问卷中的填表说明：

填表说明：

1. 问卷中画横线处，请您填入符合自己情况的数字和答案。
2. 问卷中的多项选择题，请在符合您自己情况的该项前的序号上画一个○。
3. 单项选择题，如无特别要求，请选填其中的一个答案。
4. 您所填的数字我们将严守秘密，如有泄露，您可追究我们的责任。

再一次感谢您的合作！

问答题目是调查问卷的主体，需要研究人员根据研究课题的要求以及被调查人群的特点巧妙构思、精心设计。一般情况下，一个问答题目对应着样本数据中的一个变量，因此要尽量避免多项选择题。问答题目要直观、简短、易填，要尽量避免被访者的复杂计算和回忆。除非十分必要，一般不宜直接触及个人隐私及刺激性话题。有以下几种题型可供问卷设计时参考：

1. 填写题

在问题的后面画一道横线，被访者将答案填在横线上，如：

专业：________　年级：________　性别：________

2. 是非题

在问题的后面列出是与否、好与坏、对与错、同意与不同意等互斥的两种判断，如：

您在学习中是否感到有压力？

①是　②否

3. 多选一

在问题的后面列举出两个以上的答案，供被访者选答其中最符合自己实际情况的一个答案，如：

您认为促使您努力学习的动力：

①自己的前途和未来　②来自家庭的压力　③亲人的鼓励　④价值不菲的奖学金

4. 矩阵式

将问题排成行，同时将各种答案排成列，如：

您觉得下列手机的质量如何？					
	差	较差	一般	较好	好
小米	□	□	□	□	□
苹果	□	□	□	□	□
OPPO	□	□	□	□	□
华为	□	□	□	□	□
VIVO	□	□	□	□	□

5. 表格式

将一系列问题统一安排在一个表格中，供被访者填答，如：

您认为您所需要的手机所具备的起码的功能应当有哪些？

网络类型	□GSM　□SG　□GPRS
通话功能	□录音　□语音拨号　□免提通话　□通话时间提示　□畅连
数据功能	□GPS　□WLAN　□蓝牙　□中文短信 □峰窝网络　□群发短信　□数据传输　□个人热点 □QQ　□电子邮件　□微信　□抖音　□支付宝
简单功能	□闹钟　□录音机　□天气　□秒表　□阳历农历转换　□指南针
高级功能	□无线充电　□动画屏保　□息屏显示　□指纹识别　□ 应用市场　□人脸识别 □屏幕录制　□美颜相机

问卷设计没有固定格式，熟悉了问卷格式、设计原则和常见题型之后，完全可以根据课题的研究需要，结合被调查人群的心理特点，充分调动灵感，自主发挥。但在问卷设计人员的头脑中始终要有这样一条清晰的设计线索：明确当前的研究课题→确定对应的人群总体→列举总体的相关属性→选定最终的研究变量→编制可行的问答题目→给出题目的备选答案。

完美的问卷设计，应该是以小的篇幅、简捷的问答题目获取充分而真实的数据，并可在此后的数据分析过程中，提炼出对课题研究有所裨益的深层信息。下面给出的是一个小型的调查问卷样式，仅供参考。

大学生传统文化素质调查问卷

为了解当今大学生对中国传统文化的态度，特作此调查。非常感谢您的合作。您填写的每一项内容都将对我们的研究起到重要作用！

××文化传播学院
联系人：×××
联系电话：×××
2022 年 10 月 23 日

对于选择题，您在所选答案上打钩即可。必要时可做多项选择。再一次感谢您的合作！

1. 您所在专业：A. 理工类　B. 经济类　C. 人文类　D. 艺术类　E. 外语类
2. 年级：A. 大一　B. 大二　C. 大三　D. 大四　E. 研究生
3. 性别：A. 男　B. 女
4. 中国传统文化在今天仍有旺盛的生命力吗？A. 有　B. 没有
5. 您的中国传统文化知识来自：A. 学校　B. 家庭　C. 自学

请按比重由大到小排列：　　　　　＞　　　　　＞

6. 您常看中国传统文化的书籍吗？A. 是　B. 否
7. 您经常登录中国传统文化的网站吗？A. 偶尔　B. 经常　C. 从不
8. 您耐心地听完过一场京剧吗？A. 是　B. 否
9. “天行健，君子以自强不息”和“天地之大德曰生”，这出自哪部作品？
A.《论语》　B.《道德经》　C.《庄子》　D.《易经》
10. 儒家的代表人物是：A. 孔子　B. 荀子　C. 庄子　D. 孟子　E. 墨子
11. 您认为中国传统文化的基本精神是：
A. 天人合一　B. 和为贵　C. 有所为，有所不为　D. 厚德载物，自强不息
12. “四书五经”分别指的是：
A.《大学》《中庸》《论语》《孟子》　《诗经》《尚书》《礼记》《易经》《春秋》
B.《大学》《中庸》《论语》《孟子》　《诗经》《尚书》《礼记》《易经》《乐经》《春秋》
C.《尚书》《礼记》《论语》《孝经》　《诗经》《尚书》《礼记》《易经》《乐经》《春秋》
D.《尚书》《礼记》《论语》《孝经》　《诗经》《尚书》《礼记》《易经》《春秋》
13. 长期以来，作为中国士大夫高尚节操的象征是：
A. 古筝　B. 古琴　C. 箫　D. 笛
14. 儒家的思想核心是：A. 仁　B. 德　C. 无为　D. 天人合一
15. 佛教源于：A. 中国西藏　B. 印度河流域　C. 恒河流域　D. 中亚地区
16. 被誉为“中国的莎士比亚”的是：
A. 关汉卿　B. 王实甫　C. 孔尚任　D. 纪君祥
17. 不属于中国古代十大古曲的是：
A.《高山流水》　B.《二泉映月》　C.《十面埋伏》　D.《胡笳十八拍》
18.《梅花三弄》中“三弄”的含义是：
A. 三次相遇　　　B. 经过三个乐师共同创作
C. 梅花的三种品质　　　D. 曲中泛音曲调在不同徽位重复了三次
19. 汉字的形体您知道几种？　（填写知道的数目即可，下同）
20. 构成汉字的法则，您知道几条？

21. 近代人们习惯称道的“颜柳欧赵”四大家，您了解其中的几家？

22.《清明上河图》的作者是：A. 王冕 B. 张大千 C. 张择端 D. 吴道子

23. 堪称中国古代韵律诗的开山之作是：

A.《关雎》 B.《小雅》 C.《国殇》 D.《硕鼠》

24.“宫保鸡丁”是哪个地方的名菜？A. 西安 B. 四川 C. 福建 D. 江苏

【实训要求】

1. 试着去填写一下上述两份调查问卷，并分析调查问卷撰写的思路。

2. 撰写《统计调查》实训报告。

<table>
<tr><th colspan="3">《统计调查》实训报告</th></tr>
<tr><td>项目实训班级：</td><td>项目小组：</td><td>项目组成员：</td></tr>
<tr><td>实训时间：　　年　月　日</td><td>实训地点：</td><td>实训成绩：</td></tr>
<tr><td colspan="3">实训目的：</td></tr>
<tr><td colspan="3">实训步骤：</td></tr>
<tr><td colspan="3">实训结果：</td></tr>
<tr><td colspan="3">实训感言：</td></tr>
<tr><td colspan="3">不足与今后改进：</td></tr>
</table>

项目组长评定签字：　　　　　　　　项目指导教师评定签字：

统计整理

○ **知识目标**

理解:统计整理的概念和程序;统计数据的预处理。

熟知:统计分组的概念、作用和原则;统计分组的种类;统计分组标志的选择。

掌握:分配数列的概念和分类;变量数列的编制;频数分布的类型;统计图表。

○ **技能目标**

能够结合所学的统计整理知识,绘制统计图表。

○ **素质目标**

运用所学的统计整理的基本知识研究相关案例,培养和提高学生在特定业务情境中分析问题与决策设计的能力;结合行业规范或标准,运用统计整理知识分析行为的善恶,强化学生的职业道德素质。

○ **思政目标**

能够正确地理解“不忘初心”的核心要义和精神实质;树立正确的世界观、人生观和价值观,做到学思用贯通、知信行统一;通过统计整理知识,结合统计职业道德规范,忠诚统计、实事求是、依法统计、服务社会;强化实践能力和创新能力,培养耐心细致的工作作风和严肃认真的工作态度。对数据进行统计分析时,充分运用所学方法,不歪曲数据特征,不误导读者;搜集与分析我国经济社会数据,结合数据与经济社会相关政策,了解时事政治,研究中国问题,认识国情,激发爱国热情。

○ **项目引例**

大学生的入学调查表整理

某大学在新生入学时给每一名新生发了一份调查表,调查新生的姓名、性别、年龄、民族、高考成绩、家庭所在地、家庭月均收入以及学生入学后对自己、对学校的各种期望等信息。对于所得到的大量信息资料,需要及时编制统计表或绘制统计图,把这些庞杂的信息进行分类、汇总并清晰地显示出来,以便学校了解这一届新生的特点。掌握新生的各种信息,就要整理这些资料。

资料来源:新华每日电讯,http://www.xinhuanet.com//mrdx/2021-05/12/c_139940702.htm,有改动。

试分析:应该怎样整理利用这些资料?

○ **知识精讲**

任务一　统计整理概述

一、统计整理的概念

统计整理是按照统计研究任务的要求,对统计调查得来的资料进行科学的分类和汇总,使大量零碎和分散的、说明总体单位特征的资料条理化、系统化，使之成为反映总体资料特征的工作过程。例如，由人口普查得来的原始资料是说明每个居民的性别、年龄、民族、职业等标志的具体表现，而统计研究的目的是要了解总体的特征，因而只有将这些原始资料进行分类和综合，才能得到全国男女人口总数，分民族、分地区的男女人口总数等说明人口这一总体特征的数字资料。

广义的统计整理，还包括系统地积累原始资料和根据其他分析需要而对加工整理过的统计资料进行再加工。

统计整理在整个统计研究中占有重要地位，它是从对个别单位标志具体表现的认识向对总体综合数量特征认识的过渡，也是对现象由感性认识向理性认识过渡的基础。它是统计调查的继续，也是统计分析的前提，在统计中处于承前启后的重要地位。

【提示】统计整理是否正确、恰当，直接决定着整个统计研究任务能否顺利完成、统计分析结果是否正确。

二、统计整理的程序

(一)设计和制订统计整理方案

正确制订统计整理方案，是保证统计整理有计划、有组织地进行的首要步骤。统计整理方案主要包括以下三方面内容：

1. 确定对总体资料的处理方法

对总体资料的处理方法有：①对总体单位的简单排列；②将所有总体单位的资料加以合计；③对总体进行各种分组，在分组的基础上计算各组和总体的单位总量和标志总量，即汇总；④最后将汇总得到的单位数和一系列标志总量指标的资料按一定规则编制表格，即统计表。

【提示】统计整理首先是对①～④内容加以规定。

2. 确定统计指标和指标体系

首先，要确定统计指标体系中包括哪些指标，哪个指标是核心指标，统计指标间具有什么样的联系；其次，要确定统计指标的名称、含义、内容和计算范围；再次，要确定统计指标的计量单位和计算方法；最后，要确定统计指标的空间范围和计算时间。

3. 确定统计整理工作的组织计划

例如，确定汇总工作的组织领导，汇总的组织形式和汇总方法，资料审核的要求和方法，汇总工作的完成期限，各个工作环节的责任以及汇总资料的报送等。

【提示】从形式上看，统计整理方案主要表现为一系列空白的汇总表式、汇总用的填表说明和各种分类目录。

(二)对资料进行逻辑审查和计算审查

逻辑审查是指检查资料是否符合逻辑。例如，15 周岁以下的少年儿童不能列入文盲范围，因为他(她)们还处在义务教育年龄段，还有可能接受教育。又如，一个人 36 岁，但却有 26 年工龄，就要再作调查，因为 10 岁的儿童是不可能有工龄的。计算审查是指检查调查表中各栏数字的计算方法和计算口径，验算合计数与各项数据之间是否平衡。例如，期初数加本期增加数减本期减少数等于期末数，若本期增加数多于本期减少数，而期末数却没有期初数多，就一定是在哪个环节出现了差错，就要复查。

(三)对资料进行分组并汇总

统计整理的重要工作就是进行分类和汇总。统计分类即统计分组(统计分组的具体问题将在以后详细阐述)。统计汇总按组织形式可以分为逐级汇总和集中汇总，其汇总技术主要有手工汇总和计算机汇总。①手工汇总的方法具体包括画记法、过录法、折叠法和卡片法。②计算机汇总是统计汇总技术的新发展，也是统计现代化的重要标志，这种汇总技术，无论是在汇总质量上还是在时效上，都大大优于手工汇总，同时，它还为利用计算机强大的分析功能奠定了基础。

(四)编制统计表，绘制统计图

统计表的编制与统计图的绘制，我们将在后面陆续阐述。需要特别指出的是，在统计资料整理过程中，还应注意以下三个问题：

1. 统计整理要为统计分析的目的服务

统计整理要根据统计分析的目的，抓住最基本的、最能说明现象本质特征的统计指标，进行科学的统计分组，对统计数据资料进行加工整理。对于一个特定的研究对象，尽管可以搜集到大量的有关资料，但其中必定有一方面或几方面是基本的、能表现本质的。

【注意】统计整理的任务就是要从事物的总的联系中找出基本的数量关系。

2. 统计整理要注意现象各方面的联系

任何事物之间都有着联系，同时也有着不同方面。在进行统计整理时，数据资料要注意到各个方面的相互联系，如指标的口径是否一致等，否则整理出的数据资料缺少可比性。如进行几年内的动态分析，或是对更复杂的事物进行相关分析，就要特别注意这一点。

3. 统计整理要研究现象的全貌，即要有总体性

在现象发展变化的过程中，其各部分的数量特征是不相同的。在利用统计资料说明现象的发展状况时，应研究现象总体，分析与总体有关的各方面的数量，而不能只注意对总体事物有利的一方面，或利用一些个别事实来达到主观目的。

三、统计数据的预处理

数据的预处理是在对数据分类或分组之前所做的必要处理，包括数据的审核、筛选、排序等。

(一)数据审核

数据审核就是检查数据中是否有错误。对于通过调查取得的原始数据，主要从完整性和准确性两个方面去审核。完整性审核主要是检查应调查的单位是否有遗漏、所有的调查项目是否填写齐全等。

【提示】准确性审核主要是检查数据是否有错误、是否存在异常值等。

审核资料的准确性常用的方法包括：

1. 逻辑检查

首先，从理论上或常识上检查资料是否有悖常理、有无不切实际或不符合逻辑的地方。例如，一张调查表中，年龄是 9 岁，职业是教师，其中必有一个是错误的。再如，在某劳动密集型行业的报表中，企业规模为大型，而职工人数是 30 人，这其中也必有一项是错误的。

其次，检查各项目之间有无相互矛盾的地方。例如，企业的净产值大于同期总产值就是明显的逻辑错误；人口普查时，性别填女，与户主关系填父子，这显然不合逻辑。

2. 计算检查

即检查各项指标的计算口径、计量单位是否符合规定，并通过各种计算方法来检查各指标间的数字是否相互衔接，子项之和是否等于母项。

对于通过各种渠道取得的次级资料，应着重审核数据的适用性和时效性。次级资料可以来自多种渠道，有些数据可能是为特定目的通过专门调查而取得的，或者是已经按特定目的的需要做了加工汇总的。对使用者来说，首先应弄清楚数据的来源、数据的口径以及有关的背景材料，以便确定这些数据是否符合分析研究的需要，不能盲目地生搬硬套。

【注意】对数据的时效性进行审核，对于时效性较强的问题，如果所取得的数据过于滞后，就可

能失去研究的意义。

(二)数据筛选

数据筛选是根据需要找出符合特定条件的某类数据。例如,找出销售额在 1 000 万元以上的企业、找出考试成绩在 90 分以上的学生等。数据筛选可借助计算机自动完成。

【做中学 3—1】 某校 4 名学生的语文、英语、数学三门课程考试成绩数据如表 3—1 所示,试用 Excel 进行数据筛选。

表 3—1　4 名学生语文、英语、数学三门课程考试成绩

姓名	语文	英语	数学
甲	65	82	76
乙	86	81	57
丙	75	75	60
丁	90	78	89

解:用 Excel 进行数据筛选的步骤如下:

第一步:选择"数据→筛选"命令。如果要筛选出满足给定条件的数据,可使用"自动筛选"命令。这时会在第一行出现下拉箭头,用鼠标点击箭头会出现如图 3—1 所示的结果。

	A	B	C	D
1	姓名 ▾	语文 ▾	英语 ▾	数学 ▾
2	甲	65	82	76
3	乙	86	81	57
4	丙	75	75	60
5	丁	90	78	89

图 3—1　自动筛选过程

第二步:在下拉箭头方框内选择要筛选出的数据。

(1)若要筛选出语文成绩为 75 分的学生,则在"语文"的下拉箭头处选择 75,得到如图 3—2 所示的结果。

	A	B	C	D
1	姓名 ▾	语文 ▾	英语 ▾	数学 ▾
4	丙	75	75	60
6				

图 3—2　自动筛选结果

(2)若要筛选出语文成绩最高的前 2 名学生,则需在"语文"下拉箭头处的"数字筛选"中"10 个最大的值"对话框中输入"2",结果如图 3—3 所示。

	A	B	C	D
1	姓名 ▾	语文 ▾	英语 ▾	数学 ▾
3	乙	86	81	57
5	丁	90	78	89

图 3—3　指定条件自动筛选结果

(3)若要筛选出三门课程考试成绩都大于 70 分的学生，由于设定的条件比较多，需要使用“高级筛选”命令。

使用高级筛选时，必须建立条件区域。这时需要在数据清单上面至少留出 3 行作为条件区域，如图 3—4 所示。然后在“列表区域”中选中要筛选的数据清单，在“条件区域”中选择匹配的条件。例如，要筛选出三门课程考试成绩均大于 70 分的学生。

	A	B	C	D
1	姓名	语文	英语	数学
2		>70	>70	>70
3				
4	姓名	语文	英语	数学
5	甲	65	82	76
6	乙	86	81	57
7	丙	75	75	60
8	丁	90	78	89
9				
10				
11				

高级筛选

方式

◉ 在原有区域显示筛选结果(F)

○ 将筛选结果复制到其他位置(O)

列表区域(L)：$A$4:$E$8

条件区域(C)：$A$1:$E$2

复制到(T)：

☐ 选择不重复的记录(R)

确定　取消

图 3—4　高级筛选过程

单击“确定”按钮，得出如图 3—5 所示的结果。

	A	B	C	D
1	姓名	语文	英语	数学
2		>70	>70	>70
3				
4	姓名	语文	英语	数学
8	丁	90	78	89

图 3—5　高级筛选结果

(三)数据排序

数据排序是指按一定顺序将数据排列，以便研究者通过浏览数据发现一些明显的特征或趋势，找到解决问题的线索。除此之外，排序还有助于对数据进行检查纠错，以及为重新归类或分组等提供方便。在某些场合，排序本身就是分析的目的之一。例如，要了解究竟谁是中国汽车生产的三大巨头，对汽车生产企业而言不论它是伙伴还是竞争者，都是很有用的信息。

对于分类数据，如果是字母型数据，排序则有升序、降序之分，但习惯上升序用得更多，因为升序与字母的自然排列顺序相同；如果是汉字型数据，排序方式则很多，如按汉字的首位拼音字母排列，这与字母型数据的排序完全一样，也可按姓氏笔画排序，其中也有笔画多少的升序、降序之分。交替运用不同方式排序，在汉字型数据的检查纠错过程中十分有用。

对于数值型数据，排序只有两种，即递增和递减。设一组数据为 $x_1, x_2, \cdots, x_n$，递增排序后可表示为 $x(1)<x(2)<\cdots<x(n)$。递减排序可表示为：$x(1)>x(2)>\cdots>x(n)$，排序后的数据也称为顺序统计量。无论是分类数据还是数值型数据，排序均可借助于 Excel 中的“排序”命令完成。

任务二　统计分组分析

动漫视频

统计分组

一、统计分组的概念

统计分组是统计研究的一种重要方法，它是根据统计研究任务的要求和现象总体的内在特点，把统计总体按照一定标志划分为若干性质不同又有联系的几个部分。例如，某班30名学生按性别这一标志分为男生、女生两组。分组标志是划分各组的标准或依据，它由统计研究目的而定。例如，如果研究的目的是分析某市家庭户的收入水平，这时，可将某市所有家庭户按全年人均收入分组。再如，如果研究的目的是分析农业生产单位的生产方向，这时可将农业生产单位按其主要生产方向划分为主要生产粮食、棉花、蔬菜、果树、茶叶等不同的组。

之所以要将搜集到的反映社会经济现象各个总体单位特征的资料进行分组，这并不是人们的主观意愿，而是因为统计总体中的各个个体，一方面在某一标志或某些标志上具有彼此相同的性质，但另一方面又在其他一些标志上具有彼此相异的性质，需区分为性质不同的若干组。

【注意】统计分组是统计资料整理中不可缺少的方法。

从分组的性质来看，分组兼有“分”和“合”双重含义。

①对现象总体而言，是“分”，即把总体分为性质相异的若干部分；对总体单位而言，则是“合”，即把性质相同的许多总体单位合为一组。

②对分组标志而言，是“分”，即按分组标志将不同的标志表现分为若干组；对其他标志而言，则是“合”，即在一个组内的各单位即使其他标志表现不相同也只能结合在一组。

由此可见，选择一种分组方法，突出了一种差异，显示了一种矛盾，必然同时掩盖了其他差异，忽略了其他矛盾。不同的分组方法，可能得出不同的结论。缺乏科学根据的分组，不但无法显示事物的本质特征，甚至会把不同性质的事物混淆在一起，歪曲社会经济现象的本质。

【提示】在进行统计分组时必须先对所研究现象的本质作全面地、深刻的分析，确定所研究现象类型的属性及其内部差别，然后才能选择出反映事物本质的正确的分组标志。

二、统计分组的作用

(一)区分社会经济现象的类型

统计分组的根本作用是区分现象之间质的差别。社会经济现象是复杂多样的，不同的社会经济现象具有不同的矛盾和规律。例如，按所有制性质不同，可将企业分为国有企业、集体企业、股份制企业、其他企业等。统计在研究现象总体数量方面时，要从区分事物质的差别入手，在认识不同社会经济类型特殊性的基础上，在事物的普遍联系中正确把握现象总体的规律性。

(二)研究现象的内部结构，揭示事物的本质特征

统计分组区分了事物质的区别，在此基础上计算各组数量占总体数量的比重，研究总体的内部构成。总体内部结构表明了总体的本质特征、总体结构的变动，反映了事物内在联系和发展变化的趋势。例如，某班40名同学按学习成绩分为好、中、差三组，其各组人数分别为8人、26人、6人。从这种分组上我们可以看出，该班同学在学习成绩上的分布特征是两头小、中间大的正态分布。又如，2022年某省各种运输方式完成货物运输周转量资料如表3—2所示。

表3—2　　2022年某省货物运输周转量资料表

运输方式	货运周转量(亿吨)	比重(%)
铁路	14 575	31.92
公路	6 180	13.54
水运	24 860	54.45
民航	44	0.09
合计	45 659	100.00

从表3—2的资料,可以看出该省各种运输方式所承担的任务或所占的比重。

(三)研究现象之间的数量依存关系

社会经济现象是相互联系、相互依存和相互制约的。分组可使我们了解现象之间的数量依存关系,如产品产量与单位成本的关系、作物的施肥量与产量的关系等。例如,某地区生产性固定资产价值与工业增加值相关情况如表3—3所示。

表3—3　　某地区生产性固定资产价值与工业增加值相关表　　单位:万元

企业编号	生产性固定资产价值	工业增加值
1	30	150
2	30	170
3	50	250
4	60	280
5	60	300
6	70	360
7	80	370
8	90	420
9	90	450
10	100	450

从表3—3的资料可以看出,生产性固定资产价值与工业增加值有紧密关系,生产性固定资产价值越高,工业增加值越多。

三、统计分组的原则

(一)科学性原则

统计分组首先应强调的是科学性原则,即统计分组要根据统计研究的目的,突出反映客观现象在各组间的差异,使组间差异大、组内差异小。

(二)完整性原则

完整性原则又称穷尽原则,是指分组的结果使总体中的每一个单位都应有组可归,或者说各分组的空间足以容纳总体的所有单位。例如,人口普查中按受教育程度分组,如果分为小学、初中、高中、大学专科和大学本科五个组,则那些未上过学以及研究生学历者则无组可归。如果将分组调整为未上过学、小学、初中、高中、大学专科、大学本科和研究生,则这样的分组就可以包括全部人口的各种不同层次的受教育程度,符合分组的穷尽原则。

(三)互斥性原则

互斥性原则是指在特定的分组标志下,总体中的任何一个单位只能归属于某一组,而不能同时或可能归属于某几个组。例如,某商场把服装分为男装、女装、童装三类,不符合互斥原则,因为童装也有男装、女装之分。若先把服装分为成年与儿童两类,然后每类再分为男装、女装两组,就符合互斥性原则。

四、统计分组的种类

(一)按分组标志的性质不同,可分为品质标志分组和数量标志分组

1. 品质标志分组

品质标志分组是以反映现象的属性、性质的标志进行的分组,分组结果是将总体划分为若干个性质不同的类型，目的在于揭示总体内部的性质和属性差异。例如，人口按性别、民族分组，播种面积按土地自然条件分组，商品按类别分组，农业生产单位按生产方向分组等，都称为按品质标志分组。

品质标志分组有的比较简单，容易划分，分组标志确定后，组与组之间的界限和组数也就确定了。例如，人口按性别就只能分为男、女两组。但是，有的分组比较复杂，组与组之间的界限难以确定。例如，从业人员的职业、农机具的种类、工业产品的种类等，这类标志分组的详细程度往往要根据分析任务的要求，经过事先研究，规定统一的划分标准，编制统一的分类目录作为分组的统一依据。

2. 数量标志分组

数量标志分组是把研究总体按标志值的多少进行分组。例如，人口按年龄进行分组，工业企业按职工人数分组、生产能力分组，商业企业按销售额分组等；如按工资标志将公司员工月工资收入分为 2 000 元及以下、2 001～3 000 元、3 001～4 000 元、4 001～5 000 元、5 001 元以上等。

数量标志分组的目的在于通过总体内部的数量差异揭示现象的质变，因此，如何决定现象质与量的数量界限则是按数量标志分组的关键。

(二)按分组标志的多少不同，可分为简单分组和复合分组

1. 简单分组

对总体只按一个标志进行的分组，称为简单分组。如学生按性别进行分组，企业按销售额进行分组等。这种分组只能从一个方面反映社会经济现象的分布状况和内部结构。在统计研究中，可以从不同的角度选择不同的标志对总体进行简单分组，从而构成一个平行分组体系。

2. 复合分组

对同一个总体选择两个或两个以上的标志层叠起来进行的分组，称为复合分组。如高校教师先按“性别”分组，然后按“职称”分组，就是复合分组，如图 3－6 所示。多个复合分组形成的体系，称为复合分组体系。

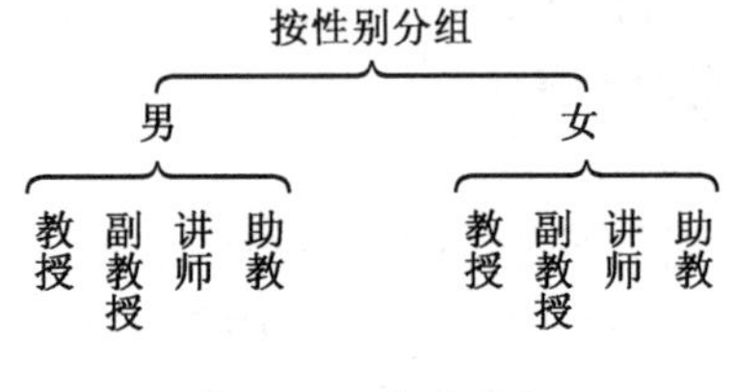

图 3－6 复合分组

此外，还有按主要标志和辅助标志分组，是指选择反映总体单位差异的一个主要标志和一个或几个辅助标志作为分组标志，依据这些标志将总体划分成若干性质或数量各异的组。例如，在编制零售商品物价指数时，就是先将主要零售商品按主要经济用途标志划分成食品类、衣着类、日用杂品类、文化用品类等大类，再在大类中分成若干种类，如在食品类中，再分为粮食、副食，再将粮食分为细粮、粗粮等。又如，先按企业性质分为国有企业、集体企业、股份制企业、其他企业等，再按月收入分为 2 000 元及以下、2 001～3 000 元、3 001～4 000 元、4 001～5 000 元、5 001 元以上等。

五、统计分组标志的选择

分组标志是指统计分组时划分资料的标准或依据。任何事物都有许多标志，确定一个分组标志，必然突出总体单位在该标志上的差异而掩盖了各单位在其他标志上的差异。选择分组标志是统计分组的核心。

【提示】正确选择分组标志是统计分组的核心和关键。

【注意】选择的分组标志不同，说明的问题和由此得出的结论也不同。分组标志选择不当，分组结果就不能正确反映总体的性质特征。

在选择分组标志时，必须遵循考虑以下原则：

（一）要根据统计研究的目的和任务来选择分组标志

统计总体的总体单位都有多个标志，有些标志对某一问题是至关重要的，而对另一个问题则又是无关紧要的。同一研究总体，研究目的不同，分组标志的选择也不同。因此，应选择什么标志作为分组标志，要依据统计研究的目的而定。例如，在某市工业企业这一总体中，每一个工业企业是总体单位，它有工业企业所有制、总产值、职工人数、流动资金、固定资产等许多标志，如果我们的研究目的是分析规模大小不同企业的经济效益，就要选择总产值或职工人数作为分组标志；如果要研究工业企业不同经济类型的构成，就要选择所有制作为分组标志。

（二）要选择最能反映事物本质特征的标志

在同一研究目的和要求情况下，往往有许多标志可供选择。有些标志是带有根本性的、主要的标志，能够反映事物的本质特征，而有些标志则是非本质的、次要的标志。我们应根据研究问题的需要，力求选择最能反映现象本质的主要标志。例如，在研究居民收入水平高低的情况时，可供选择的标志有很多，如家庭总收入、家庭可支配收入、家庭人均收入、家庭人均可支配收入等。然而，最能够综合反映居民收入水平高低的是家庭人均可支配收入这一标志。又如，比较一个国家的经济发展水平，由于每个国家都有国内生产总值（GDP）、国民生产总值（GNP）、国民收入（NI）、人均国民收入等标志，但唯有人均国民收入消除了国家规模因素的影响，该标志对不同规模的总体单位具有可比性。因此，选择人均国民收入作为分组标志是最适宜的。

（三）要根据现象所处的具体历史条件或经济条件来选择

社会是不断发展的，历史条件和经济条件也在不断地发生变化。同一分组标志，在某一时期、某个条件下适用，而在另一时期、另一条件下则不一定适用。例如，在经济技术条件不发达的地区，采用职工人数作为分组标志可以反映企业生产规模的大小，而在经济技术条件发达的地区，对于技术密集型产业，反映企业生产规模大小用固定资产价值或生产能力更合适。

任务三　分配数列分析

一、分配数列的概念和分类

分配数列也称分布数列或频数分布、次数分布，是指总体按某一标志分组，且依次排列，并列出每个组的单位数，从而形成总体单位在各组中的分布。

【提示】频数分布是统计资料整理的一种重要形式，通过对凌乱的、分散的原始资料进行有序的整理，形成一系列反映总体各组之间单位分布状况的数列，即分布数列。

频数分布由各组名称（组别）和各组频数或频率两个要素构成，一个是分组后形成的各组，另一个是各组的单位数。分布在各个组中的总体单位数称为频数，也称次数；各组频数与总频数之比称为频率，也称为比率或比重，它说明总体各部分的构成情况。

动漫视频

频率

【注意】频率之和等于1。

根据分组标志形式不同，分配数列有品质分配数列和变量分配数列两种。

(一)品质分配数列

品质分配数列是指按品质标志分组所形成的分配数列,它用来观察总体中不同属性单位在各组中的分配状况。例如,某地区各种所有制性质企业分组情况资料如表 3—4 所示。

表 3—4　　某地区企业分组情况

所有制性质	企业数(个)	比重(%)
国有企业	420	47.73
集体企业	280	31.82
股份制企业	30	3.40
其他企业	150	17.05
合　计	880	100.00

(二)变量分配数列

变量分配数列是指按数量标志分组所形成的分配数列,简称为变量数列。变量数列可以反映总体中各组间的数量差异和结构状况。按变量是否连续和数目的不同,变量数列可分为以下几种,如图 3—7 所示。

图 3—7　变量数列分类

离散型变量分配数列是指按离散变量标志分组所形成的数列;连续型变量分配数列是指按连续变量标志分组所形成的数列。

1. 单项式变量数列

单项式变量数列是指每个组仅有一个变量值作为分组标志值所形成的数列,通常适用于离散变量值不多且变量变动范围又不是很大的情况。相关情况如表 3—5 所示。

表 3—5　　单项式变量数列

家庭人口数(人)	户数(户)
2	5 200
3	23 000
4	15 000
5	3 500
6	1 500

2. 组距式变量数列

组距式变量数列是指按变量的一定变化区间作为分组标志而形成的数列,通常适用于变量值多的离散变量或连续变量的分组。

在组距式变量数列中，要明确以下几个概念。

(1)组距。组距是各组最大变量值与最小变量值之差。组距与组数存在密切联系，二者之间成反比关系。用公式表示为：

$$组距=\frac{全距}{组数}$$

在组距式分组中，若各组组距相等，称为等距式分组；若各组组距不等，则称为不等距分组或异距分组。当变量值变动较均匀时，可采用等距分组；当变量值变动很不均匀时，可采用异距分组。相关情况如表3－6和表3－7所示。

表3－6 **等距数列**

按上缴利税额分组(万元)	企业数(个)
5～25	10
25～45	40
45～65	60
65～85	20

表3－7 **异距数列**

按职工人数分组(人)	企业数(个)
200及以下	20
200～500	30
500～1 000	22
1 000～2 000	10
2 000以上	6

(2)组中值。进行组距式分组，组中值的计算也是十分重要的。组中值是上下限之间的中点数值，它代表着各组变量的一般水平。组距式分组使各单位的具体标志值看不见了，取而代之的是变量值变动的范围，但在许多场合，仅仅了解这些变量值的变动范围还是远远不够的，为了分析上的需要，就需要计算组中值。

组中值是每一组数值的中间数值。组中值的计算，需要根据各组的情况来定，对于“闭口组”，即一组中既有上限值又有下限值的组。

组中值的计算公式为：

$$组中值=\frac{组下限+组上限}{2}$$

对于“开口组”，即一组中或缺少下限值或缺少上限值的组，组中值的计算公式为：

$$缺下限开口组的组中值=该组上限-\frac{邻组组距}{2}$$

$$缺上限开口组的组中值=该组下限+\frac{邻组组距}{2}$$

组中值的计算，通常是结合统计表进行的。例如，某企业职工按日完成工作量进行分组，其组中值计算如表3－8所示。

表 3－8　　组中值计算表

按日完成工作量分组(件)	组中值(件)
400 及以下	350
400～500	450
500～600	550
600 以上	650

利用以上公式计算组中值是有假定条件的。其假定条件是:各组中的变量值变化是均匀的。但实际各组内的变量值变化不一定都是均匀的,因此,这种计算会使资料的真实性受到一定程度的影响。

(3)频率与频数密度。频率是指各组频数与总体单位总数之比,它反映了各组频数的大小对总体影响的相对强度。

频率的计算公式为:

$$频率=\frac{f_i}{\sum f}$$

式中,f_i 为第 i 组的频数。

频数密度是频数与组距的比值。在异距分组中,由于各组次数的多少还受组距不同的影响,各组的频数可能会随着组距的扩大而增加,随着组距的减小而减少。为了消除异距式分组所造成的这种影响,需要计算频数密度。

频数密度的计算公式为:

$$频数密度=\frac{频数}{组距}$$

(4)累计频数与累计频率。累计频数(或频率)可以是向上累计频数(或频率),也可以是向下累计频数(或频率)。

①向上累计频数(或频率)是将各组的频数(或频率),从变量值低的组向变量值高的组依次进行累计。

【提示】向上累计频率表明某组上限以下的各组单位数之和占总体单位数的比重。

②向下累计频数(或频率)是将各组的频数(或频率),从变量值高的组向变量值低的组依次进行累计。

【提示】向下累计频率表明某组下限以上的各组单位数之和占总体单位数的比重。

二、变量数列的编制

编制变量数列,主要目的是要反映总体的分配特征,并进一步研究总体的构成及变化规律等,而频数和频率是反映变量数列分布特征的。因此,变量数列编制得好与不好,关键要看其能否反映总体的分配特征,即要看各组频数与频率的分配是否符合客观规律。

变量数列的编制是较复杂的,下面以一个实例说明变量数列的编制方法。

【做中学 3－2】 对某班 40 名同学的学习成绩调查结果如下:

68　72　84　56　70　51　86　93
95　73　78　82　87　86　64　75
78　74　74　77　85　82　63　74
79　80　97　78　92　71　71　84
86　75　76　68　75　76　82　66

这些资料是比较凌乱的，不能直接反映出总体的特征，因此，我们需对之加以整理，形成分配数列，以反映总体的分布特征。

首先，将原始资料顺序排列，确定变量值的变动范围。

51　56　63　64　66　68　68　70
71　71　72　73　74　74　74　75
75　75　76　76　77　78　78　78
79　80　82　82　82　84　84　85
86　86　86　87　90　93　95　97

通过这样的排序，我们可以得到这样一个基本认识：40 名同学的学习成绩并不是杂乱无章的，而是呈一定的规律性。一是其波动幅度在 51～97 分，差距为 46 分(97－51)。二是可以看出学习成绩大多数在 70～90 分，偏低或偏高都很少。

其次，确定组数和组距。由于学生成绩的变动幅度较大，如果采用单项式分组，则组数过多，不足以反映总体不同性质组成部分的分布特征，因此可以考虑用组距式分组，组数的确定要根据研究现象的具体情况而定。对学习成绩的分析主要从不及格、及格、中、良好和优秀方面来考虑，于是可将其分成五组。

组数确定以后，再确定组距。成绩虽然是连续型变量，但习惯上用离散型变量的表示方法，即采用整数作为组限，并且采用重叠组限的形式。

【注意】确定组限时应注意，最低组的下限要小于或等于最小变量值，最高组的上限应大于最大变量值。

根据所确定的组数、组距及组限，可将 40 名同学的学习成绩编制成分配数列，如表 3—9 所示。

表 3—9　　40 名同学的学习成绩分配数列表

学习成绩(分)	人数(人)
50～60	2
60～70	5
70～80	18
80～90	11
90～100	4

从表 3—9 这个分配数列中可以看出，这 40 名同学的学习成绩是“两头小，中间大”的分布，是符合学生学习成绩这一变化规律的，反映了总体的分布特征。

三、频数分布的类型

(一)钟形分布

钟形分布的特征是“两头小，中间大”，即中间的变量值分布的次数较多，靠近两边的变量值分布次数较少，其曲线宛如一个古钟，如图 3—8 所示。

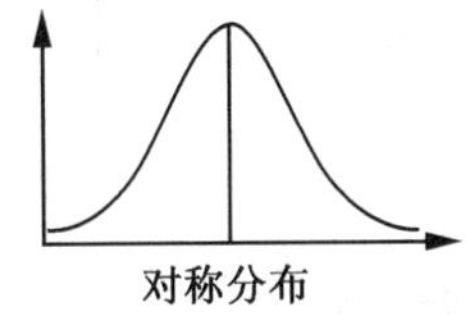

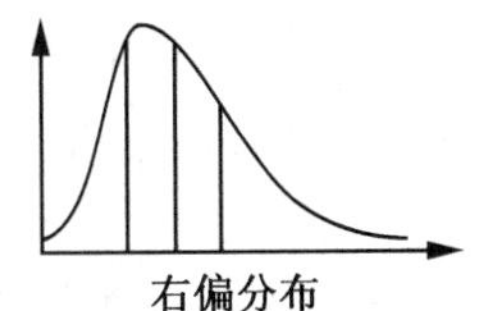

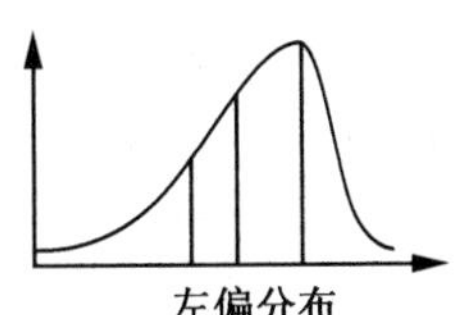

图 3—8　钟形分布

钟形分布按变量值分布的形态，分为对称分布和偏态分布。①对称分布是以变量的平均数为对称轴，左右两侧对称，两侧变量值的分布次数随着与平均数距离的增大而逐渐减少。②偏态分布包括左偏分布和右偏分布。在社会经济现象中，许多现象的变量值呈现钟形分布。

（二）U 形分布

U 形分布与钟形分布正好相反，靠近中间的变量值分布次数较少，靠近两边的变量值分布次数较多，形成“两头大，中间小”的 U 形分布。如人口死亡率的分布就属于 U 形分布。U 形分布如图 3—9 所示。

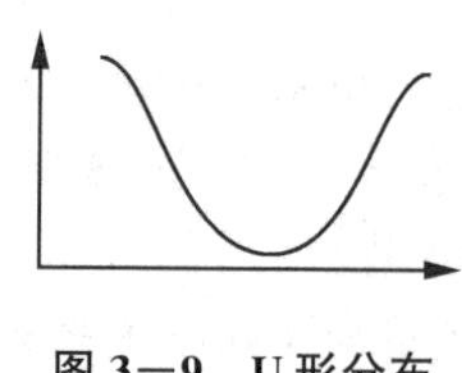

图 3—9 U 形分布

（三）J 形分布

J 形分布有两种：一种是随着变量值的增大，分布的次数也增大，呈正 J 形分布；另一种是随着变量值的增大，分布的次数减少，呈反 J 形分布。J 形分布如图 3—10 所示。

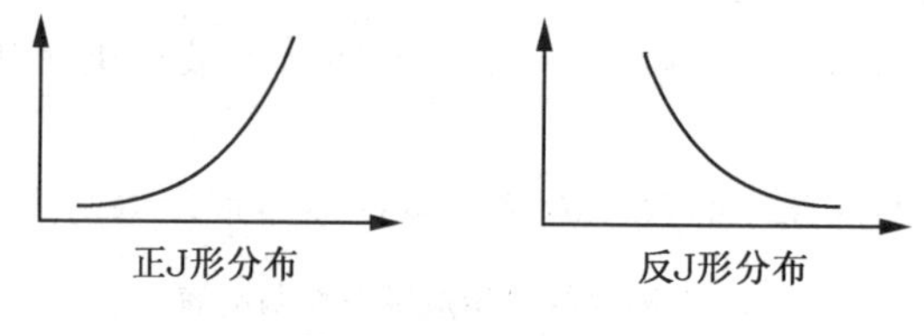

图 3—10 J 形分布

任务四 统计图表编制

一、统计图

统计图是用点、线、平面等几何图形或具体形象来表述统计资料的一种方式，它给人的感觉是直观形象、鲜明醒目、见图知意，特别是在大量数据不那么令人容易理解时，统计图更有其独特的作用，能给人以明确而深刻的印象。统计图主要有三个方面的作用：

（1）分析作用。因为统计图能将比较复杂的社会经济现象，用一种简明扼要的形式表现出来，所以它也是分析的一种主要方法。

（2）管理作用。统计图在展示功能和形式上的特点，使它能广泛地应用于企业管理，发挥管理工具的作用。

（3）解释作用。由于统计图具有直观感和空间感，对各种经济现象进行说明比较时，能给人以直观、鲜明的感觉，因此，它对统计资料是一种很好的解释。

（一）条形图

条形图是用宽度相同的条形的高度或长短来表示数据变动的图形，主要用于反映品质数列的频数分布，比较不同组之间的差异，以及变量取值在不同时间或不同空间上的差异或变化趋势。

【注意】条形图可用于同一指标在不同空间上的对比,也可用于同一指标在不同时间上的对比,也可将实际与计划进行对比。

1. 按放置的方向不同,分为柱形图和条形图

(1)柱形图。图形纵置时,称为柱形图,主要用于显示项目之间的比较结果,或一段时间内的数据变化。假设根据某地区 2021 年末三次产业从业人员分布状况绘制的柱状图如图 3—11 所示。

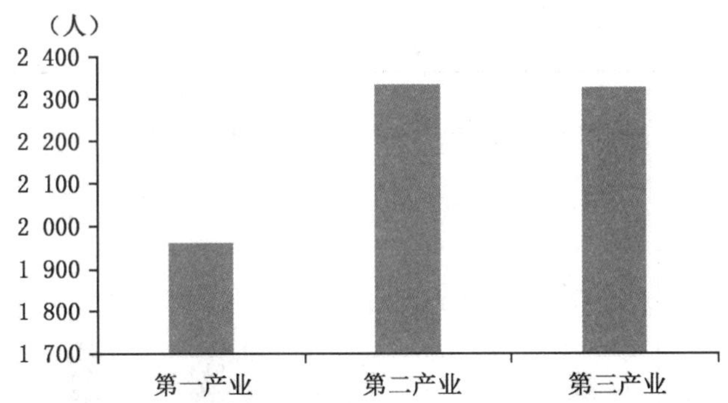

图 3—11 某地区 2021 年末三次产业从业人员分布状况柱形图

(2)条形图。图形横置时,称为条形图,用于显示各项目之间的比较状况。纵轴表示分类,横轴表示频数或数值。假设根据某地区 2021 年末三次产业从业人员分布状况绘制的条形图如图 3—12 所示。

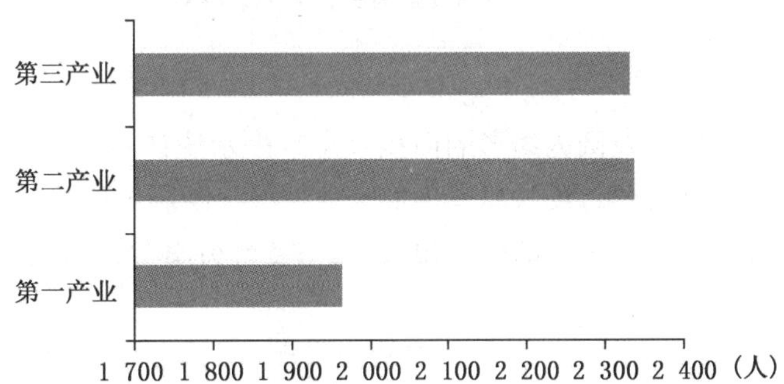

图 3—12 某地区 2021 年末三次产业从业人员分布状况条形图

2. 按比较现象的数量不同,分为单式条形图和复式条形图

(1)单式条形图。由一组表述同一现象数据的条形构成,图中的条形排列可以是纵向的,也可以是横向的,如图 3—11 或图 3—12 所示。

(2)复式条形图。由两个或两个以上单式条形图组成,互相形成不同现象数据之间的对比,各对应条形需用不同的阴影线或色彩加以区别。

【做中学 3—3】 某超市随机抽取 50 名顾客购买饮料情况的数据如表 3—10 所示。

表 3—10　　50 名顾客购买饮料分布表

饮料类型	男	女	合计
果汁	1	5	6
矿泉水	6	4	10

续表

饮料类型	男	女	合计
绿茶	7	4	11
碳酸饮料	6	9	15
其他	2	6	8
合计	22	28	50

解：若要反映男女之间购买饮料的差异，可绘制复式条形图，如图 3—13 所示。

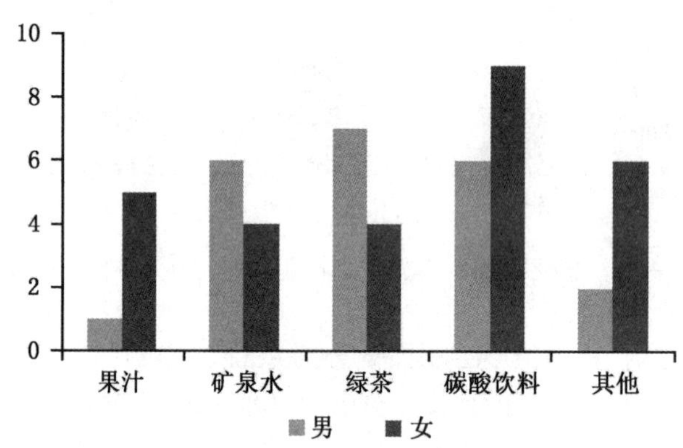

图 3—13 不同性别消费者购买饮料对比

(二)饼图

饼图又称扇形图，是以圆形及圆内扇形的面积大小来表示统计资料的一种图形。它主要用于表示总体内各组成部分所占的比重，反映总体内部构成情况。绘制扇形图时，总体中各部分所占百分比用圆内的各个扇形面积表示，扇形的中心角度，是按各部分百分比占 360°的相应比例确定的。计算公式为：

$$\frac{x}{360^{\circ}}=\frac{\text{某部分数值}}{\text{全部数值}}$$

求出了扇形夹角的度数以后，用量角器点出扇形的度数点，然后从圆心点起，对准度数点划出两条从圆心通到圆弧的直线，构成一个扇形。

假设根据某地区 2021 年末三次产业从业人员分布状况绘制的饼图如图 3—14 所示。

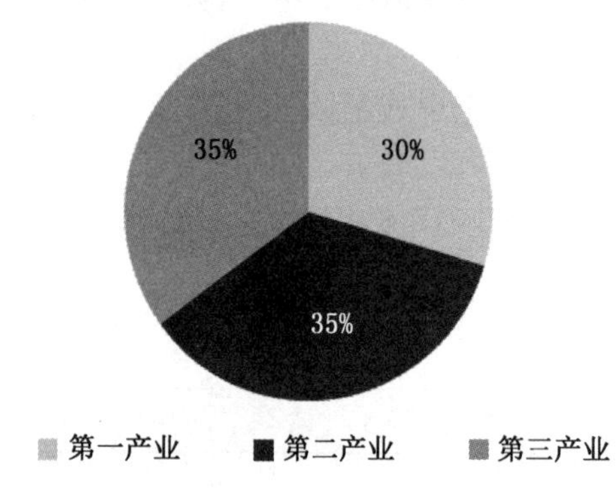

图 3—14 某地区 2021 年末三次产业从业人员分布饼图

(三)环形图

饼图只能展示一个现象的内部结构状况,如果要比较多个现象的内部结构状况,则需要绘制环形图。环形图类似于饼图,但又有区别。环形图中间有一个“空洞”,外层绘制多个现象的圆环,每一个圆环反映一个现象的数据结构。

【做中学 3—4】 假设四个直辖市 2021 年三次产业增加值数据如表 3—11 所示。

表 3—11 **四个直辖市 2021 年三次产业增加值数据** 单位:亿元

直辖市	第一产业	第二产业	第三产业
北京	140.21	4 542.64	18 331.74
天津	208.82	7 704.22	8 625.15
上海	109.82	7 991.00	17 022.63
重庆	1 150.15	7 069.37	7 497.75

解:根据表 3—11 的资料绘制的环形图如图 3—15 所示。

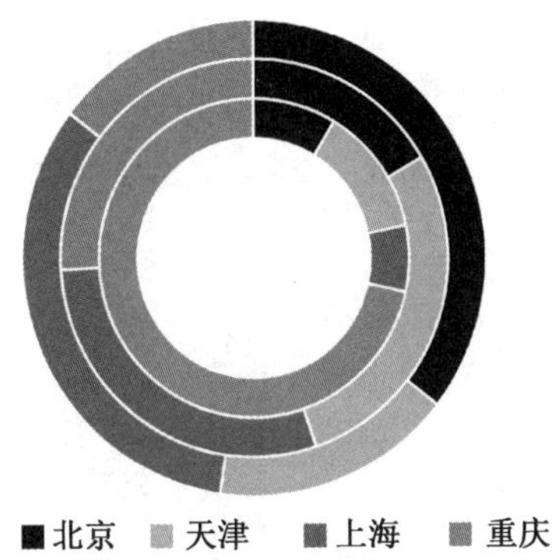

图 3—15 四个直辖市 2021 年三次产业增加值环形图(由内到外依次为第一、二、三产业)

(四)折线图

折线图是应用比较广泛的一种图形,它是用折线或曲线的连续升降来表示统计数值大小变动及其趋势的一种统计图。折线图主要用于显示时间数列数据的变动特征。在绘制动态折线图时,可用横轴表示时间,纵轴表示数量。

【做中学 3—5】 假设四个直辖市 2017—2021 年地方财政一般预算收入数据如表 3—12 所示。

表 3—12 **四个直辖市 2017—2021 年地方财政一般预算收入** 单位:亿元

直辖市	2017 年	2018 年	2019 年	2020 年	2021 年
北京	5 430.80	5 785.90	5 817.10	5 483.90	5 932.31
天津	2 310.00	2 106.00	2 410.30	1 923.10	2 141.04
上海	6 642.30	7 108.10	7 165.10	7 046.30	7 771.80
重庆	2 252.00	2 266.00	2 134.90	2 094.85	2 285.45

解:根据表 3—12 的资料绘制的折线图如图 3—16 所示。

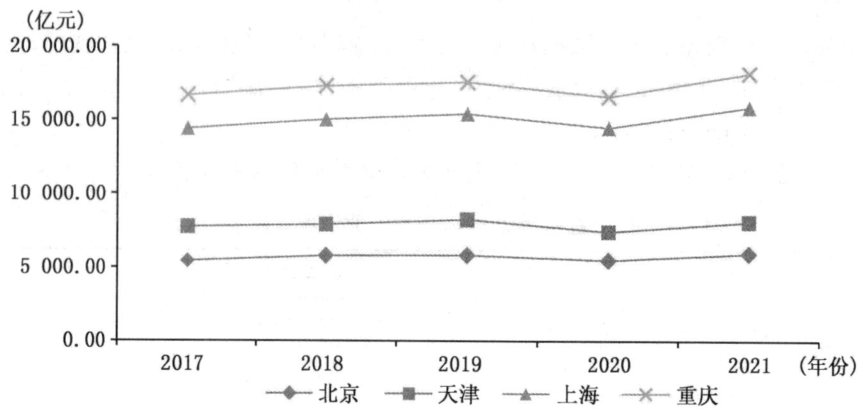

图 3—16 四个直辖市 2017—2021 年地方财政一般预算收入折线图

(五)直方图

对于分组数据,用直方图来展示数据的分布会更形象、更直观,它是用矩形的宽度和高度(即面积)来表示频数分布的。绘制该图时,在平面直角坐标中,用横轴表示数据分组,纵轴表示频数或频率。这样,各组与相应的频数就形成了一个矩形,即直方图。

【做中学 3—6】 某车间 50 名工人日加工零件数分组数据,绘制直方图如图 3—17 所示。

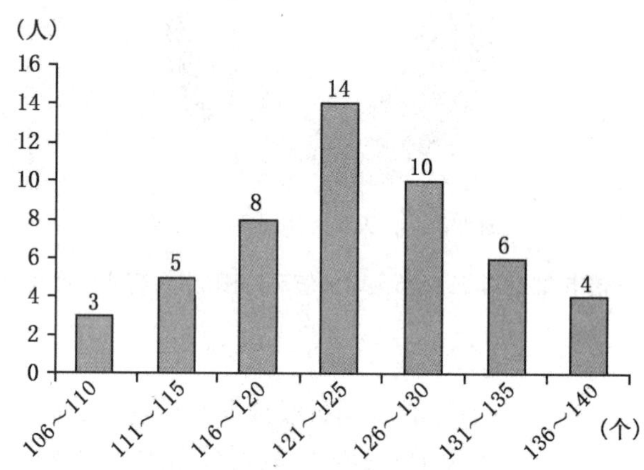

图 3—17 50 名工人日加工零件数分布

直方图与条形图不同。首先,条形图是用条形的长度(横置时)表示各类别频数的多少,其宽度(表示类别)则是固定的;直方图是用面积表示各组频数的多少,矩形的高度表示每一组的频数或频率,宽度则表示各组的组距,因此其高度与宽度均有意义。其次,由于分组数据具有连续性,直方图的各矩形通常是连续排列的,而条形图则是分开排列的。最后,条形图主要用于展示分类数据,而直方图则主要用于展示数值型数据。

二、统计表

动漫视频

统计表

(一)统计表的概念

统计表是统计用数字说话的一种最常用的形式。统计表是指将统计调查得来的数字资料,经过汇总整理后,得出一些系统化的统计资料,将其按一定顺序填列在一定的表格内,这个表格就是统计表。

统计表是统计资料最基本的表述形式,它方便读者阅读,能给人以明确清晰的概念;同时,它通过合理地排列统计资料,便于读者比较对照,发现现象的规律性;此外,它便于汇总和审核,也便于计算和分析。

(二)统计表的结构

1. 从形式上看,统计表由总标题、横行标题、纵栏标题和指标数值四部分组成

(1)总标题。总标题是统计表的名称,位于表的上端中部,简要说明统计表中全部统计资料的内容。

(2)横行标题。横行标题是横行的名称,一般在表的左方,表示各组的名称。它表示统计表所要说明的总体或各个分组。

(3)纵栏标题。纵栏标题是纵栏的名称,一般在表的右上方,用来表示统计指标的名称和计量单位。

(4)指标数值。指标数值列在各横行标题与各纵栏标题的交叉处。统计表中任何一个数字的内容均由横行标题和纵栏标题所限定。

统计表的总标题、横行标题、纵栏标题和指标数值如表 3－13 所示。

表 3－13　　某地区 2021 年末三次产业从业人员分布状况　　←总标题

按产业分组	从业人数(万人)	比率(%)　←纵栏标题
横行标题 第一产业	1 963.2	29.6 指标数值
第二产业	2 338.0	35.3
第三产业	2 331.3	35.1
合　计	6 632.5	100.0

2. 从内容上看,统计表由主词和宾词两部分组成

(1)主词。主词一般为统计表所要表明的总体及其分组,主词栏一般列在表的左方。

(2)宾词。宾词是统计表用来说明总体数量特征的各个统计指标,宾词栏一般列在表的右方。

统计表的主词和宾词如表 3－14 所示。

表 3－14　　某地区 2021 年末三次产业从业人员分布状况

按产业分组	从业人数(万人)	比率(%)
第一产业	1 963.2	29.6
第二产业	2 338.0	35.3
第三产业	2 331.3	35.1
合　计	6 632.5	100.0
←主词→	←宾词→	

(三)统计表的种类

统计表按主词是否分组及分组标志的多少,可分为简单表、分组表和复合表三种。

1. 简单表

简单表是指主词未经任何分组的统计表。简单表又分两种情况:一是将总体单位按空间顺序排列,以反映总体单位的具体情况;二是将说明总体特征的数字资料按时间的先后顺序排列,以反

映现象在不同时间上的发展状况和发展趋势，如表 3—15 所示。

表 3—15　　某公司 2021 年各季度上缴利税情况表

季　度	上缴利税额(万元)
一季度	320
二季度	360
三季度	350
四季度	400
合　计	1 430

2. 分组表

分组表是指主词按一个标志进行分组形成的统计表。分组表能反映不同类型现象的不同特征，也可用来反映总体内部结构，如表 3—16 所示。

表 3—16　　某机床厂按固定资产原值分组情况表

按固定资产原值分组(万元)	机床企业数量		总产值	
	绝对数(个)	比重(%)	绝对数(万元)	比重(%)
800 以下	72	60.0	43 100	26.2
800～3 000	40	33.3	87 300	53.1
3 000 以上	8	6.7	34 000	20.7
合　计	120	100.0	164 400	100.0

3. 复合表

复合表是指主词按两个或两个以上标志进行复合分组形成的统计表。在一定分析任务要求下，复合表可以把更多的标志结合起来，以便更深入地分析社会经济现象的规律，如表 3—17 所示。

表 3—17　　某地区 2021 年工业净产值和职工人数资料

项　目	净产值(万元)	年底职工人数(人)
一、国有	2 255	6 885
1. 大型	975	1 380
2. 中型	860	4 500
3. 小型	420	1 005
二、集体	1 690	2 240
1. 大型	730	750
2. 中型	520	1 040
3. 小型	440	450
合　计	3 945	9 125

(四)统计表的编制规则

在编制统计表时，应注意以下七个规则：

（1）统计表的标题应简明、准确地表述其内容，特别是总标题，应十分简要地概括出统计表的基本内容和表中资料所属的时间和地点。

（2）表中主词各行和宾词各栏，一般按先局部后总体的原则排列，即先列出项目后列出总计，在没有必要列出所有项目时，可先列出总计，再列出一部分重要项目。

（3）如果表中栏次较多，通常要加以编号。主词栏和计量单位栏，通常可用＜甲＞＜乙＞等标明，而宾词栏可用（1）（2）（3）等标明。表中各栏如有计算上的勾稽关系，可同时标明，如（3）＝（2）÷（1），表明第（3）栏的数据是由第（2）栏的数据除以第（1）栏的数据得到的。

（4）表中数据应对准位数，填写整齐。当数字为零或数值太小而忽略不计时，要写上零；当缺乏某项资料时，用符号“……”表示；当不应有数时，用符号“—”表示，即统计表中不能有空格。

（5）统计表中必须注明计量单位。如各行有不同的计量单位，可专设计量单位一栏；纵栏的计量单位，可标写在纵栏标题的下面；如各纵栏计量单位一致，可将其标在表的右上方。

（6）统计表的表式，通常是左右两端开口，上下两端封口。

（7）必要时，应在统计表下方注明表中某些资料的来源或注明某些指标的计算方法、注释、计算口径等。

三、用 Excel 制作数据透视表

数据透视表是交互式报表，可以快速合并和比较大量数据。可旋转其行和列以看到源数据的不同汇总，并且可以显示感兴趣区域的明细数据。如果要分析相关数据的汇总值，尤其是要合计较大的列表并对每个数字进行多种比较时，可以使用数据透视表。

【做中学 3－7】 在某大学随机抽取 30 名大学生，调查他们的性别、家庭所在地、平均月生活费支出，得到表 3－18，试建立一个主词栏按性别分组、宾词栏按家庭所在地分组的数据透视表。

表 3－18　　某大学 30 名大学生调查数据

编号	性别	家庭所在地区	平均月生活费（元）	编号	性别	家庭所在地区	平均月生活费（元）
1	男	大型城市	800	16	女	大型城市	800
2	女	中小城市	600	17	男	中小城市	500
3	男	大型城市	1 000	18	男	乡镇地区	1 000
4	男	中小城市	400	19	女	中小城市	800
5	女	中小城市	500	20	男	乡镇地区	800
6	女	乡镇地区	800	21	女	大型城市	500
7	男	中小城市	600	22	女	大型城市	300
8	女	乡镇地区	400	23	男	大型城市	500
9	男	中小城市	1 000	24	女	中小城市	500
10	女	大型城市	600	25	男	大型城市	300
11	女	中小城市	500	26	女	大型城市	400
12	男	乡镇地区	300	27	男	中小城市	1 000
13	男	乡镇地区	500	28	男	中小城市	500
14	女	中小城市	300	29	女	大型城市	700
15	男	中小城市	1 000	30	女	中小城市	500

解:数据透视表的生成步骤如下:

第一步:在 Excel 的第一行自 A 列依次输入:编号、性别、家庭所在地区、平均月生活费(元),对应各列输入数据。

第二步:选择"插入→数据透视表",即弹出"创建数据透视表"对话框。

第三步:在"创建数据透视表"对话框中输入分析数据的区域,输入"B1:D31"。

第四步:将"性别"字段拖入"将行字段拖至此处",将"家庭所在地区"字段拖入"将列字段拖至此处",将"月平均生活费"字段拖入"请将数据项拖至此处",结果如图 3—18 所示。

	A	B	C	D	E
1	求和项:平均月生活费(元)	家庭所在地区			
2	性别	大型城市	乡镇地区	中小城市	总计
3	男	2600	2600	5000	10200
4	女	3300	1200	3700	8200
5	总计	5900	3800	8700	18400

图 3—18 生成的数据透视表

项目训练

一、单项选择题

1. 统计分组时根据统计研究的目的和任务,按照一个或几个分组标志,(　　)。

A. 将总体分成性质相同的若干部分　　B. 将总体分成性质不同的若干部分

C. 将总体分成数量相同的若干部分　　D. 将总体分成数量不同的若干部分

2. 统计分组的关键是(　　)。

A. 划分各组组限　　B. 正确选择分组标志

C. 确定各组组距　　D. 计算各组组中值

3. 组距与组数存在密切联系,二者之间(　　)。

A. 成正比　　B. 成反比

C. 无比例关系　　D. 有时成正比,有时成反比

4. 简单分组与复合分组的区别在于(　　)。

A. 总体的复杂程度不同　　B. 组数多少不同

C. 选择分组标志的性质不同　　D. 选择分组标志的多少不同

5. 等距式分组适用于(　　)。

A. 一切变量　　B. 各组组距相等

C. 呈急剧升降变动的变量　　D. 按一定比率变动的变量

6. 在分配数列中,频数是指(　　)。

A. 各组单位数与总体单位数之比　　B. 各组分布次数的比率

C. 各组单位数　　D. 总体单位数

7. 主词按一个标志进行分组形成的统计表称为(　　)。

A. 简单表　　B. 分组表　　C. 复合表　　D. 调查表

8. 某连续变量数列,其第一组为 500 以下。又知其邻近组的组中值为 550,则第一组的组中值为(　　)。

A. 250　　B. 450　　C. 550　　D. 500

9. 某连续变量数列分为五组:第一组为 500 及以下,第二组为 501～600,第三组为 601～700,

第四组为701～800，第五组为801以上。依习惯规定(　　)。

A. 500在第一组，700在第四组　　B. 600在第二组，800在第五组

C. 700在第四组，800在第五组　　D. 800在第四组，500在第二组

10. 下列关于统计分组说法正确的是(　　)。

A. 缺下限的开口组组中值的计算公式是：下限＋(邻组组距÷2)

B. 开口组组距以其邻近组的组距为准

C. 缺上限的开口组组中值的计算公式是：下限－(邻组组距÷2)

D. 开口组组距以任意组的组距为准

二、多项选择题

1. 统计表从外形上包括(　　)。

A. 主词　　B. 总标题　　C. 横标题　　D. 数字资料

2. 统计分组的作用是(　　)。

A. 划分社会经济类型　　B. 说明总体的基本情况

C. 研究同类总体的结构　　D. 说明总体单位的特征

3. 下列哪些分组是按数量标志分组的？(　　)

A. 学生按健康状况分组　　B. 工人按出勤率状况分组

C. 企业按固定资产原值分组　　D. 家庭按收入水平分组

4. 下列哪些是连续型数量标志？(　　)

A. 住房面积　　B. 商店的商品销售额

C. 高校的大学生人数　　D. 人口的出生率

5. 下列哪些是变量分配数列？(　　)

A. 大学生按所学专业分配　　B. 大学生按年龄分配

C. 商店按商品销售额大小分配　　D. 工人按生产每一零件时间消耗分配

三、简述题

1. 如何理解统计整理？

2. 简述统计整理的程序。

3. 简述统计分组的概念和作用。

4. 简述分配数列的概念和分类。

5. 简述统计图表的种类。

四、综合题

某班级一次高等数学考试成绩如表3—19所示。

表3—19　　某班级高等数学考试成绩

51	69	85	23	56	97	86	81	92	62
75	82	41	92	96	86	85	74	63	58
57	68	62	59	85	84	78	79	89	93
54	66	85	96	79	84	36	99	87	68

根据上表数据进行适当的分组，编制频数分布表，并绘制直方图。

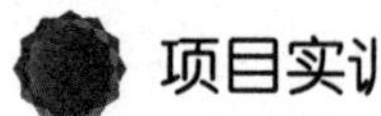

项目实训

【实训项目】

统计整理。

【实训目的】

通过统计整理，编制统计图表。

【实训资料】

为评价某电子产品的售后服务质量，随机抽取了由100个家庭构成的一个样本。服务质量的等级分别表示为：A. 好；B. 较好；C. 一般；D. 较差；E. 差。调查结果如表3—20所示。

表3—20　100个家庭的调查资料

A	D	C	B	A	D	C	B	A	E
D	A	C	A	C	D	E	C	E	E
C	B	C	E	D	B	C	C	B	C
A	D	B	C	C	A	E	D	C	B
B	A	C	D	E	A	B	D	D	C
B	E	C	C	A	D	C	B	A	E
D	A	C	B	C	D	E	C	E	B
C	B	C	E	D	B	C	C	B	C
B	A	C	D	E	A	B	D	D	C
A	D	B	C	C	A	E	D	C	B

【实训要求】

1. 要求：

(1)指出上面的数据属于什么类型。

(2)用Excel制作频数分布表。

(3)用Excel绘制条形图、饼图。

(4)根据统计分布表，对评价结果进行简单的分析说明。

2. 撰写《统计整理》实训报告。

《统计整理》实训报告		
项目实训班级：	项目小组：	项目组成员：
实训时间：　　年　月　日	实训地点：	实训成绩：
实训目的：		
实训步骤：		
实训结果：		
实训感言：		
不足与今后改进：		

项目组长评定签字：　　　　　　　　　　　　项目指导教师评定签字：

总量指标与相对指标

○ **知识目标**

理解：总量指标的概念、作用和种类；相对指标的概念、作用和种类。

熟知：计算和运用总量指标和相对指标应注意的问题。

掌握：总量指标的计算和运用；相对指标的计算和运用。

○ **技能目标**

能够结合所学的总量指标与相对指标知识，对相关内容进行计算与分析运用。

○ **素质目标**

运用所学的总量指标与相对指标基本原理知识研究相关案例，培养和提高学生在特定业务情境中分析问题与决策设计的能力；结合行业规范或标准，运用总量指标与相对指标知识分析行为的善恶，强化学生的职业道德素质。

○ **思政目标**

能够正确地理解“不忘初心”的核心要义和精神实质；树立正确的世界观、人生观和价值观，做到学思用贯通、知信行统一；通过总量指标与相对指标知识，结合统计工作实际要领，培养自己学以致用的态度，将所学到的知识应用于具体实践。

○ **项目引例**

通过数据分析现象

请大家看下面一组数据：

(1)我国陆地面积为960多万平方千米，2021年末我国人口总数为14.126亿人，这两个绝对数表现了我国幅员辽阔、人口众多的基本特点。

(2)2021年财政收支情况：2021年，全国一般公共预算收入202 539亿元，同比增长10.7%。其中，中央一般公共预算收入91 462亿元，同比增长10.5%；地方一般公共预算本级收入111 077亿元，同比增长10.9%。全国税收收入172 731亿元，同比增长11.9%；非税收入29 808亿元，同比增长4.2%。

(3)2021年，全国粮食播种面积117 632千公顷(176 447万亩)，比2020年增加863千公顷(1 295万亩)，增长0.7%。全国粮食单位面积产量5 805千克/公顷(387千克/亩)，比2020年增加71.5千克/公顷(4.8千克/亩)，增长1.2%。全国粮食总产量68 285万吨(13 657亿斤)，比2020年增加1 336万吨(267亿斤)，增长2.0%。

(4)2022年1—2月份，社会消费品零售总额74 426亿元，同比增长6.7%。其中，除汽车以外的消费品零售额67 305亿元，增长7.0%。扣除价格因素，1—2月份社会消费品零售总额同比实际增长4.9%。

资料来源：光明网，https://politics.gmw.cn/2022-03/15/content_35588076.htm。

以上这些我们习以为常的数据其实就是本项目向大家介绍的总量指标和相对指标的内容。

试分析：总量指标是什么？它有哪些种类？相对指标有哪几种？平时我们经常讲到的比重、比率、强度等是相对指标吗？

○ **知识精讲**

任务一 总量指标

一、总量指标的概念

动漫视频

总量指标

统计是从数量方面来认识社会经济活动的，而对社会经济现象总量的描述是最基本的描述。总量指标是用来反映社会经济现象在一定条件下的总规模、总水平或工作总量的统计指标。①总量指标用绝对数表示，也就是用一个绝对数来反映特定现象在一定时间上的总量状况，它是一种最基本的统计指标。例如，2021 年中国国内生产总值 1 143 670 亿元，人均国内生产总值为 80 976 元（按年平均汇率折算，达 12 551 美元，突破了 1.2 万美元）。②总量指标还可以表现为总量之间的绝对差数。例如，2020 年我国的国内生产总值为 1 015 986 亿元，2021 年比 2020 年增加 127 684 亿元。[①]

总量指标与其他种类的指标相比，具有两个突出的特征：①只有有限总体才能计算总量指标；②总量指标数值的大小与总体范围的大小密切相关，总量指标的多少随总体范围的大小而增减。

二、总量指标的作用

（一）总量指标是对社会经济现象总体认识的起点

社会经济现象总体的基本情况首先是以绝对数字即总量指标表现的。例如，要了解一个国家的国情、国力和国民经济基本情况，就必须掌握该国的人口总数、土地面积、国内生产总值等总量指标。同样，要了解一个上市公司的财务状况，也要了解该公司的固定资产总值、年利税总额、工业增加值、生产能力、资产负债总额等总量指标。

（二）总量指标是进行经济管理的主要依据

进行经济管理，必须做到“心中有数”，这个数就是绝对数，就是总量指标。在经济管理实践中，各决策层对计划的编制、检查，首先都必须掌握经济发展的总量指标数据。

（三）总量指标是计算相对指标和平均指标的基础

总量指标只是反映一定时空状态下社会经济现象的总量和规模，要对社会经济现象进一步深入地认识，还需要从比率、速度、一般水平等方面进行分析，这就需要计算一系列相对指标和平均指标。而总量指标数字准确与否，直接影响到相对数和平均数的准确性，从而也直接影响统计分析的效果。

三、总量指标的种类

（一）按其说明总体的内容不同，可分为总体单位总量和总体标志总量

1. 总体单位总量

总体单位总量是用来反映统计总体内包含总体单位个数多少的总量指标。它用来表明统计总

---

① 国家统计局：《2021 年国民经济和社会发展统计公报》，2022 年 2 月 28 日。

体的容量大小。例如，研究我国的人口状况时，统计总体是全国所有公民，总体单位是每一位公民，那么我国的人口数表明总体单位的个数，是总体单位总量。再如，研究某市的工业发展状况，统计总体是全市的所有工业企业，若该市现有工业企业 2 350 家，则 2 350 家即为总体单位总量。

2. 总体标志总量

总体标志总量是统计总体各单位某一方面数量标志值的总和。仍举上例，该市的每个工业企业是总体单位，每一工业企业的职工人数是该工业企业的一个数量标志，则该市全部工业企业职工人数就是总体标志总量。另外，该市的年工业增加值、工业总产值、工业利税总额等指标也都是总体标志总量。

【提示】一个已经确定的统计总体，其总体单位总量是唯一确定的，而总体标志总量却不止一个。

某一总量指标是总体单位总量还是标志总量不是完全确定的，而是随着统计总体的改变而改变的。如上例中的全市工业企业职工人数是总体标志总量，若研究目的改变为该市工业企业职工的生活水平时，统计总体是全市的所有工业职工，全市工业职工人数就变成总体单位总量了。

(二)按其反映总体的时间状况不同，可分为时期指标和时点指标

1. 时期指标

时期指标是反映社会经济现象在一段时间上发展变化结果的总量。例如 2021 年全年中国国内生产总值 1 143 670 亿元，是指在 2021 年这一年的时间内，我国国民经济各行业每天所创增加值的总和。再如产品产量、社会零售商品销售额等都是时期指标。

时期指标具有如下特点：

(1)具有可加性。时间上相邻的时期指标相加能够得到另一更长时期的总量指标。不同时间指标数值可以累计相加，即可以进行纵向累计。纵向累计的结果表明在更长一段时期内事物发展过程的总数量，而横向累计的结果通常只是表明在某一时期内更大范围内的总数量。

(2)指标数值的大小与所属时期的长短直接相关。一般来讲，时期越长，指标数值就越大；反之，则越小。例如，通常情况下，年销售额要大于月销售额，月产量要多于日产量。

(3)必须连续登记而得。时期指标数值的大小取决于整个时期内所有时间上的发展状况，只有连续登记得到的时期指标才会准确。例如，一个月的总产值是一个月中每天产值的总和。

2. 时点指标

时点指标反映社会经济现象在某一时刻或某一时点上的状况的总量。如人口数、企业数、流动资金占用额、商品库存额、外汇储备额等都是时点指标。

时点指标具有如下特点：

(1)不具有可加性。同一性质的时点指标只能在同一时点上作横向累计，不能作纵向累计。例如，不能将某企业全年各月初或月末的职工人数相加作为本年度该企业的全部职工人数，以反映企业的规模，但可以将企业各车间同期的月初人数相加。

【注意】不同时点上的两个时点指标数值相加不具有实际意义。

(2)数值大小与登记时间的间隔长短无关。时点指标仅仅反映社会经济现象在一瞬间的数量，每隔多长时间登记一次对它没有影响。例如，某企业年末某种产品的库存数不一定大于年初库存数；全年的流动资金平均占用额也不一定大于一月份的流动资金平均占用额。

(3)指标数值是间断计数的。时点指标没有必要进行连续登记，有的也是不可能连续进行登记的，如一国的总人口数。

【提示】时点指标实际上是一个存量指标，它不能纵向累计，所以通常间断计数。

3. 时期指标与时点指标的主要区别

(1)时期指标数值相加可以表明现象在较长时间内发展的总量，具有一定的实际意义，如年增加值是各月增加值累计的结果;时点指标除了空间可相加外,不同时点指标数值相加没有实际意义,如各月末职工人数相加不等于年末职工人数。

(2)时期指标数值的大小除一些特殊指标外一般与时间长短有直接关系,时间越长,数值越大,如某月的增加值肯定小于全年的增加值;时点指标数值与时间长短没有直接关系,如某年末职工人数不一定比该年内某月末职工人数多。

(3)时期指标数值一般是通过连续登记取得的;时点指标数值是间断登记取得的。时期指标反映现象在一段时间内的总量,因而需要在这一时间范围内进行逐一登记,并进行累计。时点指标反映现象在某一瞬间的数量,只需在各个时点上进行登记,即可获取每个时点上的数值。

【注意】时期指标与时点指标有着密切的关系,在经济上二者也被称为流量和存量。

(三)按计量单位不同,可分为实物指标、价值指标和劳动量指标

1. 实物指标

实物指标是直接具体体现实物的使用价值或现象具体内容的绝对指标。它根据实物的属性和特点采用不同的实物计量单位。

此外在许多场合,需计算标准实物量指标,即按一定的折合标准,折算为标准规格或标准含量的标准实物量指标,如将不同含量的化肥,用折纯法折合成含量 100%后计算其总量。

实物计量单位包括自然单位、度量衡单位、标准实物单位、双重单位和复合单位。例如,2021年,我国主要工业产品产量:全国汽车产量为 2 652.8 万辆,大中型拖拉机产量为 41.2 万台,工业机器人产量为 36.6 万台(套),原煤 407 136 万吨,原油产量 1.99 亿吨,天然气 2 060 亿立方米,发电量 81 121.8 亿千瓦时。①

实物指标能较直观地反映事物的数量,被广泛地应用于编制计划、检查计划执行情况等经济管理实践中。

【提示】由于实物单位种类纷繁,不同计量单位的实物或同一计量单位的不同实物,通常也不能直接加总。

【注意】以实物单位计量的实物指标综合性差,难以反映复杂现象的总规模、总水平和总速度。

【提示】实物量指标的优点是能直接反映现象的具体内容和使用价值的大小,在实际中被广泛使用。其局限性是综合性差,即不同事物、不同性质、不同计量单位的实物量无法综合汇总。

2. 价值指标

价值指标是用货币单位来计量实物数量大小的统计指标。货币单位是用货币作为度量社会财富或劳动成果的一种计量单位,如我国用人民币元、日本用日元、德国用欧元等。不同的国家一般都有自己的货币名称和货币单位。以货币单位来度量实物的数量,能使不能直接相加的经济现象的数量变为可以加总,它可以综合地说明具有不同使用价值的经济现象的总规模、总水平和总速度。例如,国家统计局发布的 2021 年国民经济和社会发展统计公报显示:2021 年全年货物进出口总额 391 009 亿元,比上年增长 21.4%。其中,出口 217 348 亿元,增长 21.2%;进口 173 661 亿元,增长 21.5%。货物进出口顺差 43 687 亿元,比上年增加 7 344 亿元。对"一带一路"沿线国家进出口总额 115 979 亿元,比上年增长 23.6%。其中,出口 65 924 亿元,增长 21.5%;进口 50 055 亿元,增长 26.4%。②

【提示】由于价值指标具有广泛的综合性,因此,它在统计核算中具有十分重要的作用。但价值指标也有局限性,它不能直观地反映实物的数量,在实践中常将实物指标和价值指标结合运用。

---

① 国家统计局:《2021 年国民经济和社会发展统计公报》,2022 年 2 月 28 日。

② 国家统计局:《2021 年国民经济和社会发展统计公报》,2022 年 2 月 28 日。

【注意】与实物量指标相比，价值量指标显得比较抽象，掩盖了事物的具体内容。

3. 劳动量指标

劳动量指标是用劳动时间单位计量的总量指标，如工日、工时等。在实行计件工资制的企业中，经常用到劳动量指标。由于各个单位的工时定额不同，因此劳动量指标不适合企业间汇总，主要限于企业内部的业务核算。

【注意】劳动量指标一般用来反映各种产品所消耗的劳动总量，主要用于编制和检查基层企业的生产作业计划以及为实行劳动定额管理提供依据。

四、总量指标的计算和运用

(一)总量指标的统计方法

1. 直接计算法

直接计算法就是直接对构成总体的全部单位进行计数或将总体单位的某一标志值加以汇总获得总体总量指标。如全国工业增加值就是通过采用直接计算法将每个工业企业的增加值汇总得到的。

2. 间接计算法

间接计算法是根据事物之间的相互关系，采用一定的数学方法间接推算总体总量指标。在实际中，间接推算总体总量的方法很多，常用的推算方法有：平衡关系、比例关系、因果关系。另外，借助样本数据，根据抽样分布原理对总体总量进行科学的推断也是一种重要的推断方法。

(二)总和记法及求和规则

计算总量指标数值时，或在统计运算中，涉及一系列变量值或标志值的全部或部分相加，是最常用的一种运算，需要采用简便的记法来表示其总和。代表总和的通用符号就是希腊文大写字母$\sum$(Sigma)，也称连加和号，最常用的形式为$\sum\limits_{i=1}^{n}X_i$，其中X_i代表各个变量值，总和号上下方的标号表明计算总和的X_i的起止点，即从X_1开始加到X_n为止：

$$\sum_{i=1}^{n}\mathrm{X_i}=\mathrm{X_1}+\mathrm{X_2}+\mathrm{X_3}+\cdots+\mathrm{X_n}$$

为方便起见，常以$\sum$作为$\sum\limits_{i=1}^{n}$的简写。

以下分别介绍三个求和的规则或公式。

(1)设X和Y是两个变量，则两个变量之值的和的总和等于每个变量之值的总和，即

$$\sum(X_i+Y_i)=\sum X_i+\sum Y_i$$

因为

$$\begin{aligned}\sum(X_i+Y_i)&=(X_1+Y_1)+(X_2+Y_2)+\cdots+(X_n+Y_n)\\&=X_1+Y_1+X_2+Y_2+\cdots+X_n+Y_n\\&=\sum X_i+\sum Y_i\end{aligned}$$

同理，可以证明两个变量之值之差的总和，等于每个变量之值的总和之差，即

$$\begin{aligned}\sum(X_i-Y_i)&=(X_1-Y_1)+(X_2-Y_2)+\cdots+(X_n-Y_n)\\&=(X_1+X_2+\cdots+X_n)-(Y_1+Y_2+\cdots+Y_n)\\&=\sum X_i-\sum Y_i\end{aligned}$$

依据上述结论可以推广到若干个变量之值的总和，例如：

$$\sum(X_i-Y_i-Z_i)=\sum X_i-\sum Y_i-\sum Z_i$$

(2)某一变量乘以常数a后求的总和，等于该变量值的总和乘以常数a，即：

$$\sum(aX_i)=aX_1+aX_2+\cdots+aX_n=a(X_1+X_2+\cdots+X_n)=a\sum X_i$$

(3)假设进行 n 次观测，每次所得的观测值为同一常数，则 n 次观测值的总和等于 n 乘以该常数，即

$$\begin{aligned}\sum_{i=1}^{n}a&=a+a+\cdots+a\\&=a(1+1+\cdots+1)\\&=an\end{aligned}$$

五、计算和运用总量指标应注意的问题

总量指标的计算并非是简单的汇总，在运用时需注意以下问题：

(一)明确各个指标的含义和计算范围

计算总量指标必须从定性分析入手，明确每个指标的含义和计算范围，如统计第三产业增加值时，首先要明确什么是该产业的增加值，包括哪些核算内容，同时，在该产业内统计哪些单位，统计到什么层次，这些也称为统计口径。

(二)注意计量单位的统一性

为了保证核算的准确性，无论是同类还是不同类的事物，在汇总时必须保证单位统一，做到在同质基础上进行综合汇总。

任务二　相对指标

一、相对指标的概念和作用

(一)相对指标的概念

总量指标只是表明现象所达到的总规模、总水平和工作总量，但要深入了解情况，就必须在计算总量指标的基础上进行对比分析，计算出各种相对指标，对经济现象进行更深入的描述和分析。

相对指标是用两个有联系的指标进行对比的比值来反映社会经济现象数量特征和数量关系的综合指标。相对指标也称作相对数，其数值有两种表现形式：无名数和有名数。①无名数是一种抽象化的数值，多以系数、倍数、成数、百分数或千分数表示。②有名数，主要用来表示强度的相对指标，以表明事物的密度、强度和普遍程度等。例如，人均粮食产量用“千克/人”表示，人口密度用“人/平方千米”表示等。

动漫视频

相对指标

【提示】系数或倍数是将对比的基数作为1，两个数值对比，其分子数值与分母数值相差不多时，可用系数形式表示，如固定资产磨损系数、工资等级系数、结构比例系数等；反之，分子数值与分母数值相差很大时，则常用倍数表示，如某县农民纯收入2021年为12 600元，2016年为5 860元，2021年是2016年的2.15倍。

【注意】成数是将对比的基数作为10。例如，粮食产量增加一成，则为增长1/10。这里的成数是对十分数的一种习惯叫法。

【提示】百分数是将对比的基数作为100。它是相对指标中最常用的一种表现形式。当相对指标中的分子数值和分母数值比较接近时，通常采用百分数表示，1/100用“1%”表示。千分数是将对比的基数作为1 000，它适用于对比的分子数值比分母数值小得多的情况，如人口自然增长率、死亡率等用1/1 000或“1‰”表示。

(二)相对指标的作用

(1)相对指标通过数量之间的对比,可以表明事物相关程度、发展程度,它可以弥补总量指标的不足,使人们清楚了解现象的相对水平和普遍程度。例如,某企业去年实现利润 50 万元,今年实现 55 万元,则今年利润增长了 10%,这是总量指标不能说明的。

(2)把现象的绝对差异抽象化,使原来无法直接对比的指标变为可比。不同的企业由于生产规模条件不同,直接用总产值、利润比较评价意义不大,但如果采用一些相对指标,例如资金利润率、资金产值率等进行比较,便可对企业生产经营成果做出合理评价。

(3)说明总体内在的结构特征,为深入分析事物的性质提供依据。例如,计算一个地区不同经济类型的结构,可以说明该地区经济的性质。又如,计算一个地区的第一、二、三产业的比例,可以说明该地区的社会经济现代化程度等。

二、相对指标的计算和运用

相对指标一般有六种形式,即计划完成程度相对指标、结构相对指标、比例相对指标、比较相对指标、强度相对指标和动态相对指标。

(一)计划完成程度相对指标

计划完成程度相对指标也称计划完成相对数、评价相对数,是社会经济现象在某时期内实际完成数值与计划任务数值对比的结果,用来说明计划的完成情况,一般用百分数来表示。

计划完成程度相对指标的计算公式为:

$$\text{计划完成程度相对指标}=\frac{\text{实际完成数}}{\text{计划任务数}}\times 100\% \qquad (4-1)$$

【注意】由于计划数在实际计算中可以表现为绝对数、相对数、平均数等多种形式,因此计算计划完成程度相对指标的方法也不尽相同。

1. 计划数为绝对数和平均数时

使用绝对数和平均数计算计划完成程度相对指标时,可直接用上述计算公式。

【做中学 4-1】 某企业 2021 年产品计划产量 1 000 件,实际完成 1 120 件,则产量计划完成程度为:

$$\text{计划完成程度相对指标}=\frac{1\ 120}{1\ 000}\times 100\%=112\%$$

计算结果表明,该企业超额 12%完成产量计划,实际产量比计划产量增加了 120 件。

【做中学 4-2】 某企业劳动生产率计划达到 8 000 元/人,某种产品计划单位成本为 100 元,该企业实际劳动生产率达到 9 200 元/人,该产品实际单位成本为 90 元,其计划完成程度指标为:

$$\text{劳动生产率计划完成程度相对指标}=\frac{9\ 200}{8\ 000}\times 100\%=115\%$$

$$\text{单位成本计划完成程度相对指标}=\frac{90}{100}\times 100\%=90\%$$

计算结果表明,该企业劳动生产率实际比计划提高了 15%,而某产品单位成本实际比计划降低了 10%。这里劳动生产率为正指标,单位成本为逆指标。

在检查中长期计划的完成情况时,根据计划指标的性质不同,可分为水平法和累计法。

(1)水平法。用水平法检查计划完成程度就是根据计划末期(最后一年)实际达到的水平与计划规定的同期应达到的水平相比较,来确定全期是否完成计划。

计划完成程度相对指标的计算公式为:

$$计划完成程度相对指标=\frac{中长期计划末期实际达到的水平}{中长期计划末期计划达到的水平}\times 100\% \quad (4-2)$$

【做中学 4—3】 某企业按五年计划规定的最后一年的产量应达到 720 万件，实际执行情况如表 4—1 所示。

表 4—1　　**某企业五年计划完成情况**　　单位：万件

年份	第一年	第二年	第三年	第四年				第五年			
				一季度	二季度	三季度	四季度	一季度	二季度	三季度	四季度
产量	300	410	530	150	160	170	170	190	190	210	210

则该企业产量五年计划完成程度相对指标为：

$$计划完成程度相对指标=\frac{190+190+210+210}{720}\times 100\%=111.11\%$$

计算结果表明，该企业超额 11.11%完成产量五年计划。

采用水平法计算，只要有连续一年时间（可以跨年度）实际完成水平达到最后一年计划水平，就算完成了五年计划，余下的时间就是提前完成计划时间。在本例中，该企业实际从五年计划的第四年第三季度到第五年第二季度连续一年时间的产量达到了计划期最后一年计划产量 720 万件水平，完成了五年计划，那么第五年下半年这半年时间就是提前完成计划的时间。

（2）累计法。累计法就是整个计划期间实际完成的累计数与同期计划数相比较，来确定计划完成程度。

计划完成程度相对指标的计算公式为：

$$计划完成程度相对指标=\frac{中长期计划末期实际累计完成量}{中长期计划末期计划累计量}\times 100\% \quad (4-3)$$

【做中学 4—4】 某地区“十三五”期间计划五年固定资产投资总额 150 亿元，实际各年投资情况如表 4—2 所示。

表 4—2　　**某地区“十三五”期间固定资产投资完成情况**　　单位：亿元

年　份	2016	2017	2018	2019	2020
固定资产实际投资额	29.4	32.6	39.1	48.9	60

则该地区“十三五”期间固定资产投资的计划完成程度相对指标为：

$$计划完成程度相对指标=\frac{29.4+32.6+39.1+48.9+60}{150}\times 100\%=140\%$$

计算结果表明，该地区超额 40%完成“十三五”固定资产投资计划。

采用累计法计算，只要从中长期计划开始至某一时期止，所累计完成数达到计划数，就是完成了计划。在本例中，前四年投资额已完成五年计划，比计划时间提前一年。

2. 计划数为相对数时

计划数为相对数时，计划完成程度计算公式为：

$$计划完成程度相对指标=\frac{实际达到的百分数}{计划规定的百分数}\times 100\% \quad (4-4)$$

【做中学 4—5】 某企业某产品产量计划要求增长 10%，同时该种产品单位成本计划要求下降 5%，而实际产量增长了 12%，实际单位成本下降了 8%，则计划完成程度指标为：

$$产量计划完成程度相对指标=\frac{100\%+12\%}{100\%+10\%}\times 100\%=101.82\%$$

$$单位成本降低计划完成程度相对指标=\frac{100\%-8\%}{100\%-5\%}\times 100\%=96.84\%$$

计算结果表明，产量计划完成程度大于 100%，说明超额完成计划。而单位成本计划完成程度小于 100%，说明实际成本比计划成本有所降低，也超额完成了成本降低计划。

【提示】计划完成程度相对指标，主要用来监督检查计划执行情况，分析计划完成或未完成的原因。在实际工作中，常常把计划完成相对指标和分组法结合运用，用以说明组间计划完成程度是否均衡，从而有利于深入分析问题、解决问题。

(二)结构相对指标

研究社会经济现象总体时，不仅要掌握其总量，而且要揭示总体内部的组成数量表现，也即要对总体内部的结构进行数量分析，这就需要计算结构相对指标。

结构相对指标就是在分组的基础上，以各组(或部分)的单位数与总体单位总数对比，或以各组(或部分)的标志总量与总体的标志总量对比求得的比重或比率，借以反映总体内部结构是否合理的一种综合指标，一般用百分数、成数或系数表示。

结构相对指标的计算公式为：

$$结构相对数=\frac{总体某部分或组的数值}{总体全部数值}\times 100\% \qquad (4-5)$$

【提示】结构相对数就是部分与全体对比得出的比重或比率。由于对比的基础是同一总体的总数值，所以各部分(或组)所占比重之和应当等于 100%或 1。

在社会经济统计中结构相对数应用广泛，它的主要作用可以概括为以下几个方面：

1. 可以说明在一定的时间、地点和条件下的总体结构的特征

【做中学 4—6】 2021 年某地区各种运输方式完成货物运输周转量资料如表 4—3 所示。

表 4—3　2021 年某地区各种运输方式完成货物运输周转量资料

运输方式	货运周转量(亿吨)	比重(%)
铁路	14 575	31.92
公路	6 180	13.54
水运	24 860	54.45
航空	44	0.09
合　计	45 659	100.00

结构相对指标具有重要的作用，概括起来主要有两个方面：

(1)通过计算结构相对指标，可以认识事物内部构成状况及发展变化趋势。例如，德国经济学家和统计学家恩格尔，通过对西方几个国家的工人家庭所作的统计调查，发现了一种带有普遍性的消费结构趋势和规律：家庭收入越少，用于饮食消费的支出在家庭收入中所占的比重就越大，而用于教育、文化娱乐、医药卫生等方面的支出所占的比重也就越小，但用于衣着、住宅、取暖、照明等方面的支出所占的比重变化不大。他由此得出结论：在其他条件相同的情况下，居民收入中用于食物部分的比重，可以作为衡量消费水平的标志。习惯上认为食品支出占全部消费支出的比重(恩格尔系数)在 50%以上为勉强度日，在 40%～50%为小康水平，在 20%～40%为富裕，20%以下为最富

裕。《世界主要国家和地区社会发展比较统计资料》披露，美国、加拿大、英国、法国、日本、新加坡等国家的恩格尔系数均在20%以下。我国近年来城镇居民家庭食品消费支出比重也在逐年下降，2021年全国居民恩格尔系数为29.8%比上年下降0.4个百分点，其中城镇为28.6%，农村为32.7%。又如，2021年年末全国人口(包括31个省、自治区、直辖市和现役军人的人口，不包括居住在31个省、自治区、直辖市的港澳台居民和外籍人员)141 260万人，比上年末增加48万人。全年出生人口1 062万人，人口出生率为7.52‰；死亡人口1 014万人，人口死亡率为7.18‰；人口自然增长率为0.34‰。从性别构成看，男性人口72 311万人，女性人口68 949万人，总人口性别比为104.88(以女性为100)。从年龄构成看，16～59岁的劳动年龄人口88 222万人，占全国人口的比重为62.5%；60岁及以上人口26 736万人，占全国人口的18.9%，其中65岁及以上人口20 056万人，占全国人口的14.2%。从城乡构成看，城镇常住人口91 425万人，比上年末增加1 205万人；乡村常住人口49 835万人，减少1 157万人；城镇人口占全国人口比重(城镇化率)为64.72%，比上年末提高0.83个百分点。全国人户分离人口(即居住地和户口登记地不在同一个乡镇街道且离开户口登记地半年以上的人口)50 429万人，比上年增加1 153万人；其中流动人口38 467万人，比上年增加885万人①。这基本可以反映我国人口的构成情况，如表4—4所示。

表4—4　　2021年年末我国人口的构成情况　　单位:万人,%

指　标		年末数	比　重
全国总人口		141 260	100.00
全国人口城乡结构	其中:城镇	91 425	64.72
	乡村	49 835	35.28
全国人口性别比例	其中:男性人口	72 311	51.19
	女性人口	68 949	48.81
全国人口数量统计总体情况	其中:0～15岁人口(含不满16周岁)	26 302	18.6
	16～59岁人口(含不满60周岁)	88 222	62.5
	60周岁及以上人口	26 736	18.9
	其中:65周岁及以上	20 056	14.2

(2)在工商企业管理中，利用结构相对指标可以衡量和评价各构成部分是否合理科学。例如，计算产品的合格率、设备完好率、能源有效利用率等指标可以从不同侧面说明企业的生产经营状况。又如，通过成本构成的分析，企业可以发现薄弱环节，采取措施降低成本等。

【提示】用圆形图来表明总体内部结构关系更直观、更形象。

我们在前面已经阐述过圆形图(也称扇形图)，它是把全圆分成若干个扇形部分，以扇形面积的大小表示总体各组成部分所占百分比的大小。全圆面积为100%，因为圆心角是360°，所以3.6°的圆心角代表1%的圆面积，用各部分占合计的百分数乘以3.6°，即得各圆心角的度数。

【做中学4—7】　某企业A产品2022年第一季度质量检验结果资料如表4—5所示。

① 国家统计局:《2021年国民经济和社会发展统计公报》，2022年2月28日。

表 4—5 某企业 A 产品 2022 年第一季度质量检验结果

产品等级	各等级品所占比重(%)	圆心角(°)
一等品	75.0	270.0
二等品	17.5	63.0
三等品	7.5	27.0
合 计	100.0	360.0

将表 4—5 的资料绘成圆形图,如图 4—1 所示。

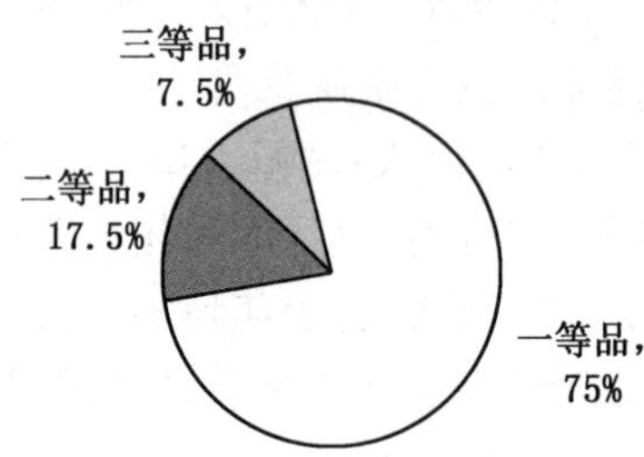

图 4—1 某企业 A 产品 2022 年第一季度产量质检结构图

2. 不同时期结构相对数的变化,可以反映事物性质的发展趋势,分析经济结构的演变规律

【做中学 4—8】 从表 4—6 的资料中,可以看出不同年份的世界农业人口在总人口中所占的比重呈现平稳下降的趋势,这也是伴随经济发展、工业化程度提高和社会进步而产生的必然结果。

表 4—6 世界人口和农业人口的发展趋势 单位:亿人,%

年 份	1950	1960	1970	1980	1985	1990	2000	2010	2020	2025
世界人口	25.2	30.2	36.9	44.5	48.5	52.9	62.5	71.9	80.6	84.7
其中:农业人口	16.2	17.6	17.6	21.9	22.9	23.9	25.7	26.6	26.5	26.2
占世界总人口的比重	64.3	58.4	58.4	49.4	47.2	45.1	41.1	37.0	32.0	30.9

3. 根据各构成部分所占比重大小,可以反映所研究现象总体的质量以及人、财、物的利用情况

例如,文盲率、入学率、青年受高等教育人口比率等可从文化教育方面表明人口的质量;产品的合格率、优质品率、高新技术品率、商品损耗率等可表明企业的工作质量;出勤或缺勤率、设备利用率等,则可反映企业的人、财、物的利用状况。

4. 利用结构相对数,有助于分清主次,确定工作重点

【做中学 4—9】 在物资管理工作中,采用 ABC 分析法,其基本原理就是对影响经济活动的因素进行分析,按各种因素的影响程度的大小分为 A、B、C 三类,实行分类管理。采用这种方法的依据,就是根据对统计资料的分析,计算结构相对指标,如表 4—7 所示。

表 4—7 某企业物资分类表 单位:%

类 别	占资金的比重	占品种的比重
A	80	20
B	15	30
C	5	50

可见，应重点抓好A类物资的管理，其次要注意B类物资的处理，就可以控制资金的95%，收到较好的经济效果。

（三）比例相对指标

比较相对指标是指同一时间内不同总体的同类指标对比的结果，反映现象在不同总体之间发展的不平衡状况，通常用倍数或百分数表示。用来对比的指标可以是总量指标，也可以是相对指标或平均指标，用来表明总体内部的比例关系是否合理。

比较相对指标的计算公式为：

$$比例相对指标=\frac{总体中某一部分数值}{总体中另一部分数值}\times100\% \quad (4-6)$$

比例相对指标的数值，一般用百分数或几比几的形式表示。例如，2022年某市第二产业从业人数为59.23万人，第三产业从业人数为67.23万人，则第二产业从业人数与第三产业从业人数之比可以表示为0.88 ∶ 1或1 ∶ 1.36。分析总体中若干部分的比例关系时也可采用连比的形式。例如，某企业2022年年末有职工350人，其中，管理人员50人，一线生产人员260人，后勤等服务人员40人。如果以管理人员人数为基数，则管理人员、一线生产人员、后勤人员的比例关系为1 ∶ 5.20 ∶ 0.80。当然，也可以一线生产人员人数为基数，则管理人员、一线生产人员、后勤人员的比例关系为0.19 ∶ 1 ∶ 0.15。

统计分析中，有时还要求用连比形式表示总体中若干个组的比例关系。例如，国内生产总值中第一、二、三产业的比例。

正确运用比较相对指标，选择国家、地区、单位同类指标进行比较，或者各单位的技术经济指标与行业标准、先进单位进行比较，从中找出差距，以便更好地制定政策，提高管理水平。

【注意】结构相对指标和比例相对指标都反映总体内部的结构比例状况，但二者有一定区别：一是对比基数选择不同；二是说明的目的侧重点不同，结构相对指标注重各部分在总体中的地位和作用，比例相对指标更倾向于反映总体内部各部分的协调均衡状态。

（四）比较相对指标

比较相对指标也称比较相对数，是将不同地区、单位或企业之间的同类指标数值作静态对比而得出的综合指标，表明同类事物在不同空间条件下的差异程度或相对状态，反映事物发展不平衡的相对差异程度，它可以用百分数、倍数和系数表示。

比较相对指标的计算公式为：

$$比较相对指标=\frac{甲地区(单位或企业)某类指标数值}{乙地区(单位或企业)同类指标数值}\times100\% \quad (4-7)$$

【做中学4—10】 两个类型相同的工业企业，甲企业全员劳动生产率为18 542元/人·年，乙企业全员劳动生产率为21 560元/人·年，则两个企业全员劳动生产率的比较相对数为：

$$比较相对数=\frac{18\ 542}{21\ 560}\times100\%=86\%$$

【注意】比较相对指标可以用总量指标进行对比，也可以用相对指标或平均指标进行对比。但由于总量指标容易受到总体范围大小的影响，因而，计算比较相对指标时，更多采用相对指标或平均指标进行比较。

用来对比的两个性质相同的指标数值，其表现形式不一定仅限于绝对数，也可以是其他的相对数或平均数。在经济管理工作中，广泛应用比较相对数，例如用各种质量指标在企业之间、车间或班组之间进行对比，把各项技术经济指标与国家规定的标准条件对比，与同类企业的先进水平或世界先进水平对比，借以找差距、挖潜力、定措施，为提高企业的经营管理水平提供依据。

计算比较相对指标应注意对比指标的可比性。此外，比较基数的选择要根据资料的特点及研究目的而定。如上例是以乙企业的全员劳动生产率作为比较标准，计算结果说明甲企业全员劳动生产率是乙企业的86%；如以甲企业全员劳动生产率作为比较标准，则表明乙企业全员劳动生产率是甲企业的116.28%。这两种计算方法的角度不同，但都能说明问题，具体以哪个指标作为比较的基础，应根据研究目的以及哪种方法能更确切地说明问题的实质而定。

利用比较相对指标，可以显示出某种现象在各地区、各单位之间先进与落后的差距，有利于分析原因、改进工作、提高效率和效益。实际经济工作中，常常将各地区、各企业的经济指标与先进水平（同行业先进水平、国际先进水平）进行比较，从而清晰地反映出存在的差距，为提高管理水平提供依据。

（五）强度相对指标

强度相对指标也称强度相对数，是在同一地区或单位内，两个性质不同而有一定联系的总量指标数值对比得出的相对数。它是用来分析不同事物之间的数量对比关系，表明现象的强度、密度和普遍程度的综合指标。

【提示】强度相对指标的表现形式可以是有名数，也可以是无名数，如倍数、系数、百分数或千分数。

$$\text{强度相对数}=\frac{\text{某一总量指标数值}}{\text{另一个有联系而性质不同的总量指标数值}} \tag{4—8}$$

【做中学4—11】 我国土地面积为960万平方千米，第七次人口普查人口总数为141 178万人，则：

$$\text{人口密度}=\frac{141\ 178}{960}\approx 147.06(\text{人/平方千米})$$

又如，以铁路（公路）长度与土地面积对比，可以得出铁路（公路）密度。这些强度相对指标都是用来反映现象的密集程度或普遍程度。

利用强度相对指标来说明社会经济现象的强弱程度时，广泛采用人均产量指标来反映一个国家的经济实力。例如，按全国人口数计算的人均钢产量、人均粮食产量等，这种强度相对指标的数值越大，表示一个国家的经济发展程度越高，经济实力越强。

由于强度相对指标是两个性质不同但有联系的总量指标数值之比，所以在多数情况下，是由分子与分母原有单位组成的复合单位表示的，如人口密度用人/平方千米，人均钢产量用吨/人等。但有少数的强度相对指标因其分子与分母的计量单位相同，可以用千分数或百分数表示其指标数值。例如：

$$\begin{aligned}\text{人口自然增长率}&=\frac{\text{年内出生人口数}-\text{年内死亡人口数}}{\text{年平均人口数}}\times 1\ 000‰\\&=\frac{\text{年内人口自然增长数}}{\text{年平均人口数}}\times 1\ 000‰\\&=\text{人口出生率}(‰)-\text{人口死亡率}(‰)\end{aligned}$$

又如，商品流通费用与商品销售额对比得出的商品流通费用率，则用百分数表示。

有少数反映社会服务行业的负担情况或保证程度的强度相对指标，其分子和分母可以互换，即采用正算法计算正指标，用倒算法计算逆指标。例如，生活费收入、消费水平、居民平均寿命等，此类指标数值越大，说明居民生活水平越高，所以称为正指标；而如恩格尔系数、就业者负担人数等，此类指标数值越小，说明居民生活水平越高，所以称为逆指标。例如：

$$\text{商业网点密度（正指标）}=\frac{\text{零售商业机构数（个）}}{\text{地区人口数（千人）}}$$

$$商业网点密度(逆指标)=\frac{地区人口数(千人)}{零售商业机构数(个)}$$

从强度相对指标数值的表现形式上看,带有“平均”的意义,例如,按人口计算的主要产品产量指标用吨(千克)/人表示;按全国人口分摊的每人平均国民收入用元/人表示。

【提示】强度相对数与统计平均数有根本的区别。平均数是同一总体中的标志总量与单位总量之比,是将总体的某一数量标志的各个变量值加以平均。强度相对数是两个性质不同而有联系的总量指标数值之比,它表明两个不同总体之间的数量对比关系。

(六)动态相对指标

动态相对指标是将同一现象在不同时期的两个数值进行动态对比而得出的相对数,借以表明现象在时间上发展变动的程度。

【提示】动态相对指标的计算结果用百分数或倍数表示,用来反映现象在不同时期的发展程度、发展速度等。

动态相对数指标的计算公式为:

$$动态相对指标=\frac{报告期指标数值}{基期指标数值}\times 100\% \tag{4-9}$$

通常,作为比较标准的时期称为基期,与基期对比的时期称为报告期,有时也称为计算期。

【做中学 4—12】 2021 年我国国内生产总值为 1 143 669.7 亿元,2020 年为 1 015 986.00 亿元,如果将 2020 年选作基期,也即将 2020 年国内生产总值作为 100,则 2021 年国内生产总值与 2020 年国内生产总值对比,得出动态相对数为 112.57%,它说明在 2020 年基础上 2021 年国内生产总值的发展速度。

$$动态相对数=\frac{1\ 143\ 669.7}{1\ 015\ 986.00}\times 100\%\approx 112.57\%$$

三、计算和运用相对指标应注意的问题

(一)注意指标的可比性

相对指标是两个有联系的指标数值对比的结果,是否具有可比性非常重要。可比性体现在要保证对比的两个指标在含义、内容、时间、空间和计算方法等口径上的协调一致,相互适应。例如,我国第三产业的增加值与西方国家该产业的增加值在核算内容上有很大差别,直接对比就会产生错误的结论。

(二)相对指标和总量指标结合运用

相对指标可以有效地反映事物的联系和对比关系,但却表现为一个抽象化的数值,掩盖了现象间绝对量的差别。为此,需将相对指标和总量指标结合使用。例如,甲、乙两个企业,甲企业基期、报告期的产量分别是 20 万吨、30 万吨,乙企业基期、报告期的产量分别是 200 万吨、300 万吨,二者的发展速度均为 150%,增长速度为 50%,可是甲企业增长量是 10 万吨,而乙企业却高达 100 万吨。

(三)注意将各种相对指标结合使用

每个相对指标都是反映现象某个方面的特征,单个指标有很大的片面性,只有各种相对指标结合使用才能更深入地揭示现象的总体特征。例如,通过 GDP 反映黑龙江省经济发展水平,黑龙江省 2021 年地区生产总值(GDP)实现 14 879.2 亿元,按不变价格计算,比上年增长 6.1%,两年平均增长 3.5%。从三次产业看,第一产业增加值 3 463 亿元,比上年增长 6.6%;第二产业增加值 3 975.3 亿元,增长 5%;第三产业增加值 7 440.9 亿元,增长 6.3%。

项目训练

一、单项选择题

1. 2021 年,我国人均粮食占有量达到 483 千克,人均国民总收入达到 80 000 元(按照 14.126 亿人口计算),它们是(　　)。

A. 结构相对指标　B. 比较相对指标　C. 比例相对指标　D. 强度相对指标

2. 2021 年我国国内生产总值为 1 143 670 亿元,这属于(　　)。

A. 时期指标　B. 时点指标　C. 总量指标　D. 平均指标

3. 下列指标中属于时点指标的是(　　)。

A. 国内生产总值　B. 流通费用率　C. 人均利税额　D. 商店总数

4. 下列指标属于比例相对指标的是(　　)。

A. 工人出勤率　B. 农轻重的比例关系

C. 每百元产值利税额　D. 净产值占总产值的比重

5. 下列指标属于总量指标的是(　　)。

A. 人均粮食产量　B. 资金利税率　C. 产品合格率　D. 学生人数

6. 将不同地区、部门、单位之间同类指标进行对比所得的综合指标称为(　　)。

A. 动态相对指标　B. 结构相对指标　C. 比例相对指标　D. 比较相对指标

7. 一个企业产品销售收入计划增长 8%,实际增长 20%,则计划超额完成程度为(　　)。

A. 12%　B. 150%　C. 111.11%　D. 11.11%

8. 时点指标的数值(　　)。

A. 与其时间间隔长短无关　B. 通常连续登记

C. 时间间隔越长,指标数值越大　D. 具有可加性

9. 某产品单位成本计划 2021 年比 2020 年降低 10%,实际降低 15%,则计划完成程度为(　　)。

A. 150%　B. 94.4%　C. 104.5%　D. 66.7%

10. 总体各部分指标数值与总体数值计算求得的结构相对数之和(　　)。

A. 大于 100%　B. 小于 100%　C. 等于 100%　D. 无法确定

二、多项选择题

1. 总量指标的计量单位有(　　)。

A. 货币单位　B. 劳动量单位　C. 自然单位　D. 度量衡单位

2. 下列指标属于总量指标的有(　　)。

A. 国内生产总值　B. 人均利税总额　C. 利税总额　D. 职工人数

3. 下列指标中,属于强度相对指标的有(　　)。

A. 人均国内生产总值　B. 人口密度

C. 人均钢产量　D. 每千人拥有的商业网点数

4. 常用的相对指标有(　　)。

A. 动态相对指标　B. 结构相对指标

C. 强度相对指标　D. 比较与比例相对指标

5. 相对指标的计量形式可以是(　　)。

A. 系数　B. 倍数　C. 成数　D. 百分数

三、简述题

1. 什么是总量指标？什么是相对指标？这两个指标的主要区别是什么？
2. 什么是总体总量？什么是标志总量？
3. 什么是时期总量指标？什么是时点总量指标？两者各有什么特点？
4. 简述结构相对指标的作用。
5. 简述正确运用相对指标的原则。

四、综合题

1. 某集团所属的三家公司2021年工业产值计划和实际资料如表4—8所示。

表4—8　三家公司2021年工业产值计划和实际资料　单位：万元

公司名称	2021年					2020年实际产值	2021年比2020年增长(%)
	计划		实际		计划完成(%)		
	产值	比重(%)	产值	比重(%)			
A					97		9.3
B		31			111		
C	370		402				−0.8
合计	1 900					1 500.0	

试填入上表所缺的数字，要求写出计算过程。

2. 某制冷机公司计划在未来五年内累计生产压缩机12 000台，其中，最后一年产量达到3 000台，实际完成情况如表4—9所示。

表4—9　单位：台

时间	第一年	第二年	第三年	第四年				第五年			
				一季度	二季度	三季度	四季度	一季度	二季度	三季度	四季度
产量	2 000	2 300	2 600	650	650	700	750	750	800	800	850

试求：(1)该公司五年累计完成计划的比例是多少？

(2)该公司提前多少时间完成累计产量计划？

(3)该公司提前多少时间达到最后一年计划产量？

3. 有甲、乙两国钢产量和年平均人口数如表4—10所示。

表4—10　甲、乙两国钢产量和年平均人口数

	甲　国		乙　国	
	2020年	2021年	2020年	2021年
钢产量(万吨)	3 000	3 300	5 000	5 250
年平均人口数(万人)	6 000	6 000	7 143	7 192

试通过计算动态相对指标、强度相对指标和比较相对指标来简单分析甲、乙两国钢产量的发展情况。

 项目实训

【实训项目】

总量指标与相对指标。

【实训目的】

增进对总量指标与相对指标的认识。

【实训资料】

为了掌握本地区人口的自然状况，某市政府想进行一次社会调查。如果你是这次调查的组织者，利用你所学的绝对指标和相对指标的知识，设计一套由相对指标和绝对指标组成的指标体系，并说明该指标的计算方法和作用，以反映该地区人口的自然状况。

【实训要求】

1. 试着去完成实训资料的内容。
2. 撰写《总量指标与相对指标》实训报告。

《总量指标与相对指标》实训报告		
项目实训班级：	项目小组：	项目组成员：
实训时间：　　年　月　日	实训地点：	实训成绩：
实训目的：		
实训步骤：		
实训结果：		
实训感言：		
不足与今后改进：		

项目组长评定签字：　　　　　　　　　　项目指导教师评定签字：

集中趋势指标与离散趋势指标

○ **知识目标**

理解:集中趋势指标的概念、作用和种类。

熟知:众数、中位数和算术平均数的比较;离散趋势指标的概念和作用。

掌握:算术平均数、调和平均数、几何平均数、位置平均数;全距、平均差、方差、标准差、离散趋势系数。

○ **技能目标**

能够结合所学的集中趋势指标和离散趋势指标的知识,对相关内容进行计算与分析运用。

○ **素质目标**

运用所学的集中趋势指标和离散趋势指标基本原理知识研究相关案例,培养和提高学生在特定业务情境中分析问题与决策设计的能力;结合行业规范或标准,运用集中趋势指标与离散趋势指标知识分析行为的善恶,强化学生的职业道德素质。

○ **思政目标**

能够正确地理解"不忘初心"的核心要义和精神实质;树立正确的世界观、人生观和价值观,做到学思用贯通、知信行统一;通过集中趋势指标与离散趋势指标知识,能按照基本指标进行统计分析。

○ **项目引例**

帮助小明进行分析

小明经常帮助妈妈去小区附近的菜市场买菜,他发现最近菜市场上黄瓜的价格变动很大,早上去的时候卖每千克 4 元,中午去的时候卖每千克 3.8 元,晚上最便宜,每千克 3.5 元。那么我们帮小明算算,如果这天他早、中、晚买了 3 次,每次都买了 1 千克,一天下来,他买的黄瓜平均价格是多少呢? 如果每次都买 3 元钱的,那么黄瓜的平均价格又是多少呢? 这就涉及平均指标的计算问题。

什么是平均指标呢? 它有几种计算方法呢? 平均指标能说明哪些问题呢? 如果小明所在的菜市场各个摊位的黄瓜的平均价格是每千克 3.6 元,最贵的一个摊位每千克卖 5 元,最便宜的一个摊位每千克卖 3 元,一共有 5 家卖黄瓜的,那么平均每家相差多少钱呢?

资料来源:李贺等:《统计学》,上海财经大学出版社 2019 年版,第 84 页。

试分析:什么是变异指标呢? 为什么要同平均指标在一起使用呢? 这能说明哪些问题呢? 标志变异指标的计算比较复杂,有若干种计算方法,我们采取什么方法才能记住这些公式呢?

○ 知识精讲

任务一 集中趋势指标分析

一、集中趋势指标

数据的总量描述和对比描述,只是反映了现象的总体规模、相对水平和总体单位在各组的分布情况,它并没有反映数据的分布规律和分布的一般水平。因此,若要对总体单位在各组的分布状况进行全面深刻的认识,还要对它的集中趋势进行度量,即计算平均指标。

集中趋势指标也称集中趋势值,是指一组数据所趋向的中心数值,反映同质总体各单位在一定的时间、地点条件下某一数量标志值一般水平的综合指标。它是总体的水平值也是代表值,通常称为平均数。下面的内容主要围绕平均数展开。

二、平均指标概述

(一)平均指标的概念

动漫视频

平均指标

平均指标也称均值、集中趋势指标,它是反映社会经济现象总体单位数量标志值一般水平的综合指标。

平均指标是总体分布的特征值之一,它反映了总体分布的集中趋势。平均指标具有两个特点:①它是对数量标志在总体单位之间数值差异的抽象化;②它是说明总体综合数量特征的一个代表值。

(二)平均指标的作用

1. 平均指标可以消除因总体范围不同而带来的总体数量差异,使不同的总体具有可比性

例如,由于播种面积不同,不同地区粮食总产量不便直接对比,若计算平均亩产量,则可比较判断不同地区粮食生产水平的高低。又如,用劳动生产率、单位产品成本等平均数进行对比,由于消除了企业规模大小的影响,就能反映不同规模企业的工作业绩和质量,以便学先进、找差距,提高企业经济效益。

2. 同一总体在不同时间上的平均指标可以反映现象总体的发展变化趋势

例如,研究职工工资水平变化,用工资总额往往说明不了问题,因为不同时期的职工人数不同,若用职工平均工资进行动态对比分析,则可正确反映职工工资水平的变动趋势和规律。又如,由于企业职工人数的变化、经营产品品种的更新、设备更新以及所面临的宏观环境和微观环境的变化,企业历年来的产品产量、销售收入、利税总额等指标都会发生很大的变化,有时直接用总量指标进行对比,可能会因为有一些不可比的条件使对比结果不具有说服力,但若计算出不同时期的人均利税额、人均劳动生产率等指标,就能反映企业的发展趋势和发展规律。

3. 利用平均指标可以分析现象之间的依存关系

例如,将耕地按施肥量等标志分组,在此基础上计算各组的农作物收获率,就可以反映出施肥量与收获率之间的依存关系。又如,商业企业规模的大小和商品流通费用率之间存在的依存关系,可以根据商品销售额的增减和平均商品流通费用率升降的依存关系反映。

4. 平均指标是统计推断的一个重要参数

例如,利用样本平均指标推算总体平均指标,利用平均指标推算总量指标等。

5. 平均指标可以作为制定生产定额的重要依据

制定生产定额是经济责任制的重要内容,在计算出平均指标的基础上再计算出生产定额,是科

学制定生产定额的依据。生产定额有利于调动职工的积极性,提高劳动生产效率。

(三)平均指标的种类

1. 平均指标按其体现的时间状况不同,可分为静态平均数和动态平均数

静态平均数体现在同一时间范围内总体各单位某一数量标志的一般水平。动态平均数体现不同时期内相同空间的总体某一指标的一般水平,也称序时平均数。

2. 平均指标按计算方法不同,可分为算术平均数、调和平均数、几何平均数、中位数和众数

算术平均数、调和平均数、几何平均数是根据分布数列中各单位的标志值计算得到的,又称为数值平均数;中位数和众数是根据分布数列中某些标志值所处的位置来确定的,又称为位置平均数。

【注意】各种平均指标的计算方法不同,指标的含义、应用条件有别,但它们都是总体各单位数量标志值的一般水平,都反映了某一数量标志值的平均水平。

三、算术平均数

(一)算术平均数的概念

动漫视频

算术平均数

算术平均数是实际中应用最广泛的一种平均数形式,它等于同质总体各单位标志值之和除以相应的总体单位数。算术平均数是集中趋势测度中最重要的一种,它的计算方法是与许多社会经济现象中个别现象与总体现象之间存在的客观数量关系相符合的。例如,企业职工的工资总额就是各个职工工资额的总和,职工的平均工资必等于职工的工资总额与职工总人数之比。

算术平均数的计算公式为:

$$算术平均数=\frac{总体标志总量(变量值总量)}{总体单位总量(变量值个数)}$$

算术平均数一般称为平均数(Mean)。其定义是:观察值的总和除以观察值个数的商。在已知研究对象的总体标志总量及总体单位总量时,可直接利用上式计算。例如,某企业某月的工资总额为 680 000 元,职工总数为 1 000 人,则:

$$该企业职工月平均工资=\frac{680\ 000}{1\ 000}=680(元)$$

【注意】利用上式计算时,要求各变量值必须是同质的,分子与分母必须属于同一总体,即公式的分子是分母具有的标志值,分母是分子的承担者。

(二)算术平均数的计算

在实际工作中,就手工计算而言,由于所掌握的统计资料的不同,利用上述公式进行计算时,可分为简单算术平均数和加权算术平均数两种。

1. 简单算术平均数

简单算术平均数(Simple Arithmetic Mean)适用于未分组的分配数列,它是将总体各单位同类标志值直接汇总,然后与总体单位总数相除而求得的。

简单算术平均数的计算公式为:

$$\bar{x}=\frac{x_1+x_2+\cdots+x_n}{n}=\frac{\sum x}{n} \tag{5-1}$$

式中:$\bar{x}$ 代表算术平均数;x 代表各单位的标志值,也称变量值;n 代表总体单位总数;$\sum$代表求和符号。

上式以标志值直接计算平均数,在一定程度上体现了总体各单位对平均数的影响作用处于均

等的地位，换言之，在求平均数时赋予了各个标志值的权数为1。

【做中学5—1】 某企业一车间甲班有6名工人，其日产量分别为119、126、140、160、174、181(件/人)，则6名工人的平均日产量为：

$$\bar{x}=\frac{\sum x}{n}=\frac{119+126+140+160+174+181}{6}=150(\text{件})$$

2. 加权算术平均数

加权算术平均数(Weighted Arithmetic Mean)是根据分组整理后的数据计算的算术平均数。设将原始数据分为k组，各组的组中值分别为$x_1,x_2,\cdots,x_n$，各组变量值出现的次数分别为f_1，$f_2,\cdots,f_n$。

加权算术平均数的计算公式为：

$$\bar{x}=\frac{x_1f_1+x_2f_2+\cdots+x_nf_n}{f_1+f_2+\cdots+f_n}=\frac{\sum xf}{\sum f} \tag{5—2}$$

式中：f代表各组变量值出现的频数。

利用分组资料计算加权算术平均数时，又分为单项式变量数列和组距式变量数列两种形式。

(1)利用单项式变量数列计算加权算术平均数

【做中学5—2】 某车间20名工人某月奖金额分配情况如表5—1所示。

表5—1　　20名工人某月奖金额分配表

按奖金分组x	工人数(人)f	奖金总额(元)xf
1 000	2	2 000
1 300	5	6 500
1 500	8	12 000
1 700	4	6 800
2 000	1	2 000
合计	20	29 300

将表5—1的数据代入加权算术平均数的计算公式得：

$$\bar{x}=\frac{\sum xf}{\sum f}=\frac{29\,300}{20}=1\,465(\text{元})$$

【提示】加权算术平均数的计算可以借助Excel中SUMPRODUCT(x,f)和SUM(f)函数完成，在Excel的单元格中输入"=SUMPRODUCT(x,f)/SUM(f)"，其中x为变量值的区域，f为权数的区域。

(2)利用组距式变量数列计算加权算术平均数

【做中学5—3】 以表5—2为例，计算人均日产量。

表5—2　　某企业50名工人加工零件均值计算表

按零件数分组	组中值x	频数f	xf
105～110	107.5	3	322.5
110～115	112.5	5	562.5
115～120	117.5	8	940.0

续表

按零件数分组	组中值 x	频数 f	xf
120～125	122.5	14	1 715.0
125～130	127.5	10	1 275.0
130～135	132.5	6	795.0
135～140	137.5	4	550.0
合　计	—	50	6 160.0

该企业人均日产量为：

$$=\frac{\sum xf}{\sum f}=\frac{6\ 160}{50}=123.2(件)$$

利用组距式变量数列计算加权算术平均数是建立在假定各变量值在组内是均匀变化的基础上的，但实际并非如此，因而根据组距式变量数列计算的算术平均数是个近似值。尽管如此，对于复杂的数据，我们仍选择分组处理，这样可以更好地发现总体的分布规律和特点，当数据分布较均匀时，加权算术平均数同样具有较强的代表性。

(三)算术平均数的性质

算术平均数在统计学中具有重要的地位，它是进行统计分析和统计推断的基础。首先，从统计思想上看，它是一组数据的中心所在，是数据误差相互抵消后的必然性结果。比如，对同一事物进行多次测量，若所得结果不一致，可能是由于测量误差所致，也可能是其他因素的偶然影响，利用算术平均数作为其代表值，则可以使误差相互抵消，反映出事物必然性的数量特征。其次，它具有下面一些重要的数学性质，这些数学性质在实际工作中有着广泛的应用(如在相关性分析和方差分析及建立回归方程中)，同时也体现了算术平均数的统计思想。

(1)各变量值与其算术平均数的离差之和等于零，即$\sum(x-\overline{x})f=0$；

(2)各变量值与其算术平均数的离差平方和最小，即$\sum(x-\overline{x})^2f=\min$。

(四)利用计算工具求算术平均数

1. 利用计算器计算

对于未整理的原始数据或已整理分组的数列，均可利用计算器的统计功能计算算术平均数。需要特别注意的是，当资料为变量数列时，一定要遵循以下输入顺序：先输入变量值，然后输入乘号键，接下来输入频数值，绝对不能颠倒次序。

2. 利用计算机计算

运用计算机技术，不但能使人们从大量繁杂的手工处理数据的工作中解脱出来，而且可以大大提高对统计数据的利用率。虽然功能强大的统计软件包在一般人使用的计算机上没有安装，但使用“Office”软件的用户很多，而用“Office”软件中的“Excel”组件足以及时、准确、完整地将有关统计常用的基本统计量(如本项目的算术平均数)等迅速提供出来。

下面举一个简单的例子说明利用“Excel”计算算术平均数的步骤。例如，计算某班上学期期末考试各科平均成绩。

方法一：

第一步：打开“Excel”，输入全班每位同学各科考试成绩(一般以每行记录一名学生的各科成绩，也可以每列记录一名学生的各科成绩)。

第二步：选择(单击)“工具”下拉菜单。

第三步:选择(单击)“数据分析”选项。

第四步:从弹出的“分析工具”中选择(单击)“描述统计”并单击“确定”。

第五步:在对话框中的“输入区域”框内键入要计算的单元格区域(如果包括字段行,则须选中“标志位于第一行”复选框。若分组方式为逐行,则该复选框选定标志位于第一列);在“输出选项”中选择输出区域;选择“汇总统计”(该选项给出全部描述统计量);单击“确定”。

方法二:

第一步:打开“Excel”,输入全班每位同学各科考试成绩(一般以每行记录一名学生的各科成绩,也可以每列记录一名学生的各科成绩)。

第二步:在适当的单元格内输入计算公式[以每行记录一名学生的各科成绩为例,假设第一行依次为姓名及各考试科目名称,最后一名学生第一科的成绩所在单元格为 B45,则可在 B46 单元格输入计算公式“Average(b2:b45)”],然后回车;或者在适当的单元格内插入函数(选择“插入”下拉菜单,然后选择“函数”,接下来从弹出的对话框左边的函数类别中选择“统计”,再从对话框右边的函数名中选择“Average”,最后单击“确定”)。

第三步:选定第二步计算结果所在单元格,复制其他考试科目的平均成绩。

四、调和平均数

(一)调和平均数的概念

动漫视频

调和平均数

实际应用中当已知各组标志值和标志总量而未知单位数(次数)资料时,直接用加权算术平均数无法实现,需要对算术平均数进行变形,即通过调和平均数计算平均数。调和平均数(Harmonic Mean)又称倒数平均数,是总体各统计变量倒数的算术平均数的倒数。调和平均数是平均数的一种。但统计调和平均数,与数学调和平均数不同,它是变量倒数的算术平均数的倒数。由于调和平均数是根据标志值的倒数计算的,它是标志值倒数的算术平均数的倒数,所以也称倒数平均数。

(二)调和平均数的计算

调和平均数有简单调和平均数和加权调和平均数两种。

1. 简单调和平均数

简单调和平均数是各单位标志值倒数的简单算术平均数的倒数。

简单调和平均数的计算公式为:

$$H=\frac{n}{\frac{1}{x_1}+\frac{1}{x_2}+\cdots+\frac{1}{x_n}}=\frac{n}{\sum_{i=1}^{n}\frac{1}{x_i}} \tag{5—3}$$

2. 加权调和平均数

加权调和平均数是标志值倒数的加权算术平均数的倒数。

加权调和平均数的计算公式为:

$$H=\frac{m_1+m_2+\cdots+m_n}{\frac{m_1}{x_1}+\frac{m_2}{x_2}+\cdots+\frac{m_n}{x_n}}=\frac{\sum_{i=1}^{n}m_i}{\sum_{i=1}^{n}\frac{m_i}{x_i}} \tag{5—4}$$

【做中学 5—4】 假定有 A、B 两家公司员工的月工资资料如表 5—3 所示的前三列。试分别计算其平均工资。

表 5—3　**A、B 两家公司员工工资情况表**

月工资 x（元）	工资总额 m（元）		员工人数 $f=m/x$（人）	
	A 公司	B 公司	A 公司	B 公司
800	48 000	40 000	60	50
1 000	70 000	40 000	70	40
1 600	32 000	40 000	20	25
合　计	150 000	120 000	150	115

在这里，平均工资作为“单位标志平均数”仍然必须是标志总量（工资总额）与单位总数（员工总数）之比。依据给出的月工资水平和工资总额的分组资料，可以首先用前者来除后者，得到各组的员工人数，进而加总得到全公司的员工总数（表中后两列），这样就很容易计算出两个公司各自的平均工资。将这些计算过程归纳起来，就是运用了调和平均数的公式。

现在，我们计算 A 公司的平均工资，得到：

$$H_A=\frac{\sum_{i=1}^{3}m_i}{\sum_{i=1}^{3}\frac{m_i}{x_i}}=\frac{48\ 000+70\ 000+32\ 000}{\frac{48\ 000}{800}+\frac{70\ 000}{1\ 000}+\frac{32\ 000}{1\ 600}}=\frac{150\ 000}{150}=1\ 000(\text{元})$$

对于 B 公司，固然也可以采用加权调和平均数公式来计算其平均工资：

$$H_B=\frac{\sum_{i=1}^{3}m_i}{\sum_{i=1}^{3}\frac{m_i}{x_i}}=\frac{40\ 000+40\ 000+40\ 000}{\frac{40\ 000}{800}+\frac{40\ 000}{1\ 000}+\frac{40\ 000}{1\ 600}}=\frac{120\ 000}{115}\approx1\ 043.48(\text{元})$$

然而在这里，由于各组的权数（工资总额）相同，实际上并没有真正起到加权的作用。我们采用简单调和平均数的公式来计算，可以得到完全相同的结果，而计算过程却大大简化了：

$$H_B=\frac{3}{\sum_{i=1}^{3}\frac{1}{x_i}}=\frac{3}{\frac{1}{800}+\frac{1}{1\ 000}+\frac{1}{1\ 600}}\approx1\ 043.48(\text{元})$$

（三）由相对数或平均数计算平均数

【做中学 5—5】　设某行业 150 个企业的有关产值和利润情况如表 5—4 所示。

表 5—4　**某行业产值和利润情况表**

产值利润率（%）	一季度		二季度	
	企业数（个）	实际产值（万元）	企业数（个）	实际利润（万元）
5～10	30	5 700	50	710
10～20	70	20 500	80	3 514
20～30	50	22 500	20	2 250
合　计	150	48 700	150	6 474

表 5—4 中给出的是按产值利润率分组的企业个数、实际产值和实际利润资料。

【注意】产值利润是一个相对指标，而不是平均指标。

为了计算全行业的平均产值利润率，必须以产值利润率的基本公式为依据：

$$产值利润率=\frac{实际利润}{实际产值}\times 100\%$$

同时，选择适当的权数资料和适当的平均数形式，对各组企业的产值利润率进行加权平均。容易看出，计算第一季度的平均产值利润率，应该采用实际产值加权，进行算术平均，即有：

$$\begin{aligned}\begin{matrix}一季度平均\\产值利润率\end{matrix}&=\frac{\sum xf}{\sum f}=\frac{0.075\times 5\,700+0.15\times 20\,500+0.25\times 22\,500}{5\,700+20\,500+22\,500}\\&=\frac{9\,127.5}{48\,700}=18.74\%\end{aligned}$$

而计算第二季度的平均产值利润率，则应该采用实际利润加权，进行调和平均，即有：

$$\begin{matrix}二季度平均\\产值利润率\end{matrix}=\frac{\sum m}{\sum\frac{m}{x}}=\frac{710+3\,514+2\,250}{\frac{710}{0.075}+\frac{3\,514}{0.15}+\frac{2\,250}{0.25}}=\frac{6\,474}{41\,893.3}=15.45\%$$

由上例可见，对于同一问题的研究，算术平均数和调和平均数的实际意义是相同的，计算公式也可以相互推算，采用哪一种方法完全取决于所掌握的实际资料。

【提示】一般的做法是，如果掌握的是基本公式中的分母资料，则采用算术平均数；如果掌握的是基本公式中的分子资料，则采用调和平均数的计算公式。

(四)调和平均数的特点

(1)调和平均数易受极端值影响，且受极小值的影响比受极大值的影响更大。

(2)只要有一个变量值为零，就不能计算调和平均数。

(3)当组距数列有开口组时，其组中值即使按相邻组距计算了，假定性也很大，此时，调和平均数的代表性就很不可靠。

(4)调和平均数应用的范围较小。

五、几何平均数

(一)几何平均数的概念

几何平均数是 n 个变量值连乘积的 n 次方根。它主要应用于变量值是相对数，并且这些变量值连乘有意义。例如，连续生产的产品合格率、连续销售的本利率、连续储蓄的本利率和连续比较的(环比)发展速度等，都可以采用几何平均数求得其平均指标。

动漫视频

几何平均数

【提示】几何平均数主要应用于计算平均比率和平均速度。

(二)几何平均数的计算

几何平均数有简单几何平均数和加权几何平均数之分。

1. 简单几何平均数

直接将 n 项变量连乘，然后对其连乘积开 n 次方根所得的平均数即为简单几何平均数(Simple Geometric Mean)。它是几何平均数的常用形式。

简单几何平均数的计算公式为：

$$G=\sqrt[n]{x_1\cdot x_2\cdot x_3\cdot\cdots\cdot x_n}=\sqrt[n]{\prod_{i=1}^{n}x_i}\tag{5—5}$$

式中：G 代表几何平均数，Π 代表连乘符号。

【做中学 5—6】 某流水生产线有前后衔接的五道工序。某日各工序产品的合格率分别为 95%、92%、90%、85%、80%，整个流水生产线产品的平均合格率为：

$G=\sqrt[5]{0.95\times0.92\times0.90\times0.85\times0.80}=\sqrt[5]{0.5349}=88.24\%$

2. 加权几何平均数

与算术平均数一样，当资料中的某些变量值重复出现时，相应地，简单几何平均数就变成了加权几何平均数(Weighted Geometric Mean)。

加权几何平均数的计算公式为：

$$\bar{x}_G=\sqrt[\sum f]{x_1^{f_1}\cdot x_2^{f_2}\cdot x_3^{f_3}\cdot\cdots\cdot x_n^{f_n}}=\sqrt[\sum f]{\prod_{i=1}^{n}x_i^{f_i}} \tag{5-6}$$

式中：f_i 代表各个变量值出现的次数。

【做中学 5—7】 中国工商银行某分行的某项投资年利率是按复利计算的。20 年的利率分配如表 5—5 所示，计算 20 年的平均年利率。

表 5—5　投资年利率分组表

年　限	年利率(%)	本利率 x_i(%)	年数 f_i(个)
第 1 年	5	105	1
第 2～4 年	8	108	3
第 5～15 年	15	115	11
第 16～20 年	18	118	5
合　计	—	—	20

按公式计算 20 年的平均年利率：

$$\bar{x}_G=\sqrt[20]{1.05^1\times1.08^3\times1.15^{11}\times1.18^5}=114.14\%$$

即 20 年的平均年利率为 114.14%－1＝14.14%。

(三)几何平均数的特点

(1)几何平均数受极端值的影响较算术平均数小。

(2)如果变量值有负值，计算出的几何平均数就会成为负数或虚数。

(3)它仅适用于具有等比或近似等比关系的数据。

(4)几何平均数的对数是各变量值对数的算术平均数。

【注意】当应用几何平均数分析经济现象时，必须注意经济现象本身的特点。只有当标志总量表现为各标志值(变量值)的连乘积时，才适合采用几何平均数方法计算。此外，如果数列中有一个标志值等于零或负值，就不能计算几何平均数。

【提示】几何平均数受极端值的影响要比算术平均数和调和平均数小，因此，几何平均数比较稳健。

六、位置平均数

位置平均数是指根据总体中处于特殊位置上的个别单位或部分单位的标志值来确定的代表值。它对整个总体来说，具有非常直观的代表性，因此，常用来反映分布的集中趋势。常用的位置平均数有众数和中位数。

(一)众数

1. 众数的概念

众数(Mode)是一组数据中出现次数最多的变量值，用M_o表示。它由次数的多少决定，是一种位置平均数，不受极端变量值的影响，主要用于测度分类数据的集中趋势。对于其他类型的数据，当数据明显集中于某个变量值时，也可使用众数表示平均水平。

动漫视频

众数

【做中学 5—8】 假设某制鞋公司要了解消费者最需要哪种鞋码的男士皮鞋，调查了某大卖场某季度男士皮鞋的销售情况，得到的资料如表 5—6 所示。

表 5—6　　某商场某季度男士皮鞋销售情况

男士鞋码(厘米)	销售量(双)
24.0	12
24.5	84
25.0	118
25.5	541
26.0	320
26.5	104
27.0	52
合　计	1 200

从表 5—6 可以看到，25.5 厘米的鞋码销售量最多，如果我们计算算术平均数，则平均号码为 25.65 厘米，而这个号码显然是没有实际意义的，而直接用 25.5 厘米作为顾客对男士皮鞋所需尺寸的集中趋势既便捷又符合实际。

统计上把这种在一组数据中出现次数最多的变量值称作众数，用 M_0 表示。它主要用于定类(品质标志)数据的集中趋势，当然也适用于作为定序(品质标志)数据以及定距和定比(数量标志)数据集中趋势的测度值。上面的例子中，鞋号 25.5 厘米就是众数。

2. 众数的计算

由品质数列和单项式变量数列确定众数比较容易，哪个变量值出现的次数最多，它就是众数。如果所掌握的资料是组距式数列，则只能按一定的方法来推算众数的近似值。

众数的计算公式为：

$$M_0=L+\frac{\Delta_1}{\Delta_1+\Delta_2}\times d$$
$$M_0=U-\frac{\Delta_2}{\Delta_1+\Delta_2}\times d \qquad (5-7)$$

式中：L 代表众数所在组下限；U 代表众数所在组上限；Δ_1 代表众数所在组次数与其下限的邻组次数之差；Δ_2 代表众数所在组次数与其上限的邻组次数之差；d 代表众数所在组组距。

【做中学 5—9】 根据做中学 5—3 的数据，计算 50 名工人日加工零件数的众数。

解：从表 5—2 中的数据可以看出，最大的频数值是 14，即众数组为 120～125 这一组，根据公式(5—7)得 50 名工人日加工零件的众数为：

$$M_0=120+\frac{14-8}{(14-8)+(14-10)}\times 5=123(\text{件})$$

或：$M_0=125-\dfrac{14-10}{(14-8)+(14-10)}\times 5=123(\text{件})$

众数是一种位置平均数，是总体中出现次数最多的变量值，因而在实际工作中有时有它特殊的用途。比如，要说明一个企业中工人最普遍的技术等级，说明消费者需要的内衣、鞋袜、帽子等最普遍的号码，说明菜市场上某种农副产品最普遍的成交价格等，都需要利用众数。

【注意】从分布的角度看，众数是具有明显集中趋势点的数值，一组数据分布的最高峰点所对应的数值即为众数。当然，如果数据的分布没有明显的集中趋势或最高峰点，众数也可能不存在；如果有两个最高峰点，也可以有两个众数。只有在总体单位比较多，同时又明显地集中于某个变量值时，计算众数才有意义。

3. 众数的特点

(1)众数是以它在所有标志值中所处的位置确定的全体单位标志值的代表值，它不受分布数列的极大值或极小值的影响，从而增强了众数对分布数列的代表性。

(2)当分组数列没有任何一组的次数占多数，也即分布数列中没有明显的集中趋势，而是近似于均匀分布时，则该次数分配数列无众数。若将无众数的分布数列重新分组或各组频数依序合并，又会使分配数列再现出明显的集中趋势。

(3)如果与众数组相比邻的上下两组的次数相等，则众数组的组中值就是众数值；如果与众数组比邻的上一组的次数较多，而下一组的次数较少，则众数在众数组内会偏向该组下限；如果与众数组比邻的上一组的次数较少，而下一组的次数较多，则众数在众数组内会偏向该组上限。

(4)缺乏敏感性。这是由于众数的计算只利用了众数组的数据信息，不像数值平均数那样利用了全部数据信息。

(二)中位数

1. 中位数的概念

中位数(Median)是将数据按大小顺序排列起来，形成一个数列，居于数列中间位置的那个数据就是中位数。中位数用 M_e 表示。该数据之前之后的数据个数均占总体个数的一半，是一种位置平均数，主要用于顺序或数值型数据集中趋势的测度。

【注意】中位数不受极端值的影响，在数据分布较偏斜的情况下使用更有效。

【提示】所研究的数据中有一半小于中位数，另一半大于中位数。中位数的作用与算术平均数相近，也是作为所研究数据的代表值。

【注意】在一个等差数列或一个正态分布数列中，中位数就等于算术平均数。

在数列中出现了极端变量值的情况下，用中位数作为代表值要比用算术平均数更好，因为中位数不受极端变量值的影响；如果研究目的就是为了反映中间水平，当然也应该用中位数。在统计数据的处理和分析时，可结合使用中位数。

2. 中位数的计算

确定中位数，必须将总体各单位的标志值按大小顺序排列，最好是编制出变量数列。这里有两种情况：

(1)对于未分组的原始资料，首先必须将标志值按大小排序。设排序的结果为：

$$x_1 \leqslant x_2 \leqslant x_3 \leqslant \cdots \leqslant x_n$$

则中位数就可以按下面的方式确定：

$$M_e=\begin{cases} x_{\frac{n+1}{2}} \text{（}n\text{ 为奇数）} \\ \dfrac{x_{\frac{n}{2}}+x_{\frac{n}{2}+1}}{2} \text{（}n\text{ 为偶数）} \end{cases} \tag{5-8}$$

【做中学 5－10】 根据做中学 5－3 的数据，计算 50 名工人日加工零件数的中位数。中位数的位置在(50＋1)/2＝25.5，中位数在第 25 个数值(123)和第 26 个数值(123)之间，即 M_e＝(123＋123)/2＝123(件)。

(2)由分组资料确定中位数。由组距数列确定中位数，应先按$\frac{\sum f}{2}$的公式求出中位数所在组的位置，然后按下限公式或上限公式确定中位数。

$$\text{下限公式}: M_e = L + \frac{(\sum f/2) - S_{m-1}}{f_m} \times d$$
$$\text{上限公式}: M_e = U - \frac{(\sum f/2) - S_{m+1}}{f_m} \times d \qquad (5-9)$$

式中：M_e 代表中位数；L 代表中位数所在组下限；U 代表中位数所在组上限；f_m 代表为中位数所在组的次数；$\sum f$ 代表总次数；d 代表中位数所在组的组距；S_{m-1} 代表中位数所在组以下的累计次数；S_{m+1} 代表中位数所在组以上的累计次数。

【做中学 5—11】 根据做中学 5—3 的数据，计算 50 名工人日加工零件数的中位数(见表 5—7)。

解：

表 5—7　　　　某企业 50 名工人加工零件中位数计算表

按零件数分组(个)	频数(人)	向上累计(人)	向下累计(人)
105～110	3	3	50
110～115	5	8	47
115～120	8	16	42
120～125	14	30	34
125～130	10	40	20
130～135	6	46	10
135～140	4	50	4

由表 5—7 可知，中位数的位置＝50/2＝25，即中位数在 120～125 这一组，$L=120$，$S_{m-1}=16$，$U=125$，$S_{m+1}=20$，$f_m=14$，$d=5$，根据中位数公式得：

$$M_e = 120 + \frac{\frac{50}{2} - 16}{14} \times 5 = 123.21(\text{件})$$

$$\text{或}: M_e = 125 - \frac{\frac{50}{2} - 20}{14} \times 5 = 123.21(\text{件})$$

(三)中位数的特点

(1)中位数是以它在所有标志值中所处的位置确定的全体单位标志值的代表值，不受分布数列的极大值或极小值影响，从而在一定程度上提高了中位数对分布数列的代表性。

(2)有些离散型变量的单项式数列，当次数分布偏态时，中位数的代表性会受到影响。

(3)缺乏敏感性。

七、众数、中位数和算术平均数的比较

(一)众数、中位数和算术平均数的关系

算术平均数、众数和中位数之间的关系与次数分布数列有关。在次数分布完全对称时，算术平

均数、众数和中位数都是同一数值(见图 5—1);在次数分布非对称时,算术平均数、众数和中位数不再是同一数值了,而具有相对固定的关系。在尾巴拖在右边的正偏态(或右偏态)分布中,众数最小,中位数适中,算术平均数最大(见图 5—2);在尾巴拖在左边的负偏态(或左偏态)分布中,众数最大,中位数适中,算术平均数最小(见图 5—3)。

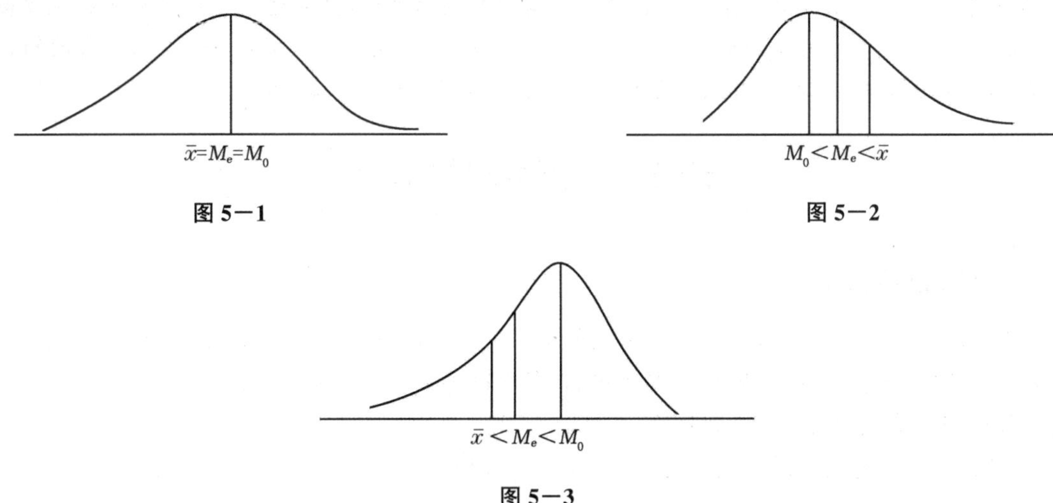

图 5—1　图 5—2　图 5—3

在统计实务中,可以利用算术平均数、中位数和众数的数量关系判断次数分布的特征。此外,还可利用三者的关系进行相互之间估算。根据经验,在分布偏斜程度不大的情况下,不论右偏或左偏,三者均存在一定的比例关系,即众数与中位数的距离约为算术平均数与中位数的距离的 2 倍,用公式表示为:$M_e-M_0=2\times(\bar{x}-M_e)$,由此可以得到三个推导公式:

$$\bar{x}=\frac{3M_e-M_0}{2}$$

$$M_e=\frac{M_0+2\bar{x}}{3}$$

$$M_0=3M_e-2\bar{x}$$

通过以上分析得知:

①当次数分布对称时,众数、中位数、算术平均数相等,即 $\bar{x}=M_e=M_0$;

②当次数分布左偏时,存在极小值,拉动算术平均数偏向左方,此时 $\bar{x}<M_e<M_0$;

③当次数分布右偏时,存在极大值,拉动算术平均数偏向右方,此时 $\bar{x}>M_e>M_0$。

【注意】当次数分布呈对称分布时,算术平均数作为集中趋势值,代表平均水平更有效;而偏斜分布,尤其偏斜程度严重时,众数、中位数不受极端值影响,其作为集中趋势值,代表平均水平更理想。

(二)众数、中位数和算术平均数的应用

众数、中位数和算术平均数各自具有不同的特点,掌握它们之间的关系和各自的特点,有助于我们在实际应用中选择合理的测度值来描述数据的集中趋势。

(1)众数是一种位置代表值,易理解,不受极端值的影响。任何类型的数据资料都可以计算,但主要适合于作为定类数据的集中趋势测度值;即使资料有开口组仍然能够使用众数。

【注意】众数不适于进一步代数运算;有的资料,众数根本不存在;当资料中包括多个众数时,很难对它进行比较和说明,应用不如算术平均数广泛。

(2)中位数也是一种位置代表值,不受极端值的影响;除了数值型数据,定序数据也可以计算,主要适合于作为定序数据的集中趋势测度值,并且开口组资料也不影响计算。

(3)算术平均数的含义通俗易懂,直观清晰;全部数据都要参加运算,因此它是一个可靠的具有代表性的量;任何一组数据都有一个平均数,并且只有一个平均数;用统计方法推断几个样本是否取自同一总体时,必须使用算术平均数;具有优良的数学性质,适用于代数方法的演算。

【注意】算术平均数是实际应用中最广泛的集中趋势测度值,主要适合于作为定距和定比数据的集中趋势测度值;算术平均数最容易受极端值的影响;对于偏态分布的数据,算术平均数的代表性较差;资料有开口组时,按相邻组组距计算假定性很大,代表性降低。

任务二 离散趋势指标

一、离散趋势指标

集中趋势指标是将总体各单位的差异抽象化,用一个具有代表性的数值反映现象的一般水平,但总体各单位标志值之间的差异是客观存在的,考察这种差异程度的指标被称为离散趋势指标,它是数据分布需要认识的另一个重要特征。

【注意】离散趋势的代表值是标志变异指标。下面的内容围绕标志变异指标展开。

二、标志变异指标的概念和作用

(一)标志变异指标的概念

动漫视频

标志变异指标

要研究统计资料所具有的内在规律,集中趋势指标的计算是必不可少的过程。集中趋势指标反映的是数据的一般水平,主要测度值是平均数,它作为全部数据的代表值,在统计资料的量度中处于十分重要的位置。但要全面掌握这些数据的数量规律,就要在集中趋势测度的基础上,对数据间的差异程度进行测度,这样才能全方位、多角度地认识所研究的现象。

平均数是将分布数列中各单位标志值的差异抽象化了,但这种差异是客观存在的。对这种差异的测定只能通过标志值的平均差异程度来度量,而平均差异程度取决于各单位标志值的差异程度。

【注意】分布数列中各单位标志值之间的差异越大,即标志值的离散程度越大,那么,各标志值与其算术平均数距离的总和也越大。

各单位标志值的平均差异程度取决于标志值之间的差异程度,而标志值之间的差异程度又可以通过各标志值与其算术平均数的距离大小来测定,这就是所谓的“离中程度”。所谓“中”,就是标志值的集中测度值,即平均值。

对数据资料中各单位标志值平均差异程度的测定,实质上就是对各标志值离中程度的测定,这种反映各单位标志值之间差异程度大小的指标,称作离中趋势指标,也称标志变异指标。

(二)标志变异指标的作用

1. 它可以衡量平均指标代表性的大小

标志变异指标大,说明总体各单位间的标志变异程度大,平均指标的代表性就小;反之,标志变异指标小,则平均指标的代表性就大。二者之间成反比。

例如,有两个班组,其职工的日产量分别是(件/日):

第一组:22 24 25 26 28

第二组:15 20 25 30 35

经计算可知，两个小组的平均日产量均为 25 件。但结合各单位标志变异程度看，第一组职工日产量差别不大，而第二组的日产量相差较悬殊。可见，当以平均指标作为总体某一数量标志代表值时，应结合标志变异程度指标判断其代表性大小。

2. 它可以反映社会生产和其他经济活动的均衡性或协调性的强弱

标志变异指标大，说明总体各单位间的标志变异程度大，产品质量不稳定或不均衡；标志变异指标小，则说明产品质量稳定性好或生产的均衡性强。例如，甲、乙两个企业第一季度各月完成季度供货计划百分数，甲企业分别为 32%、33%、35%；乙企业分别为 20%、30%、40%。虽然从季度供货计划执行结果看，甲、乙两企业都 100%地完成了季度计划，但供货计划执行的均衡性不同，甲企业按月均衡执行计划，而乙企业前松后紧，有可能影响生产经营活动有节奏地进行，因此，也需要采用标志变异指标来说明生产经营管理工作的均衡性或协调性。又如，对一批产品的质量指标，如电灯泡的耐用时间、轮船的行驶里程等，测定其标志变动度，如果标志变动度大，说明产品质量不稳定；如果标志变动度小，说明产品性能稳定可靠；等等。

【提示】通过次数分配表，可以粗略地反映标志的变动情况。但是，要精确地反映标志的变动情况，就要计算标志变异程度指标。

测定标志变异程度指标大小的方法主要有全距、平均差、方差与标准差。其中最常用的是方差与标准差。

三、全距

全距(Range)也称极差，是指总体各单位的两个极端标志值之差，用 R 表示，即：

$$R=X_{max}-X_{min}$$

【提示】全距大，表明标志值的变动幅度大，标志变动度大，所对应的平均数代表性小，或生产均衡性、稳定性差；反之，变动幅度小，标志变动度小，所对应的平均数代表性大，或生产均衡性、稳定性强。

【注意】若为组距式变量数列，计算全距用最大组上限值减去最小组下限值。

全距是一个较笼统的差异指标，主要反映数列中变量值的变动幅度和范围，计算简单，易于理解，但全距只用两个变量值参与计算，容易受极端值的影响，同时不能反映中间数据的差异情况，因此很难全面、准确地描述数据的离散程度。全距(R)可反映总体标志值的差异范围。

【做中学 5－12】 有两个学习小组的统计学开始成绩分别为：

第一组：60，70，80，90，100

第二组：78，79，80，81，82

很明显，两个小组的考试成绩平均分都是 80 分，但是哪一组的分数比较集中呢？

如果用全距指标来衡量，则有：

$R_{甲}=100-60=40$(分)

$R_{乙}=82-78=4$(分)

这说明第一组资料的标志变动度或离中趋势远大于第二组资料的标志变动度。

【注意】根据组距计算极差，是测定标志变动度的一种简单方法，但受极端值的影响，它往往不能充分反映社会经济现象的离散程度。

在实际工作中，全距常用来检查产品质量的稳定性和进行质量控制。在正常生产条件下，全距在一定范围内波动，若全距超过给定的范围，就说明有异常情况出现。因此，利用全距有助于及时发现问题，以便采取措施，保证产品质量。

三、平均差

动漫视频

平均差

平均差(Mean Deviation)是总体各单位标志对其算术平均数的离差绝对值的算术平均数,用 $A.D$ 表示。它综合反映了总体各单位标志值的变动程度,其实质反映的是以平均数为中心,各单位标志值距平均数的平均距离,作为测定离散趋势的指标,具有较强的代表性。

【提示】平均差越大,则表示标志变动度越大;反之,则表示标志变动度越小。

根据所掌握资料的情况,平均差的计算有简单式和加权式两种。

①简单式:在资料未分组的情况下,平均差的计算公式为:

$$A.D=\frac{\sum|x-\bar{x}|}{N} \tag{5-10}$$

采用标志值对算术平均数的离差绝对值之和,是因为各标志值对算术平均数的离差之代数和等于零。仍以甲组学生数学成绩为例,计算平均差如下:

$$A.D=\frac{|60-80|+|70-80|+|80-80|+|90-80|+|100-80|}{5}=12(\text{分})$$

②加权式:在资料已分组的情况下,要用加权平均差公式:

$$A.D=\frac{\sum|x-\bar{x}|f}{\sum f} \tag{5-11}$$

【做中学 5—13】 某公司按月收入水平分组的组距数列如表 5—8 中前两列所示,计算平均差。

表 5—8

职工工资(元)	职工人数(f)	组中值(x)	xf	$x-\bar{x}$	$\lvert x-\bar{x}\rvert f$
250～270	15	260	3 900	−50	750
270～290	25	280	7 000	−30	750
290～310	35	300	10 500	−10	350
310～330	65	320	20 800	10	650
330～350	40	340	13 600	30	1 200
	180	—	55 800		3 700

解:根据公式列表计算,得到

$$\bar{x}=\frac{\sum xf}{\sum f}=\frac{55\ 800}{180}=310(\text{元})$$

$$A.D=\frac{\sum|x-\bar{x}|f}{\sum f}=\frac{3\ 700}{180}=20.6(\text{元})$$

由于平均差采用了离差的绝对值,不便于运算,这样使其应用受到了很大限制。

四、方差与标准差

动漫视频

方差

方差(Variance)与标准差(Standard Deviation)是测度数据变异程度的最重要、最常用的指标。方差是各个数据与其算术平均数的离差平方的平均数,通常以 σ^2 表示。

【提示】方差的计量单位和量纲不便于从经济意义上进行解释,因此实际统计工作中多用方差的算术平方根——标准差来测度统计数据的差异程度。

标准差(Standard Deviation)又称均方差，是离均差平方的算术平均数的平方根，一般用 σ 表示。在概率统计中最常使用作为统计分布程度上的测量。标准差是方差的算术平方根。标准差能反映一个数据集的离散程度。平均数相同的两组数据，标准差未必相同。

【提示】方差和标准差的计算也分为简单平均法和加权平均法，另外，对于总体数据和样本数据，公式略有不同。

(一)总体方差和标准差

方差的计算有简单式和加权式两种，设总体方差为 σ^2。

①简单式：对于未经分组整理的原始数据，方差的计算公式为：

$$\sigma^2 = \frac{\sum_{i=1}^{N}(X_i - \overline{x})^2}{N} \tag{5—12}$$

②加权式：对于经过分组数据的原始数据，方差的计算公式为：

$$\sigma^2 = \frac{\sum_{i=1}^{K}(X_i - \overline{x})^2 f_i}{\sum_{i=1}^{K} f_i} \tag{5—13}$$

方差的平方根即为标准差，其相应的计算公式为：

$$\text{未分组数据：}\sigma = \sqrt{\frac{\sum_{i=1}^{N}(X_i - \overline{x})^2}{N}} \tag{5—14}$$

$$\text{分组数据：}\sigma = \sqrt{\frac{\sum_{i=1}^{K}(X_i - \overline{x})^2 f_i}{\sum_{i=1}^{K} f_i}} \tag{5—15}$$

【注意】加权式标准差的计算，可以借助 Excel 中 SUMPRODUCT(x,f)、SUM(f)和 SQRT(　)函数完成，在 Excel 的单元格中输入“=SQRT(SUMPRODUCT((x－平均数)^2,f)/SUM(f))”，其中 x 为变量值的区域，f 为权数的区域。

(二)样本方差和标准差

样本方差与总体方差在计算上的区别是：总体方差是用数据个数或总频数去除离差平方和，而样本方差则是用样本数据个数或总频数减 1 去除离差平方和，其中样本数据个数减 1 即 $n-1$ 称为自由度。设样本方差为 S_{n-1}^2，根据未分组数据和分组数据计算样本方差的公式分别为：

$$\text{未分组数据：}S_{n-1}^2 = \frac{\sum_{i=1}^{n}(x_i - \overline{x})^2}{n-1} \tag{5—16}$$

$$\text{分组数据：}S_{n-1}^2 = \frac{\sum_{i=1}^{k}(x_i - \overline{x})^2 f_i}{\sum_{i=1}^{k} f_i - 1} \tag{5—17}$$

$$\text{未分组数据：}S_{n-1} = \sqrt{\frac{\sum_{i=1}^{n}(x - \overline{x})^2}{n-1}} \tag{5—18}$$

$$分组数据：S_{n-1}=\sqrt{\frac{\sum_{i=1}^{k}(x-\overline{x})^2 f_i}{\sum_{i=1}^{k}f_i-1}} \quad (5-19)$$

【做中学 5—14】 考察一台机器的生产能力，利用抽样程序来检验生产出来的产品质量，假设搜集的数据如下：

3.43　3.45　3.43　3.48　3.52　3.50　3.39

3.48　3.41　3.38　3.49　3.45　3.51　3.50

根据该行业通用法则：如果一个样本中的 14 个数据项的方差大于 0.005，则该机器必须关闭待修。问此时的机器是否必须关闭？

解：根据已知数据，计算

$$\overline{x}=\frac{\sum x}{n}=3.459$$

$$S^2=\frac{\sum(x-\overline{x})^2}{n-1}=0.002<0.005$$

因此，该机器工作正常，无须关闭。

【注意】方差与标准差也是根据全部数据计算的，反映了每个数据与其均值相比平均相差的数值，因此能准确地反映出数据的离散程度。方差与标准差是实际中应用最广泛的离散程度测度值。

五、标志变异系数

(一)标志变异系数的概念

全距、平均差、方差和标准差都是反映变量值离散程度的绝对指标，其数值大小一方面取决于变量值差异的程度，另一方面受变量值平均水平高低的影响，同时对于不同事物，计量单位不同使其缺乏可比性。因此，上述离散趋势指标对不同水平、不同计量单位的现象进行比较需做无量纲处理，即通过计算离散系数，转化成相对差异指标。

动漫视频

离散系数

标志变异系数(Coefficient of Variation)也称离散系数，它是标志变异指标与平均指标之比，是说明变量值变异程度的相对指标。

【提示】若该指标数值大，则变量值变异程度大，其平均数代表性小；若该指标数值小，则变量值变异程度小，其平均数代表性大。

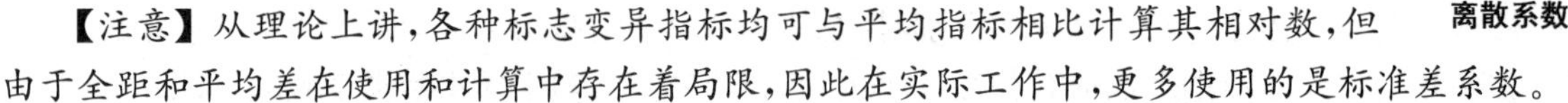

【注意】从理论上讲，各种标志变异指标均可与平均指标相比计算其相对数，但由于全距和平均差在使用和计算中存在着局限，因此在实际工作中，更多使用的是标准差系数。

(二)标准差系数的计算

动漫视频

标准差系数

离散系数包括平均差系数和标准差系数，但由于平均差在计算上有缺陷，通常意义上的离散系数主要是指标准差系数。标准差系数是标准差与其算术平均数之比，用来说明现象标志变异的相对程度。

标准差系数的计算公式为：

$$V=\frac{\sigma}{\overline{x}}\times 100\% \quad (5-20)$$

式中：V 代表标准差系数；σ 代表标准差；$\overline{x}$ 代表平均数。

【注意】标准差系数可以比较计量单位相同或相异或平均数不等的两个或多个变量数列的离中程度。标准差系数数值的大小与相应的平均数代表性的大小成反比关系，即标准差系数大，其平均数代表性小；反之，标准差系数小，则其平均数代表性大。

【做中学 5—15】 甲、乙两个农场平均粮食亩产量分别为 300 千克、400 千克；标准差分别为 7.5 千克、9 千克，甲农场的标准差小，看起来甲农场平均亩产量 300 千克的生产水平更具有代表性。但是如果计算标准差系数，就可以得出不同的结论：

甲农场 $V=\frac{\sigma}{x}=\frac{7.5}{300}\times 100\%=2.5\%$

乙农场 $V=\frac{\sigma}{x}=\frac{9}{400}\times 100\%=2.25\%$

从标准差系数的比较中，可以明显地看出，乙农场亩产量的标准差系数比甲农场小，表明乙农场的亩产量不但高，而且各地块的产量比甲农场稳定，因此乙农场平均亩产量 400 千克更具有代表性。

项目训练

一、单项选择题

1. 平均指标反映了(　　)。

A. 总体次数分布的集中趋势　　B. 总体分布的特征

C. 总体单位的集中趋势　　D. 总体次数分布的离中趋势

2. 某单位的生产小组工人的日工资资料如下：90 元、100 元、110 元、120 元、128 元、148 元、200 元，计算结果均值为 $\overline{X}=128$ 元，标准差为(　　)。

A. $\sigma=33$　　B. $\sigma=34$　　C. $\sigma=34.23$　　D. $\sigma=35$

3. 众数是总体中(　　)的标志值。

A. 位置居中　　B. 数值最大

C. 出现次数较多　　D. 出现次数最多

4. 某公司新进兼职员工月工资 400 元，工资总额为 200 000 元，老兼职员工月工资 800 元，兼职员工工资总额为 80 000 元，则平均工资为(　　)元。

A. 600　　B. 533.33　　C. 466.67　　D. 500

5. 标志变异指标说明变量的(　　)。

A. 变动趋势　　B. 集中趋势　　C. 离散趋势　　D. 一般趋势

6. 标准差指标数值越小，则反映变量值(　　)。

A. 越分散，平均数代表性越低　　B. 越集中，平均数代表性越高

C. 越分散，平均数代表性越高　　D. 越集中，平均数代表性越低

7. 在抽样推断中应用比较广泛的指标是(　　)。

A. 全距　　B. 平均差　　C. 标准差　　D. 标准差系数

8. 计算平均指标最常用的方法和最基本的形式是(　　)。

A. 中位数　　B. 众数　　C. 算术平均数　　D. 调和平均数

9. 平均差和标准差属于(　　)。

A. 平均指标　　B. 比较相对指标　　C. 总量指标　　D. 强度相对指标

10. 计算平均速度最好用(　　)。

A. 算术平均数　　B. 调和平均数　　C. 几何平均数　　D. 众数

二、多项选择题

1. 根据标志值在总体中所处的特殊位置确定的平均指标有(　　)。

A. 算术平均数　　B. 调和平均数　　C. 中位数　　D. 众数

2. 影响加权算术平均数的因素有(　　)。

A. 总体标志总量　　B. 分配数列中各组标志值

C. 各组标志值出现的次数　　D. 各组单位数占总体单位数比重

3. 标志变异指标有(　　)。

A. 全距　　B. 平均差　　C. 标准差　　D. 标准差系数

4. 在组距数列的条件下,计算中位数的公式为(　　)。

A. $M_e=L+\dfrac{\dfrac{\sum f}{2}-S_{m+1}}{f_m}\cdot i$　　B. $M_e=U-\dfrac{\dfrac{\sum f}{2}-S_{m-1}}{f_m}\cdot i$

C. $M_e=L+\dfrac{\dfrac{\sum f}{2}-S_{m-1}}{f_m}\cdot i$　　D. $M_e=U-\dfrac{\dfrac{\sum f}{2}-S_{m+1}}{f_m}\cdot i$

5. 几何平均数的计算公式有(　　)。

A. $\sqrt[n]{X_1\cdot X_2\cdot\cdots\cdot X_{n-1}\cdot X_n}$　　B. $\dfrac{X_1\cdot X_2\cdot\cdots\cdot X_{n-1}\cdot X_n}{n}$

C. $\dfrac{\dfrac{X_1}{2}+X_2+\cdots+X_{n-1}+\dfrac{X_n}{2}}{n-1}$　　D. $\sqrt[\sum f]{\prod X^f}$

三、简述题

1. 什么是平均指标?平均指标有什么作用?

2. 算术平均数与调和平均数有什么异同?

3. 简述众数、中位数和算术平均数的关系。

4. 什么是标志变异指标?标志变异指标有什么作用?

5. 什么是变异系数?变异系数的作用是什么?

四、计算题

1. 某企业360名工人生产某种产品的资料如表5—9所示。

表5—9

工人按日产量分组(件)	工人数(人)	
	7月份	8月份
20以下	30	18
20～30	78	30
30～40	108	72
40～50	90	120
50～60	42	90
60以上	12	30
合　计	360	360

试分别计算7、8月份平均每人日产量，并简要说明8月份平均每人日产量变化的原因。

2. 某地甲、乙两个菜市场三种主要蔬菜价格及销售额资料如表5—10所示。

表5—10

品　种	价　格 (元/千克)	销售额(万元)	
		甲市场	乙市场
甲	0.3	75	37.5
乙	0.32	40	80
丙	0.36	45	45

试计算比较该地区哪个菜市场蔬菜平均价格高，并说明原因。

3. 某地区抽样调查职工家庭收入资料如表5—11所示。

表5—11

按平均每人月收入分组(元)	职工户数
100～200	6
200～300	10
300～400	20
400～500	30
500～600	40
600～700	240
700～800	60
800～900	20

试根据上述资料计算：

(1)职工家庭平均每人月收入(用算术平均数公式)；

(2)依下限公式计算确定中位数和众数；

(3)简要说明其分布特征。

4. 某单位全员劳动生产率的标准差为512元，标准差系数为8.4%。试求该单位全员劳动生产率水平(要求列出公式和算式)。

项目实训

【实训项目】

集中趋势指标和离散趋势指标。

【实训目的】

加强对集中趋势指标和离散趋势指标的认识。

【实训资料】

某教师欲了解其所出期末考试题目的质量，找出自身在授课过程中和学生在学习过程中存在的问题，以便提高教学质量。你认为该教师应从哪些方面进行分析，在这些方面应该设计哪些指标来进行数量上的分析，并说明理由。

【实训要求】

1. 试着去完成实训资料的内容。

2. 撰写《集中趋势指标和离散趋势指标》实训报告。

<table>
<tr><th colspan="3">《集中趋势指标和离散趋势指标》实训报告</th></tr>
<tr><td>项目实训班级：</td><td>项目小组：</td><td>项目组成员：</td></tr>
<tr><td>实训时间：　　年　月　日</td><td>实训地点：</td><td>实训成绩：</td></tr>
<tr><td colspan="3">实训目的：</td></tr>
<tr><td colspan="3">实训步骤：</td></tr>
<tr><td colspan="3">实训结果：</td></tr>
<tr><td colspan="3">实训感言：</td></tr>
<tr><td colspan="3">不足与今后改进：</td></tr>
</table>

项目组长评定签字：　　　　　　　　　　项目指导教师评定签字：

项目六

时间数列

○ **知识目标**

理解：时间数列的概念、种类和编制原则。

熟知：时间序列趋势分析；季节变动分析。

掌握：时间数列的水平分析指标；时间数列的速度分析指标。

○ **技能目标**

能够结合所学的时间数列知识，对相关内容进行计算与分析运用。

○ **素质目标**

运用所学的时间数列基本原理知识研究相关案例，培养和提高学生在特定业务情境中分析问题与决策设计的能力；结合行业规范或标准，运用时间数列知识分析行为的善恶，强化学生的职业道德素质。

○ **思政目标**

能够正确地理解“不忘初心”的核心要义和精神实质；树立正确的世界观、人生观和价值观，做到学思用贯通、知信行统一；通过时间数列知识，培养自己的知识综合能力、理论与实践相结合的能力，树立一丝不苟、严谨求真的科学精神和职业态度。

○ **项目引例**

2021 年上半年全国固定资产投资增长 12.6%

2021 年 7 月 15 日，国家统计局发布的固定资产投资数据显示，投资呈现了持续稳定恢复的态势。上半年，固定资产投资两年平均增长 4.4%，比一季度加快 1.5 个百分点，总体在加快。

具体来看，1 月份至 6 月份，全国固定资产投资（不含农户）255 900 亿元，同比增长 12.6%；比 2019 年 1 月份至 6 月份增长 9.1%，两年平均增长 4.4%。其中，民间固定资产投资 147 957 亿元，同比增长 15.4%。从环比看，6 月份固定资产投资（不含农户）增长 0.35%。

投资对优化供给结构的关键作用得到了进一步发挥，体现在三个方面：一是高技术产业投资增长比较快。上半年，高技术产业投资两年平均增长 14.6%，比一季度加快 4.7 个百分点，其中高技术制造业投资和服务业投资增长都是在加速的。二是社会领域投资增长比较快。上半年社会领域投资两年平均增长 10.7%，比一季度加快 1.1 个百分点；卫生和社会工作投资增长 20%以上。三是民间投资增速加快。上半年，民间投资两年平均增长 3.8%，比一季度加快 2.1 个百分点。强动能的高技术投资、补短板的社会领域投资，还有反映市场活力的民间投资都是在加快的。总体上看，有效投资对优化供给结构的关键作用得到了进一步发挥。

资料来源：人民网，http://finance.people.com.cn/n1/2021/0715/c1004-32158567.html。

试分析：项目引例里多次提到增长、百分点、加速、环比等，请问它们具体的含义是什么？

○ **知识精讲**

任务一　时间数列概述

一、时间数列的概念

时间数列，也称动态数列、时间序列，它是指将某一统计指标在不同时间上的数值，按时间先后顺序加以排列后形成的统计数列。例如，表6—1是我国2017—2021年国民经济和社会发展部分统计指标的时间数列。

表6—1　2017—2021年国民经济和社会发展部分统计资料

指　标	2017年	2018年	2019年	2020年	2021年
国内生产总值(亿元)	832 036	919 281	986 515	1 013 567	1 143 670
年末总人口(万人)	139 008	139 538	141 008	141 212	141 260
外汇储备(亿美元)	31 399.49	30 727.12	31 079.24	32 165.22	32 501.66
第三产业对GDP贡献率(%)	61.1	61.5	63.5	46.3	54.9
居民消费价格指数(上年=100%)	100.3	101.9	104.5	102.5	100.9
城镇单位就业人员平均工资(元)	74 318	82 413	90 501	97 379	106 837

资料来源：国家统计局网站(https://data.stats.gov.cn)。

又如，2021年全年全国一般公共预算收入202 539亿元，比上年增长10.7%，其中税收收入172 731亿元，增长11.9%。全国一般公共预算支出246 322亿元，比上年增长0.3%。全年新增减税降费约1.1万亿元。相关内容如表6—2所示。

表6—2　2017—2021年财政收支及其增长速度

指　标	2017年	2018年	2019年	2020年	2021年
财政收入(亿元)	172 592.77	183 359.84	190 390.08	182 913.88	202 538.88
财政收入增长速度(%)	7.4	6.2	3.8	−3.9	10.7
财政支出(亿元)	203 085.49	220 904.13	238 858.37	245 679.03	246 322.00
财政支出增长速度(%)	7.6	8.7	8.1	2.9	0.3

资料来源：国家统计局网站(https://data.stats.gov.cn)。

时间数列由两个基本要素构成：①被研究社会经济现象所属的时间，可以是年份、季度、月份或其他时间形式；②反映社会经济现象的某一个指标在不同时间上的指标数值。构成时间数列的统计指标数值可以是通过全面调查所取得的观察值，也可以是通过非全面调查所取得的观察值。

研究时间数列的主要目的是对时间数列进行分析，掌握社会经济现象过去发展变化的过程和结果，评价当前的状况并对未来进行预测和决策。因此，研究时间数列的主要作用有以下方面：

(1)反映社会经济现象的发展变化过程，描述社会经济现象的发展状态和结果；

(2)研究社会经济现象的发展趋势和发展速度；

(3)探索社会经济现象发展变化的规律，对社会经济现象未来的变化趋势进行预测；

(4)利用不同的时间数列进行对比分析，是对社会经济现象进行统计分析的重要方法之一。

【提示】编制时间数列是计算动态分析指标的基础，是分析社会经济现象发展变化过程及规律的基础。

二、时间数列的种类

时间数列可以从不同角度进行分类，通常按所列指标的表现形式分为绝对数时间数列、相对数时间数列和平均数时间数列三种。其中，绝对数时间数列是基本数列，相对数时间数列和平均数时间数列是派生数列。

（一）绝对数时间数列

绝对数时间数列又称总量指标时间数列，它是将某一总量指标在不同时间上的数值按时间先后顺序排列而形成的时间数列，反映某一社会经济现象在不同时间上的总规模、总水平及其发展变化过程，如国内生产总值、年末总人口、外汇储备等。绝对数时间数列按其所体现的时间状态不同，分为时期数列和时点数列。

1. 时期数列

时期数列是指数列中的每一个指标值都反映社会经济现象在一定时期内发展过程的总量，或将时期指标在不同时间上的各个指标值按时间先后顺序排列而形成的数列。例如，表6—1中的国内生产总值数列就是时期数列。在时期数列中，每个指标数值所包括的时间长度称作“时期”，时期数列具有以下特点：

时期数列有如下几个特点：

（1）时期数列中各指标值是可以相加的。因为构成时期数列的每一个指标数值都是反映社会经济现象在一段时期内发展过程的总量，所以，各指标数值相加后可反映更长时间社会经济发展过程的总量。如一个季度的产值是由3个月的产值加总得到的，一年的产值是由12个月的产值加总得到的。

（2）时期数列中各指标值的大小与时间间隔长短直接相关。时期数列中，每一个指标数值所包含的时间长度，称为“时期”。时期可以是日、月、季、年，或者更长时间。具体研究时，时期长短可以根据研究的目的确定。如表6—1中，时期就是年，又如一年的地区生产总值必然大于该年内一个月或一个季度的地区生产总值。

【提示】一般来说，时期越长，指标数值越大；时期越短，指标数值越小。

（3）时期数列中各指标值通常需要连续统计，即时期数列中各个指标数值是由连续不断地登记取得的。由于时期数列中的指标数值都是反映现象在一段时间内发生过程的总量，因此，必须在这段时间内随着现象发展变化不断地对现象的数量进行登记，然后进行加总。

2. 时点数列

时点数列是指数列中的每一个指标值都反映社会经济现象在某一时刻（瞬间）所达到的水平，或将时点指标在不同时点上的各个指标值按时间先后顺序排列而构成的数列。例如，表6—1中的年末总人口、外汇储备数列均是时点数列。在时点数列中，相邻两个指标数值在时点上的距离称作“间隔”。

时点数列有如下几个特点：

（1）时点数列中各指标值通常不能纵向相加。时点数列中每个指标值都是反映某一时点上社会经济现象的数量状况，指标的部分数值又包含在以后统计的指标值中。如表6—1中各年年末外汇储备中很大一部分又包含在下一年年末外汇储备中。因此，时点数列中指标值相加后无法准确说明该数值到底是哪个时点上现象的数量，使得各指标值加总没有实际意义。

（2）时点数列中各指标值的大小与时间间隔长短没有直接关系。间隔是指相邻的两个时点指标值之间的时间距离。时点数列各指标的数值只反映现象在某一瞬间上的数量，因而数值的大小与时间间隔的长短没有直接关系。如年末的外汇储备、库存量就不一定比年内各月末的数值大。

(3)时点数列中的每个指标值,通常是间隔一段时间(如月末、年末等)登记一次,即时点数列中的各指标值一般是通过一次性登记取得的。

【提示】时点数列各指标是现象在某一瞬间的数量,因此,只要在某一时点上进行统计即可满足研究的需要,不必连续进行登记。

(二)相对数时间数列

把相对指标在不同时间上的数值按时间先后顺序排列就形成了相对数时间数列。它用以反映社会经济现象之间相互联系的发展过程。相对数时间数列可以是两个时期数、两个时点数或者一个时期数与一个时点数对比而成的。在相对数时间数列中,各个指标数值是不能相加的。

相对数时间数列是指把同一相对指标在不同时间上的数值按时间先后顺序排列而形成的数列,反映社会经济现象之间数量对比关系的发展变化过程及其规律性。例如,表 6-1 中的第三产业对 GDP 贡献率、居民消费价格指数数列,就是相对数时间数列。

【提示】相对数时间数列可以是两个时期数、两个时点数或者一个时期数与一个时点数对比而成的。

【注意】相对数时间数列是由总量指标派生的指标所构成的时间数列,因而它的各个指标数值也不能相加,相加后没有实际经济意义。

(三)平均数时间数列

平均数时间数列是指把同一平均指标在不同时间上的数值按时间先后顺序排列而形成的数列,用来描述社会经济现象的一般水平在一段时间内的变化过程或发展趋势。例如,表 6-1 中的城镇单位就业人员平均工资数列就是平均数时间数列。

【注意】平均数时间数列也是由总量指标派生的指标所构成的时间数列,因而它的各个指标值也不能相加,相加后没有实际经济意义。

三、时间数列的编制原则

编制时间数列的目的是要通过对数列中各个指标数值进行动态分析,研究社会经济现象的发展变化过程及其规律性。因此,保证时间数列各个指标数值的可比性,是编制时间数列应遵循的基本原则。具体包括以下几个方面:

(一)时期长短应该相等

在时期数列中,各个指标值的大小与时期长短有直接关系。一般时期越长,数值越大,反之就越小,因此时期数列各指标所属时期的长短应该相等;否则时期不同,长短不一,就很难作出判断和比较。但在特殊研究目的下,也可编制时期不等的时间数列。例如,把我国 2017—2021 年粮食产量资料(见表 6-3)编制成时间数列,可以更清晰地反映我国粮食生产发展变化情况。

表 6-3 **我国 2017—2021 年粮食产量** 单位:万吨

年　份	2017	2018	2019	2020	2021
粮食产量	66 160.73	65 789.22	66 384.34	66 949.15	68 284.75

资料来源:国家统计局网站(https://data.stats.gov.cn)。

【注意】在时点数列中,虽然各个指标数值大小与时点间隔长短没有直接联系,但为便于对社会经济现象变化的趋势进行分析和比较,两个时点间的间隔也最好一致,尽量编制时间间隔相等的时点数列。

(二)指标的经济内容必须相同

一般来说,只有同质的现象才能进行动态对比。编制时间数列,要注意各个指标经济内容的一致性,不能对不同经济内容的指标进行比较。对于指标名称相同,而前后时期的经济内容不一致的指标数值也不能进行对比。经济内容发生了变化,也需要作调整。

(三)指标值所属的总体范围应该一致

数列指标所说明的总体范围必须前后一致,即现象所属空间范围可比,以保证指标比较分析的意义。例如,要研究某一地区的经济发展情况,要注意该地区行政区划是否发生过变更;如发生过变更,则需要对变更前后的数据资料进行调整,在保证总体范围一致后才能直接比较分析。

(四)各指标数值的计算方法可比

在指标名称相同、经济内容一致时,有时因计算方法不一致,各时间的指标数值也不具有可比性。如果某种统计指标的计算方法作了重大改变,而利用时间数列进行动态比较,要统一计算方法。

(五)指标的计算方法和计量单位必须统一

在时间数列中各个指标的计算方法、计量单位应该一致,保持不变。例如,要研究企业劳动生产率,产量是用实物量还是用价值量,人数是用从业人员数还是用工人(含学徒工)人数,前后要统一。又如,研究工农业生产情况时,产值指标有不变价格和现行价格之分,使用时前后要一致,指标数值的计量单位也要一致。

任务二　时间数列的水平指标

为了进一步研究社会经济现象的动态及其发展规律,需要计算一系列分析指标对时间数列进行动态分析。本任务所讲的水平指标,是时间数列分析最基本的指标,主要有发展水平、平均发展水平、增长量、平均增长量四种指标。

一、发展水平

发展水平是时间数列中的每个指标数值,具体反映社会经济现象在不同时期或时点所达到的总量,是计算其他动态分析指标的基础。它可以表现为总量指标,如工资总额、年末人口数等;也可以表现为相对指标或平均指标,如人口出生率、男性人口数所占比重、职工平均工资等。总量指标发展水平是计算其他各种动态分析指标的基础。

按发展水平在时间数列中的位置不同,可分为最初水平、最末水平和中间发展水平。最初水平就是时间数列的第一项指标数值;最末水平就是时间数列的最后一项指标数值;除去最初水平和最末水平,时间数列的其余各项发展水平就是中间发展水平。如果用符号 $a_0,a_1,a_2,\cdots,a_{n-1},a_n$ 代表时间数列的各个时期发展水平,则 a_0 是最初水平,a_n 是最末水平,其余是中间发展水平。

根据发展水平在动态分析中的作用不同,通常将所研究的那个时期的水平称为报告期水平或计算期水平,将用来作比较基础的时期水平称为基期水平。例如,如果用 2021 年的国内生产总值与 2019 年的进行对比,则 2019 年的指标数值为基期发展水平,2021 年的指标数值为报告期发展水平;如果用 2021 年的国内生产总值与 2020 年的进行对比,则 2020 年的指标数值为基期发展水平,2021 年的指标数值为报告期发展水平。

二、平均发展水平

平均发展水平是将时间数列各期发展水平加以平均而得到的平均数,习惯上称这种平均数为序时平均数或动态平均数,它从动态上说明社会经济现象在某一段时间内发展过程所达到的一般水平。

序时平均数与一般的静态平均数虽然都是将社会经济现象的各个数值之间的差异抽象化，概括地反映社会经济现象的一般水平，但两者也有明显的区别。两者的不同之处在于：①序时平均数所平均的是社会经济现象在不同时间上的数量差异，而静态平均数平均的是同一时间内总体各单位某一数量标志值的差异；②序时平均数是从动态上说明社会经济现象在某一段时间内发展的一般水平，而静态平均数是从静态上说明总体各单位在同一时间上的一般水平；③序时平均数是根据时间数列计算的，而静态平均数是根据变量数列计算的。

在动态分析中，利用序时平均数可以把时间长短不等的总量指标由不可比变为可比，还可以通过计算序时平均数消除社会经济现象在短时间内波动的影响，便于在各时间段进行比较，观察社会经济现象的发展趋势。

【提示】序时平均数可根据绝对数时间数列计算，也可以根据相对数时间数列或平均数时间数列来计算。其中，根据绝对数时间数列计算序时平均数是最基本的。

(一)绝对数时间数列序时平均数的计算

绝对数时间数列分为时期数列和时点数列，二者性质不同，计算序时平均数的方法也不同。

1. 时期数列序时平均数的计算

时期数列中各项指标数值可以相加，因此时期数列的序时平均数可直接用各时期指标数值之和除以时期项数来计算。

时期数列序时平均数的计算公式为：

$$\bar{a}=\frac{a_1+a_2+\cdots+a_n}{n}=\frac{\sum a}{n} \tag{6—1}$$

式中：$a_1,a_2,\cdots,a_n$ 分别代表 n 个时期的发展水平；$\bar{a}$ 代表序时平均数；n 为时期项数。

【做中学 6—1】 根据表 6—1 的资料，可计算出我国 2017—2021 年平均国内生产总值为：

$$\bar{a}=\frac{\sum a}{n}=\frac{832\ 036+919\ 281+986\ 515+1\ 013\ 567+1\ 143\ 670}{5}=\frac{4\ 895\ 069}{5}=979\ 013.8\text{(亿元)}$$

2. 时点数列序时平均数的计算

时点数列都是瞬间资料，数列中两个相邻时点间始终都有间隔，因此，时点数列一般都是不连续数列。如果时点数列的资料是逐日记录且又是逐日排列的，则将该时点数列可视为连续时点数列。时点数列有间隔相等和间隔不等两种。

(1)根据连续时点数列计算序时平均数。

①间隔相等的连续时点数列。

如果时点数列是以日为间隔编制的，则该数列为间隔相等的连续时点数列。其序时平均数的计算是将每日的指标数值相加求和除以日历日数，即采用简单算术平均法。

序时平均数的计算公式为：

$$\bar{a}=\frac{a_1+a_2+\cdots+a_n}{n}=\frac{\sum a}{n}$$

【做中学 6—2】 某企业某月上旬实有职工人数资料如表 6—4 所示，试计算该企业该月上旬平均职工人数。

表 6—4　　某企业某月上旬实有职工人数　　单位：人

日期	1	2	3	4	5	6	7	8	9	10
职工人数	300	303	305	305	307	305	305	310	310	310

该企业某月上旬平均职工人数：

$$\bar{a}=\frac{\sum a}{n}=\frac{300+303+305+305+307+305+305+310+310+310}{10}=306(\text{人})$$

②间隔不等的连续时点数列。

如果掌握的不是被研究社会经济现象逐日变动的资料，则可以依据每次变动的资料，用每次变动持续的间隔长度为权数对各时点水平进行加权，应用加权算术平均法计算序时平均数。

序时平均数的计算公式为：

$$\bar{a}=\frac{a_1f_1+a_2f_2+\cdots+a_nf_n}{f_1+f_2+\cdots+f_n}=\frac{\sum af}{\sum f}$$

式中：f_n 为各指标数值之间的时间间隔长度。

【做中学 6—3】 某企业 10 月份职工人数资料如表 6—5 所示，试计算该企业 10 月份平均职工人数。

表 6—5　　某企业 10 月份职工人数　　单位：人

日期	1 日	6 日	17 日	25 日
职工人数	405	408	416	410

解：该企业 10 月份平均职工人数：

$$\bar{a}=\frac{\sum af}{\sum f}=\frac{405\times5+408\times11+416\times8+410\times7}{5+11+8+7}=410(\text{人})$$

(2)根据间断时点数列计算序时平均数。

①间隔相等的间断时点数列。

间隔相等的间断时点数列是指掌握的资料是间隔相等的各期期末或期初时点数。在实际工作中，对于时点性质的资料，为了简化登记手续，一般每隔一段时间登记一次，如职工人数和商品库存额等只统计月末数字。此时，为了计算序时平均数，需要假定所研究的社会经济现象在两个相邻时点之间的变动是均匀的，因而可以将相邻两个时点指标数值相加后除以 2，求得两个时点之间的序时平均数，然后把这些序时平均数相加除以序时平均数个数，求得整个时间内的序时平均数。这种计算序时平均数的方法称为首末折半法。

序时平均数计算公式为：

$$\bar{a}=\frac{\frac{a_1+a_2}{2}+\frac{a_2+a_3}{2}+\cdots+\frac{a_{n-1}+a_n}{2}}{n-1}=\frac{\frac{a_1}{2}+a_2+\cdots+a_{n-1}+\frac{a_n}{2}}{n-1} \quad (6-2)$$

由此可见，根据间隔相等的间断时点数列计算序时平均数可将首项数值的一半加上中间各项数值，再加上末项数值的一半，然后除以时点项数减 1，此法也称为简单序时平均法。

【注意】由于此公式是建立在相邻两个间断时点间的变动是均匀的这一基础上的，因而其结果是一个近似值。

【做中学 6—4】 某商业企业某年 9—12 月各月末商品库存额如表 6—6 所示，试计算该商业企业第四季度月平均商品库存额。

表 6—6　　某商业企业某年 9—12 月各月末商品库存额　　单位：万元

日期	9 月 30 日	10 月 31 日	11 月 30 日	12 月 31 日
商品库存额	150	160	180	175

根据表 6—6 的资料，计算各月和第四季度的平均商品库存额如下：

$$10\text{月份平均库存额}=\frac{150+160}{2}=155(\text{万元})$$

$$11\text{月份平均库存额}=\frac{160+180}{2}=170(\text{万元})$$

$$12\text{月份平均库存额}=\frac{180+175}{2}=177.5(\text{万元})$$

$$\text{第四季度平均库存额}:\frac{155+170+177.5}{3}=167.5(\text{万元})$$

将上述计算过程进行合并，直接采用公式计算得：

$$\bar{y}=\frac{\frac{150+160}{2}+\frac{160+180}{2}+\frac{180+175}{2}}{4-1}=\frac{\frac{150}{2}+160+180+\frac{175}{2}}{4-1}=167.5\ (\text{万元})$$

②间隔不等的间断时点数列。

如果所掌握的是间隔不等的各期期末或期初的时点资料，这时应采用加权算术平均法计算序时平均数，即用各间隔长度为权数，对各相应时点上的平均水平进行加权计算序时平均数。

序时平均数的计算公式为：

$$\bar{a}=\frac{\frac{a_1+a_2}{2}f_1+\frac{a_2+a_3}{2}f_2+\cdots+\frac{a_{n-1}+a_n}{2}f_{n-1}}{\sum f} \tag{6—3}$$

式中：f 代表时点间隔长度，其余同前。

【做中学 6—5】 某商场 2021 年的商品库存额如表 6—7 所示，计算 2021 年该商场的商品平均库存额。

表 6—7　　某商场 2021 年平均商品库存额　　单位：万元

时　间	1 月 1 日	3 月 1 日	7 月 1 日	8 月 1 日	10 月 1 日	12 月 31 日
商品库存额	280	320	140	110	160	180

该商场 2021 年平均商品库存额为：

$$\bar{a}=\frac{\frac{280+320}{2}\times2+\frac{320+140}{2}\times4+\frac{140+110}{2}\times1+\frac{110+160}{2}\times2+\frac{160+180}{2}\times3}{12}$$

$$=202.08(\text{万元})$$

(二)相对数或平均数时间数列序时平均数的计算

相对数或平均数时间数列中各指标数值 c，都是根据两个相联系的绝对数时间数列对应数值 a 和 b 相对比而求得的，即相对数或平均数时间数列序时平均数 $\bar{c}$ 不能通过直接简单平均来计算，而是先要分别计算形成相对数或平均数的绝对数 a 和 b 形成的时间数列的序时平均数 $\bar{a}$ 和 $\bar{b}$，然后对比，求出相对数或平均数时间数列的序时平均数 $\bar{c}$。用公式表示为：

$$\bar{c}=\frac{\bar{a}}{\bar{b}} \tag{6—4}$$

式中，$\bar{a}$ 和 $\bar{b}$ 可按绝对数时间数列序时平均数的计算方法求得，但根据平均数的时间数列计算序时平均数例外。如果该时间数列的间隔期相等，可直接采用简单算术平均法计算；如果间隔期不等，则以间隔期为权数，采用加权平均法计算。

(1)由两个时期数列相对比所形成的时间数列计算序时平均数。

【做中学 6—6】 某企业 2022 年第一季度各月份产品产量计划完成情况有关资料如表 6—8 所示。

表 6—8　　某企业 2022 年第一季度各月份产品产量计划完成情况

时　间	1 月份	2 月份	3 月份
(a)实际完成数(件)	5 100	6 180	8 640
(b)计划完成数(件)	5 000	6 000	8 000
(c)计划完成率(%)	102	103	108

该企业第一季度的平均计划完成程度为：

$$\bar{a}=\frac{\sum a}{n}=\frac{5\ 100+6\ 180+8\ 640}{3}=6\ 640(\text{件})$$

$$\bar{b}=\frac{\sum b}{n}=\frac{5\ 000+6\ 000+8\ 000}{3}\approx 6\ 333(\text{件})$$

$$\bar{c}=\frac{\bar{a}}{\bar{b}}\times 100\%=\frac{6\ 640}{6\ 333}\times 100\%=104.8\%$$

(2)由两个时点数列相对比所形成的时间数列计算序时平均数。

【做中学 6—7】 某企业 2021 年 9—12 月各月月末生产工人人数和全部职工人数的资料如表 6—9 所示。

表 6—9　　生产工人人数和全部职工人数

时　间	9 月末	10 月末	11 月末	12 月末
(a)生产工人数(人)	800	817	827	820
(b)全部职工人数(人)	1 000	1 020	1 030	1 020

该企业第四季度生产工人数占全部职工人数的平均比重为：

$$\bar{c}=\frac{\bar{a}}{\bar{b}}\times 100\%=\frac{\left(\frac{a_1}{2}+a_2+\cdots+a_{n-1}+\frac{a_n}{2}\right)\div(n-1)}{\left(\frac{b_1}{2}+b_2+\cdots+b_{n-1}+\frac{b_n}{2}\right)\div(n-1)}\times 100\%$$

$$=\frac{\left(\frac{800}{2}+817+827+\frac{820}{2}\right)\div(4-1)}{\left(\frac{1\ 000}{2}+1\ 020+1\ 030+\frac{1\ 020}{2}\right)\div(4-1)}\times 100\%=80.2\%$$

(3)由一个时期数列和一个时点数列相对比所形成的时间数列计算序时平均数。

【做中学 6—8】 某商店 2021 年第四季度各月的商品零售额、月末商品库存额及商品流转次数的资料如表 6—10 所示。

表 6—10　　某商店 2021 年第四季度商品零售额、月末商品库存额及商品流转次数

时　间	9 月末	10 月末	11 月末	12 月末
(a)商品零售额(元)	—	200	300	420
(b)月末商品库存额(元)	90	110	130	170
(c)商品流转次数(次)	—	2	2.5	2.8

该商店第四季度月平均商品流转次数为：

$$\bar{c}=\frac{\bar{a}}{\bar{b}}=\frac{(200+300+420)\div 3}{\left(\frac{90}{2}+110+130+\frac{170}{2}\right)\div(4-1)}=2.49(\text{次})$$

三、增长量

增长量是报告期水平与基期水平之差，反映某一现象在不同时期增减变化的绝对量。增长量可以是正数，代表现象的增加量；也可以是负数，代表现象的减少量。

增长量的计算公式为：

增长量＝报告期水平－基期水平

【提示】增长量的取值可正可负，因此也称为“增减量”。当发展水平为增加时，该指标为正值，表示增长的绝对数量；反之，当发展水平下降时，该指标为负值，表示减少的绝对数量。

由于采用的基期不同，增长量分为逐期增长量和累计增长量两种。

(1)逐期增长量是指报告期发展水平与前一时期发展水平之差，说明社会经济现象报告期比前一时期增长的绝对数量。

(2)累计增长量是报告期发展水平与某一固定时期发展水平(通常为期初发展水平)之差，用来说明社会经济现象在某一较长时期内累计增长的绝对数量。

用符号表示如下：

逐期增长量：$a_1-a_0, a_2-a_1, \cdots, a_{n-1}-a_{n-2}, a_n-a_{n-1}$

累计增长量：$a_1-a_0, a_2-a_0, \cdots, a_{n-1}-a_0, a_n-a_0$

可以看出，累计增长量与逐期增长量之间有一定的等式关系，即累计增长量等于各期的逐期增长量之和，用公式表示为：

$$a_n-a_0=(a_1-a_0)+(a_2-a_1)+\cdots+(a_n-a_{n-1}) \tag{6—5}$$

【做中学 6—9】 某企业产值逐期增长量和累计增长量计算表如表 6—11 所示。

表 6—11 **增长量计算表** 单位：万元

年份		2016	2017	2018	2019	2020	2021
产值		120	130	150	142	160	180
增长量	逐期	—	10	20	－8	18	20
	累计	—	10	30	22	40	60

在实际工作中，对于按月(季)编制的时间序列，为了消除季节变动的影响，还可以计算年距增长量，它等于报告期某月(季)发展水平与上年同月(季)发展水平之差，表明本期发展水平比上年同期发展水平的增减数量。用公式表示为：

年距增长量＝报告期某月(季)发展水平－上年同月(季)发展水平

四、年距增长量

在实际工作中，对于按月(季)编制的时间序列，为了消除季节变动的影响，还可以计算年距增长量，它等于报告期某月(季)发展水平与上年同月(季)发展水平之差，表明本期发展水平比上年同期发展水平的增减数量。

年距增长量的计算公式为：

年距增长量＝报告期某月(季)发展水平－上年同月(季)发展水平

五、平均增长量

平均增长量是时间数列各逐期增长量的平均数，用于描述现象在一段时间内每期平均增加或减少的数量。它可以根据逐期增长量求得，也可以根据累计增长量求得。

平均增长量的计算公式为：

$$平均增长量=\frac{逐期增长量之和}{逐期增长量项数}=\frac{累计增长量}{(时间数列项数-1)}$$

用符号表示则为：

$$平均增长量=\frac{\sum(a_n-a_{n-1})}{n-1}=\frac{a_n-a_0}{n-1} \quad (6-6)$$

式中：n 代表逐期增长量的项数，也即时间数列项数－1。

【做中学 6－10】 表 6－11 中该企业历年来产值平均增长量为：

$$平均增长量=\frac{10+20+(-8)+18+20}{5}=\frac{60}{5}=12(万元)$$

任务三　时间数列的速度指标

时间数列的速度指标是对时间数列进行分析的另一类动态分析指标，它反映社会经济现象速度的变化，有发展速度、增长速度、平均发展速度和平均增长速度，它们之间有着密切的联系，其中发展速度是最基本的速度指标。

一、发展速度与增长速度

(一)发展速度

发展速度是两个不同时期发展水平对比所得到的动态相对指标，用来反映社会经济现象发展变化的相对程度。该指标说明报告期水平已发展为(或增加到)基期水平的百分之几或若干倍。

发展速度的计算公式为：

$$发展速度=\frac{报告期发展水平}{基期发展水平}$$

由于采用的基期不同，发展速度分为定基发展速度和环比发展速度两种。

(1)定基发展速度也称总发展速度，是报告期水平与某一固定基期水平(常用最初水平)之比，用来反映社会经济现象在某一较长时期内发展的总速度，即：

$$定基发展速度=\frac{报告期发展水平}{固定时期发展水平}=\frac{a_i}{a_0} \quad (i=1,2,\cdots,n)$$

(2)环比发展速度是报告期水平与前一时期水平之比，用来反映社会经济现象在相邻时期发展的相对程度，即：

$$环比发展速度=\frac{报告期发展水平}{前一时期发展水平}=\frac{a_n}{a_{n-1}} \quad (i=1,2,\cdots,n)$$

定基发展速度与环比发展速度是有区别的，但它们之间也存在着一定的数量关系。

(1)各期环比发展速度的连乘积等于相应时期的定基发展速度，即：

$$\frac{a_1}{a_0}\times\frac{a_2}{a_1}\times\cdots\times\frac{a_n}{a_{n-1}}=\frac{a_n}{a_0} \quad 或 \quad \prod\frac{a_i}{a_{i-1}}=\frac{a_n}{a_0}(\prod 为连乘符号)$$

(2)相邻两个时期的定基发展速度之比等于相应时期的环比发展速度，即：

$$\frac{a_n}{a_0}\div\frac{a_{n-1}}{a_0}=\frac{a_n}{a_{n-1}}$$

在实际应用中，可以根据以上换算关系进行相互推算。

【做中学 6—11】 根据表 6—11 的资料，计算该企业各年的产值定基发展速度和环比发展速度，如表 6—12 所示。

表 6—12　　历年产值发展速度计算表

年　份		2016	2017	2018	2019	2020	2021
产值(万元)		120	130	150	142	160	180
发展速度(%)	环　比	—	108.33	115.38	95.00	112.68	112.50
	定　基	100.00	108.33	125.00	118.33	133.33	150.00
增长速度(%)	环　比	—	8.33	15.38	−5.00	12.68	12.50
	定　基	—	8.33	25.00	18.33	33.33	50.00

从表 6—9 可以看出，定基发展速度与环比发展速度之间具有一定的等式关系，即定基发展速度等于相应各期环比发展速度的连乘积，用公式表示为：

$$\frac{a_n}{a_0}=\frac{a_1}{a_0}\times\frac{a_2}{a_1}\times\cdots\times\frac{a_n}{a_{n-1}} \tag{6—7}$$

在实际工作中，常计算年距发展速度，它是报告期水平与上年同期水平之比，表明在消除季节变动影响的情况下，现象本期比上年同期相对发展的程度。

年距发展速度的计算公式为：

$$年距发展速度=\frac{报告期某月(季)发展水平}{上年同期发展水平}$$

(二)增长速度

动漫视频

增长速度

增长速度是增长量与基期水平对比所得到的动态相对数，用来反映社会经济现象增长变化的相对程度。该指标说明了报告期水平比基期水平增加(或提高)了百分之几或若干倍。

【注意】增长速度与发展速度在含义上有严格区别，但两者之间有密切关系，增长速度与发展速度之间只相差一个基数。

增长速度的计算公式为：

$$增长速度=\frac{增长量}{基期水平}=\frac{报告期水平-基期水平}{基期水平}=发展速度-1(或\ 100\%)$$

由于采用的基期不同，增长速度可以分为定基增长速度和环比增长速度两种。

(1)定基增长速度也称总增长速度，是指报告期累计增长量与某一固定时期发展水平(期初发展水平)之比，表明社会经济现象在较长时期内总的增长程度。

定基增长速度的计算公式为：

$$定基增长速度=\frac{报告期累计增长量}{固定时期发展水平}=定基发展速度-1(或\ 100\%)$$

(2)环比增长速度是逐期增长量与前一时期水平之比，反映社会经济现象在相邻时期增长的相对程度。

环比增长速度的计算公式为：

$$环比增长速度=\frac{逐期增长量}{前一时期发展水平}=环比发展速度-1(或100\%)$$

【做中学6—12】 根据表6—11中某企业各年产值资料可计算出2016—2021年的定基增长速度和环比增长速度(见表6—12)。

【注意】发展速度是计算增长速度的基本指标。但从指标的实际意义看，增长速度的重要性远远超过发展速度。通常，发展速度大于1，则增长速度为正值，表示现象增长的程度；反之，则表示现象下降的程度。

【提示】由于增长速度只反映增长部分的相对程度，所以，环比增长速度的连乘积不等于定基增长速度。如果要由环比增长速度求定基增长速度，必须将环比增长速度加1再连乘，然后将所得结果再减1。

实际工作中，有时也计算年距增长速度，它是年距增长量与上年同期水平之比。

年距增长速度的计算公式为：

$$年距增长速度=\frac{年距增长量}{上年同期发展水平}=年距发展速度-1(或100\%)$$

(三)增长1%的绝对值

运用时间数列进行动态比较时，既要看速度，又要看水平。由于相对数具有抽象化的特点，用百分比表示的发展速度和增长速度把所对比的发展水平掩盖了，要把速度与水平结合起来，必须计算报告期水平比前一期每增减1%所包含的绝对值，它表明环比增长速度所包含的绝对数量，也是相对数与绝对数结合应用的一种形式。

增长1%的绝对值的计算公式为：

$$\begin{aligned}增长1\%的绝对值&=\frac{环比增长量}{环比增长速度}\times1\%\\&=\frac{逐期增长量}{\dfrac{逐期增长量}{前一时期发展水平}\times100}\\&=\frac{前一时期发展水平}{100}\end{aligned}$$

【做中学6—13】 根据某企业产值每增长1%的绝对值计算的结果如表6—13所示。

表6—13　产值增长1%的绝对值计算表

年　份	2016	2017	2018	2019	2020	2021
产值(万元)	120	130	150	142	160	180
增长1%绝对值	—	1.20	1.30	1.50	1.42	1.60

二、平均发展速度和平均增长速度

由于社会经济现象在一个较长时期内逐年发展或增长程度快慢不尽相同，为了研究在一个较长时期内逐年平均发展或平均增长的程度，需要将各个环比发展速度之间的差异抽象化，计算环比发展速度的序时平均数，该序时平均数即为平均速度指标。平均速度指标有平均发展速度和平均增长速度两种。

【提示】由于各个环比增长速度之间不存在连乘关系，所以不能根据各个环比增长速度指标直接求得定基增长速度。而平均增长速度与平均发展速度之间有密切关系，两者只相差一个基数，因此平均增长速度可由平均发展速度减 1(或 100%)求得。

(一)平均发展速度和平均增长速度的概念

动漫视频
平均增长速度

平均发展速度是各期环比发展速度的序时平均数,用以说明现象在一段时间内平均发展变化的程度。

【注意】平均增长速度不能根据各期环比增长速度直接计算,而要通过平均发展速度减 1 来求得。

平均发展速度和平均增长速度二者的关系为:

平均增长速度=平均发展速度-1(或 100%)

(二)平均发展速度的计算方法

在实际统计工作中,常用的计算平均发展速度的方法有两种,即几何平均法(又称水平法)和方程法(又称累计法)。

1. 几何平均法

根据上述平均发展速度的定义,对若干个环比发展速度求序时平均数,就需要用几何平均法,设以 $x_i(i=1,2,\cdots,n)$表示各期环比发展速度,以 $\bar{x}$ 代表平均发展速度,则平均发展速度为:

$$\bar{x}=\sqrt[n]{x_1 \cdot x_2 \cdot \cdots \cdot x_n}=\sqrt[n]{\Pi x} \tag{6-8}$$

式中,$\bar{x}$ 代表平均发展速度;x 代表各期环比发展速度;n 代表环比发展速度的个数;Π代表连乘符号。

由于环比发展速度连乘积等于总速度 R,于是:

$$\bar{x}=\sqrt[n]{R} \tag{6-9}$$

又由于总速度 R 等于末期水平(a_n)与最初水平(a_0)之比,于是则有:

$$\bar{x}=\sqrt[n]{\frac{a_n}{a_0}} \tag{6-10}$$

公式(6-9)与公式(6-10)中的 n,需根据 a_n 与 a_0 的间隔期数确定,它与公式(6-8)的环比发展速度的个数相同。

对上述三个公式的应用,可视掌握资料的情况而定。

例如,根据表 6-12 的资料,可计算出该企业历年产值平均发展速度为:

$$\bar{x}=\sqrt[n]{\Pi x}=\sqrt[5]{1.0883\times1.1538\times0.95\times1.1268\times1.125}=\sqrt[5]{1.5}=108.45\%$$

或 $\bar{x}=\sqrt[n]{R}=\sqrt[5]{1.5}=108.45\%$

或 $\bar{x}=\sqrt[5]{\frac{a_n}{a_0}}=\sqrt[5]{\frac{180}{120}}=\sqrt[5]{1.5}=108.45\%$

在实际经济工作中,实际上只用一种方法计算就可以了,若以上资料都掌握,通过以上计算可以看出用总速度公式计算最简便。

可见,应用几何平均法计算平均发展速度的基本思想是:从最初水平 a_0 出发,每期按平均发展速度 $\bar{x}$ 发展,经过 n 期后将达到最末水平 a_n。该方法的特点是考察期末水平,中间水平无论如何变化,对平均发展速度的计算结果都没有影响。因此,该方法也称为“水平法”。在实际应用中,如果关心的是现象在最后一期应达到的水平,采用几何平均法计算平均发展速度比较合适。

【注意】平均增长速度是各期环比增长速度的序时平均数,用以反映现象在一段时间内平均增长变化的程度。平均增长速度不能直接根据各期环比发展速度计算,而要通过平均发展速度减 1 来求得。

【做中学 6-14】　已知某地区 2015—2021 年国内生产总值历年增长速度分别为 4.8%、

9.0%、8.8%、8.1%、11.6%、16.1%，要计算这一地区 2015—2021 年国内生产总值平均增长速度就不能直接用各期增长速度计算，而应该先将各期增长速度加上 100%，变成各期环比发展速度 104.8%、109.0%、108.8%、108.1%、111.6%、116.1%，然后按平均发展速度计算方法，计算其平均发展速度为：

$$\overline{x}=\sqrt[n]{\prod x}=\sqrt[6]{1.048\times1.090\times1.088\times1.081\times1.116\times1.161}$$

$$=\sqrt[6]{1.741}=109.68\%$$

则平均增长速度为：

平均增长速度＝平均发展速度－1(或 100%)

＝109.7%－100%＝9.7%

2. 方程法

方程法也称累计法，其基本思想是：从最初水平 a_0 出发，按平均发展速度 $\overline{x}$ 发展，计算的各期发展水平的总和，要等于相应各期实际发展水平的总和，即：

$$a_0\overline{x}+a_0\overline{x}^2+a_0\overline{x}^3+\cdots+a_0\overline{x}^n=a_1+a_2+a_3+\cdots+a_n \tag{6-11}$$

即：

$$a_0(\overline{x}+\overline{x}^2+\overline{x}^3+\cdots+\overline{x}^n)=\sum a$$

于是有：$\overline{x}+\overline{x}^2+\overline{x}^3+\cdots+\overline{x}^n-\dfrac{\sum a}{a_0}=0$

解这个高次方程，求出的正根就是方程法所求得的平均发展速度。但是求解这个方程式是比较复杂的，因此在实际工作中是通过查“平均增长速度查对表”来求出方程法下的平均增长速度和平均发展速度。查表方法如下：

(1)计算各年定基发展速度之和$\dfrac{\sum a}{a_0}$，作为查表依据。

(2)判断是递增速度还是递减速度。

若$\dfrac{\sum a}{a_0}>n\times100\%$时，则所求结果为递增速度。查表时，要在递增速度部分查找$\dfrac{\sum a}{a_0}$的数值，与这个数值相对应的左边栏内的百分比，即为所求的平均递增速度。当$\dfrac{\sum a}{a_0}<n\times100\%$时，则所求结果为递减速度，应在递减部分查找。

(3)查表。查 n 年的平均增长速度查对表。

【做中学 6—15】 某企业 2017—2021 年间的固定资产投资额为 3 905 万元，2016 年固定资产投资额为 550 万元。试计算该企业 5 年间固定资产投资额的平均发展速度。

解：由已知资料可得：

$$\frac{\sum a}{a_0}=\frac{3\ 905}{550}\times100=710\%>500\%$$

根据计算结果，需在增长部分查找平均增长速度，如表 6—14 所示。

表 6—14 平均增长速度查对表

平均年增长(%)	5 年发展水平总和为基期的%	平均年增长(%)	5 年发展水平总和为基期的%	平均年增长(%)	5 年发展水平总和为基期的%
1	515.2	11	691.3	21	918.3
2	530.8	12	711.5	22	944.2
3	546.8	13	732.3	23	970.8

续表

平均年增长(%)	5年发展水平总和为基期的%	平均年增长(%)	5年发展水平总和为基期的%	平均年增长(%)	5年发展水平总和为基期的%
4	563.3	14	753.5	24	998.0
5	580.2	15	775.4	25	1 025.9
6	597.5	16	797.7	26	1 054.4
7	615.3	17	820.7	27	1 083.7
8	633.6	18	844.2	28	1 113.6
9	652.3	19	868.3	29	1 144.2
10	671.6	20	893.0	30	1 175.6

查表得710%位于691.3%至711.5%之间，则平均增长速度介于11%至12%之间。可用比例插值法确定平均增长速度的位置。比例插值法计算如下：

$$
\begin{aligned}
\text{平均增长速度} &= 11\% + \frac{710\% - 691.3\%}{711.5\% - 691.3\%} \times (12\% - 11\%) \\
&= 11\% + \frac{18.7\%}{20.2\%} \\
&= 11\% + 0.93\% \\
&= 11.93\%
\end{aligned}
$$

结果表明，该企业2017—2021年间固定资产投资额的年平均发展速度为111.93%。

3. 几何平均法和方程法的应用

从前述计算分析可以看出，计算平均速度指标的两种方法存在明显的差别，具体表现在：

(1)几何平均法和方程法各有特点和侧重。几何平均法侧重于考察最末一期的发展水平；方程法侧重于考察整个时期各期发展水平的总和。

(2)几何平均法和方程法的数理依据不同，影响因素也不同。几何平均法只受最初发展水平与最末发展水平的影响，不反映中间水平的变动；方程法则受各期发展水平的影响。

(3)几何平均法和方程法应该根据研究对象的不同特点分别采用。几何平均法适用于水平计划的编制与检查；而方程法适用于总额计划的编制与检查。

任务四 时间序列的趋势分析

一、时间序列的影响因素分解与因素分析模型

对时间数列进行动态分析，不仅要计算水平和速度等分析指标，而且要研究社会经济现象变动的规律性。社会经济现象随着时间的推移而不断地发展变化，这种变化是多种因素共同影响的结果。这些因素所起的作用不同：有些是基本因素，它对社会经济现象的各期发展水平起着普遍的、持续的、决定性的作用，决定着社会经济现象的发展方向；有些是偶然因素，它只起局部的、非持续的、非决定性的作用，规律不明显，难以把握。但是我们可以对这些因素进行归类分析，以便更好地揭示时间序列变动的规律性。

(一)时间序列的影响因素分解

时间序列的影响因素按其作用和影响效果可以归纳为四类，即长期趋势、季节变动、循环变动

和不规则变动。

1. 长期趋势(T)

长期趋势是指社会经济现象在一个相当长的时期内所表现出来的持续发展变化的趋势，由于它的作用，各期发展水平沿着上升或下降的趋势持续变动。如国内生产总值反映一个国家(或地区)所有常住单位在一定时期内生产活动的最终成果，从长期变化的趋势看属于持续上升，但在上升的过程中也呈现出一定的波动。

测定长期趋势可以正确反映社会经济现象发展变化的方向和趋势，研究和掌握社会经济现象发展变化的规律性，为进行经济管理、指导生产提供依据；利用社会经济现象发展的长期趋势，进行统计预测，预测未来可能达到的发展水平；消除长期趋势的影响，更好地反映季节变动。

2. 季节变动(S)

季节变动是指社会经济现象在一年内，由于受到自然条件或社会条件的影响而形成的以一定时间为周期(通常指一个月或季或年)的有规律的重复变动。季节变动主要是由自然气象季节因素所致，如饮料的销售量在一年内随着季节的更替而出现有规律的变化，随着收获季节的来临农产品的运输和仓储压力大幅度增加等。除了自然气象季节因素所致之外，社会制度、生活习惯、行政及法律的约束也会使社会经济现象发生季节性变动，如我国许多商品的生产和交易在春节、中秋节等时段特别旺盛。

3. 循环变动(C)

循环变动又称周期变动，是指社会经济现象在一年以上时间内出现的周而复始的起伏波动。循环变动的原因通常是社会经济现象的某种内在规律，如家禽的价格存在循环变动，一段时间上涨后，紧接着一段时间下降，其循环变动的原因来自市场的供求关系。

4. 不规则变动(I)

从时间数列中分离出长期趋势、季节变动、循环变动后的剩余因素，即为不规则变动。不规则变动是指社会经济现象因临时的、偶然的因素而引起的随机变动，其变动无规律可循，如地震、水灾、战争等所引起的变动。从长期来看，全部偶然性意外变动数值将趋于零。

(二)时间序列的因素分析模型

时间序列分析是把时间数列视为长期趋势、季节变动、循环变动和不规则变动效应的合成体，然后用一定的方法分别揭示各类因素的影响水平。而时间序列与其各个影响因素之间的关系可以用一定的数学关系式表示出来，这种关系式即构成时间序列的因素分析模型。

(1)加法模型。加法模型假定四种变动因素是相互独立地发挥作用的，时间序列是各因素相加的和，即：

$$Y=T+S+C+I$$

(2)乘法模型。乘法模型假定四种变动因素是相互影响的关系，时间序列便是各因素的乘积，即：

$$Y=T\times S\times C\times I$$

在时间序列分析中，如果认为季节变动、循环变动和不规则变动的作用都以与长期趋势无关的相同影响起作用，则适合采用加法模型；如果认为它们依照时间序列的均值而按比例发挥作用，则适合采用乘法模型。

二、长期趋势分析的方法

长期趋势是指现象在相当长的时间内，持续增长或持续下降的趋势。例如，我国经济发展和人民生活水平总的趋势是持续增长的，而人口死亡率就是持续下降的趋势。

测定长期趋势的方法有许多种，这里只介绍最常用的三种方法：时距扩大法、移动平均法和最小平方法。

(一)时距扩大法

时距扩大法是把原数列中较小时距单位的几项数据合并，扩大为较大时距单位的数据，从而对原数列进行修匀，构成新的时间数列的一种方法。时距扩大法通过适当扩大数列的时距单位，消除偶然因素的影响，使原数列中不太明显的趋势呈现出来，能够更突出地表现社会经济现象变动的总趋势。

【做中学 6—16】 某企业 2021 年各月工业增加值如表 6—15 所示。

表 6—15　　某企业 2021 年各月工业增加值　　单位：万元

月　份	1	2	3	4	5	6	7	8	9	10	11	12
工业增加值	506	473	542	546	585	547	570	576	569	610	583	615

从表 6—12 可以看出，该数列中某些月份的工业增加值是增加的，而某些月份则下降，工业增加值变化的趋势不甚明显。如果用时距扩大法，把时距扩大为季度，则可编制新的时间数列，如表 6—16 所示。

表 6—16　　某企业 2021 年各季度工业增加值　　单位：万元

季　度	一	二	三	四
工业增加值	1 521	1 678	1 715	1 808

表 6—16 所示的时间数列可以明显地反映出工业增加值的变化趋势，即随着时间的推移，工业增加值是不断增加的。

采用时距扩大法修匀时间数列，简便易懂，但要注意，时距单位扩大多少为宜，则要根据研究目的和社会经济现象的特点来定，同时要求所扩大的各时距长短应相等，以便相互比较，反映出社会经济现象的发展趋势。

(二)移动平均法

移动平均法是时距扩大法的改良方法。它是在时距扩大的基础上，通过逐项移动，计算得出一个由序时平均数构成的新时间数列，并用新时间数列把现象发展趋势明显地表现出来。通过这种修匀的方法，也可以消除偶然因素对时间数列的影响，使现象发展的长期趋势明显地呈现出来。

设时间数列为 $a_1, a_2, \cdots, a_n$，移动时距为 k。如 k 为奇数，则移动平均形成的新的时间数列为 $\overline{a}_i$，其计算公式为：

$$\overline{a}_i=\frac{a_i+a_{i+1}+\cdots+a_{i+k-1}}{K} \tag{5—12}$$

式中，$\overline{a}_i$ 为移动平均趋势值；K 为大于 1 小于 n 的正整数。

若 k 为偶数，则需进行两次移动平均。每一次移动平均的方法与奇数项移动的方法一样，只是得到的时间数列的各个数值与原数列中各数值都错了半格；第二次移动是对第一次移动的结果进行移正，移正后的各个数值与原时间数列的数值正好对齐。

【做中学 6—17】 某企业 2021 年各月生产机器台数资料如表 6—17 所示。

表 6—17　　某企业 2021 年各月生产机器台数资料　　单位：万台

月　份	产　量	3 项移动平均值	4 项移动平均值	
			一次移动	中心化处理
1	41	—	—	—
2	42	45.0	—	—
3	52	45.7	44.5	45.0
4	43	46.7	45.5	46.6
5	45	46.3	47.8	47.9
6	51	49.7	48.0	47.6
7	53	48.0	47.3	48.0
8	40	48.0	48.8	48.5
9	51	46.7	48.3	48.6
10	49	52.0	49.0	50.8
11	56	53.0	52.5	—
12	54	—	—	—

从表 6—17 可以看出，经过移动平均后所得到的序时平均数时间数列的项数比原时间数列少，但现象长期趋势的表现较清晰。

在使用移动平均法时应注意以下几个问题：

(1)移动时距的选择。移动时距越长，现象长期趋势的表现越明显，但数列保留的项数越少；反之亦然(见表 6—17)。在实际统计研究中，移动时距的选择应根据掌握资料的性质确定。如果掌握的是日资料，采用 7 项移动；如果是月资料，采用 12 项移动；如果是季度资料，采用 4 项移动；如果现象有明显的周期波动，采用周期波的长度移动平均。一般来说，奇数项移动平均所形成的新数列，头尾各减少$\frac{n-1}{2}$项；偶数项移动平均所形成的新数列，头尾各减少$\frac{n}{2}$项。

(2)移动平均法不能直接用于预测。因为移动平均后得到的新时间数列前后项数已不再完整，所以不能直接用于预测。如要进行预测，需对移动后的时间数列进行加工处理。

(3)移动平均法是通过移动平均来平滑时间数列，但由于平均数易受异常数值的影响，为避免这种情况，可以用各中位数来代表平均数，这就是移动中位数法。

(三)最小平方法

最小平方法又称最小二乘法，是测定现象长期趋势常用的方法。其基本思路是：利用数学方法，配合一条较理想的趋势线。这条趋势线必须满足两个条件：

(1)实际观测值与趋势值的离差平方和为最小值，即：$\sum(y-y_c)^2=$最小值。

(2)实际观测值与趋势值的离差之和等于零，即：$\sum(y-y_c)=0$。

在最小平方法配合趋势线之前，首先要对趋势线的形状进行判断。其方法是：把原时间数列中的各个数值绘制到直角坐标系中，观察散点图的形状，如呈现直线变动，配合直线；如呈现曲线变动，则配合曲线。有时也可以用近似方法判断：若观察值的一次差(逐期增长量)大体相同，可配合直线；若二次差大体相同，可配合曲线；若各观察值对数的一次差大体相同，可配合指数曲线；若各观察值一次差的环比值大体相同，可配合修正指数曲线；等等。如果对同一时间数列有几种趋势线可供选择，以估计标准误差最小者为宜，如图 6—1 所示。

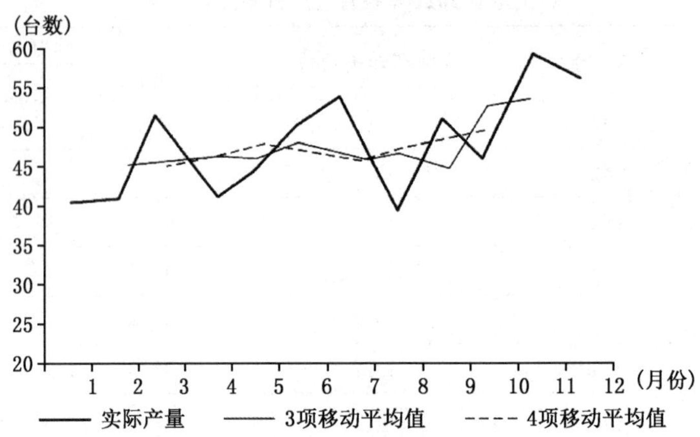

图 6—1 某企业 2021 年各月生产机器台数移动平均法趋势图

直线趋势线的一般形式为:

$$y_c = a + bt \tag{6—13}$$

式中:y_c 代表趋势值;a、b 代表待定参数,a 代表直线的截距,即当 $t=0$ 时 y_c 的数值,b 代表直线的斜率,即 t 每变动一个单位,y_c 的平均增加量或减少量;t 代表时间。

根据最小平方法的要求,可得到两个标准方程式,解标准方程式,可求得待定参数 a、b。根据微分求极值原理,分别对 a、b 求偏导数,并令其偏导数等于 0,整理得:

$$\begin{cases} b = \dfrac{n\sum ty - \sum t \sum y}{n\sum t^2 - (\sum t)^2} \\ a = \dfrac{\sum y - b\sum t}{n} \end{cases} \tag{6—14}$$

【做中学 6—18】 根据某地区 2016—2021 年的洗衣机产量(见表 6—18),配合直线趋势方程,并预测 2022 年洗衣机的产量。

表 6—18　　某地区 2016—2021 年的洗衣机产量　　单位:千台

年　份	2016	2017	2018	2019	2020	2021
产　量	68	71	75	79	84	88

根据表 6—18 的资料,用最小平方法配合直线趋势方程的过程如下:

第一步,将计算所用数据列入计算表,如表 6—19 所示。

表 6—19　　最小平方法计算表

年份	产量(千台)	标准方程式法			
		t	t^2	ty	y_c
2016	68	1	1	68	67.29
2017	71	2	4	142	71.37
2018	75	3	9	225	75.46
2019	79	4	16	316	79.54
2020	84	5	25	420	83.63

续表

年份	产量(千台)	标准方程式法			
		t	t^2	ty	y_c
2021	88	6	36	528	87.71
合　计	465	21	91	1 699	465.00

第二步，根据表 6—19 中的数据，得：

$$b=\frac{6\times1\ 699-21\times465}{6\times91-21^2}=\frac{429}{105}=4.09$$

$$a=\frac{465-4.09\times21}{6}=63.20$$

则直线趋势方程为：$y_c=63.20+4.09t$

第三步，预测。2022 年时 $t=7$，则 2022 年洗衣机的产量为：

$y_c=63.20+4.09\times7=95.92$(千台)

将各年的 t 值代入所求方程，可以得到各年洗衣机产量的趋势值(见表 6—19)，从而可以验证实际观测值和趋势值的离差之和等于零。

上例中，从 t 的取值可以看出，直线趋势方程的原点取在时间数列的前一年，即 2015 年。如果把原点移到数列的正中间，求解 a、b 的标准方程式，令 $\sum t=0$，则 a、b 的计算公式也可简化为：

$$a=\frac{\sum y}{n},b=\frac{\sum ty}{\sum t^2} \qquad (6-15)$$

【注意】在利用上述简化计算方法时，

如果时间数列是奇数项，t 的取值为…，−3，−2，−1，0，1，2，3，…

如是偶数项，t 的取值为…，−5，−3，−1，1，3，5，…

【做中学 6—19】　仍用表 6—19 的资料，简化计算方法如下：

第一步，将计算所用数据列入计算表，如表 6—20 所示。

第二步，根据表 6—15 中的计算数据，直接求解 a、b，得：

$a=465\div6=77.5\quad b=143\div70=2.042\ 9$

则直线趋势方程为：$y_c=77.5+2.042\ 9t$

第三步，预测。2024 年时 $t=9$，则 2024 年洗衣机产量为：

$y_c=77.5+2.042\ 9\times9=95.88$(千台)

表 6—20　　最小平方法计算表

年份	产量(千台)	简化计算法			
		t	t^2	ty	y_c
2016	68	−5	25	−340	67.29
2017	71	−3	9	−213	71.37
2018	75	−1	1	−75	75.46
2019	79	1	1	79	79.54
2020	84	3	9	252	83.63
2021	88	5	25	440	87.71
合　计	465	0	70	143	465.00

任务五 季节变动分析

一、季节变动的测定目的与原理

季节变动是指某些社会经济现象由于受自然因素或社会因素的影响，在一年内随着季节的更替而引起的有规律性的变动。季节变动是一种常见的现象。例如，毛皮服装、棉衣、羽绒服一类商品，冬季是销售旺季，到夏季则销售量减少，随着气候转寒又回到了销售旺季；啤酒的销售量是夏高冬低；百货公司的销售额是节假日时居多、平日较少；等等。

季节变动中的“季节”一词是广义的，不仅是指一年中的四季，而且是指任何一种有规律的、按一定周期重复出现的变化。季节变动通常与生产条件、节假日、风俗习惯等因素有关，往往会给人们的社会经济生活带来某种影响，如影响生产、销售、库存和消费等。

测定季节变动的目的在于认识现象变动的规律，分析过去，预测未来。测定季节变动的目的是：第一，能够了解一年之间各时点变数(如啤酒的销售量)的变化和变数的大小。这样，销售啤酒的公司就可以根据对季节变动(S)的了解，制订出一年内各时点上行之有效的库存计划。第二，若从原数列除去季节变动，就可以了解在没有这种季节变动的情况下变数的大小。例如，从 9 月份啤酒的销售量中除去 8 月份季节变动的因素，与某一年加以比较，发现销售量特别低时，可以分析其原因长期趋势(T)、循环变动(C)、不规则变动(I)当中的任何一个。由于该年夏季气温偏低，所以可知销售量比某一年少的原因，是低温的不规则变动(I)所引起的。

季节变动是一种各年变化强度大体相同且每年重复出现的变动，因此，可以通过季节指数(或称季节比率)来反映现象在一个年度内各月或季的数量特征。如果分析的是月份数据，就有 12 个月份指数；如果为季度数据，则有 4 个季节指数。其中，各个指数是以全年(月或季)资料的平均数为基础计算的，因而 12 个月(或 4 个季度)指数的平均数应等于 100%，各月(或季)的指数之和应等于 1 200%(或 400%)。季节指数反映了某一月份或季度的数值占全年平均数值的大小。如果现象的发展没有季节变动，则各期的季节指数应等于 100%；如果某一月份或季度有明显的季节变化，则各期的季节指数应大于或小于 100%，根据各季节指数与其平均数(100%)的偏差程度来测定季节变动的程度。这就是季节变动分析的基本原理。

测定季节变动的方法很多，按是否考虑长期趋势的影响分为两种：①不考虑长期趋势的影响，根据原始时间数列直接去测定季节变动；②根据剔除长期趋势后的数据测定季节变动。

在经济和管理分析中所使用的时间数列，通常是消除了季节变动的。这种时间数列，就称为“季节调整后”的时间数列。

二、按月(季)平均法

按月(季)平均法是测定季节变动最简单的方法，它不考虑长期趋势的影响，对原时间数列不作趋势剔除，直接根据历年的周期数据加以平均，并与总平均数对比，求出各月(季)的季节比率即季节指数，借以反映社会经济现象在各期的变动程度。按月(季)平均法计算季节指数的步骤如下：

(1)将各年同月(季)观察值加总，求若干年内同月(季)的平均数。

$$\text{若干年内同月(季)平均数}=\frac{\text{若干年内同月(季)观察值之和}}{\text{年度数}}$$

(2)计算若干年内每月(季)的观察值的总和，求总的月(季)平均数。

$$总平均数=\frac{若干年内各月(季)观察值之和}{若干年内月(季)总数}$$

(3)将若干年内同月(季)平均数与总的月(季)平均数相比,求各月(季)的季节指数。

$$季节指数=\frac{同月(季)平均数}{总平均数}\times 100\%$$

(4)调整季节指数。计算季节指数时,若依据的是月度资料,各季节指数之和应等于1 200%;若依据的是季度资料,则各季节指数之和应等于400%。否则,需要对季节指数进行调整。

首先,计算调整系数。

$$月份季节指数调整系数=\frac{1\ 200\%}{调整前各月季节指数之和}$$

$$季度季节指数调整系数=\frac{400\%}{调整前各季季节指数之和}$$

其次,计算调整后的季节指数。

$$调整后的季节指数=调整前的月(季)季节指数\times 调整系数$$

按月(季)平均法的优点是计算简便,容易理解。其缺点是所得的季节指数有时不够精确,因为这种方法没有考虑存在于现象中的长期趋势的影响,在变化趋势上升或下降较剧烈时,会使某些月(季)的平均数偏高或偏低,从而影响季节指数的准确性。

【做中学6—20】 某地区2018—2021年各季度某种饮料的销售量资料如表6—21所示,根据所给资料,用按季平均法计算该种饮料销售量的季节指数。

由各同季平均数与总的季平均数50相比,分别得到各季度的季节指数。由各季度的季节指数可见,第三季度的销售量比全年平均水平高出40%,是全年的销售高峰;第四季度是销售低谷,季节指数只有68%;第一季度和第二季度销售量有所回升,季节指数分别达到80%和112%。

表6—21　　2018—2021年各季度某种饮料的销售量　　单位:万箱

年份季度	第一季度	第二季度	第三季度	第四季度	合　计	平　均
2018	40	48	64	32	184	46
2019	36	60	72	32	200	50
2020	40	56	68	36	200	50
2021	44	60	76	36	216	54
合　计	160	224	280	136	800	200
同季平均	40	56	70	34	200	50
季节指数(%)	80	112	140	68	400	100

运用按月(季)平均法计算季节指数的基本假设是,原时间数列没有明显的长期趋势和循环变动,因而通过若干年同期数值的平均,不仅可以消除不规则变动,而且当平均周期与循环周期一致时,循环变动也可以在平均过程中得以消除。因此,只有当数列的长期趋势和循环变动不明显时,才比较适合运用该方法。

三、长期趋势剔除法

当时间数列存在明显的长期趋势时,运用按月(季)平均法进行季节变动分析将会不准确。当存在剧烈的上升趋势时,年末季节指数明显高于年初季节指数;当存在下降趋势时,年末季节指数明显低于年初季节指数。因此,如果时间数列包含明显的上升(下降)趋势,为了更准确地计算季节指数,就应当首先设法从数列中剔除长期趋势,然后用平均的方法消除不规则变动,从而较准确地分解出季节变动的成分。数列的长期趋势可用移动平均法或趋势方程拟合法测定。

采用长期趋势剔除法分析季节变动时,假定时间数列各构成要素的关系结构为$Y=T\cdot S\cdot C\cdot I$,测定长期趋势可以得到$T\cdot C$,将原数列Y除以$T\cdot C$,得到季节变动和不规则变动相对数$S\cdot I$,最后消除不规则变动I的影响,得到季节变动S。以移动平均长期趋势剔除法为例,确定季节变动的方法、步骤如下:

(1)根据各年的月(或季)数据,计算12个月(或4个季度)移动平均趋势值T_t,如表6—22中的127、130、131.5等。

(2)将各月(季)实际值除以相应的趋势值,即$Y_t/T_t=S_tI_t$,如表6—22中的151÷130×100%=116.15%。

(3)将S_tI_t重新按月(季)排列,求得同月(季)平均数,即得季节指数S,如表6—23中的128.02%、131.05%等。

(4)把各月(季)季节指数加总,其总和应等于1 200%(或400%),否则需要进行调整。

【做中学6—21】 2018—2021年各季度白酒产量资料如表6—22所示,用移动平均长期趋势剔除法计算季节指数。

表6—22　　某地区2018—2021年各季度白酒产量

年份	季度	产量Y_t(千吨)	4个季度移动平均		$Y_t/T_t=S_tI_t$(%)
			移动平均值	趋势值T_t	
2018	第一季度	154		—	—
	第二季度	166	125.00	—	—
	第三季度	29	129.00	127.00	22.83
	第四季度	151	131.00	130.00	116.15
2019	第一季度	170	132.00	131.50	129.28
	第二季度	174	134.25	133.125	130.70
	第三季度	33	136.00	135.125	24.42
	第四季度	160	139.75	137.875	116.05
2020	第一季度	177	141.00	140.375	126.09
	第二季度	189	143.25	142.125	132.98
	第三季度	38	146.00	144.625	26.27
	第四季度	169	146.75	146.375	115.46
2021	第一季度	188	148.75	147.75	127.24
	第二季度	192	151.25	150.00	128.00
	第三季度	46	—	—	—
	第四季度	179	—	—	—

用移动平均法求出长期趋势,剔除长期趋势值得到$Y_t/T_t=S_tI_t$,将各季S_tI_t值列入表6—23中。

表 6—23 趋势剔除法季节指数计算表

年份＼季度	第一季度	第二季度	第三季度	第四季度	合 计
2018	—	—	22.83	116.15	—
2019	129.28	130.70	24.42	116.05	—
2020	126.09	132.98	26.27	115.46	—
2021	127.24	128.00	—	—	—
合 计	382.61	391.68	73.52	347.66	1 195.47
同季平均	127.54	130.56	24.51	115.89	398.50
季节指数(%)	128.02	131.05	24.60	116.33	400.00

将 S_tI_t 值同季平均后再进行调整。各季的同季平均数总和为 398.50，调整系数为 400/398.50＝1.003 764，将调整系数乘以各季的同季平均数，最终得到各季度的季节指数。

项目训练

一、单项选择题

1. 已知环比增长速度为 9.2%、8.6%、7.1%、7.5%，则定基增长速度为(　　)。

A. 9.2%×8.6%×7.1%×7.5%

B. (9.2%×8.6%×7.1%×7.5%)－100%

C. 109.2%×108.6%×107.1%×107.5%

D. (109.2%×108.6%×107.1%×107.5%)－100%

2. 下列等式中，不正确的是(　　)。

A. 发展速度＝增长速度＋1

B. 定基发展速度＝相应各环比发展速度的连乘积

C. 定基增长速度＝相应各环比增长速度的连乘积

D. 平均增长速度＝平均发展速度－1

3. 累计增长量与其相应的各个逐期增长量的关系表现为(　　)。

A. 累计增长量等于相应的各个逐期增长量之积

B. 累计增长量等于相应的各个逐期增长量之和

C. 累计增长量等于相应的各个逐期增长量之差

D. 以上都不对

4. 增长速度的计算公式为(　　)。

A. $增长速度=\frac{增长量}{基期水平}$　　B. $增长速度=\frac{增长量}{期初水平}$

C. $增长速度=\frac{增长量}{报告期水平}$　　D. $增长速度=\frac{增长量}{期末水平}$

5. 根据采用的对比基期不同，发展速度有(　　)。

A. 环比发展速度与定基发展速度　　B. 环比发展速度与累积发展速度

C. 逐期发展速度与累积发展速度　　D. 累积发展速度与定基发展速度

6. 报告期水平与某一固定时期水平之比的指标是(　　)。

A. 逐期增长量　B. 累计增长量　C. 环比发展速度　D. 定基发展速度

7. 某公司近四个月来的产品销售额分别为 200 万元、210 万元、230 万元、270 万元，则平均增长速度为(　　)。

A. $\sqrt[4]{\frac{270}{200}}$

B. $\sqrt[3]{\frac{270}{200}}$

C. $\sqrt[4]{\frac{270}{200}}-1$

D. $\sqrt[3]{\frac{270}{200}}-1$

8. 增长量是指(　　)。

A. 报告期水平与基期水平之比

B. 基期水平与报告期水平之差

C. 报告期水平与基期水平之比减 1

D. 报告期水平与基期水平之差

9. 下列属于时点数列的是(　　)。

A. 各月产量

B. 各月人均利润

C. 各月平均工资

D. 各月储蓄余额

10. 某单位四年管理费用的环比增长速度为 3%、5%、8%、13%，则平均发展速度为(　　)。

A. $\sqrt[4]{3\%\times5\%\times8\%\times13\%}$

B. $\sqrt[4]{103\%\times105\%\times108\%\times113\%}$

C. $\sqrt[4]{3\%\times5\%\times8\%\times13\%}-1$

D. $\sqrt[4]{103\%\times105\%\times108\%\times113\%}-1$

二、多项选择题

1. 长期趋势的测定方法有(　　)。

A. 季节比率法　B. 移动平均法　C. 分段平均法　D. 最小平方法

2. 构成动态数列的两个基本要素是(　　)。

A. 指标名称

B. 指标数值

C. 指标单位

D. 现象所属的时间

3. 根据动态数列中不同时期的发展水平所求的平均数称为(　　)。

A. 序时平均数　B. 算术平均数　C. 几何平均数　D. 平均发展水平

4. 动态数列中的发展水平具体包括(　　)。

A. 期初水平和期末水平

B. 报告期水平和基期水平

C. 平均发展水平

D. 中间水平

5. 动态数列中的派生数列是(　　)。

A. 时期数列

B. 时点数列

C. 平均数动态数列

D. 相对数动态数列

三、简述题

1. 简述编制时间数列的作用。
2. 简述时期数列和时点数列的特点。
3. 简述时间数列的编制原则。
4. 简述时间序列的影响因素。
5. 简述长期趋势分析的方法。

四、综合题

1. 某企业 2016—2021 年总产值资料如表 6—24 所示，要求根据资料计算企业的增长量、发展速度、增长速度和增长1%的绝对值。

表6—24　　2016—2021年总产值

年　份	2016	2017	2018	2019	2020	2021
钢产量(万元)	9 536	10 124	10 894	11 559	12 426	12 850
逐期增长量(万元)						
累计增长量(万元)						
环比发展速度(%)						
定基发展速度(%)						
环比增长速度(%)						
定基增长速度(%)						
增长1%的绝对值(万元)						

2. 某工业企业2022年各季度的实际产值和产值计划完成资料如表6—25所示,要求计算该工业企业2022年产值计划完成百分数。

表6—25　　2022年各季度的实际产值及其计划完成情况

	第一季度	第二季度	第三季度	第四季度
实际产值(万元)	840.0	856.8	911.6	990.0
产值计划完成(%)	105	102	106	110

3. 某企业1—7月份工人数和总产值资料如表6—26所示,要求计算第一季度、第二季度和上半年的工人月平均劳动生产率。

表6—26　　1—7月份工人数和总产值资料

月　份	1	2	3	4	5	6	7
月初工人数(人)	2 000	2 020	2 025	2 040	2 035	2 045	2 050
总产值(万元)	362	358	341	347	333	333	330

4. 根据表6—27已有的产值资料,运用动态分析指标的相互关系,确定各年的发展水平及环比动态分析指标,并计算出2016—2021年平均发展速度及平均增长速度。

表6—27　　2016—2021年产值资料

年　份	2016	2017	2018	2019	2020	2021
产值(万元)	200.0					
逐期增长量(万元)		20.0				40.0
环比发展速度(%)			112.5			
环比增长速度(%)				4.0		
增长1%的绝对值(万元)						2.9

项目实训

【实训项目】

时间数列。

【实训目的】

加强对时间数列的认识。

【实训资料】

中国共产党第十九次全国代表大会在北京隆重召开，习近平代表第十八届中央委员会向大会作报告。会中语录：经济保持中高速增长，在世界主要国家中名列前茅，国内生产总值从54万亿元增长到80万亿元，稳居世界第二，对世界经济增长贡献率超过30%。供给侧结构性改革深入推进，经济结构不断优化，数字经济等新兴产业蓬勃发展，高铁、公路、桥梁、港口、机场等基础设施建设快速推进。农业现代化稳步推进，粮食生产能力达到1.2万亿斤。城镇化率年均提高1.2个百分点，8 000多万农业转移人口成为城镇居民。区域发展协调性增强，"一带一路"建设、京津冀协同发展、长江经济带发展成效显著。创新驱动发展战略大力实施，创新型国家建设成果丰硕，天宫、蛟龙、天眼、悟空、墨子、大飞机等重大科技成果相继问世。南海岛礁建设积极推进。开放型经济新体制逐步健全，对外贸易、对外投资、外汇储备稳居世界前列。

请同学们根据所学时间数列相关知识，查找一些相关资料，《2021年度政府发展报告》《2021年度统计年鉴》等素材，查找高铁历年总里程、城乡居民历年人均可支配收入等数据，或根据你所掌握的某现象的年月数据变化等，从动态上进行综合分析和预测。

【实训要求】

1. 试着完成实训资料的内容。

2. 撰写《时间数列》实训报告。

《时间数列》实训报告		
项目实训班级：	项目小组：	项目组成员：
实训时间：　　年　月　日	实训地点：	实训成绩：
实训目的：		
实训步骤：		
实训结果：		
实训感言：		
不足与今后改进：		

项目组长评定签字：　　　　　　　　　　　　项目指导教师评定签字：

统计指数

○ **知识目标**

理解:统计指数的概念、特点和作用。

熟知:统计指数的种类。

掌握:综合指数和平均指数的编制方法;统计指数体系及因素分析。

○ **技能目标**

能灵活运用统计指数进行因素推算,并能建立指数体系进行因素分析,写出简短的分析结论。

○ **素质目标**

运用所学的统计指数基本原理知识研究相关案例,培养和提高学生在特定业务情境中分析问题与决策设计的能力;结合行业规范或标准,运用统计指数知识分析行为的善恶,强化学生的职业道德素质。

○ **思政目标**

能够正确地理解"不忘初心"的核心要义和精神实质;树立正确的世界观、人生观和价值观,做到学思用贯通、知信行统一;通过统计指数知识和指数数据的阐述,认识我国发展的进程,培养系统论的思想,把事物当作一个整体或系统来考察,将理论与实践相结合,具备应用统计方法和经济理论分析、解决某一领域实际问题的能力。

○ **项目引例**

2022 年 6 月全国 CPI、PPI

国家统计局数据显示,2022 年 6 月份,全国居民消费价格指数(CPI)同比上涨 2.5%。其中,城市上涨 2.5%,农村上涨 2.6%;食品价格上涨 2.9%,非食品价格上涨 2.5%;消费品价格上涨 3.5%,服务价格上涨 1.0%。1—6 月平均,全国居民消费价格比上年同期上涨 1.7%。从环比看,CPI 由上月下降 0.2%转为持平。其中,食品价格下降 1.6%,降幅比上月扩大 0.3 个百分点,影响 CPI 下降约 0.30 个百分点。食品中,受供应增加、物流好转和囤货需求减少等因素影响,鲜菜、鸡蛋、鲜果和水产品价格分别下降 9.2%、5.0%、4.5%和 1.6%;受部分养殖户压栏惜售、疫情趋稳消费需求有所增加等因素影响,猪肉价格继续上涨,涨幅为 2.9%,比上月回落 2.3 个百分点。非食品价格上涨 0.4%,涨幅比上月扩大 0.3 个百分点,影响 CPI 上涨约 0.32 个百分点。非食品中,受国际油价上涨影响,国内汽油和柴油价格分别上涨 6.7%和 7.2%,涨幅比上月分别扩大 6.1 和 6.6 个百分点;服务消费有所恢复,飞机票和旅游价格分别上涨 19.2%和 1.2%,涨幅比上月分别扩大 15.0 和 0.8 个百分点,宾馆住宿价格由上月下降 0.7%转为上涨 0.3%。从同比看,CPI 上涨 2.5%,涨幅比上月扩大 0.4 个百分点,主要是去年基数走低所致。其中,食品价格上涨 2.9%,涨幅比上月扩大 0.6 个百分点,影响 CPI 上涨约 0.51 个百分点。食品中,粮食、食用植物油、鸡蛋和鲜菜价格涨幅在3.2%～6.6%，鲜果价格上涨19.0%，猪肉价格下降6.0%。非食品价格上涨2.5%，涨幅比上月扩大0.4个百分点，影响CPI上涨约2.01个百分点。非食品中，汽油和柴油价格分别上涨33.4%和36.3%，飞机票价格上涨28.1%，涨幅均有所扩大；教育服务和医疗服务价格分别上涨2.5%和0.9%，涨幅均与上月相同。

国家统计局数据显示，2022年6月份，复工复产持续推进，重点产业链供应链逐步畅通稳定，保供稳价政策效果继续显现，工业生产者出厂价格环比由涨转平，同比涨幅继续回落。

从环比看，PPI由上月上涨0.1%转为持平。其中，生产资料价格由上涨0.1%转为下降0.1%；生活资料价格上涨0.3%，涨幅与上月相同。国际原油价格变动带动国内相关行业价格上涨，其中石油和天然气开采业价格上涨7.0%，石油煤炭及其他燃料加工业价格上涨3.6%，化学纤维制造业价格上涨2.2%。"迎峰度夏"备煤需求增加，煤炭开采和洗选业价格上涨0.8%。受投资增速放缓等因素影响，钢材、水泥等行业需求相对较弱，黑色金属冶炼和压延加工业价格下降3.1%，非金属矿物制品业价格下降1.5%。另外，农副食品加工业价格上涨1.0%，纺织服装服饰业价格上涨0.6%，电气机械和器材制造业价格上涨0.5%；有色金属冶炼和压延加工业价格下降2.1%。

从同比看，PPI上涨6.1%，涨幅比上月回落0.3个百分点，主要是去年基数走高的影响，今年以来已连续6个月回落。其中，生产资料价格上涨7.5%，涨幅回落0.6个百分点；生活资料价格上涨1.7%，涨幅扩大0.5个百分点。调查的40个工业行业大类中，价格上涨的有37个，与上月相同。主要行业中，价格涨幅扩大的有：石油和天然气开采业上涨54.4%，扩大6.6个百分点；农副食品加工业上涨5.6%，扩大1.9个百分点；石油煤炭及其他燃料加工业上涨34.7%，扩大0.7个百分点。价格涨幅回落的有：煤炭开采和洗选业上涨31.4%，回落5.8个百分点；有色金属冶炼和压延加工业上涨8.2%，回落2.2个百分点；燃气生产和供应业上涨21.8%，回落0.2个百分点。黑色金属冶炼和压延加工业价格下降3.7%，降幅比上月扩大2.4个百分点。

资料来源：人民网，http://finance.people.com.cn/n1/2022/0709/c1004-32470761.html。

试分析：你知道什么是CPI、PPI吗？国家统计局是怎么计算出来的？揭示了什么社会经济现象？

○ **知识精讲**

任务一 统计指数概述

一、统计指数的概念

统计指数

统计学理论中，统计指数主要是指总指数。通常，统计指数的概念有广义与狭义之分。

(1)广义的指数是指一切说明社会经济现象数量变动或差异程度的相对数，如动态相对数、比较相对数、计划完成相对数等。

(2)狭义的指数是一种特殊的相对数，它是用来反映不能直接相加和对比的复杂的社会经济现象综合变动的动态相对数，如零售物价指数、股份指数、工业产品产量等。统计指数，主要是指狭义的指数。

二、统计指数的特点

统计指数是相对数，并且是一种特殊的相对数。它具有以下四个特点：

(一)统计指数是一个比较的数字

统计指数是所研究总体的数量特征在某种条件下的"比较",比较的结果是以比率的形式表现出来的,通常用百分数表示。

(二)统计指数是一个综合的数字

统计指数具有"综合"的性质,综合是指指数比较的是总体各单位受各种因素影响的总的数量表现,而不是总体中某一个体的数量表现。由于掌握的资料不同,指数的计算方法一般也可以分为综合法和平均法两大类。

(三)统计指数是一个平均的数字

由于狭义的指数是对多种不同事物同一现象的数量进行综合。它体现的真实内容是每个事物具体动态变化的抽象,反映的是个别动态变化的平均状况。例如,零售物价指数 102%,是食品价格指数 101.6%、服装价格指数 105%、家用电器价格指数 99%等数百个个别指数的平均值。

(四)统计指数是一个代表的数字

统计指数是通过比较来反映总体在不同场合下综合的、平均的数量变化,但是要将总体中的每一个个体的数量特征都包括在对比的指标值中,有时却是困难的,甚至是不可能的。例如,计算零售商品物价指数,理论上应考虑所有零售商品的价格水平,但零售商品成千上万,实际上不可能将其全部包括在内进行对比计算,必须从其中选出若干种商品作为"代表"来计算。从这个意义上说,指数又是一个代表的数字。

三、统计指数的作用

(一)统计指数可以综合反映社会经济现象数量方面总的变动方向和变动程度

由于指数是综合多种事物个别变动的代表值,这个代表值就可以综合反映事物的变动方向和变动程度。例如,零售物价指数为 105%,就表明零售商品价格在总体上其变动方向是上升的,上升程度为 5%;又如,某企业报告期产品销售收入综合指数为 98.6%,就表明该企业报告期各种产品的销售情况在总体上其变动方向是下降的,其下降的程度为 1.4%。

(二)统计指数可以测定在现象总变动中各构成因素的影响方向和影响程度

社会经济现象之间是相互联系和相互制约的,一些现象的发展变化是其他一些现象(因素)变化影响的结果。指数根据总体内各影响因素之间的数量联系,利用经济方程和指数体系,可以分析各因素对总体变动的影响。例如,销售额的变动是销售量和销售价格变动共同作用的结果。指数可用来分析这两者变动的影响方向、程度,以及两者变动带来的绝对效果。

(三)统计指数可以分析总体数量特征的长期变动趋势

指数在本质上反映了现象总体动态的变动程度,如果观察连续的环比指数数列,可以进一步测定复杂现象在长时间内的走向和态势。这种方法特别适用于对比分析有联系而性质又不同的动态数列之间的变动关系,因为用指数的变动进行比较,可以解决不同性质数列之间不能对比的问题。

四、统计指数的种类

根据统计研究任务不同,研究对象有别,指数从不同的角度有不同的分类。

(一)按照说明事物范围的不同,可分为个体指数和总指数

(1)个体指数是反映某一个别事物变动的相对数。例如,某企业 2022 年第二季度 A 产品的产量为 5 550 件,第一季度为 5 000 件,则第二季度 A 产品的产量个体指数为 111%(5 550÷5 000×100%),表明 A 产品产量报告期比基期增长了 11%。

(2)总指数是反映全部事物或多种事物总变动程度的相对数,即狭义的指数。例如,某企业2022年第二季度与第一季度相比,三种主要产品产量综合指数为106.8%,其中有的产品产量增长幅度高一些,有的产品产量增长幅度低一些,甚至可能还会下降。总之,它表明三种不同产品的产量指数平均上升了6.8%,总指数为106.8%。

(二)根据反映指标的性质不同,可分为数量指标指数和质量指标指数

(1)数量指标指数也称数量指数,它是说明总体或个体在规模、水平方面变动的相对数。例如,产量指数、销售量指数、工人人数指数等都是数量指标指数。通常将数量指标用字母 q 表示,报告期数量指标用 q_1 表示,基期数量指标用 q_0 表示。数量指标指数则通常在指数符号下加下标 q 来表示。通常个体数量指标指数用 k_q 表示,而数量指标综合指数即数量指标总指数用 $\bar{k}_q$ 表示。

(2)质量指标指数也称质量指数,它是说明总体或个体内涵数量变动情况的相对数。例如,价格指数、单位成本指数、劳动生产率指数、平均工资指数等都是质量指标指数。通常将质量指标用字母 p 表示,报告期质量指标用 p_1 表示,基期质量指标用 p_0 表示。质量指标指数则通常在指数符号下加下标 p 表示。通常个体质量指标指数用 k_p 表示,而质量指标综合指数即质量指标总指数用 $\bar{k}_p$ 表示。

【注意】数量指标指数和质量指标指数除了所反映的指标性质不同外,在构建指数体系和变形为平均指数时,所选择同度量因素的时期也不同,各有自己独特的指数计算方法。

(三)根据总指数的计算方法,可分为综合指数和平均指数

(1)综合指数是指利用复杂总体两个时期可比的现象总量进行对比而得到的相对数,它是总指数计算的基本形式。因为总指数计算分析的其他方法,都是以综合指数的编制原理为依据的。

(2)平均指数是指利用个体指数或类指数,通过加权算术平均或加权调和平均的方法计算求得的相对数。它也可以反映复杂总体综合变动程度和变动方向。平均指数是总指数计算的另一种形式。它在一定条件下是综合指数的变形,但平均指数也有其相对的独立意义。

(四)根据对比内容的不同,可分为动态指数和静态指数

(1)动态指数是由两个不同时期的同类经济变量值对比形成的指数,说明现象在不同时间上发展变化的过程和程度。

(2)静态指数是反映某种事物在同时期不同空间对比情况的指数,包括空间指数和计划完成情况指数两种。空间指数(地域指数)是将不同空间(如不同国家、地区、部门、企业等)的同类现象进行比较的结果,反映现象在不同空间的差异程度。

【提示】计划完成程度指数是由同一地区、单位的实际指标值与计划指标数值对比而形成的指数,反映计划的执行情况或完成与未完成的程度。

【注意】指数方法论主要论述动态指数。动态指数是出现最早、应用最多的指数,也是理论上最为重要的统计指数。静态指数则是动态指数在实际应用中的扩展。

(五)根据编制指数数列所采用的基期不同,可分为定基指数和环比指数

(1)凡是在一个指数数列中的各期指数都是以某一固定时期作为基期的,称为定基指数。

(2)凡是在一个指数数列中的各期指数都是以前一期作为基期的,称为环比指数。

任务二　综合指数

一、综合指数概述

总指数主要有综合指数和平均指数。综合指数是用两个总量指标对比计算的总指数。凡是一个总量指标可以分解为两个或两个以上因素指标时，为观察某个因素指标的变动情况，将其他因素指标固定下来计算出的单纯反映所观察因素变动情况的指数，均称为综合指数。综合指数有数量指标综合指数和质量指标综合指数。

【提示】综合指数是总指数的基本形式，因为综合指数能完善地显示出所研究现象的经济内容，它既能从相对数量方面反映，也能从绝对数量方面反映。

综合指数有三个特点：

第一，把总指标分解成两个或两个以上的因素指标，其中一些指标定义为数量指标因素，另一些指标定义为质量指标因素，以便于分别研究其中每一个因素指标的变动程度。例如，把商品销售额(pq)分解为销售价格(p)和销售量(q)，其中价格(p)为质量指标，销售量(q)为数量指标，销售额(pq)为乘积结果的总指标。

第二，反映其中一个因素指标的变动程度，不能直接将两个不同时期的指标求和对比，都需要先转换成总指标后才能对比。例如，反映销售量因素(q)的变动，不能直接把报告期销售量(q_1)直接求和成$\sum q_1$，也不能把基期的销售量(q_0)直接求和成$\sum q_0$，因为各种商品的计量单位不同，使用价值不同，不能简单直接相加，而应先计算总量指标，即先计算出报告期的销售额$\sum q_1 p$，再计算出基期的销售额$\sum q_0 p$，然后才能对比。

第三，在反映其中一个因素的对比程度时，其余各个因素均保持不变，只变动所需要反映的因素指标，即分子为报告期，分母为基期。在两因素指数中，数量指标因素变动了，质量指标因素就固定不变；质量指标因素变动了，数量指标因素就固定不变。如果仍用 p 表示价格等质量指标，用 q 表示销售量等数量指标，用 $\bar{k}$ 表示综合指数，就有如下综合指数形式：

$$\overline{K}=\frac{\sum q_1 p}{\sum q_0 p}$$
$$\overline{K}=\frac{\sum p_1 q}{\sum p_0 q} \qquad (7-1)$$

上述两个公式就是综合指数特点的集中体现。那么，不变因素即同度量因素 p 或 q 固定在哪个时期呢？下面根据上述公式的特点，结合具体实例，分别讨论数量指标指数和质量指标指数的计算和分析。

二、数量指标综合指数

数量指标综合指数是说明总变动指标中数量指标综合变动情况的指数。例如，销售量指数、产量指数、工人人数指数等都是数量指标综合指数。

【做中学 7—1】 设某企业生产三种主要产品，报告期和基期的产量和价格有关资料如表 7—1 所示。

表 7—1　　产品产量和价格

产品名称	计量单位	产　量		价　格(元)	
		基期 q_0	报告期 q_1	基期 p_0	报告期 p_1
甲	件	10 000	11 500	10.0	10.0
乙	吨	20 000	21 000	5.5	5.0
丙	台	4 000	5 000	20.0	25.0

根据表 7—1 的资料，计算三种产品的个体产量指数如下：

$$K_{甲}=\frac{q_1}{q_0}=\frac{11\ 500}{10\ 000}=1.15(或\ 115\%)$$

$$K_{乙}=\frac{q_1}{q_0}=\frac{21\ 000}{20\ 000}=1.05(或\ 105\%)$$

$$K_{丙}=\frac{q_1}{q_0}=\frac{5\ 000}{4\ 000}=1.25(或\ 125\%)$$

计算结果表明,甲产品产量增加了15%,乙产品产量增加了5%,丙产品产量增加了25%。这些个体指数只反映了每一种产品产量变动的结果,却反映不了该企业三种产品产量总变动程度。但是,在经济管理工作中,必须研究三种产品产量总的变动程度,这就需要计算产量综合指数。

在计算三种产品产量总变动时,由于它们的使用价值不同、计量单位不同,不能直接相加综合计算。怎么才能把它们相加起来反映产品产量综合变动呢?这就必须根据社会经济现象的内在联系,找出正确的同度量因素。

【提示】凡是把不能直接相加的总体单位标志值,通过某个因素,过渡到另一种可以相加的总体单位标志值,这个因素就是同度量因素。

在研究产品产量综合变动时,怎样确定同度量因素呢?我们知道产量、价格与产值的关系是:产量×价格=产值。该式表明,在研究产量变动时,其同度量因素是价格。通过价格这个因素,就可以将原来不能同度量的产量分别乘以该产品的价格,得到各种产品的产值,各种产品的产值是可以相加的。价格这一因素在这里起同度量作用。同时可以看出,同度量因素在这里还起着加权的作用,因为三种产品出厂价格的高低对总产值的影响程度是不同的,因此同度量因素具有权衡轻重的作用。

同度量因素价格在两个时期的水平是不相同的,为了只反映产量变动,排除价格因素变动的影响,必须把价格固定起来,使价格只起同度量作用,这是因为产品产量综合指数是两个时期总产值的对比,而总产值是由产品产量和价格两个因素组成的,要通过报告期总产值和基期总产值的对比,来反映产品产量这个因素的变动,就必须把另一个因素(价格)固定起来,即用同一时期的价格作同度量因素。只有这样,才能使总产值的变动单纯反映产量变动,而不受产品出厂价格变动的影响。

把价格这个因素固定在哪个时期,有两种方法:一是用基期价格作同度量因素,另一个是用报告期价格作同度量因素。在实际工作中,一般认为,编制产品产量指数,应将作为同度量因素的价格固定在基期。因为就编制产品产量指数的目的而言,应该只反映产品产量的变化,不应该同时反映价格因素的变动。而价格在基期到报告期之间是会发生变化的,若假定价格不变,就应该采用基期的价格,才符合经济现象的客观实际。

【做中学7—2】 现根据表7—1的资料说明产品产量综合指数计算方法,如表7—2所示。

$$产品产量综合指数=\frac{\sum(报告期产量\times基期价格)}{\sum(基期产量\times基期价格)}$$

用符号表示则为:

$$\overline{K}_q=\frac{\sum q_1p_0}{\sum q_0p_0} \tag{7—2}$$

式中:$\overline{K}_q$ 代表产品产量综合指数,$\sum q_1p_0$ 代表按基期价格计算的报告期假定产值,$\sum q_0p_0$ 代表基期实际产值。

表 7—2　　**数量指标综合指数计算表**

产品名称	计量单位	产　量		基期价格 p_0（元）	产品总产值（元）	
		基期 q_0	报告期 q_1		基期实际产值 q_0p_0	按基期价格计算的报告期假定产值 q_1p_0
甲	件	10 000	11 500	10.0	100 000	115 000
乙	吨	20 000	21 000	5.5	110 000	115 500
丙	台	4 000	5 000	20.0	80 000	100 000
合计	—	—	—	—	290 000	330 500

那么，上例中产品产量综合指数为：

$$\overline{K}_q=\frac{\sum q_1p_0}{\sum q_0p_0}=\frac{330\ 500}{290\ 000}=1.1397(\text{或 }113.97\%)$$

$$\sum q_1p_0-\sum q_0p_0=330\ 500-290\ 000=40\ 500(\text{元})$$

计算结果表明，该企业三种产品产值报告期比基期增长了 13.97%，由于产量的变化，产值增加了 40 500 元。

上述编制产品产量指数的方法，也适用于其他数量指标指数。可以概括来说，在一般情况下，编制数量指标综合指数时，应该以基期的质量指标作为同度量因素。以基期质量指标作为同度量因素编制的指数，也称拉斯贝尔（Laspeyres）指数。

此外，为了研究较长时期的生产量变动情况，还可以采用不变价格作同度量因素。其公式为：

$$\overline{K}_q=\frac{\sum q_1p_n}{\sum q_0p_n}\tag{7—3}$$

【做中学 7—3】　现以某企业工业产品产量和价格资料为例，说明用 1990 年不变价格作同度量因素计算 2021 年产量综合指数，如表 7—3 所示。

表 7—3　　**工业产品产量和不变价格资料**

产品名称	计量单位	产品产量		1990 年不变价格 p_n（元）	产品总产值（元）	
		2020 年 q_0	2021 年 q_1		q_0p_n	q_1p_n
甲	件	12 000	15 000	15	180 000	225 000
乙	台	8 000	7 200	32	256 000	230 400
丙	台	10 000	11 500	24	240 000	276 000
合　计	—	—	—	—	676 000	731 400

$$\overline{K}_q=\frac{\sum q_1p_n}{\sum q_0p_n}=\frac{731\ 400}{676\ 000}=1.082\ 0=108.20\%$$

$$\sum q_1p_n-\sum q_0p_n=731\ 400-676\ 000=55\ 400(\text{元})$$

计算结果表明，按 1990 年不变价格计算，该企业 2021 年的产量比 2020 年增长 8.20%，产量的增长使产值增加了 55 400 元。

用不变价格计算工业总产值，便于进行产量的动态对比和分析以及计算国民经济各部门之间的比例关系。用不变价格作同度量因素在实际工作中得到了广泛的应用。

三、质量指标综合指数

反映质量指标综合变动的指数称为质量指标综合指数。

【做中学 7—4】 现以价格指数为例，说明质量指标综合指数的编制方法。仍以表 7—1 的资料为例，计算三种产品的个体价格指数如下：

$$K_{甲}=\frac{p_1}{p_0}=\frac{10}{10}=1(或\ 100\%)$$

$$K_{乙}=\frac{p_1}{p_0}=\frac{5.0}{5.5}=0.91(或\ 91\%)$$

$$K_{丙}=\frac{p_1}{p_0}=\frac{25}{20}=1.25(或\ 125\%)$$

计算结果表明，三种产品的价格报告期与基期相比，甲产品没有变动，乙产品降低了 9%，丙产品上涨了 25%。如果要了解三种产品价格变动程度如何，这就需要计算产品价格综合指数。

三种产品具有不同的使用价值，因此其价格和产量一样也不能直接相加。这就要找出一个同度量因素。如果把各种产品的价格分别乘以其产量，得出三种产品的产值，这样就可以加总和对比了。在这里，产品产量是价格的同度量因素。

同度量因素产量在两个时期的水平是不相同的，为了单纯反映物价变动，排除产量变动的影响，就要把产量这一因素固定起来，也即必须使用同一时期的产量作为同度量因素。此时，是用基期的产量还是用报告期的产量作同度量因素呢？在实际工作中，一般采用报告期的产量作同度量因素。因为计算物价指数的目的，不仅要反映物价总变动的趋势及程度，而且要研究当前市场产品价格变动对国家税收及城乡人民经济生活的影响。

【提示】以报告期产品产量作同度量因素，能正确反映全部产品价格的实际总变动，使物价指数具有现实的经济意义。

【做中学 7—5】 现仍用表 7—1 的资料说明产品价格综合指数的计算方法，如表 7—4 所示。

表 7—4　　质量指标综合指数计算表

产品名称	计量单位	价格(元)		报告期产量 q_1 (元)	产品总产值(元)	
		基期 p_0	报告期 p_1		按基期价格计算的报告期假定产值 p_0q_1	报告期产值 p_1q_1
甲	件	10.0	10.0	11 500	115 000	115 000
乙	吨	5.5	5.0	21 000	115 500	105 000
丙	台	20.0	25.0	5 000	100 000	125 000
合　计	—	—	—	—	330 500	345 000

根据表 7—4 的资料可以求得价格综合指数为：

$$\overline{K}_p=\frac{\sum p_1q_1}{\sum p_0q_1}=\frac{345\ 000}{330\ 500}=1.043\ 9(或\ 104.39\%)$$

$$\sum p_1q_1-\sum p_0q_1=345\ 000-330\ 500=14\ 500(元)$$

计算结果表明，该企业三种产品价格报告期比基期提高了 4.39%，价格的提高使报告期总产值增加了 14 500 元。

上述编制产品价格指数的方法，也适用于其他质量指标指数。可以概括来说，在一般情况下，编制质量指标综合指数时，应该以报告期的数量指标作为同度量因素。以报告期数量指标作同度量因素编制的指数，也称帕舍(Paasche)指数。

任务三　平均指数

一、平均指数的基本形式

综合指数是计算总指数的基本形式，但在实际工作中，有时由于受所掌握资料的限制，不能直接使用综合指数公式计算总指数，需将综合指数变形，采用平均指数的形式来编制某些总指数。

平均指数是以个体指数为基础，通过对个体指数计算加权平均数来编制的总指数。平均指数有两种形式：①加权算术平均数指数，②加权调和平均数指数。

(一)加权算术平均数指数

我们知道，在编制产品产量指数时，只有掌握各种产品的产量和价格资料，才能使用数量指标指数公式 $\overline{K}_q=\frac{\sum q_1 p_0}{\sum q_0 p_0}$ 进行计算。但在实际工作中，有时难以取得齐备的资料，而只拥有各种产品个体产量指数和基期的总产值资料。在这种情况下，可将综合指数公式改变为加权算术平均数形式编制产品产量总指数。

因为报告期产量 q_1 未知，已知个体产量指数 K_q，又因 $K_q=q_1\div q_0$，则 $q_1=K_q q_0$。

将其代入 $\overline{K}_q=\frac{\sum q_1 p_0}{\sum q_0 p_0}$ 中，得：

$$\overline{K}_q=\frac{\sum K_q q_0 p_0}{\sum q_0 p_0} \tag{7—4}$$

改变后的这种指数就是加权算术平均数形式的产品产量指数。它实际上就是以基期产值 $q_0 p_0$ 为权数的个体产量指数 K_q 的加权算术平均数，是综合指数的变形。

【做中学 7—6】 现以表 7—5 的资料说明加权算术平均数指数的计算方法。

三种产品产量总指数为：

$$\overline{K}_q=\frac{\sum K_q q_0 p_0}{\sum q_0 p_0}=\frac{330\ 500}{290\ 000}=1.139\ 7(\text{或 }113.97\%)$$

表 7—5　产品产量加权算术平均数指数计算表

产品名称	计量单位	产　量			基期实际产值 q_0p_0(元)	按基期价格计算的报告期假定产值 $K_qq_0p_0$
		基期 q_0	报告期 q_1	个体指数 q_1/q_0		
甲	件	10 000	11 500	1.15	100 000	115 000
乙	吨	20 000	21 000	1.05	110 000	115 500
丙	台	4 000	5 000	1.25	80 000	100 000
合　计	—	—		—	290 000	330 500

$$\sum K_q q_0 p_0-\sum q_0 p_0=330\ 500-29\ 000=40\ 500(\text{元})$$

计算结果说明，三种产品产量报告期比基期平均增长了 13.97%，产量的增加使产值增加了 40 500 元。可见，如果条件一致，用算术平均数指数公式计算的结果和用综合指数公式计算的结果是相同的。其经济意义与综合指数也完全相同，只是利用的资料和计算过程不同。

由此可知，编制数量指标指数时，有时由于计算资料的限制，可将其综合指数公式改变成加权算术平均数的计算形式。这就是用综合指数的分母作权数，计算数量指标个体指数的加权算术平均数指数。

(二)加权调和平均数指数

在编制物价指数时，如果直接按照综合指数公式进行计算，就需要掌握各种产品的产量和价格资料。

【注意】有时受到计算资料的限制，须将综合指数公式改变为加权调和平均数形式编制产品价格总指数。

因为基期价格 p_0 未知，已知个体价格指数 $K_p=\frac{p_1}{p_0}$，则 $p_0=\frac{1}{K_p}\times p_1$。

将它代入 $\overline{K}_p=\frac{\sum p_1q_1}{\sum p_0q_1}$ 中，得：

$$\overline{K}_p=\frac{\sum p_1q_1}{\sum p_0q_1}=\frac{\sum p_1q_1}{\sum\frac{1}{K_p}p_1q_1} \tag{7—5}$$

上述公式就是根据综合指数变形权数编制的加权调和平均数形式的产品价格总指数。

【做中学 7—7】 现以表 7—6 的资料说明加权调和平均数指数的计算方法。

三种产品价格总指数为：

$$\overline{K}_p=\frac{\sum p_1q_1}{\sum\frac{1}{K_p}p_1q_1}=\frac{345\ 000}{330\ 500}=1.043\ 9(\text{或 }104.39\%)$$

$$\sum p_1q_1-\sum\frac{1}{K_p}p_1q_1=345\ 000-330\ 500=14\ 500(\text{元})$$

表 7—6　　产品价格加权调和平均数指数计算表

产品名称	计量单位	价格(元)			报告期产品产值 p_1q_1（元）	按基期价格计算的报告期假定产值 $\frac{1}{K_p}\times p_1q_1$
		基期 p_0	报告期 p_1	个体指数 p_1/p_0		
甲	件	10.0	10.0	1.00	115 000	115 000
乙	吨	5.5	5.0	0.91	105 000	115 500
丙	台	20.0	25.0	1.25	125 000	100 000
合　计	—	—	—	—	345 000	330 500

计算结果表明，三种产品价格综合上涨了 4.39%，价格上涨使总产值增加了 14 500 元。

上述利用加权调和平均数计算的结果，同前面综合指数公式计算的结果是完全一致的，只是由于掌握的具体资料不同，计算过程不同。

编制质量指标指数时，有时受掌握资料欠缺的限制，可将其综合指数公式改变为调和平均数形式，这就是用综合指数的分子作权数，计算质量指标个体指数的调和平均指数。

二、平均指数的应用

加权算术平均数指数和加权调和平均数指数是综合指数的变形形式，除此之外，平均数指数还有一种独立形式。但在编制质量指标指数时，是采用以报告期总量指标加权计算的调和平均数指数还是采用以基期总量指标加权计算的算术平均数指数，是值得考虑的。调和平均数指数在依据当前实际数量构成状态编制指数方面，比较有优势，但取得当年资料难度较大；算术平均数指数在应用资料条件上较有利，如果两期数量指标没有明显变化，也能得出正确结论，因此平均数指数形式及其权数的应用，可以根据研究现象的实际情况以及资料条件加以具体决定。

现以居民消费指数为例介绍我国物价指数的编制。国家统计局要求各重点市、县编制居民消费指数，并指定采用加权算术平均数公式，即：

$$\overline{K}_p=\frac{\sum K_p q_0 p_0}{\sum q_0 p_0} \tag{7-6}$$

或

$$\overline{K}_p=\frac{\sum K_p W}{\sum W}$$

我国现行的商品零售价格指数的编制程序如下：

(一)选择代表规格品

全社会零售商品多达上百万种，要编制包括全部商品在内的零售价格指数显然是不可能的。因此在编制价格指数时，只能选择部分具有代表性的商品。首先应对商品进行科学分类，在此基础上分别选择能代表各类别的代表规格品。选择的各类代表规格品通常是那些成交量比重较大、市场供应稳定、能代表该类商品集团价格变动趋势的商品。我国目前编制的零售商品价格指数中，把消费品分为食品烟酒类、衣着类、居住类、生活用品及服务类、交通和电信类、教育文化和娱乐类、医疗保健类、其他用品和服务类共八大类。大类下分小类，小类下又分若干细类，每细类中可选择若干种有代表性的商品。

(二)选择典型地区

全国商品零售价格总指数是反映全社会零售商品价格的总体变动水平的，但我国幅员辽阔，要包括所有的地区是不可能的，一般只选择部分具有代表性的地区编制价格指数。典型地区的选择既要考虑其代表性，也要注重类型上的多样性和地区分布上的合理性及稳定性。

(三)确定商品价格

对所选代表性商品所使用的是该商品在一定时期内的综合平均价。根据各代表商品基期和报告期的平均价，计算每种商品的个体价格指数，以此作为计算类指数的基础。

(四)确定权数

我国目前的零售价格总指数采用加权算术平均形式计算，其权数是把上年商品零售额资料根据当年调查资料予以调整确定。其权数即某种商品零售额占所属细类商品零售额的比重，或者某小类商品零售额占所属中类商品零售额的比重。分层计算权数，先确定各大类权数，然后分别确定中类、小类、细类、各代表商品权数。权术均以百分比表示，各层权数之和等于100。为便于计算，权数一律取整数。

(五)计算指数

具体计算过程是先计算各代表规格品个体价格指数，然后分层逐级计算细类、小类、中类、大类和全部商品总指数。现以部分资料说明价格总指数的编制和计算，如表7—7所示。

表7—7　　零售商品价格总指数计算表

商品类别及名称	计量单位	平均单价(元)		个体指数K_p(%)	权数W	$K_p \times W$
		p_0	p_1			
总指数				115.1	100	11 514.4
一、食品烟酒类				117.5	51	5 992.5

续表

商品类别及名称	计量单位	平均单价(元)		个体指数K_p(%)	权数W	$K_p \times W$
		p_0	p_1			
1. 粮食				105.3	35	3 685.5
2. 副食品				125.4	45	5 643.0
猪肉	千克	9.48	11.93	125.8	85	10 696.7
牛肉	千克	11.04	12.76	115.6	3	346.8
羊肉	千克	9.48	11.20	118.1	2	236.2
鸡蛋	千克	8.52	10.76	126.3	10	1 263.0
3. 烟酒茶				126.0	11	1 386.0
4. 其他				114.8	9	1033.2
二、衣着类				115.2	20	2 304.0
三、居住类				109.5	11	1 204.5
四、生活用品及服务类				110.4	5	552.0
五、交通和电信类				198.6	2	217.2
六、教育文化和娱乐类				116.4	6	698.4
七、医疗保健类				114.5	2	229.0
八、其他用品和服务类				105.6	3	316.8

【做中学 7—8】 根据表 7—7 的资料计算过程如下：

(1)计算各代表规格品的价格指数：

$$猪肉价格指数=\frac{p_1}{p_0}=\frac{11.93}{9.48}\times100\%=125.84\%$$

$$牛肉价格指数=\frac{p_1}{p_0}=\frac{12.76}{11.04}\times100\%=115.60\%$$

$$羊肉价格指数=\frac{p_1}{p_0}=\frac{11.20}{9.48}\times100\%=118.14\%$$

$$鸡蛋价格指数=\frac{p_1}{p_0}=\frac{10.76}{8.52}\times100\%=126.30\%$$

(2)计算副食品类价格指数：

$$\overline{K_p}=\frac{\sum K_pW}{\sum W}$$

$$=\frac{125.8\%\times85+115.6\%\times3+118.1\%\times2+126.3\%\times10}{100}$$

$$=125.4\%$$

(3)用同样的方法计算出其他各中类、大类的商品价格指数。

(4)根据各大类商品价格指数及相应的权数计算出全部商品的价格总指数：

$$\overline{K_p}=\frac{\sum K_pW}{\sum W}=\frac{117.5\%\times51+115.2\%\times20+109.5\%\times11+110.4\%\times5+198.6\%\times2+116.4\%\times6+116.4\%\times6+114.5\%\times2+105.6\%\times3}{100}$$

$$=115.1\%$$

三、平均指数与综合指数的比较

对平均指数与综合指数进行比较，可以看出二者既有联系又有区别，主要表现在四个方面：

第一，两者都是总指数的计算方法。由于平均指数依据的是综合指数的编制原理，因此，通常是作为综合指数的变形来使用的。

第二，两者对资料的适应性不同。综合指数要求使用全面的原始资料，而平均指数计算既可以使用全面的原始资料，也可以使用代表性资料。因此，平均指数比综合指数更灵活，更有现实意义。例如，要编制物价指数，由于商品品种和类别成千上万，因此，实际上难以用全面的资料来编制价格指数反映价格的综合变动情况。这样，综合指数的运用就受到了限制，而应用平均指数进行编制，由于能用适当的权数和平均的方法，因此，就可以基本准确地反映商品价格的动态了。

第三，两者使用的权数不同。平均指数所使用的权数，是与个体指数所代表的范围相适应的现成的总产值材料，由于计算平均指数时不需要两个时期不同属性的指标相乘，因此，应用更方便。此外，由于平均指数的大小与所平均的变量所占的比重有关，因此，可根据客观条件选择或确定权数，而综合指数则不能以主观假定权数来计算。

第四，平均指数有更大的局限性。平均指数的作用是根据非全面资料来计算总指数的，这种方法计算简便、灵活，但同时也蕴含了很大的局限性，即非全面调查中的平均指数，只能反映所研究现象的变动方向和变动程度，而不能直接计算出所研究现象变动的实际效果。

任务四　统计指数体系

一、统计指数体系的概念与作用

前面讨论的数量指标指数和质量指标指数的计算，只是从一个特定数量现象（指标）方面反映其变动方向和变动程度，它仅实现了统计指数的一个作用。如果要实现统计指数的另一个作用，即进行因素分析，就需要借助统计指数体系。

统计指数体系是由若干个相互联系的指数在数量上构成对等关系的三个或三个以上的指数所组成的整体。它是进行指数因素分析的最基本形式。统计指数体系也反映了客观事物本身内在的联系。因为社会经济现象是错综复杂的，它的变动往往受许多因素的影响。例如，商品销售额的增减受商品销售量和销售单价两个因素的影响；产品总成本的变动受产品产量和单位产品成本两个因素的影响；产品产量的多少受生产工人人数和劳动生产率两个因素的影响；等等。而这些影响因素之间是相互制约、相互联系的，通常可以将其客观的内在经济联系用一定的经济关系式反映出来，即：

销售总额（指数）＝销售量（指数）×价格（指数）

总成本（指数）＝产量（指数）×单位成本（指数）

总产量（指数）＝生产工人人数（指数）×劳动生产率（指数）

工资总额（指数）＝职工人数（指数）×平均工资（指数）

总指标指数＝数量指标指数×质量指标指数

统计指数体系在经济分析中具有重要的作用，主要体现在两个方面：

一方面，通过指数体系可以进行因素分析，说明在社会经济现象总变动中各构成因素变动的影响方向和影响程度。例如，若销售额总指数为116.2％，销售量综合指数为118％，价格综合指数为98.98％，销售量和价格这两个因素共同影响和左右了销售额的变化。

另一方面，根据指数体系中各指数之间的经济联系，可以进行估计推算。例如，某企业为了增产15%,允许总成本比上年增加11%,试问该期单位成本水平应比上期降低多少?对这类问题可以利用指数体系进行估计推算。

因为总成本指数=产量指数×单位成本指数,所以单位成本指数=总成本指数÷产量指数,即:

单位成本指数=111%÷115%=96.52%

以上计算说明若想增产15%,总成本又要控制在增长11%以内,则本期的单位成本应比上期降低3.48%。

二、综合指数体系因素分析

编制统计指数体系,应以编制综合指数的一般原理为依据,即编制数量指标指数时,应将作为同度量因素的质量指标固定在基期;编制质量指标指数时,应将作为同度量因素的数量指标固定在报告期。其他各组指数体系的编制,也必须遵循这个基本原则。

对两个因素指数建立的指数体系来讲,其中必有一个是数量指标指数,另一个是质量指标指数。

【做中学7—9】 现仍以表7—1的资料为例,说明总量指标指数体系的编制方法和如何进行因素分析,如表7—8所示。

表7—8　　**总量指标变动因素分析表**

产品名称	计量单位	产　量		价格(元)		产品产值(元)		
		基期 q_0	报告期 q_1	基期 p_0	报告期 p_1	基期 q_0p_0	报告期 q_1p_1	按基期价格计算的报告期假定产值 q_1p_0
甲	件	10 000	11 500	10.0	10.0	100 000	115 000	115 000
乙	吨	20 000	21 000	5.5	5.0	110 000	105 000	115 500
丙	台	4 000	5 000	20.0	25.0	80 000	125 000	100 000
合　计	—	—	—	—	—	290 000	345 000	330 500

首先,计算该企业工业总产值总指数为:

$$\overline{K}=\frac{\sum q_1p_1}{\sum q_0p_0}=\frac{345\ 000}{290\ 000}\times 100\%=118.97\%$$

$$\sum q_1p_1-\sum q_0p_0=345\ 000-290\ 000=55\ 000(\text{元})$$

上述计算结果说明,企业报告期总产值比基期增长了18.97%,增加的绝对额是55 000元。由于工业总产值的变动是受产品产量和价格两个因素变动综合影响的结果,因此,须分别计算产品产量和价格的变动及其对工业总产值的影响,即编制三种产品产量和价格综合指数。

产品价格综合指数为:

$$\overline{K}_q=\frac{\sum q_1p_0}{\sum q_0p_0}=\frac{330\ 500}{290\ 000}\times 100\%=113.97\%$$

$$\sum q_1p_0-\sum q_0p_0=330\ 500-290\ 000=40\ 500(\text{元})$$

上述计算结果说明,企业三种产品产量报告期比基期增长了13.97%,产量增长使工业总产值增加了40 500元。

产品价格综合指数为:

$$\overline{K}_p=\frac{\sum p_1q_1}{\sum p_0q_1}=\frac{345\ 000}{330\ 500}\times 100\%=104.39\%$$

$$\sum p_1q_1-\sum p_0q_1=345\ 000-330\ 500=14\ 500(\text{元})$$

上述计算结果说明企业三种产品价格报告期比基期上涨了4.39%，价格上涨使工业总产值增加了14 500元。

上述计算的各指数所形成的指数体系是：

118.97%=113.97%×104.39%

55 000=40 500+14 500

从所列示的指数体系关系式中可以看出，企业工业总产值报告期比基期增长了18.97%，增加的绝对额为55 000元。这是由于报告期产品产量增长了13.97%，使总产值增加了40 500元；产品价格上涨了4.39%，使总产值增加了14 500元两个因素共同作用的结果。

可见，利用综合指数体系，可以测定各因素的变动对社会经济总变动的影响方向和影响程度。

上面介绍了两个因素的指数体系的编制与分析方法。这种方法可以推广运用于三个以上的多因素的分析。多因素的指数体系编制与两个因素指数体系的编制方法基本相同。当分析其中一个因素的影响时，要将其他因素都固定起来，同时仍按照综合指数的编制原则，即编制数量指标指数时，应将作为同度量因素的质量指标固定在基期；编制质量指标指数时，应将作为同度量因素的数量指标固定在报告期。

例如，在进行原材料费用额度分析时，其影响因素分别是产品产量、单位原材料消耗量和单位原材料价格。在这三个因素中，产品产量是数量指标，应排在第一位，由于单位原材料消耗量和单位原材料价格均为质量指标，应排在后面，由于产量乘以单耗等于总消耗量，所以单耗排在第二位，单位原材料价格排在第三位。设q表示产品产量，m表示单位原材料消耗量，p表示单位原材料价格，则qmp即为原材料费用总额。分析多因素影响的指数体系关系如下：

$$\frac{\sum q_1 m_1 p_1}{\sum q_0 m_0 p_0}=\frac{\sum q_1 m_0 p_0}{\sum q_0 m_0 p_0}\cdot\frac{\sum q_1 m_1 p_0}{\sum q_1 m_0 p_0}\cdot\frac{\sum q_1 m_1 p_1}{\sum q_1 m_1 p_0} \tag{7—7}$$

在具体编制多因素指数体系时，一定要合理排列现象多因素的先后顺序，各因素之间的排列顺序要符合经济现象各因素之间的相互联系的客观情况；各因素的替代必须依据各因素的客观经济关系，由数量到质量，按顺序逐次连锁进行；在分析数量指标因素和质量指标因素时，要按指数法规定的同度量因素原则进行。

三、平均指标指数因素分析

（一）平均指标指数的意义

在统计分组条件下，平均指标数值大小受两个因素的影响：①变量值(x)大小；②各组结构($f/\sum f$)大小。这两个因素共同对平均数($\overline{x}$)的大小起作用，用符号表示为：

$$\overline{x}=\frac{\sum xf}{\sum f}=\sum x\cdot\frac{f}{\sum f} \tag{7—8}$$

$$平均数(\overline{x})=变量值(x)\times结构比重\left(\frac{f}{\sum f}\right)$$

由于平均数也是两个因素乘积变动的结果，根据凡有乘积联系的数量现象均可由指数体系进行分析的原理，可构建平均指标指数体系对平均数的变动程度和影响差额进行相对数和绝对量两种分析。

由以上论述可见，平均指标指数是由两个不同时期同一总体的加权算术平均数进行动态对比而计算的指数。平均指标指数是对平均指标进行动态分析的依据。

【提示】在对总指标进行动态分析时，平均指标指数与平均指数的内容和对象是不同的。

（二）平均指标指数体系

平均指标指数通常可以分为可变指数、结构影响指数和固定组成指数。

1. 可变指数

可变指数是把综合反映总体各组平均指标和总体结构两个因素影响的总体平均指标指数。它是将报告期的总平均指标与同一总体基期总平均指标进行对比所得到的结果。

如用 $\bar{x}_0$ 代表基期平均数，$\bar{x}_1$ 代表报告期平均数，f 代表各组单位数，则平均指标可变指数可用公式表示如下：

$$\overline{K}_{可变}=\frac{\bar{x}_1}{\bar{x}_0}=\frac{\sum x_1 f_1}{\sum f_1}\div\frac{\sum x_0 f_0}{\sum f_0} \tag{7—9}$$

2. 结构影响指数

结构影响指数是把两个时期的各组平均指标固定起来，单纯反映结构变动对总平均指标变动的影响程度。至于指数中固定因素应固定在什么时期，可根据综合指数的编制原则来研究。这里的各组平均指标相当于质量指标，总体结构相当于数量指标。因此，结构影响指数应将各组平均指标固定在基期，用公式表示如下：

$$\overline{K}_{结构}=\frac{\sum x_0 f_1}{\sum f_1}\div\frac{\sum x_0 f_0}{\sum f_0} \tag{7—10}$$

3. 固定组成指数

固定组成指数是把两个时期的总体结构固定起来，单纯表明各组平均指标的变动对总体平均指标变动的影响程度。这里的总体结构相当于数量指标，因此应固定在报告期，用公式表示如下：

$$\overline{K}_{固定}=\frac{\sum x_1 f_1}{\sum f_1}\div\frac{\sum x_0 f_1}{\sum f_1} \tag{7—11}$$

上述可变指数等于结构影响指数与固定组成指数的乘积，三种指数彼此相互联系，形成如下指数体系：

可变指数＝结构影响指数×固定组成指数

报告期平均数、基期平均数和按报告期数量指标计算的假设平均数可用下列公式表示：

$$\bar{x}_1=\frac{\sum x_1 f_1}{\sum f_1} \tag{7—12}$$

$$\bar{x}_0=\frac{\sum x_0 f_0}{\sum f_0} \tag{7—13}$$

$$\bar{x}_n=\frac{\sum x_0 f_1}{\sum f_1} \tag{7—14}$$

可变指数、结构影响指数、固定组成指数的体系也可以表示为：

$$\frac{\bar{x}_1}{\bar{x}_0}=\frac{\bar{x}_n}{\bar{x}_0}\cdot\frac{\bar{x}_1}{\bar{x}_n} \tag{7—15}$$

我们通过一个实例，说明上述各指数之间的关系及计算方法。

【做中学 7—10】 某企业生产两种同类产品，有关产量和单位产品成本资料如表 7—9 所示。

表 7—9 **两种产品的产量和单位产品成本资料**

产品规格	产量(台)				单位产品成本(元)		总成本(元)		
	基期		报告期						
	f_0	$f_0/\sum f_0$	f_1	$f_1/\sum f_1$	x_0	x_1	x_0f_0	x_1f_1	x_0f_1
B-Ⅰ	80	80	100	50	100	89	8 000	8 900	10 000
B-Ⅱ	20	20	100	50	110	110	2 200	11 000	11 000
合　计	100	100	200	100	—	—	10 200	19 900	21 000

根据表 7—9 的资料，可得：

$$\bar{x}_1=\frac{\sum x_1f_1}{\sum f_1}=\frac{19\ 900}{200}=99.5$$

$$\bar{x}_0=\frac{\sum x_0f_0}{\sum f_0}=\frac{10\ 200}{100}=102$$

$$\bar{x}_n=\frac{\sum x_0f_1}{\sum f_1}=\frac{21\ 000}{200}=105$$

$$\bar{K}_{可变}=\frac{\bar{x}_1}{\bar{x}_0}=\frac{\sum x_1f_1}{\sum f_1}\div\frac{\sum x_0f_0}{\sum f_0}=\frac{19\ 900}{200}\div\frac{10\ 200}{100}=\frac{99.5}{102}=0.975\ 5(或\ 97.55\%)$$

其绝对值为：$\bar{x}_1-\bar{x}_0=99.5-102=-2.5$(元)

计算结果表明，报告期企业平均成本比基期下降了 2.45%，平均单位成本下降了 2.5 元。这受到各种产品单位成本变动和不同规格产品比重变动两个因素的影响。下面分析这两个因素的影响。

$$\bar{K}_{结构}=\frac{\sum x_0f_1}{\sum f_1}\div\frac{\sum x_0f_0}{\sum f_0}=\frac{\bar{x}_n}{\bar{x}_0}=\frac{21\ 000}{200}\div\frac{10\ 200}{100}=\frac{105}{102}=1.029\ 4(或\ 102.94\%)$$

其绝对值为：$\bar{x}_n-\bar{x}_0=105-102=3$(元)

计算结果表明，假定企业各种产品的单位成本不发生变动，单纯由于各种产品产量在总产量中所占比重的变动，该企业的平均单位成本报告期比基期上升了 2.94%，增长额为 3 元。

$$\bar{K}_{固定}=\frac{\sum x_1f_1}{\sum f_1}\div\frac{\sum x_0f_1}{\sum f_1}=\frac{\bar{x}_1}{\bar{x}_n}=\frac{19\ 900}{200}\div\frac{21\ 000}{200}=\frac{99.5}{105}=0.947\ 6(或\ 94.76\%)$$

其绝对值为：$\bar{x}_1-\bar{x}_n=99.5-105=5.5$(元)

计算结果表明，假定企业产品产量构成不变，单纯由于各种产品单位成本的变动，企业的平均单位成本报告期比基期下降了 5.24%，下降金额为 5.5 元。

前面的计算结果，可用指数体系表示如下：

$$\frac{\bar{x}_1}{\bar{x}_0}=\frac{\bar{x}_n}{\bar{x}_0}\cdot\frac{\bar{x}_1}{\bar{x}_n}$$

97.55%=102.94%×94.76%

绝对额的关系是：

$$\bar{x}_1-\bar{x}_0=(\bar{x}_n-\bar{x}_0)+(\bar{x}_1-\bar{x}_n)$$

−2.5 元=3 元−5.5 元

平均单位成本变动对总成本影响的绝对指标分析：

$$\left(\frac{\sum x_1f_1}{\sum f_1}-\frac{\sum x_0f_0}{\sum f_0}\right)\sum f_1=\left(\frac{\sum x_0f_1}{\sum f_1}-\frac{\sum x_0f_0}{\sum f_0}\right)\sum f_1+\left(\frac{\sum x_1f_1}{\sum f_1}-\frac{\sum x_0f_1}{\sum f_1}\right)\sum f_1$$

−500 元=600 元−1 100 元

综合分析可见，由于报告期该企业平均成本比基期下降了 2.45%，平均单位成本降低了 2.5 元，所以企业在报告期生产产品成本任务节约了 500 元。这是由两个因素综合影响的结果。其中，由于企业各种产品产量结构的变动，企业平均单位产品成本报告期比基期上升了 2.94%，平均单位成本提高了 3 元，企业在报告期生产产品的成本超支了 600 元；另外，由于企业降低成本，企业平均单位成本报告期比基期下降了 5.24%，其下降金额为 5.5 元，从而使企业在报告期生产产品的成本节约了 1 100 元。

四、综合指数体系与平均指标指数体系的关系

综合指数体系是对总量指标进行因素分析的表达形式，而平均指标指数体系是对平均指标进行因素分析的表达形式。从分析的目的看，它们是两种不同性质的形式。但从运用资料和分析的结构来看，二者又有一定的联系。

对比综合指数体系和平均指标指数体系可以看出，在计算综合指数体系时，各个指数的分子、分母同时除以一个数量指标，就可以得到平均指标指数体系中的有关数据。例如，若把 $\overline{K}_{xf}=\frac{\sum x_1f_1}{\sum x_0f_0}$ 的分子和分母分别除以 $\sum f_1$ 和 $\sum f_0$，就可以得到 $\overline{K}_{可变}=\frac{\sum x_1f_1}{\sum f_1}\Big/\frac{\sum x_0f_0}{\sum f_0}$；把 $\overline{K}_x=\frac{\sum x_1f_1}{\sum x_0f_1}$ 的分子和分母分别除以 f_1，就可以得到 $\overline{K}_{固定}=\frac{\sum x_1f_1}{\sum f_1}\Big/\frac{\sum x_0f_1}{\sum f_1}$；若把 $\overline{K}_f=\frac{\sum x_0f_1}{\sum x_0f_0}$ 的分子和分母分别除以 $\sum f_1$ 和 $\sum f_0$，就可以得到 $\overline{K}_{结构}=\frac{\sum x_0f_1}{\sum f_1}\Big/\frac{\sum x_0f_0}{\sum f_0}$。

由此可见，平均指标指数是在原来综合指数的基础上演变而来的，所除以的 f，就是综合指数分子和分母中的相应时期。综合指数中分子是 x_1f_1 就除以 f_1，分母是 x_0f_0 就除以 f_0，分子是 x_0f_1 就除以 f_1。这种关系既体现了两种指数体系之间计算上的联系，又体现了两种指数体系之间的区别。

任务五　几种常用的经济指数

一、居民消费价格指数

居民消费价格指数是反映一定时期内城乡居民所购买的生活消费品和服务项目价格变动趋势和程度的相对数，是对城市居民消费价格指数和农村居民消费价格指数进行综合汇总计算的结果。通过该指数可以观察和分析消费品的零售价格和服务项目价格变动对城乡居民实际生活费支出的影响程度。

该指标对于进行经济分析和决策、监测价格总水平、调控国民经济核算具有重要意义，其变动率在一定程度上也反映了通货膨胀或紧缩的程度，因此世界各国都在编制这种指数。

我国的居民消费价格指数是采用固定加权算术平均数指数方法编制的，编制程序大致为：

第一，居民消费分类。将居民消费总体分为八大类，包括食品、烟酒及用品、衣着、家庭设备用品及维修服务、医疗保健和个人用品、交通和通信、娱乐教育文化用品和服务、居住。在大类下面可再细分为若干中类和小类。

第二，选择代表性商品和规格品。从以上各类中选择 260 种代表性商品、600～700 种代表规格品入编指数。

第三，确定调查点、定期调查。对所辖城市以年平均工资、县以年人均收入、经营网点以人均销售额排序，再将城市、县人口收入以及经营网点营业额进行累计之后，依据抽取的每层样本数量实施等距抽样，最后筛选出调查点。对于调查点的采价，实行定人、定点、定时调查。对于与居民生活关系密切、价格变动频繁的商品，至少每 5 天调查一次，一般商品每月至少调查 2～3 次。

第四，确定权数。居民消费价格指数权数是根据近 13 万户城乡居民家庭消费支出构成确定的，该权数一般 5 年更换一次。

第五，计算价格指数。按从低到高、由小到大的顺序，以适当的方式依次编制各类别的消费价

格指数和消费价格总指数。对于每个代表性商品的基本类别，是将所包含的各种代表规格品的个体价格指数作简单几何平均，得到该代表性商品的消费价格指数，再对上述结果进行加权算术平均，最后分别获得各类别的消费价格指数和消费价格总指数。

二、工业生产指数

工业生产指数是生产指数中的一种重要形式，是反映工业产品产量变动方向和程度的一种相对数，是西方国家普遍用来计算和反映工业发展速度的指标，也是景气分析的首选指标。工业生产指数是以代表性产品的生产量为基础，用报告期除以基期取得产品产量的个体指数为变量，以工业增加值为权数，加权计算的一种总指数。其编制程序大致为：

第一，确定本级代表性产品目录，计算个体物量指数。这个环节非常重要，它直接关系到工业生产指数结果的准确性。一般选取的原则是，从各个行业分品种和规格来选择代表性产品，尽量考虑那些价值量大、经济寿命周期长、处于上升趋势、在一定时期处于相对稳定的产品，我国一般月度选择 500 多种代表性产品。对于选定的产品，用其报告期的产量与基期对比，计算个体数量指数。随着经济的发展，科技含量的增加，不同产品个体数量指数代表的意义有很大差别，因而在实际中可以对部分代表性产品的个体数量指数进行必要的修正和优化。

第二，确定权数。权数是对产品的个体产量指数在生产指数形成过程中的重要性进行界定的指标，通常以增加值的比重来表示。一般计算年度指数时，权数的基期固定 5 年不变。而这样与我国不断优化产业结构、调整加强产业更新换代的现实产生差距。因此在实际中，以基期增加值为基础确定的权数也要随产业的变化和进步进行相应的动态调整和科学的修正。

第三，计算工业生产总指数。依据报告期各种代表性产品产量与基期相比计算出个体指数，然后用衡量各种产品在工业经济中重要性不同的权数，加权平均计算出产品产量的分类指数和总指数。

三、股票价格指数

在股票市场上每天都有不同的股票在交易，它们的价格不同、变化不同，有升有降，并且升降的幅度也不尽相同。在这种变化多端的市场中，用任何一种股票的价格变化来说明股市的情况都没有说服力。那么如何来衡量股票市场价格的变化水平，反映股市整体的行情变化呢？股票价格指数是一种有效的方法。

股票价格指数就是用来反映整个股票市场上各种股票市场价格的总体水平及其变动情况的指标。它是选取有代表性的一组股票，把它们的价格进行加权平均而计算得到的。

世界上很多著名的股票价格指数由专业公司编制的，虽然编制股票价格指数的原理相同，但在具体问题上，不同指数有各自不同的处理方法。

下面以我国上海证券交易所的上证综合指数为例作一简单阐述。

上证综合指数是由上海证券交易所从 1991 年 7 月 15 日起编制并公布的，反映上海证券交易所挂牌股票总体走势的统计指标。它以 1990 年 12 月 19 日为基期，以全部上市股票为样本，以股票发行量为权数，按加权平均法计算。其计算公式为：

$$今日股价指数=\frac{今日市价总值}{基日市价总值}\times 100$$

市价总值为收盘价乘以发行股数，遇发行新股或扩股时，需进行修正。

项目训练

一、单项选择题

1. 按照指数的性质不同，指数可分为（　　）。

A. 个体指数和总指数　　B. 简单指数和加权指数

C. 数量指标指数和质量指标指数　　D. 动态指数和静态指数

2. 在指数的相关概念中，（　　）。

A. 简单指数是指个体指数，加权指数是指总指数

B. 简单指数是指总指数，加权指数是指个体指数

C. 简单指数和加权指数都是指个体指数

D. 简单指数和加权指数都是指总指数

3. 根据指数研究的范围不同，可以把它分为（　　）。

A. 个体指数和总指数　　B. 简单指数和加权指数

C. 综合指数和平均指数　　D. 动态指数和静态指数

4. 设 p 表示商品的价格，q 表示商品的销售量，$\frac{\sum p_1 q_1}{\sum p_0 q_1}$说明了（　　）。

A. 在基期销售量条件下，价格综合变动的程度

B. 在报告期销售量条件下，价格综合变动的程度

C. 在基期价格水平下，销售量综合变动的程度

D. 在报告期价格水平下，销售量综合变动的程度

5. 按照个体价格指数和报告期销售额计算的价格指数是（　　）。

A. 综合指数　　B. 平均指标指数

C. 加权算术平均指数　　D. 加权调和平均指数

6. 作为综合指数变形使用的平均指数，下列选项中可以作为加权调和平均指数的是（　　）。

A. $p_0 q_0$　　B. $p_1 q_1$　　C. $p_0 q_1$　　D. $p_1 q_0$

7. 用加权平均法求总指数时，所需资料（　　）。

A. 必须是全面资料

B. 必须是非全面资料

C. 既可以是全面资料，也可以是非全面资料

D. 个体指数可以用全面调查资料，权数一定用非全面资料

8. 根据指数所采用的基期不同，指数可分为（　　）。

A. 数量指标指数和质量指标指数　　B. 拉氏指数和帕舍指数

C. 环比指数和定基指数　　D. 时间指数、空间指数和计划完成指数

9. 综合指数一般是（　　）。

A. 简单指数　　B. 加权指数　　C. 静态指数　　D. 平均指数

10. 平均指标指数中的平均指标通常是（　　）。

A. 简单调和平均数　　B. 简单算术平均数

C. 加权调和平均数　　D. 加权算术平均数

二、多项选择题

1. 下列属于指数范畴的指标有（　　）。

A. 动态相对数　　B. 离散系数

C. 计划完成相对数　　D. 季节比率

2. 报告期数值和基期数值之比可称为(　　)。

A. 动态相对指标　　B. 发展速度

C. 增长速度　　D. 统计指数

3. 下列属于质量指标指数的有(　　)。

A. 价格总指数　　B. 个体价格指数

C. 销售量总指数　　D. 销售总额指数

4. 指数按选择基期的不同可分为(　　)。

A. 静态指数　　B. 动态指数　　C. 定基指数　　D. 环比指数

5. 综合指数的特点有(　　)。

A. 由两个总量指标对比形成

B. 固定一个或一个以上因素,仅观察其中一个因素的变动

C. 分子或分母中有一项假定指标

D. 编制时可按范围逐步扩大

三、简述题

1. 什么是数量指标指数? 什么是质量指标指数? 编制这两种指数的方法有什么异同?

2. 什么是统计指数? 什么是统计指数体系? 各有什么作用?

3. 什么是同度量因素? 同度量因素有什么作用?

4. 什么是可变指数? 它受几个因素变动的影响?

5. 简述可变指数与综合指数的异同。

四、综合题

1. 某企业生产三种主要产品,其销售单价和销售量有关资料如表7—10所示。

表7—10　　三种产品销售单价和销售量资料

品　名	计量单位	单　价(元)		销售量	
		基　期	报告期	基　期	报告期
甲	千克	20	40	1 200	1 000
乙	升	4	6	800	900
丙	米	15	15	10 000	12 000

要求:

(1)计算三种产品的单价个体指数和销售量个体指数;

(2)计算三种产品的销售额综合指数及其绝对额;

(3)计算三种产品的销售量综合指数、价格综合指数及其绝对值。

2. 某企业两种主要产品销售的有关资料如表7—11所示。

表 7—11　　两种主要产品销售的有关资料

品　名	计量单位	销售量增长速度(%)	销售额(万元)	
			基　期	报告期
甲	千克	25	100	120
乙	箱	10	60	69

要求：根据表中资料计算销售额总指数，并分析由于销售量变动对销售额影响的程度及其绝对额。

3. 某基层供销社直接向农民收购农产品的有关资料如表 7—12 所示。

表 7—12　　供销社向农民收购农产品的有关资料

品　名	2021 年收购价格占 2020 年的比例(%)	实际收购额(万元)	
		2020 年	2021 年
甲	110	1 368	1 200
乙	115	920	800
丙	125	416	320
丁	140	140	80

要求：

(1)计算农产品收购价格总指数。由于收购价格的提高，农民增加的收入是多少？

(2)计算农产品收购量总指数及其绝对值。

(3)在农产品收购额总变动中，收购价格和收购量的影响各为多少？

4. 某工业企业三种产品的销售量及价格资料如表 7—13 所示。

表 7—13　　三种产品的销售量及价格资料

产品名称	销售量单位	销售量		价　格(元)	
		基　期	报告期	基　期	报告期
甲	吨	1 000	1 200	60	62
乙	件	500	520	80	85
丙	米	3 500	3 400	30	25
合　计	—				

要求：试运用指数体系从绝对数和相对数两个方面分析商品的销售量和销售价格两个因素的变动对销售额的影响方向和程度。

5. 某公司所属两个分公司生产的同种产品的有关资料如表 7—14 所示。

表 7—14　　两个分公司生产的同种产品的有关资料

分公司名称	单位成本(元/件)		产　量(件)	
	基　期	报告期	基　期	报告期
甲分公司	10.0	9.0	300	1 300
乙分公司	12.0	12.2	700	700
总公司	—	—	1 000	2 000

要求：试根据资料计算分析总公司该产品平均单位成本可变指数及其绝对额，并分析甲、乙两个分公司单位成本、产量各因素变动对总平均单位成本变动的影响情况。

6. 某企业基期和报告期工人基本工资如表7—15所示。

表7—15　基期和报告期工人基本工资

按技术级别分组	基　期		报告期	
	工人数（人）	平均工资（元）	工人数（人）	平均工资（元）
5级以上	45	600	5	680
3～4级	120	500	1 080	540
1～2级	40	300	135	370

要求：试分析该企业职工工资水平变动情况，并说明变化的原因（提示：从相对数和绝对数两方面分析）。

7. 已知甲分公司生产的三种产品有关单位成本及产量资料如表7—16所示。

表7—16　甲分公司生产的三种产品有关单位成本及产量资料

产品名称	计算单位	单位成本（元/件）		产　量（万件）	
		5月	6月	5月	6月
A	件	6.0	5.8	52.0	50.0
B	个	7.3	8.0	33.0	40.0
C	双	12.0	13.6	40.0	28.0

要求：依据所给资料计算三种产品的总成本指数、产量综合指数、单位成本综合指数，并分析各因素的影响程度（提示：建立指数体系，并从绝对数和相对数两个方面进行分析）。

项目实训

【实训项目】

统计指数。

【实训目的】

加强对统计指数的认识。

【实训资料】

为了解本地区物价的变化情况，需编制本地区的物价指数。根据你所居住的地区人们消费的习惯，以及你所掌握的指数方面的知识，确定一些计算指数的代表规格商品，并进行调查了解，计算出该地区的物价指数。

【实训要求】

1. 试着去完成实训资料的内容。

2. 撰写《统计指数》实训报告。

<table>
<tr><td colspan="3">《统计指数》实训报告</td></tr>
<tr><td>项目实训班级：</td><td>项目小组：</td><td>项目组成员：</td></tr>
<tr><td>实训时间：　　年　月　日</td><td>实训地点：</td><td>实训成绩：</td></tr>
<tr><td colspan="3">实训目的：</td></tr>
<tr><td colspan="3">实训步骤：</td></tr>
<tr><td colspan="3">实训结果：</td></tr>
<tr><td colspan="3">实训感言：</td></tr>
<tr><td colspan="3">不足与今后改进：</td></tr>
</table>

项目组长评定签字：　　　　　　　　　　项目指导教师评定签字：

项目八

抽样推断

○ **知识目标**

理解：抽样推断的概念、特点和作用；抽样推断的若干基本概念；抽样误差的概念。

熟知：影响抽样误差的因素；影响样本容量的因素；抽样的组织方式。

掌握：抽样平均误差、抽样极限误差、抽样估计的可靠程度、抽样估计的方法；单个总体参数的区间估计、两个总体参数的区间估计；样本容量的确定；假设检验。

○ **技能目标**

能够结合所学的抽样推断知识，对相关业务进行计算与分析。

○ **素质目标**

运用所学的抽样推断基本原理知识研究相关案例，培养和提高学生在特定业务情境中分析问题与决策设计的能力；结合行业规范或标准，运用抽样推断知识分析行为的善恶，强化学生的职业道德素质。

○ **思政目标**

能够正确地理解“不忘初心”的核心要义和精神实质；树立正确的世界观、人生观和价值观，做到学思用贯通、知信行统一；通过抽样推断知识，激发自己的创新能力、职业认知、职业成就和职业素养，提高学生理论与实践相结合的能力，运用抽样推断解决实际问题。

○ **项目引例**

抽样推断在现实中的作用

在某食品公司的生产车间，每8小时班可以包装5 000盒糕点，作为生产车间的运营经理，小王负责监控盒内所装糕点的重量。按照包装盒上标明的净重，每盒应该装138克糕点。但是，由于流水线的快速运转，每盒糕点的重量在138克上下浮动。如果在包装运作过程出现问题，那么盒装糕点的重量就会严重偏离138克，而不符合生产要求。虽然可以逐一检查每盒糕点的重量，但是这样做需要花费大量的时间，效率低，成本高。现在，小王通过抽样的方法来判断生产过程是否处于正常工作状态。抽取若干盒糕点组成样本，对样本中的每一盒糕点逐一称重，然后计算得到样本均值$\overline{x}$。通过样本均值等资料以一定的概率把握程度进一步计算估计所有盒装糕点的净重的均值范围，检查是否符合生产要求（注意：在这个过程中，根据样本计算出来的样本均值本身并无多大意义）。然后，小王就可以决定是应当继续生产，还是调整或停止生产。或者，小王也可以这样判断，如果总体的真实均值$\overline{x}$为138克，那么，随机抽样得到$\overline{x}$的概率有多大，然后根据这个概率来决定是继续生产还是调整或停止生产。

资料来源：李贺等：《统计学》，上海财经大学出版社2019年版，第155页。

试分析：你知道上述项目引例中的抽样推断是什么原理吗？

○ **知识精讲**

任务一 抽样推断概述

一、抽样推断的概念及特点

动漫视频

抽样调查

(一)抽样推断的概念

抽样推断也称抽样估计或抽样调查,是统计研究的一种重要方法。它是一种非全面调查,是按照随机原则,从调查对象中抽取部分单位组成样本进行观察,获得样本数据,然后运用数理统计的原理,根据抽样调查所取得的样本指标来推断总体指标的一种研究方法。

(二)抽样推断的特点

1. 它是利用部分单位的样本指标数值去推算总体指标数值的方法

统计研究的目的是要认识现象总体的数量特征,但并不是所有的社会经济现象都可以用全面调查来达到这种认识。许多情况下,我们只能对总体的部分单位组织调查,而在认识上又必须对总体的数量特征作出估计和判断,这种矛盾在现实中是大量存在的。例如,要了解一所院校全体1 500名学生的学习成绩,我们可以只调查部分学生。假设是200名学生,通过对这200名学生学习成绩的调查,得到其学习成绩,然后利用数理统计的方法来推断这1 500名学生的学习成绩。又如,对于城市居民家庭收支问题,我们也难以进行挨家挨户的调查。如果在方法上不解决这个问题,统计的认识活动就会受到限制,统计科学也难以得到发展。而抽样推断解决了这个问题,它科学地论证了样本指标与相应的总体指标之间存在着内在的联系,并且两者之间的误差也是有规律可循的,这就提供了由部分推算总体的方法,因而大大提高了统计分析的认识能力和预见性。

2. 遵守随机原则抽取样本单位

所谓随机原则,是指从调查对象中抽取部分单位,抽取哪个单位,不受调查研究者主观意志的影响,每个单位都有同等的机会被抽中,样本单位完全是在偶然的、随机的条件下被抽中的。这样抽取的样本对总体有更大的代表性。在随机的原则下,样本指标的分布可以加以描述,从而抽样误差的范围可以估计,而计算抽样误差又是抽样推断的基础。因此,随机原则是抽样调查必须遵循的原则,如果违背这个原则,抽样调查将失去科学性,抽样推断结果的可信程度也将无法保证。

3. 抽样推断运用的是概率估计的方法

利用样本指标来估计总体指标,运用的是不确定的概率估计方法。因为样本数值与总体指标数值之间并不存在严格对应的自变量与因变量之间的关系,所以它不能利用一定的函数关系来推算总体指标。抽样推断是用样本指标去推断总体指标所在的范围,并提出相应的可靠程度。这是概率所要解决的问题。

4. 可以计算并控制抽样误差

根据样本指标去推断总体指标,不可能做到百分之百准确,必然会产生误差。但是,这个误差在调查之前是可以计算的,并且可以采取措施加以控制,使推断的结果达到一定的精确程度。

二、抽样推断的作用

(一)对不能或不必要进行全面调查的现象,可采用抽样调查

一种情况是具有破坏性的产品质量检验。如轮胎行驶里程检验、灯泡使用寿命检验、炮弹杀伤力检验、电视机抗震能力检验等,这些检验都要以破坏产品为前提,我们不能为了检验而将全部产品破坏掉,只能采用抽样调查的方法来推算所有产品的质量。另一种情况是由于总体范围过大、单

位分布很广，理论上可以进行全面调查，但实际做不到，这时候也只能采用抽样调查。还有一种情况是虽然实际上也能做到全面调查，但没有全面调查的必要，如居民家庭收支调查等。

(二)抽样调查的结果可对全面调查的结果进行修正

由于全面调查涉及面宽、工作量大、参加调查的人员多，调查结果难免会出现差错，而抽样调查参加的人员少，而且基本上都是专业人员，同时涉及的单位又少，因而发生登记性误差的可能性就小。因此在进行全面调查之后，进行相应的抽样调查，根据抽查结果对全面调查的资料加以修正，从而提高全面调查的质量。

(三)抽样推断可应用于要求资料时效性较强的现象

抽样调查由于调查单位少，取得调查结果的时间短，方式灵活，能满足及时了解情况的要求。例如，在农产品抽样调查时，可以在秋收到来之前很短的时间内估计出农产品的总量，作为及时收购、运输、安排生产和进出口的依据。又如，工业产品的控制就是利用抽样调查，观察生产工艺过程是否正常、是否存在某些系统性的偏差，及时提供有关信息，分析可能的原因，以便采取措施，防止损失。其他如产品验收检验、产品市场需用量调查等，都是对及时性要求很强的调查，都需采用抽样调查方法来保证其及时性。

(四)运用抽样推断可对总体的某种假设进行检验，判断假设的真伪，以决定行动的取舍

例如，工厂设计某种工艺或新配方，推广后是否有显著的效果，可以作出某种假设，并确定接受或拒绝的标准，然后应用抽样推断的方法进行检验，并在行动上作出抉择，这是抽样推断在决策上的应用。

三、抽样推断的若干基本概念

(一)全及总体和抽样总体

1. 全及总体

全及总体简称总体，是指所要认识对象的全体，总体是由具有某种共同性质的许多单位组成的，因此，总体也就是具有同一性质的许多单位的集合体。例如，我们要研究某城市职工的生活水平，则该城市全部职工即构成全及总体；我们要研究某乡镇粮食亩产水平，则该乡镇的全部粮食播种面积即是全及总体。

全及总体按其各单位标志性质不同，可以分为变量总体和属性总体两类。构成变量总体的各个单位可以用一定的数量标志加以计量，例如，研究居民的收入水平，每户居民的收入就是它的数量标志，反映各户的数量特征。但并非所有标志都是可以计量的，有的标志只能用一定的文字加以描述。例如，要研究纺织公司 1 000 台织布机的完好情况，这时只能用“完好”和“不完好”等文字作为品质标志来描述各台设备的属性特征，这种用文字描写属性特征的总体称为属性总体。区分变量总体和属性总体是很重要的，由于总体不同，认识这一总体的方法也就不同。变量总体可分为无限总体和有限总体两类。无限总体所包含的单位为无限多，因而各单位的变量也就有无限多的取值。这种无限变量又有两种情况：①可列的无限变量，即变量值的大小可以按照顺序一一列举直至无穷；②不可列的无限变量，它是一种连续变量，在任何一个区间内都有无限多的变量，不可能按顺序加以一一列举。我们所说的无限总体主要是指后一种情况。有限总体所包含的单位数则是有限的，因而它的变量值也是有限的，当然可以按顺序加以一一列举。

通常全及总体的单位数用大写的英文字母 N 来表示。作为全及总体，单位数 N 即使有限，但总是很大，大到几千、几万、几十万、几百万。例如，人口总体、棉花纤维总体、粮食产量总体等。

【注意】对无限总体的认识只能采用抽样的方法，而对于有限总体的认识，理论上虽可以应用全面调查来搜集资料，但实际上往往由于不可能或不经济而借助抽样的方法以求得对有限总体的认识。

2. 抽样总体

抽样总体简称样本，是从全及总体中随机抽取出来，代表全及总体部分单位的集合体。抽样总体的单位数通常用小写英文字母 n 表示。对全及总体单位数 N 来说，n 是个很小的数，它可以是 N 的几十分之一、几百分之一、几千分之一、几万分之一。一般认为，$n \geqslant 30$ 为大样本，$n < 30$ 为小样本。统计中抽取的样本多数应为大样本。社会经济现象的抽样调查多取大样本。而自然实验观察则多取小样本。以很小的样本来推断很大的总体，这是抽样调查的一个特点。

如果说全及总体是唯一确定的，那么，抽样样本就完全不是这样的，一个全及总体可能抽取很多个抽样总体，全部样本的可能数目与每一样本的容量有关，它也与随机抽样的方法有关。不同的样本容量和取样方法，样本的可能数目也有很大的差别，抽样本身是一种手段，目的在于对总体做出判断，因此，样本容量要多大、要怎样取样、样本的数目可能有多少、它们的分布又怎样，这些都是关系到对总体判断的准确程度，都需要加以认真的研究。

（二）全及指标和抽样指标

1. 全及指标

根据全及总体各个单位的标志值或标志特征计算的、反映总体某种属性的综合指标，称为全及指标或总体指标、母体参数。由于全及总体是唯一确定的，所以根据全及总体计算的全及指标也是唯一确定的。

不同性质的总体，需要计算不同的全及指标。对于变量总体，由于各单位的标志可以用数量来表示，所以可以计算总体平均数。

$$\overline{X}=\frac{\sum X}{N}$$

对于属性总体，由于各单位的标志不可以用数量来表示，只能用一定的文字加以描述，所以，就应该计算结构相对指标，这称为总体成数。用大写英文字母 P 表示，它说明总体中具有某种标志的单位数在总体中所占的比重。变量总体也可以计算成数，即总体单位数在所规定的某变量值以上或以下的比重，视同具有或不具有某种属性的单位数比重。

设总体 N 个单位中，有 N_1 个单位具有某种属性，N_0 个单位不具有某种属性，$N_1+N_0=N$，P 为总体中具有某种属性的单位数所占的比重，Q 为不具有某种属性的单位数所占的比重，则总体成数为：

$$P=\frac{N_1}{N}$$

$$Q=\frac{N_0}{N}=\frac{N-N_1}{N}=1-P$$

此外，全及指标还有总体方差 σ^2 和总体标准差 σ，它们都是测量总体标志值分散程度的指标。

$$\sigma^2=\frac{\sum(X-\overline{X})^2}{N}$$

$$\sigma=\sqrt{\frac{\sum(X-\overline{X})^2}{N}}$$

2. 抽样指标

由抽样总体各个标志值或标志特征计算的综合指标称为抽样指标、样本指标。与全及指标相对应还有抽样平均数 $\overline{x}$、抽样成数 p、样本标准差 S 和样本方差 S^2 等。$\overline{x}$ 和 p 用小写英文字母表示，以示区别。

$$\overline{x}=\frac{\sum x}{n}$$

设样本 n 个单位中有 n_1 个单位具有某种属性，n_0 个单位不具有某种属性，$n_1+n_0=n$，p 为样本中具有某种属性的单位数所占的比重，q 为不具有某种属性的单位数所占的比重，则抽样成数为 $p=\frac{n_1}{n}$，$q=\frac{n_0}{n}=\frac{n-n_1}{n}=1-p$。

样本单位标志值的方差和样本标准差分别为：

$$S^2=\frac{\sum(x-\overline{x})^2}{n-1}$$

$$S=\sqrt{\frac{\sum(x-\overline{x})^2}{n-1}}$$

【提示】由于一个全及总体可以抽取许多个样本，样本不同，抽样指标的数值也就不同，所以抽样指标的数值不是唯一确定的。实际上，抽样指标是样本变量的函数，它本身也是随机变量。

(三)重复抽样和不重复抽样

1. 重复抽样

重复抽样也称重置抽样，又称有放回的抽样，是指从全及总体 N 个单位中随机抽取一个容量为 n 的样本，每次抽中的单位经记录其有关标志表现后又放回总体中重新参加下一次的抽选。每次从总体中抽取一个单位，可看作一次试验，连续进行 n 次试验就构成了一个样本。因此，重置抽样的样本是经 n 次相互独立的连续试验形成的。每次试验均是在相同的条件下完全按照随机原则进行的。

2. 不重复抽样

不重复抽样也称不重置抽样，又称无放回的抽样，是指从全及总体 N 个单位中随机抽取一个容量为 n 的样本，每次抽中的单位记录其有关标志表现后不再放回总体中参加下一次的抽选。经过连续 n 次不重置抽选单位构成样本，实质上相当于一次性同时从总体中抽中 n 个单位构成样本。上一次的抽选结果会直接影响到下一次抽选，因此，不重置抽样的样本是经 n 次相互联系的连续试验形成的。

(四)抽样框与样本个数

1. 抽样框

抽样框又称抽样结构，是指对可以选择作为样本的总体单位列出名册或排序编号，以确定总体的抽样范围和结构。设计出了抽样框后，便可采用抽签的方式或按照随机数表来抽选必要的单位数。若没有抽样框，则不能计算样本单位的概率，从而也就无法进行概率选样。

2. 样本个数

样本个数又称样本的可能数目，是指从总体 N 个单位中随机抽选 n 个单位构成样本，通常有多种抽选方法，每一种抽选方法实际上是 n 个总体单位的一种排列组合，一种排列组合便构成一个可能的样本，n 个总体单位的排列组合总数，称为样本的可能数目。

样本可能数目多少与样本容量、抽样方法、对样本的要求等因素有关。

(1)重复抽样考虑顺序。从总体 N 个不同单位每次抽取 n 个允许重复的排列。形成的样本可能数目为：

$$B_N^n=N^n$$

(2)重复抽样不考虑顺序。从总体 N 个不同单位每次抽取 n 个允许重复的组合，它等于 $N+n-1$ 个不同单位每次抽取 n 个不重复的组合。形成的样本可能数目为：

$$D_N^n=C_{N+n-1}^n=\frac{(N+n-1)(N+n-2)\cdots[(N+n-1)-(n-1)]}{n!}$$

(3)不重复抽样考虑顺序。从总体 N 个不同单位每次抽取 n 个不重复的排列。形成的样本可能数目为：

$$A_N^n = N(N-1)(N-2)\cdots(N-n+1) = \frac{N!}{(N-n)!}$$

(4)不重复抽样不考虑顺序。从总体 N 个不同单位每次抽取 n 个不重复的组合。形成的样本可能数目为：

$$C_N^n = \frac{N(N-1)(N-2)\cdots(N-n+1)}{n!} = \frac{N!}{n!\,(N-n)!}$$

由上述不同方式抽样所形成的样本可能数目的计算可以看出，不重复抽样的可能样本数目比重复抽样少。

任务二　抽样误差

一、抽样误差的概念

动漫视频

抽样误差

当总体指标未知时，往往要安排一次抽样调查，然后用抽样调查所获得的抽样指标的观察值作为总体指标的估计值。这种处理方法是存在一定误差的，我们把抽样指标与所要估计的总体指标之间的差值称为抽样误差。抽样误差的大小能够说明抽样指标估计总体指标是否可行、抽样效果是否理想等调查性问题。常见的抽样误差有：抽样平均数与总体平均数之差($\bar{x}-\bar{X}$)、抽样成数与总体成数之差($p-P$)。

比如，某年级 100 名同学的平均体重为 55 千克，现随机地抽取 10 名同学为样本，其平均体重为 52 千克。若用 52 千克估计 55 千克，则误差为 52－55＝－3 千克，如果重新抽 10 名同学，若测得平均体重为 57 千克，则其误差为 2 千克。这种只抽取部分样本而产生的误差，被称为抽样误差。

抽样误差既是一种随机性误差，也是一种代表性误差。①说其是代表性误差，是因为利用总体的部分资料推算总体时，不论样本选取有多么公正、设计多么完善，总还是一部分单位而不是所有单位，所以产生误差是无法避免的。②说其是随机性误差，是指按随机性原则抽样时，由于抽样的不同，会得到不同的抽样指标值，由此产生的误差值各不相同。

抽样误差中的代表性误差是抽样调查本身所固有的、无法避免的误差，但随机性误差则可利用大数定律精确地计算并能够通过抽样设计程序加以控制。

抽样误差不包括下面两类误差：①调查误差，即在调查过程中由于观察、测量、登记、计算上的差错而引起的误差；②系统性误差，即由于违反抽样调查的随机原则，有意抽选较好单位或较坏单位进行调查，这样造成样本的代表性不足所引起的误差。这两类误差都属于思想、技术等问题，因此是可以防止和避免的。

二、影响抽样误差的因素

(一)抽样单位数的多少

由于总体内各元素之间总存在着差异，在其他条件不变的情况下，大量观察总比小量观察易于发现总体规律或特征，因此样本容量越大越能代表总体特征，抽样误差就越小；反之，样本容量越小，抽样误差就可能越大。

(二)总体各单位标志值的差异程度

总体内各单位标志的差异程度越小，或总体的标准差越小，在其他条件给定的情况下，则抽样误差就越小；反之，抽样误差就越大。

(三)抽样方法

抽样方法不同，抽样误差也不同。一般来说，重复抽样的误差比不重复抽样的误差要大。

(四)抽样的组织形式

选择不同的抽样组织形式，也会有不同的抽样误差。

三、抽样平均误差

一个总体可能抽取很多个样本，因此样本指标(样本平均数、样本成数等)就有不同的数值，它们与总体指标(总体平均数、总体成数等)的离差(即抽样误差)也就不同。抽样平均误差就是反映抽样误差一般水平的指标，通常用样本平均数(或样本成数)的标准差来表示。

(一)样本平均数的平均误差

以 μ_x 表示样本平均数的平均误差，σ 表示总体的标准差。根据定义得：

$$\mu_x^2=E(\overline{x}-\overline{X})^2$$

(1)当抽样方式为重复抽样时，样本标志值 $x_1,x_2,\cdots,x_n$ 是相互独立的，样本变量 x 与总体变量 X 同分布。因此得：

$$\mu_x^2=\frac{\sigma^2}{n} \tag{8—1}$$

【提示】它说明在重复抽样的条件下，抽样平均误差与总体标准差成正比，与样本容量的平方根成反比。

【**做中学 8—1**】 有 5 个工人的日产量(单位：件)分别为 6、8、10、12、14，用重复抽样的方法，从中随机抽取 2 个工人的日产量，用以代表这 5 个工人的总体水平。则抽样平均误差为多少？

解：根据题意可得：

$$\overline{X}=\frac{6+8+10+12+14}{5}=10(件)$$

$$总体标准差\ \sigma=\frac{\sqrt{\sum(X-\overline{X})^2}}{\sqrt{N}}=\frac{\sqrt{40}}{\sqrt{5}}=\sqrt{8}(件)$$

$$抽样平均误差\ \mu_x=\frac{\sigma}{\sqrt{n}}=\frac{\sqrt{8}}{\sqrt{2}}=2(件)$$

(2)当抽样方式为不重复抽样时，样本标志值 $x_1,x_2,\cdots,x_n$ 不是相互独立的，根据数理统计知识可知：

$$\mu_x=\sqrt{\frac{\sigma^2}{n}\left(\frac{N-n}{N-1}\right)} \tag{8—2}$$

当总体单位数 N 很大时，这个公式可近似表示为：

$$\mu_x=\sqrt{\frac{\sigma^2}{n}\left(1-\frac{n}{N}\right)} \tag{8—3}$$

与重复抽样相比，不重复抽样平均误差是在重复抽样平均误差的基础上，再乘以 $\sqrt{(N-n)/(N-1)}$。而 $\sqrt{(N-n)/(N-1)}$ 总是小于 1，因此不重复抽样的平均误差也总是小于重复抽样的平均误差。如做中学 8—1，若改用不重复抽样方法，则抽样平均误差为：

$$\mu_x=\sqrt{\frac{\sigma^2}{n}\left(\frac{N-n}{N-1}\right)}=\sqrt{\frac{8}{2}\left(\frac{5-2}{5-1}\right)}=1.732(件)$$

【提示】在计算抽样平均误差时，通常得不到总体标准差的数值，一般可以用样本标准差来代替总体标准差。

(二)抽样成数的平均误差

总体成数 P 可以表现为总体是非标志的平均数。即 $E(X)=P$，它的标准差 $\sigma=\sqrt{P(1-P)}$。根据样本平均误差和总体标准差的关系，可以得到样本成数的平均误差的计算公式。

(1)在重复抽样下：

$$\mu_p=\frac{\sigma}{\sqrt{n}}=\sqrt{\frac{P(1-P)}{n}} \tag{8-4}$$

(2)在不重复抽样下：

$$\mu_p=\sqrt{\frac{\sigma^2}{n}\left(\frac{N-n}{N-1}\right)}=\sqrt{\frac{P(1-P)}{n}\left(\frac{N-n}{N-1}\right)} \tag{8-5}$$

当总体单位数 N 很大时，可近似地写成：

$$\mu_p=\sqrt{\frac{P(1-P)}{n}\left(1-\frac{n}{N}\right)} \tag{8-6}$$

当总体成数未知时，可以用样本成数来代替。

【做中学 8—2】 某企业生产的产品，按正常生产经验，合格率为 90%，现从 5 000 件产品中抽取 50 件进行检验，求合格率的抽样平均误差。

解：根据题意，在重复抽样条件下，合格率的抽样平均误差为：

$$\mu_p=\sqrt{\frac{P(1-P)}{n}}=\sqrt{\frac{0.9\times 0.1}{50}}=4.24\%$$

在不重复抽样条件下，合格率的抽样平均误差为：

$$\mu_p=\sqrt{\frac{P(1-P)}{n}\times\left(1-\frac{n}{N}\right)}=\sqrt{\frac{0.9\times 0.1}{50}\times\left(1-\frac{50}{5\ 000}\right)}=4.22\%$$

影响抽样平均误差大小的因素有以下几个：

(1)样本容量的大小。样本容量越大，抽样平均误差越小，当样本容量大到等于总体单位数时，即 $n=N$ 时，则样本平均数就会等于总体平均数，样本成数也就等于总体成数，此时就不存在抽样误差了；反之，样本容量越小，抽样平均误差越大。抽样平均误差与样本容量的平方根成反比。

(2)全及总体各单位标志变异程度。全及总体标志变异程度越大，抽样平均误差也越大；反之，全及总体标志变异程度越小，抽样平均误差也越小，二者成正比。

(3)抽样的组织形式和方法。不重复抽样和重复抽样的抽样平均误差不一致，不重复抽样的抽样平均误差比重复抽样的抽样平均误差要小一些。同时，不同的抽样组织形式的抽样平均误差也不一致。

四、抽样极限误差

动漫视频

抽样极限误差

抽样极限误差又称置信区间和抽样允许误差范围，是指在一定的把握程度(P)下保证样本指标与总体指标之间的抽样误差不超过某一给定的最大可能范围，记作 Δ。作为样本的随机变量——抽样指标值($\bar{x}$ 或 p)，是围绕以未知的唯一确定的全及指标真值($\bar{X}$ 或 P)为中心上下波动，它与全及指标值可能会产生正或负离差，这些离差均是抽样指标的随机变量，因而难以避免，只能将其控制在预先要求的误差范围(Δx 或 Δp)内，或 $|\bar{x}-\bar{X}|\leqslant\Delta x$。

$$|p-P|\leqslant\Delta x$$
$$\overline{X}-\Delta x\leqslant\overline{X}+\Delta x$$
$$P-\Delta p\leqslant p\leqslant P+\Delta p$$

由于 Δx 和 Δp 是预先给定的抽样方案中所允许的误差范围，所以利用 Δx 和 Δp 可以反过来估计未知的全及指标的取值可能的范围。解上述两个绝对值不等式便可得：

$$\overline{x}-\Delta x\leqslant\overline{X}\leqslant\overline{x}+\Delta x \tag{8-7}$$
$$p-\Delta p\leqslant P\leqslant p+\Delta p \tag{8-8}$$

【做中学 8—3】 要估计大连南关岭站整车到达货物的平均运送时间。从交付的全部整车货票共 26 193 批中，用不重复抽样抽取 2 718 批货票。若允许的抽样极限误差 $\Delta x=0.215$（天），经计算知所抽取的每批货物平均运送时间为 $\overline{X}=5.64$（天），那么大连南关岭站整车到达货物的平均运送时间区间估计为（5.64－0.125，5.64＋0.125），即在 5.515～5.765 天。

【做中学 8—4】 资料同上，若要估计大连南关岭站整车到达货物的逾期运到率（报告期内超过规定货物运到期限运到的货物批数/货物的到达总批数），从随机抽取的 2 718 批货票中，计算得抽样逾期运到率为 6.43％，所确定的抽样极限误差为 $\Delta p=0.642\%$，由此可得大连南关岭站总体的逾期运到率的区间估计是（6.43％－0.642％，6.43％＋0.642％）。

五、抽样估计的可靠程度

抽样极限误差只是一个允许的可能范围，而不是必然的，那么可能性有多大，也就是总体参数落入这一范围的概率是多少，前者是估计的精确度，后者是估计的可靠程度。

基于推断的需要，抽样极限误差通常以抽样平均误差为标准，用极限误差除以抽样平均误差，得到相对值 t，表明抽样极限误差是抽样平均误差的若干倍，t 被称为概率度，用公式表示为：

$$t=\frac{\Delta\overline{x}}{\mu_{\overline{x}}}\quad\text{或}\quad t=\frac{\Delta p}{\mu_p} \tag{8-9}$$

由公式可以看出，抽样极限误差与概率度 t 呈正比关系，抽样极限误差增大，概率度 t 也增大。

抽样估计的可靠程度又称置信水平或概率，用 P 表示，它是概率度 t 的函数，即 $P=F(t)$。确定抽样估计的可靠程度就是要确定总体参数落在 $\overline{x}\pm\Delta_{\overline{x}}$ 或 $p\pm\Delta_p$ 范围内的概率，因此，概率的函数形式表示为：

$$\begin{aligned}F(t)&=P\{|\overline{x}-\mu|\leqslant t\mu_{\overline{x}}\}\\F(t)&=P\{|p-P|\leqslant t\mu_p\}\end{aligned} \tag{8-10}$$

公式表明，在抽样平均误差一定的情况下，不同的 t 值对应不同的概率，t 值越大，总体参数落入 $\overline{x}\pm\Delta_{\overline{x}}$ 或 $p\pm\Delta p$ 范围内的可能性就越大。

任务三　抽样估计

一、抽样估计的方法

对总体参数的抽样估计一般有两种，即点估计和区间估计。

（一）点估计

点估计就是以实际抽样获得的样本统计量的某个取值直接作为总体参数的估计值。例如，要对某地区职工家庭的年可支配收入情况进行调查，从该地区 10 000 户家庭中随机抽取 500 户，计算样本家庭年平均可支配收入为 94 000 元，将该数值直接作为该地区家庭年可支配收入的水平值，这就是点估计。点估计不能给出推断的可靠性。

从一次抽样的结果来判断一个统计量的优劣是不确切的，必须从抽样分布出发，才能判断这个统计量是否属于理想的估计量。统计量作为优良估计量有三个标准，即无偏性、有效性和一致性。

1. 无偏性

用 θ 表示总体的待估计参数，$\hat{\theta}$ 是估计 θ 的样本统计量，无偏性满足：

$$E(\hat{\theta})=\theta$$

根据样本均值的抽样分布可知，$E(\bar{x})=\mu$，因此 $\bar{x}$ 是 μ 的无偏估计量。

2. 有效性

具备无偏性的估计量不是唯一的，除了无偏性，还希望所确定的估计量与总体待估计参数更接近，即它与总体参数的离散程度必须相对较小。有效性是指对同一总体参数的两个无偏估计量，有更小标准差的估计量更有效。

3. 一致性

一致性是指随着样本容量的增大，估计量的值越来越接近被估计的总体参数。因为随着样本量的增大，样本估计量的标准差就会变小，抽样误差同样降低，所以样本值与总体参数值更趋于一致。

（二）区间估计

动漫视频

区间估计

区间估计是在点估计的基础上，构造一个以样本统计量为中心的总体参数可能存在的区间范围，该区间称为置信区间。区间估计的基本步骤为：

第一步：计算抽样平均误差。随机抽取样本，计算样本统计量，作为总体参数的估计值，并根据样本信息计算抽样平均误差。

第二步：确定极限误差。分两种情况：①根据给定的抽样极限误差范围，求出概率度 t，查表获得相应的概率保证程度 $F(t)$；②根据给定的概率保证程度 $F(t)$，查正态分布表求出概率度 t，计算极限误差。

第三步：确定置信区间。根据估计值、极限误差、概率保证程度，确定总体参数可能落入区间的上限和下限。

二、单个总体参数的区间估计

对于单个总体，其参数的区间估计主要涉及总体均值、总体比例和总体方差的估计。

（一）总体均值的区间估计

1. 正态总体且方差已知

当总体服从正态分布且方差 σ^2 已知时，或总体虽不是正态分布但为大样本时，由样本计算出的均值服从正态分布；而在小样本的情况下，需要假定总体服从正态分布。根据抽样分布理论，样本均值标准化后服从标准正态分布，即：

$$z=\frac{\bar{x}-\mu}{\sigma/\sqrt{n}}\sim N(0,1)$$

根据正态分布的性质，总体均值 μ 在 $(1-\alpha)$ 置信水平下的置信区间为：

$$\bar{x}\pm z_{\alpha/2}\frac{\sigma}{\sqrt{n}}$$

如果总体方差 σ^2 未知，但为大样本，此时总体方差 σ^2 可用样本方差 s^2 代替。则 $(1-\alpha)$ 水平下的置信区间为：

$$\overline{x}\pm z_{\alpha/2}\frac{s}{\sqrt{n}}$$

【做中学8—5】 某茶叶加工企业生产袋装茶叶，每袋重量要求为50克，现由质检部门从某天生产的一批产品中随机抽检25袋，测试结果如表8—1所示。

表8—1 **25袋茶叶实测重量** 单位：克

50.4	50.0	50.3	50.2	49.2
50.6	50.4	48.8	50.5	50.5
50.1	50.5	50.2	50.3	50.3
50.5	49.8	48.5	50.1	50.1
50.7	50.7	50.1	50.6	49.5

已知袋装茶叶重量服从正态分布，且标准差为6克。试在95%的置信水平下，估计该企业全部袋装茶叶平均重量的置信区间。

解：已知$\sigma=6$，$n=25$，置信水平$1-\alpha=95\%$，根据样本资料计算得：

$$\overline{x}=\frac{\sum x}{n}=\frac{1\ 252.9}{25}=50.116$$

$$\mu_{\overline{x}}=\frac{\sigma}{\sqrt{n}}=\frac{6}{\sqrt{25}}=1.2$$

查标准正态分布概率表得$z_{\alpha/2}=1.96$，则全部袋装茶叶平均重量的95%置信区间为：

$$\overline{x}\pm z_{\alpha/2}\frac{\sigma}{\sqrt{n}}=50.116\pm1.96\times\frac{6}{\sqrt{25}}=50.116\pm2.352$$

计算结果表明：该企业全部袋装茶叶平均重量的95%的置信区间为(47.764,52.468)。

2. 正态总体，方差未知，小样本

对于正态总体，如果抽取的是小样本，则在总体方差未知时可以用样本方差代替，代替后形成的标准化随机变量服从自由度为$(n-1)$的t分布。即：

$$t=\frac{\overline{x}-\mu}{s/\sqrt{n}}\sim t(n-1)$$

根据t分布建立总体均值μ的$(1-\alpha)$置信区间为：

$$\overline{x}\pm t_{\alpha/2}\frac{s}{\sqrt{n}}$$

【做中学8—6】 已知某电子产品的寿命服从正态分布，现从这批产品中随机抽取16件，测得其使用寿命如表8—2所示。试确定该批电子产品平均寿命的95%置信区间。

表8—2 **16件电子产品寿命测试数据** 单位：小时

610	560	560	620	580	640	590	560
590	630	570	600	640	650	620	580

解：由抽样资料计算得：

$$\overline{x}=\frac{\sum x}{n}=\frac{9\ 600}{16}=600$$

$$s=\sqrt{\frac{\sum(x-\bar{x})^2}{n-1}}=\sqrt{\frac{14\ 200}{16-1}}=30.77$$

$$\mu_{\bar{x}}=\frac{s}{\sqrt{n}}=\frac{30.77}{\sqrt{16}}=7.69$$

显著性水平 $\alpha=5\%$，查 t 分布表得 $t_{\alpha/2}(n-1)=t_{0.025}(16-1)=2.132$，则该电子产品平均使用寿命的 95%置信区间为：

$$\bar{x}\pm t_{\alpha/2}\frac{s}{\sqrt{n}}=600\pm2.132\times7.69=600\pm16.395$$

计算结果表明：这批电子产品使用寿命的 95%置信区间为(600－16.395，600＋16.395)，即在 583.605～616.395 小时。

(二)总体比例的区间估计

在实际工作中，经常会遇到有关比例的抽样推断问题，如企业产品合格率、电视收视率、顾客满意率等。当样本足够大时，样本比例近似服从均值为 P、方差为 $\sigma_p^2=\frac{P(1-P)}{n}$ 的正态分布，其标准化后服从标准正态分布，即：

$$z=\frac{p-P}{\sqrt{\frac{P(1-P)}{n}}}\sim N(0,1)$$

总体比例 P 的 $(1-\alpha)$ 置信区间为：

$$P\pm z_{\alpha/2}\sqrt{\frac{P(1-P)}{n}}$$

【做中学 8—7】 某企业面临搬迁选择，初步制订了具体实施方案，为了征求职工意见，随机抽选 400 名职工对方案的总体满意度进行调查，其中有 360 名职工表示满意。试对该企业关于迁址方案满意率构造 95%的置信区间。

解：根据已知条件，可得：

$$P=\frac{360}{400}=0.9$$

$$P(1-P)=0.9\times0.1=0.09$$

显著性水平 $\alpha=5\%$，查正态分布概率表得 $z_{\alpha/2}=z_{0.05/2}=1.96$。因此，迁址方案满意率的 95%置信区间为：

$$P\pm z_{\alpha/2}\sqrt{\frac{P(1-P)}{n}}=0.9\pm1.96\times\sqrt{\frac{0.09}{400}}=0.9\pm0.029\ 4$$

计算结果表明：有 95%把握推断该企业职工对迁址选择方案的满意率的置信区间为(90%－2.94%，90%＋2.94%)，即在 87.06%～92.94%。

(三)总体方差的区间估计

当总体服从正态分布时，从该总体中随机抽取容量为 n 的样本，根据样本方差的抽样分布可知，样本方差服从自由度为 $n-1$ 的 χ^2 分布，即：

$$\chi^2=\frac{(n-1)s^2}{\sigma^2}\sim\chi^2(n-1)$$

给定显著性水平 α，用 χ^2 分布构造总体方差 σ^2 的 $(1-\alpha)$ 置信区间为：

$$\chi^2_{1-\alpha/2}\leqslant\frac{(n-1)s^2}{\sigma^2}\leqslant\chi^2_{\alpha/2}$$

$$\frac{(n-1)s^2}{\chi^2_{\alpha/2}} \leqslant \sigma^2 \leqslant \frac{(n-1)s^2}{\chi^2_{1-\alpha/2}}$$

【做中学 8—8】 引用做中学 8—5 数据，以 95%的置信水平建立袋装茶叶平均重量标准差的置信区间。

解：根据样本数据计算样本方差为：

$$s^2=\frac{\sum(x-\bar{x})^2}{n-1}=\frac{7.69}{25-1}=0.320\ 4$$

根据显著性水平 $\alpha=5\%$和自由度 $n-1=25-1=24$，查 χ^2 分布表得：

$$\chi^2_{\alpha/2}(n-1)=\chi^2_{0.025}(25-1)=39.364\ 1$$

$$\chi^2_{1-\alpha/2}(n-1)=\chi^2_{0.975}(25-1)=12.4012$$

因此，总体方差 σ^2 的$(1-\alpha)$置信区间为：

$$\frac{(25-1)\times 0.320\ 4}{39.364\ 1} \leqslant \sigma^2 \leqslant \frac{(25-1)\times 0.320\ 4}{12.401\ 2}$$

即 $0.195\ 3 \leqslant \sigma^2 \leqslant 0.62$，相应地，总体标准差的 95%置信区间为：

$$0.441\ 9 \leqslant \sigma \leqslant 0.787\ 4$$

则该企业生产的袋装茶叶平均重量标准差的 95%置信区间为(0.441 9,0.787 4)。

三、两个总体参数的区间估计

(一)两个总体均值之差的区间估计：独立样本

如果两个样本是从两个总体中独立抽取的，即一个样本中的元素与另一个样本中的元素相互独立，则称为独立样本。

1. 大样本的估计

假定两个总体都为正态总体，或虽不服从正态分布但均为大样本。

(1)两个总体方差已知。数理统计证明，两个样本均值之差服从均值为$(\mu_1-\mu_2)$、方差为$\left(\frac{\sigma_1^2}{n_1}+\frac{\sigma_2^2}{n_2}\right)$的正态分布，样本均值之差标准化后服从标准正态分布，即：

$$z=\frac{(\bar{x}_1-\bar{x}_2)-(\mu_1-\mu_2)}{\sqrt{\frac{\sigma_1^2}{n_1}+\frac{\sigma_2^2}{n_2}}} \sim N(0,1)$$

则两个总体均值之差的$(1-\alpha)$置信区间为：

$$(\bar{x}_1-\bar{x}_2) \pm z_{\alpha/2}\sqrt{\frac{\sigma_1^2}{n_1}+\frac{\sigma_2^2}{n_2}}$$

(2)两个总体方差未知。当两个总体方差未知且为大样本时，可以用样本方差代替总体方差，则两个总体均值之差的$(1-\alpha)$置信区间为：

$$(\bar{x}_1-\bar{x}_2) \pm z_{\alpha/2}\sqrt{\frac{s_1^2}{n_1}+\frac{s_2^2}{n_2}}$$

【做中学 8—9】 为测试 A、B 两所中学英语水平的差距，现从每所学校中各随机抽取部分学生组成样本，通过观察样本获得如下数据：$\bar{x}_A=88.5$，$\bar{x}_B=74.8$，$n_A=85$，$n_B=90$，$s_A=8.5$，$s_B=7.2$。试构造两所中学英语水平差距 95%的置信区间。

解：根据已知资料，$\alpha=5\%$，查正态分布概率表得 $z_{0.05/2}=1.96$。两所中学英语水平差距的 95%置信区间为：

$$(\bar{x}_1-\bar{x}_2)\pm z_{\alpha/2}\sqrt{\frac{s_1^2}{n_1}+\frac{s_2^2}{n_2}}=(88.5-74.8)\pm 1.96\times\sqrt{\frac{8.5^2}{85}+\frac{7.2^2}{90}}$$
$$=(88.5-74.8)\pm 1.96\times 1.19$$
$$=13.7\pm 2.33$$

结果表明：有95%的把握推断两所中学英语考试成绩差值的置信区间为(13.7－2.33，13.7＋2.33)，即差值在11.37～16.03分之间。

2. 小样本的估计

小样本的估计假定两个总体都为正态总体，两个随机样本独立地分别抽自两个正态总体。

(1)方差未知但相等$\sigma_1^2=\sigma_2^2$。当两个总体方差未知时，可分别用各自的样本方差代替，并根据样本方差计算合并方差作为总体方差的估计值：

$$s_p^2=\frac{(n_1-1)s_1^2+(n_2-1)s_2^2}{n_1+n_2-2} \tag{8-11}$$

此时两个样本均值之差标准化后服从自由度为(n_1+n_2-2)的t分布，即：

$$t=\frac{(\bar{x}_1-\bar{x}_2)-(\mu_1-\mu_2)}{\sqrt{s_p^2\left(\frac{1}{n_1}+\frac{1}{n_2}\right)}}\sim t(n_1+n_2-2)$$

两个总体均值之差的$(1-\alpha)$置信区间为：

$$(\bar{x}_1-\bar{x}_2)\pm t_{\alpha/2}(n_1+n_2-2)\sqrt{s_p^2\left(\frac{1}{n_1}+\frac{1}{n_2}\right)}$$

【做中学8－10】 两台机器加工某种袋装食品，现欲调查所加工袋装食品的重量，随机从每台机器加工的食品中各抽取12袋进行调查，测试结果如表8－3所示。根据表中数据构建两台机器加工包装食品重量均值之差的95%置信区间。

表8－3　两台机器加工食品重量　单位：克

机器1		机器2	
4.54	4.23	4.22	4.28
4.30	3.96	4.38	4.19
4.33	4.86	4.30	4.20
4.60	4.75	4.40	4.29
4.05	4.45	4.34	4.35
4.40	4.48	4.28	4.16

解：根据已知资料计算得：

$\bar{x}_1=4.4125, s_1^2=0.0692$

$\bar{x}_2=4.2825, s_2^2=0.006$

总体方差合并估计量为：

$$s_p^2=\frac{(n_1-1)s_1^2+(n_2-1)s_2^2}{n_1+n_2-2}$$
$$=\frac{(12-1)\times 0.0692+(12-1)\times 0.006}{12+12-2}$$
$$=0.0376$$

显著性水平 $\alpha=5\%$，自由度 $(n_1+n_2-2)=22$，查 t 分布概率表得 $t_{0.05/2}(22)=2.0739$。两个总体均值之差 $(\mu_1-\mu_2)$ 的 95% 置信区间为：

$$(\bar{x}_1-\bar{x}_2)\pm t_{\alpha/2}(n_1+n_2-2)\sqrt{s_p^2\left(\frac{1}{n_1}+\frac{1}{n_2}\right)}$$

$$=(4.4125-4.2825)\pm 2.0739\times\sqrt{0.0376\times\left(\frac{1}{12}+\frac{1}{12}\right)}$$

$$=0.13\pm 2.0739\times 0.0792$$

$$=0.13\pm 0.16$$

结果表明：两台机器加工食品的重量总体均值之差的 95% 置信区间是(0.13－0.16，0.13＋0.16)，即在－0.03～0.29 克。

(2)方差未知但不相等 $\sigma_1^2\neq\sigma_2^2$。当两个总体方差未知且不等时，样本均值之差标准化后服从自由度为 v 的 t 分布，自由度的计算公式为：

$$v=\frac{\left(\frac{s_1^2}{n_1}+\frac{s_2^2}{n_2}\right)^2}{\frac{(s_1^2/n_1)^2}{n_1-1}+\frac{(s_2^2/n_2)^2}{n_2-1}} \tag{8-12}$$

两个总体均值之差的 $(1-\alpha)$ 置信区间为：

$$(\bar{x}_1-\bar{x}_2)\pm t_{\alpha/2}(v)\sqrt{\frac{s_1^2}{n_1}+\frac{s_2^2}{n_2}}$$

【做中学 8－11】 仍以做中学 8－10 数据为例说明，计算得出自由度为：

$$v=\frac{\left(\frac{s_1^2}{n_1}+\frac{s_2^2}{n_2}\right)^2}{\frac{(s_1^2/n_1)^2}{n_1-1}+\frac{(s_2^2/n_2)^2}{n_2-1}}$$

$$=\frac{\left(\frac{0.0691}{12}+\frac{0.006}{12}\right)^2}{\frac{(0.0691/12)^2}{12-1}+\frac{(0.006/12)^2}{12-1}}$$

$$\approx 13$$

显著性水平 $\alpha=5\%$，自由度 $v=13$，查 t 分布概率表得 $t_{0.05/2}(13)=2.1604$。两个总体均值之差 $(\mu_1-\mu_2)$ 的 95% 置信区间为：

$$(\bar{x}_1-\bar{x}_2)\pm t_{\alpha/2}(v)\sqrt{\frac{s_1^2}{n_1}+\frac{s_2^2}{n_2}}$$

$$=(4.4125-4.2825)\pm 2.1604\times\sqrt{\frac{0.0691}{12}+\frac{0.006}{12}}$$

$$=(4.4125-4.2825)\pm 2.1604\times 0.0791$$

$$=0.13\pm 0.17$$

结果表明：两台机器加工食品重量总体均值之差的 95% 置信区间是(0.13－0.17，0.13＋0.17)，即－0.04～0.30 克。

(二)两个总体均值之差的区间估计：匹配样本

在独立样本尤其是小样本的情况下，会由于样本本身差异而影响测试数据，这样可以采用匹配样本获得观测数据。匹配样本是指一个样本中的数据与另一个样本中的数据相对应。

运用匹配样本估计时，两个总体均值之差($\mu_1-\mu_2$)的$(1-\alpha)$置信区间为：

$$\bar{d} \pm z_{\alpha/2}\frac{\sigma_d}{\sqrt{n}}$$

式中，d 为对应样本数据之差；$\bar{d}$ 为各对差值的均值；σ_d 为各差值的总体标准差，总体标准差 σ_d 未知可用样本标准差 s_d 代替；n 为成对样本个数。

【做中学 8－12】 一家企业欲对新入职的大学生进行综合素质测试，随机抽取 10 名大学生，采用两种不同方法，测得分数如表 8—4 所示。若两种方法测试分数之差服从正态分布，试建立两种方法测试平均分数之差的 95%置信区间。

表 8—4　　10 名大学生综合测试分数表

人员编号	方法 1	方法 2	di
1	88	82	6
2	74	65	9
3	73	62	11
4	90	85	5
5	92	85	7
6	60	62	−2
7	70	63	7
8	87	71	16
9	86	82	4
10	66	58	8

解：根据表中数据计算得：

$$\bar{d}=\frac{\sum d}{n}=\frac{71}{10}=7.1$$

$$s_d=\sqrt{\frac{\sum(d-\bar{d})}{n-1}}=\sqrt{\frac{196.9}{9}}=4.68$$

显著性水平 $\alpha=5\%$，查 t 分布得 $t_{0.05/2}(9)=2.262\ 2$。两种方法测试平均分之差的 95%置信区间为：

$$\bar{d} \pm t_{\alpha/2}(n-1)\frac{s_d}{\sqrt{n}}=7.1\pm 2.262\ 2\times\frac{4.68}{\sqrt{10}}=7.1\pm 3.35$$

结果表明，两种方法测试平均分之差的 95%的置信区间为(3.75，10.45)。

(三)两个总体比例之差的区间估计

设两个总体的比例分别为 P_1 和 P_2，从每个总体中随机抽取容量为 n_1 和 n_2 的两个相互独立的简单随机样本，样本比例为 p_1 和 p_2，在大样本条件下，两个样本比例之差(p_1-p_2)的抽样分布近似服从正态分布，标准化后近似服从标准正态分布，即：

$$z=\frac{(p_1-p_2)-(P_1-P_2)}{\sqrt{\frac{P_1(1-P_1)}{n_1}+\frac{P_2(1-P_2)}{n_2}}}\sim N(0,1) \tag{8—13}$$

在总体比率未知时，用样本比例 p_1、p_2 代替。根据正态分布原理，两个总体比例之差

(P_1-P_2)的$(1-\alpha)$置信区间为：

$$(p_1-p_2)\pm z_{\alpha/2}\sqrt{\frac{P_1(1-P_1)}{n_1}+\frac{P_2(1-P_2)}{n_2}}$$

【做中学 8—13】 对某个电视广告的收视率进行调查，在甲地区调查了300人，有228人收看过该广告；在乙地区调查了320人，有200人收看过该广告。试以95%的概率保证程度对该广告在两地收视率的差别做出区间估计。

解：由已知条件得：

$$p_1=\frac{228}{300}=0.76, p_2=\frac{200}{320}=0.625, z_{0.05/2}=1.96$$

依据公式，两地收视率之差的95%置信区间为：

$$(p_1-p_2)\pm z_{\alpha/2}\sqrt{\frac{P_1(1-P_1)}{n_1}+\frac{P_2(1-P_2)}{n_2}}$$

$$=(0.76-0.625)\pm 1.96\times\sqrt{\frac{0.76\times(1-0.76)}{300}+\frac{0.625\times(1-0.625)}{320}}$$

$$=(0.76-0.625)\pm 1.96\times 0.036\,6$$

$$=0.135\pm 0.071\,7$$

结果表明，甲、乙两地区广告收视率之差的95%置信区间为(6.33%，20.67%)。

(四)两个总体方差之比的区间估计

在实际工作中，除了推断两个总体均值、比率的差异区间外，经常会遇到比较两个总体方差的问题，比如在选择产品时，既要求其具备较高的性能指标，也希望其方差较小，更具有稳定性。

若有两个正态总体，方差分别为σ_1^2和σ_2^2，从两个总体中独立地抽取容量分别为n_1和n_2的样本，数理统计证明：

$$\frac{s_1^2/\sigma_1^2}{s_2^2/\sigma_2^2}\sim F(n_1-1, n_2-1) \tag{8—14}$$

因此，给定置信水平$(1-\alpha)$下的置信区间为：

$$F_{1-\alpha/2}\leqslant\frac{s_1^2/\sigma_1^2}{s_2^2/\sigma_2^2}\leqslant F_{\alpha/2}$$

根据这一公式推导出两个总体方差比σ_1^2/σ_2^2的$(1-\alpha)$置信区间为：

$$\frac{s_1^2/s_2^2}{F_{\alpha/2}}\leqslant\frac{\sigma_1^2}{\sigma_2^2}\leqslant\frac{s_1^2/s_2^2}{F_{1-\alpha/2}}$$

【做中学 8—14】 为了比较两种方法生产的电子产品的寿命问题，随机从一种方法生产的产品中抽取20件，测得其方差为1 300。从另一种方法中随机抽取25件，测得其方差为900。试以95%的可靠程度估计σ_1^2/σ_2^2的置信区间。

解：已知$n_1=20, n_2=25, s_1^2=1\,300, s_2^2=900$

查F分布表得$F_{0.025}(19,24)=2.35, F_{0.975}(19,24)=0.41$

则方差比的95%置信区间为：

$$\frac{1\,300/900}{2.35}\leqslant\frac{\sigma_1^2}{\sigma_2^2}\leqslant\frac{1\,300/900}{0.41}$$

$$0.61\leqslant\frac{\sigma_1^2}{\sigma_2^2}\leqslant 3.52$$

结果表明：两种方法生产的电子产品寿命方差比的95%置信区间为(0.61，3.52)。

任务四 样本容量

一、样本容量的概念

样本容量又称样本数，是指一个样本的必要抽样单位数目。在组织抽样调查时，抽样误差的大小直接影响样本指标代表性的大小，而必要的样本单位数目是保证抽样误差不超过某一给定范围的重要因素之一。因为适当的样本单位数目是保证样本指标具有充分代表性的基本前提，所以，在抽样设计时，必须决定样本单位数目。

二、影响样本容量的因素

（一）总体的变异程度（总体方差 σ^2）

在其他条件相同的情况下，有较大方差的总体，样本的容量应该大一些，反之则应该小一些。例如，在正态总体均值的估计中，抽样平均误差为 $\sigma/\sqrt{n}$，它反映了样本均值相对于总体均值的离散程度。因此，当总体方差较大时，样本的容量也相应要大，这样才会使 $\sigma/\sqrt{n}$ 小，以保证估计的精确度。

（二）允许误差的大小

允许误差是指允许的抽样误差，记为 $|\hat{\theta}-\theta|=\Delta\theta$。例如，样本均值与总体均值之间的允许误差可以表示为 $|\overline{X}-\mu|=\Delta x$。允许误差以绝对值的形式表现了抽样误差的可能范围，所以又称为误差。

允许误差说明了估计的精度。在其他条件不变的情况下，如果要求估计的精度高，允许误差就小，那么样本容量就要大一些；如果要求的精确度不高，允许误差可以大一些，则样本容量可以小一些。

（三）概率保证度 $1-\alpha$ 的大小

概率保证度说明了估计的可靠程度。在其他条件不变的情况下，如果要求较高的可靠度，就要增大样本容量；反之，可以相应减少样本容量。

（四）抽样方法不同

在相同的条件下，重复抽样的抽样平均误差比不重复抽样的抽样平均误差大，所需要的样本容量也就不同。重复抽样需要更大的样本容量，而不重复抽样的样本容量则可小一些。

此外，必要的抽样数目还要受抽样组织方式的影响，这也是因为不同的抽样组织方式有不同的抽样平均误差。

三、样本容量的确定

（一）估计总体均值的样本容量

在总体均值的区间估计里，置信区间是由下式确定的：

$$\overline{X}\mp U_{\alpha/2}\frac{\sigma}{\sqrt{n}}$$

例如，对于正态总体以及非正态总体大样本时，都是以它为置信区间。

从图 8-1 中可以看到，从估计量 x 的取值到点 $U_{\alpha/2}\frac{\sigma}{\sqrt{n}}$ 的距离实际上为置信区间长度的$\frac{1}{2}$。

这段距离表示在一定置信水平 $1-\alpha$ 下，用样本均值估计总体均值时所允许的最大绝对误差即允许误差 Δ。显然，若以 x 的取值为原点，则允许误差 Δ 可以表示为：

$$\Delta x=U_{\alpha/2}\frac{\sigma}{\sqrt{n}} \tag{8—15}$$

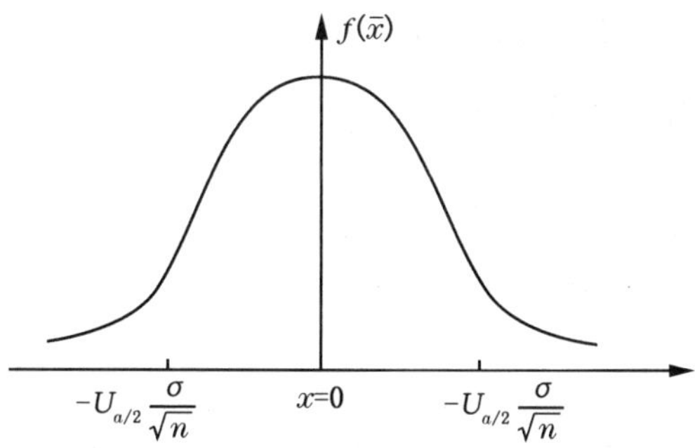

图 8—1　允许误差示意图

公式(8—15)反映了允许误差 Δ、可靠性系数 $U_{\alpha/2}$、总体标准差 σ 与样本容量之间的相互制约关系。只要这四个因素中的任意三个因素确定后，另一个因素也就确定了。

在重复抽样条件下，把允许误差 Δ 的计算公式 $\Delta=U_{\alpha/2}\frac{\sigma}{\sqrt{n}}$ 变形整理，则得到样本容量的计算公式：

$$n=\frac{U_{\alpha/2}^2\sigma^2}{\Delta^2 x} \tag{8—16}$$

在不重复抽样的条件下，抽样允许误差为 $\Delta\bar{x}=|\overline{X}-\mu|=\mu_{\alpha/2}\sqrt{\frac{\sigma^2}{n}\left(1-\frac{n}{N}\right)}$，因此变形后得到不重复抽样条件下的样本容量公式为：

$$n=\frac{\mu_{\alpha/2}^2\sigma^2 N}{(\Delta x)^2 N+\mu_{\alpha/2}^2\sigma^2} \tag{8—17}$$

【做中学 8—15】　某食品公司要检验本月生产的 10 000 袋某产品的重量，根据以往的资料，这种产品每袋重量的标准差为 25 克。如果要求在 95.45%的置信度下，平均每袋重量的误差不超过 5 克，应抽查多少袋产品？

解：由题意可知 $N=20\ 000$，$\sigma=25$ 克，$\Delta_{\bar{x}}=5$ 克，根据置信度 $1-\alpha=95.45\%$，有 $\mu_{\alpha/2}=2$。

在重复抽样的条件下：

$$n=\frac{\mu_{\alpha/2}^2\sigma^2}{(\Delta x)^2}=\frac{2^2\times 25^2}{5^2}=100(\text{袋})$$

在不重复抽样条件下：

$$n=\frac{\mu_{\alpha/2}^2\sigma^2 N}{(\Delta x)^2 N+\mu_{\alpha/2}^2\sigma^2}=\frac{2^2\times 25^2\times 10\ 000}{5^2\times 10\ 000+2^2\times 25^2}=99(\text{袋})$$

由计算结果可知，在其他条件相同的情况下，重复抽样所需要的样本容量大于不重复抽样所需要的样本容量。

在计算样本容量时，必须知道总体的方差，而在实际抽样调查前，往往总体的方差是未知的。在实际操作时，可以用过去的资料，若过去曾有若干个方差，应该选择最大的，以保证抽样估计的精确度;也可以进行一次小规模的调查,用调查所得的样本方差来替代总体的方差。

(二)估计总体成数时的样本容量

估计总体成数时,样本容量的确定方法与估计总体均值是一样的,设 $\Delta p=|P-p|$ 为允许误差,在 $1-a$ 的置信度下,重复抽样条件下有:

$$\Delta p=|P-p|=\mu_{\alpha/2}\sqrt{\frac{P(1-P)}{n}}$$

解上面的方程可得重复抽样条件下样本容量的公式为:

$$n=\frac{\mu_{\alpha/2}^{2}P(1-P)}{\Delta^{2}p} \tag{8-18}$$

同理可得不重复抽样条件下的样本容量公式为:

$$n=\frac{\mu_{\alpha/2}^{2}P(1-P)}{(\Delta p)^{2}N+\mu_{\alpha/2}^{2}P(1-P)} \tag{8-19}$$

在估计成数时,计算样本容量需要总体的成数,但是总体的成数通常是未知的,在实际的抽样调查时,可先进行小规模的试调查求得样本的成数来代替。也可用历史的资料,如果有若干个成数可供选择,则应选择最靠近50%的成数,使样本成数的方差最大,以保证估计的精确度。

【做中学8-16】 为了检查某企业生产的10 000个摄像头的合格率,需要确定样本的容量。根据以往经验合格率为90%、91.7%。如果要求估计的允许误差不超过0.027 5,置信水平为95.45%。求应该取多少只显像管?

解:根据资料,我们应该选择 $P=0.9$ 计算样本容量,根据置信水平0.954 5,有

$\mu_{\alpha/2}=2,\Delta p=|P-p|=0.027\ 5$。

重复抽样条件下,样本容量为:

$$n=\frac{\mu_{\alpha/2}^{2}P(1-P)}{\Delta^{2}p}=\frac{2^{2}\times0.9\times(1-0.9)}{0.027\ 5}=476.03\approx477$$

不重复抽样条件样本容量为:

$$n=\frac{\mu_{\alpha/2}^{2}P(1-P)N}{\Delta^{2}pN+\mu_{\alpha/2}^{2}P(1-P)}=\frac{2^{2}\times0.9\times(1-0.9)\times1\ 000}{0.027\ 5^{2}\times10\ 000+2^{2}\times0.9\times(1-0.9)}=454.40\approx455$$

从计算的结果可以看出,重复抽样应该抽477件检验,而不重复抽样应该抽455件,可见,在相同条件下,重复抽样需要的样本容量更大。

任务五　抽样组织方式

一、简单随机抽样

简单随机抽样

简单随机抽样也称纯随机抽样,它对总体单位不作任何分类排队,而是直接从总体中随机抽取一部分单位来组成样本的抽样组织方式。抽样的原理是以纯随机抽样为基础的,它是最简单又是最基本的抽样组织方式,也是其他复杂抽样组织方式的基础。

【提示】简单随机抽样适用于总体各单位变异比较小,且单位数目较少的情况。

采用简单随机抽样方式抽取样本,先要将总体各个单位进行编码,再按随机原则抽取若干数码,所有中选数码所对应的单位即构成样本,具体做法如下:

(一)抽签法

当给定总体各单位编号后,把号码写在结构均匀的签上,将签均匀后即可从中抽取。采用这种方法简便易行,然而对于较大的总体,编号做签工作量很大,因此这种方法的应用有一定的局限性。

(二)随机数字法

随机数字可以借助于计算机获得,也可以应用随机数表。表中数字是按照完全随机的方法产生的,随机数表的使用要遵守随机原则。首先,给总体编号,根据编号的最大数确定将要使用随机数表的列数,其次从表中任意一列、任意一行开始,由纵向或横向划线取数,遇到属于总体单位编号范围内的数组就确定为样本单位,之后继续向下找,如果要求不重复抽样,遇到重复出现的数组就弃之,直到取足要求的单位数目为止。

二、类型抽样

(一)类型抽样的概念

动漫视频

分层抽样法

类型抽样又称分层抽样,它的特点是先对总体按主要标志加以分组,再从各组中按随机原则抽选一定单位构成样本。

设总体由 N 个单位构成,把总体划分为 K 组,使 $N=N_1+N_2+N_3+\cdots+N_K$,然后从每组的 N_i 单位中抽取 n_i 单位构成样本容量为 n 的样本,使 $n=n_1+n_2+n_3+\cdots+n_k$,这样的抽样方法称为类型抽样。

通过分类,可以把总体中标志值比较接近的单位归为一组,减少各组内的差异程度,再从各组抽取样本单位就有更大的代表性,这样抽样误差也就相对缩小了。在总体单位标志值大小悬殊的情况下,运用类型抽样比简单随机抽样可以取得更加准确的效果。这在实际工作中得到了广泛的应用。例如,农产量抽样按地理条件分组,职工家庭收支调查按国民经济部门分组,产品质量抽检按加工车床型号分组等,都收到了明显的效果。

类型抽样的样本单位数在各类型之间的分配有三种方法:

(1)等数分配类型抽样法。它是在各类型组中分配同等的样本单位数的方法。这种方法只在各类型的总体单位数相等或差异不大的情况下才会使用。运用这种方法可使综合计算比较简单。

(2)等比例类型抽样法。它是按照类型大小以相等的比例来分配样本的方法。由于是按有关标志分类,各组的单位数一般不同。单位数较多的组应该多取样,单位数较少的组则应少取样,保持从总体各组抽取的样本单位数占各组的总体单位数的比例与样本单位数占总体单位数的比例相同,即:

$$\frac{n}{N}=\frac{n_1}{N_1}=\frac{n_2}{N_2}=\frac{n_3}{N_3}=\cdots=\frac{n_k}{N_K} \tag{8—20}$$

因此,各组抽取的样本单位数为:

$$n_i=\frac{nN_i}{N} \tag{8—21}$$

采用等比抽样是为了使样本的结构接近总体的结构,避免样本平均数由于各组比重差异而引起误差。等比例类型抽样法对样本单位的分配比较合理,因此在实际工作中应用较多。

(3)不等比例类型抽样法。它是在各类型组中按不同的比例分配样本单位的方法,也称最优分配法。当各类型组的单位数相差悬殊或标志变异程度相差较大时,上述两种样本分配方法的抽样效果就差些。此时宜采用不等比例类型抽样法抽取样本,即标志变异程度大或单位数多的组,其抽取的比例可以大一些,即多抽一些单位;反之,标志变异程度小或单位数少的组,其抽样比例可以小一些,即少抽一些单位。

(二)抽样平均误差的计算

下面主要介绍类型比例抽样的抽样平均误差计算方法。

1. 推断总体平均数的抽样平均误差

重复抽样条件下：

$$\mu_{\bar{x}}=\sqrt{\frac{\overline{\sigma^2}}{n}} \tag{8—22}$$

不重复抽样条件下：

$$\mu_{\bar{x}}=\sqrt{\frac{\overline{\sigma^2}}{n}\left(1-\frac{n}{N}\right)} \tag{8—23}$$

2. 推断总体成数的抽样平均误差

重复抽样条件下：

$$\mu_p=\sqrt{\frac{\overline{P(1-P)}}{n}} \tag{8—24}$$

不重复抽样条件下：

$$\mu_p=\sqrt{\frac{\overline{P(1-P)}}{n}\left(1-\frac{n}{N}\right)} \tag{8—25}$$

上述公式中的$\overline{\sigma^2}$和$\overline{P(1-P)}$是总体各组的组内方差的平均数，其计算公式为：

$$\overline{\sigma^2}=\frac{\sum \sigma_i^2 N_i}{N} \quad (i=1,2,3,\cdots,K) \tag{8—26}$$

$$\overline{P(1-P)}=\frac{\sum P_i(1-P_i)N_i}{N} \quad (i=1,2,3,\cdots,K) \tag{8—27}$$

$\sigma_i{}^2$和$P_i(1-P_i)$是总体各组的方差，如果其数值未知，可利用样本的方差来代替。

【做中学8—17】 某县对本县农作物的产量进行了一次类型比例抽样调查，调查资料整理的结果如表8—5所示，试计算其抽样平均误差。

表8—5　　某县农作物产量抽样调查资料

按自然条件分组	抽样面积 n_i（公顷）	单位面积产量 $\bar{x}_i$（千克）	标准差 s_i（千克）
平　原	30	6 200	58
山　地	15	2 600	110
丘　陵	18	3 800	86
合　计	63	—	—

根据表8—5的资料，我们可以计算出整个样本的平均数及标准差：

$$\bar{x}=\frac{\sum \bar{x}_i n_i}{n}=\frac{6\ 200\times 30+2\ 600\times 15+3\ 800\times 18}{63}=4\ 657.14(\text{千克})$$

$$\overline{s^2}=\frac{\sum s_i{}^2 n_i}{n}=\frac{58^2\times 30+110^2\times 15+86^2\times 18}{63}=6\ 596$$

$$\mu_{\bar{x}}=\sqrt{\frac{\overline{\sigma^2}}{n}}=\sqrt{\frac{\overline{s^2}}{n}}=\sqrt{\frac{6\ 596}{63}}=10.23(\text{千克})$$

在计算完抽样平均误差后，我们可以根据给定的概率保证程度，计算抽样极限误差，进而对总体进行区间估计。

(三)等距抽样

动漫视频

等距抽样

等距抽样也称机械抽样或系统抽样。它是先按某一标志对总体各单位进行排队,再依一定顺序和间隔来抽取样本单位的一种抽样组织形式。这种方法可以保证所取得的样本单位比较均匀地分布在总体的各个部分,有较高的代表性。

作为总体各单位排列顺序的标志,可以是无关标志,也可以是有关标志。所谓无关标志,是指作为排队顺序的与单位标志值的大小无关或不起主要作用的标志。例如,工业产品质量抽查按时间顺序取样、农产量抽样调查按田间的地理顺序取样等。

在对总体各单位的变异情况有所了解的情况下,可以采用有关标志进行总体单位排队。所谓有关标志,是指排队顺序的标志,它与单位标志值的大小有密切的关系。例如,对职工家庭收支进行调查,按上年职工平均工资排队。按有关标志排队实际上是运用类型抽样的一些特点,可以提高样本的代表性。

设总体由 N 个单位构成,现在需要抽取一个容量为 n 的样本。先将总体 N 个单位按某一标志排队,然后将 N 划分为 n 个相等部分,每部分包含 k 个单位。先从第一部分顺序为 1,2,3,4,…,k 个单位中随机抽取第 i 个单位,而在第二部分中抽取位置在 $i+k$ 上的这个单位,在第三部分中抽取位置在 $i+2k$ 上的这个单位,以此类推,在第 n 部分抽取位置在 $i+(n-1)k$ 上的单位,这样共有 n 个单位组成了样本。由此可见,等距抽样每个样本单位的间隔均为 k,当第一个单位随机确定之后,其余各单位的位置也就确定了。用这样的方法可以抽取 k 套样本。

在等距抽样中,不论是按无关标志排队还是按有关标志排队,都要注意避免样本间隔与现象本身的周期性节奏相重合,防止引起系统性误差。例如,对于工业产品质量抽查,产品抽样时间间隔不宜与上下班时间一致,以免发生系统性误差,影响样本的代表性。

等距抽样的抽样平均误差与标志排列的顺序有关,情况比较复杂。通常,如果用来排队的标志是无关标志,同时随机起点取样,那么它的抽样平均误差就十分接近简单随机抽样的抽样平均误差。为了简便起见,可以采用简单随机抽样的抽样平均误差来近似地反映。如果是按有关标志排队,其抽样平均误差可以采用类型抽样的抽样平均误差来代替。

(四)整群抽样

动漫视频

整群抽样

整群抽样也称集团抽样,它是将总体各单位划分成许多群,再从中随机抽取部分群,对中选群的所有单位进行全面调查的抽样组织形式。例如,要调查家庭副业发展情况,不是直接抽取居民户,而是以村为单位,从中抽取若干村,再对中选村的全体居民户进行调查。

设将总体的全部单位 N 划分为 R 群,每个群中包括 M 个单位,则有 $N=RM$。现在从总体 R 群中随机抽取 r 群组成样本,并对中选的 r 群的所有 M 单位进行调查。

第 i 群的所有单位的样本平均数为:

$$\bar{x}_i=\frac{\sum_{j=1}^{M}x_{ij}}{M}\quad(i=1,2,3,\cdots,r) \tag{8—28}$$

全部样本平均数为:

$$\bar{x}=\frac{\sum_{i=1}^{r}\bar{x}_i}{r} \tag{8—29}$$

上述公式是假设各群的单位数相等,只用简单算术平均数求全样本的平均数。从上式可以看出，整群抽样实质上是以群代替单位之后的简单随机抽样。因此，样本平均数的抽样平均误差可以根据群间方差来推算。

设 $\delta_{\bar{x}}{}^2$ 为群平均数的群间方差，$\delta_p{}^2$ 为群成数的群间方差，则：

$$\delta_{\bar{x}}{}^2=\frac{\sum(\bar{x}_i-\overline{X})^2}{r} \tag{8—30}$$

$$\delta_p{}^2=\frac{\sum(p_i-p)^2}{r} \tag{8—31}$$

上面公式中的总体指标常常是未知的，一般用相应的样本指标来代替。

整群抽样都采用不重复抽样方法，因此平均数与成数抽样平均误差分别为：

$$\mu_{\bar{x}}^2=\sqrt{\frac{\delta_{\bar{x}}^2}{r}\left(1-\frac{r}{R}\right)} \tag{8—32}$$

$$\mu_p=\sqrt{\frac{\delta_p^2}{r}\left(1-\frac{r}{R}\right)} \tag{8—33}$$

【做中学 8—18】 某商场购进一批苹果，入库前随机抽取 1%箱，再对抽取到的箱内每个苹果进行质量检查，结果如表 8—6 所示。

表 8—6　　商场对苹果的整群抽样检查结果

样本箱	每个苹果平均重量 $\bar{x}_i$（克）	一级品率 p_i（%）	$(\bar{x}_i-\bar{x})^2$ $\bar{x}=249$	$(p_i-p)^2$（%） $p=83\%$
第一箱	248	85	1	4
第二箱	246	80	9	9
第三箱	253	84	16	1
合　计	—	—	26	14

首先，计算样本平均数和样本成数：

$$\bar{x}=\frac{\sum\bar{x}_i}{r}=\frac{248+246+253}{3}=249(\text{克})$$

$$p=\frac{\sum p_i}{r}=\frac{85\%+80\%+84\%}{3}=83\%$$

其次，计算样本平均数的群间方差和成数的群间方差：

$$\delta_{\bar{x}}{}^2=\frac{\sum(\bar{x}_i-\bar{x})^2}{r}=\frac{26}{3}=8.67$$

$$\delta_p{}^2=\frac{\sum(p_i-p)^2}{r}=\frac{14\%}{3}=4.67\%$$

最后，求出平均数和成数的抽样平均误差：

$$\mu_{\bar{x}}=\sqrt{\frac{\delta_{\bar{x}}^2}{r}\left(1-\frac{r}{R}\right)}=\sqrt{\frac{8.67}{3}\left(1-\frac{3}{300}\right)}=1.69(\text{克})$$

$$\mu_p=\sqrt{\frac{\delta_p^2}{r}\left(1-\frac{r}{R}\right)}=\sqrt{\frac{4.67\%}{3}\left(1-\frac{3}{300}\right)}=12.41\%$$

整群抽样的好处是组织工作方便，确定一群便可以调查许多单位。但是，正由于抽样单位比较集中，限制了样本在总体分配的均匀性，所以代表性较低，抽样误差较大。在实际工作中，采用整群抽样方法通常都要增加一些样本单位，以减少抽样误差，提高估计的准确程度和可靠程度。

各种抽样对总体参数的推断方法基本都是一致的，只是在求抽样平均误差时有所差别，因此这里我们就不再给出具体的例子了。

任务六　假设检验

假设检验是抽样推断的一个重要内容。所谓假设检验，就是事先对总体参数或总体分布形式做出一个假设，再利用样本信息来判断原假设是否合理，即判断样本信息与原假设是否有显著差异，从而决定应接受或拒绝原假设。比如，对于某机器设备，生产工艺改进后，要检验新工艺对产品的某个主要指标是否有影响时，就需要抽样检验总体的某个参数（如均值、方差等）是否等于改变工艺前的参数值，这类问题就属于假设检验问题。

假设检验可分为两类：一是参数假设检验；二是非参数检验或自由分布检验，主要是总体分布形式的假设检验。本书只讨论几种重要的参数检验。

一、假设检验一般问题

（一）假设检验的基本思想

先通过一个例子来说明假设检验的基本思想。某企业生产一种零件，过去的大量资料表明，零件的平均长度为 4 厘米，标准差为 0.1 厘米。改进工艺后，抽查了 100 个零件，测得样本平均长度为 3.94 厘米。请问：工艺改进前后零件的长度是否发生了显著的变化？

这是关于工艺改进前后零件的平均长度（总体平均数）是否等于 4 的假设检验问题。我们知道，样本平均长度与原平均长度出现差异不外乎两种可能：一是改进后的总体平均长度不变，但抽样的随机性使样本平均数与总体平均数之间存在抽样误差；二是由于工艺条件的变化，使总体平均数发生了显著的变化。可以这样推断，如果样本平均数与总体平均数之间的差异不大，未超出抽样误差范围，则认为总体平均数不变；反之，如果样本平均数与总体平均数之间的差异超出了抽样误差范围，则认为总体平均数发生了显著的变化。

由上面例子可以看出，假设检验是对调查人员所关心的却又是未知的总体参数先做出假设，然后抽取样本，利用样本提供的信息对假设的正确性进行判断的过程。

（二）假设检验的步骤

1. 提出原假设和备择假设

对每个假设检验问题，一般可同时提出两个相反的假设：原假设和备择假设。原假设又称零假设，是正待检验的假设，记为 H_0；备择假设是拒绝原假设后可供选择的假设，记为 H_1。原假设与备择假设是相互对立的，检验结果二者必取其一。接受 H_0 则必须拒绝 H_1；反之，拒绝 H_0 则必须接受 H_1。

原假设和备择假设不是随意提出的，应根据所检验问题的具体背景而定。常常是采取“不轻易拒绝原假设”的原则，即把没有充分理由不能轻易否定的命题作为原假设，而相应地把没有足够把握就不能轻易肯定的命题作为备择假设。

一般来说，假设有三种形式：

（1）$H_0:\mu=\mu_0$；$H_1:\mu\neq\mu_0$。这种形式的假设检验称为双侧检验。如“（一）假设检验的基本思想”中可提出假设：$H_0:\mu=4$ 厘米；$H_1:\mu\neq 4$ 厘米。

（2）$H_0:\mu=\mu_0$；$H_1:\mu<\mu_0$（或 $H_0:\mu\geqslant\mu_0$；$H_1:\mu<\mu_0$）。这种形式的假设检验称为左侧检验。

（3）$H_0:\mu=\mu_0$；$H_1:\mu>\mu_0$（或 $H_0:\mu\leqslant\mu_0$；$H_1:\mu>\mu_0$）。这种形式的假设检验称为右侧检验。

左侧检验和右侧检验统称为单侧检验。采用哪种假设，要根据所研究的实际问题而定。如果对所研究问题只需判断有无显著差异或要求同时注意总体参数偏大或偏小的情况，则采用双侧检验。如果所关心的是总体参数是否比某个值偏大（或偏小），则宜采用单侧检验。在“（一）假设检验的基本思想”中，如果我们在乎的是零件长度是否比原来有所缩短，则可采用单侧检验，即 $H_0:\mu=$ 4 厘米（或 $\mu\geqslant 4$ 厘米）；$H_1:\mu<4$ 厘米。

2. 选择适当的统计量，并确定其分布形式

在参数的假设检验中，如同在参数估计中一样，要借助于样本统计量进行统计推断。用于假设检验问题的统计量称为检验统计量。在具体问题中，选择什么统计量作为检验统计量，需要考虑的因素与参数估计相同。例如，用于进行检验的样本是大样本还是小样本、总体方差是已知还是未知等。在不同的条件下，应选择不同的检验统计量。

3. 选择显著性水平 α，确定临界值

显著性水平表示 H_0 为真时拒绝 H_1 的概率。假设检验是围绕对水平假设内容的审定而展开的。如果原假设正确我们接受了（同时也就拒绝了替换假设），或原假设错误我们拒绝了（同时也就接受了替换假设），这表明我们做出了正确的决定。但是，由于假设检验是根据样本提供的信息进行推断的，也就有犯错误的可能。有这样一种情况，原假设正确，而我们却把它当成错误的加以拒绝。犯这种错误的概率用 α 表示，统计上把 α 称为假设检验中的显著性水平（Significant Level），也就是决策中所面临的风险。因此，显著性水平是指当原假设为正确时人们却把它拒绝了的概率或风险。这个概率是由人们确定的，通常取 $\alpha=0.05$ 或 $\alpha=0.01$，这表明，当作出接受原假设的决定时，其正确的可能性（概率）为 95%或 99%。即拒绝原假设所冒的风险，用 α 表示。假设检验应用小概率事件极少发生，这里的小概率就是指 α。给定了显著性水平 α，就可由有关的概率分布表查得临界值，从而确定 H_0 的接受区域和拒绝区域。临界值就是接受区域和拒绝区域的分界点。

对于不同形式的假设，H_0 的接受区域和拒绝区域也有所不同。双侧检验的拒绝区域位于统计量分布曲线的两侧；左侧检验的拒绝区域位于统计量分布曲线的左侧；右侧检验的拒绝区域位于统计量分布曲线的右侧，相关内容如图 8－2 所示。

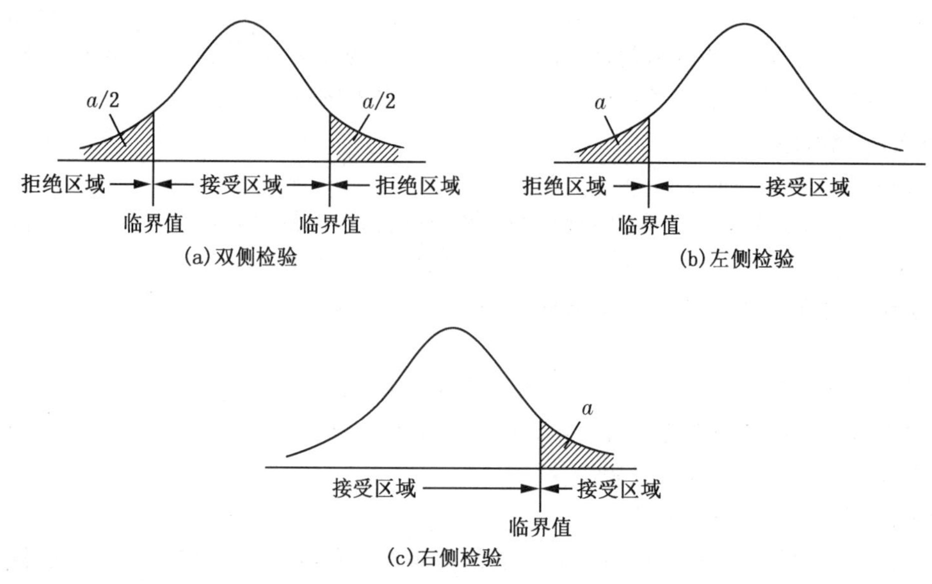

图 8－2　假设检验的接受区域和拒绝区域

4. 做出结论

根据样本资料计算出检验统计量的具体值,并用以与临界值比较,做出接受或拒绝原假设 H_0 的结论。如果检验统计量的值落在拒绝区域内,说明样本所描述的情况与原假设有显著性差异,应拒绝原假设;反之,则接受原假设。

(三)假设检验的小概率原理

假设检验的基本思想是应用小概率原理。所谓小概率原理,是指发生概率很小的随机事件在一次实验中是几乎不可能发生的。根据这一原理,可以做出是否接受原假设的决定。例如,有一个企业声称其产品的合格率很高,可以达到 99%,那么从一批产品(如 100 件)中随机抽取 1 件,这一件恰好是次品的概率就非常小,只有 1%。如果该企业的声称是真的,随机抽取 1 件是次品的情况就几乎是不可能发生的。但如果这种情况确实发生了,我们就有理由怀疑原来的假设,即产品中只有 1%次品的假设是否成立,这时就可以推翻原来的假设,可以做出该企业的声称是假的这样一个推断。我们进行推断的依据就是小概率原理。当然,推断也可能会犯错误,即这 100 件产品中确实只有 1 件是次品,而恰好在一次抽取中被抽到了。因此,这个例子中犯这种错误的概率是 1%,也就是说我们在冒 1%的风险做出该企业的声称是假的这样一个推断。由此也可以看出,这里的 1%正是前面所说的显著性水平。

二、总体均值、比例的假设检验

(一)总体方差已知时对正态总体均值的假设检验

设总体 $X \sim N(\mu,\sigma^2)$,总体方差 σ^2 为已知,$(x_1,x_2,\cdots,x_n)$ 为总体的一个样本,样本平均数为 $\bar{x}$。现在的问题是对总体均值 μ 进行假设检验。H_0:$\mu=\mu_0$(或 $\mu\leqslant\mu_0$,$\mu\geqslant\mu_0$)。

根据抽样分布定理,样本平均数 $\bar{x}$ 服从 $N(\mu,\sigma^2/n)$,因此,如果 H_0 成立时,检验统计量 U 及其分布为:

$$U=\frac{\bar{x}-\mu_0}{\sigma/\sqrt{n}}\sim N(0,1)$$

利用服从正态分布的统计量 U 进行的假设检验称为 U 检验法。根据已知的总体方差、样本容量 n 和样本平均数 $\bar{x}$,计算出检验统计量 U 的值。对于给定的检验水平,查正态分布表可得临界值,将所计算的 U 值与临界值比较,便可做出检验结论。

【做中学 8—19】 根据过去大量资料,某公司生产的产品的使用寿命服从正态分布 $N(1\ 020,1\ 002)$。现从最近生产的一批产品中随机抽取 16 件,测得样本平均寿命为 1 080 小时。试在 0.05 的显著性水平下判断这批产品的使用寿命是否有显著提高?

解:根据题意,提出假设:

H_0:$\mu=1\ 020$　H_1:$\mu>1\ 020$

检验统计量 $U=\dfrac{\bar{x}-\mu_0}{\sigma/\sqrt{n}}=\dfrac{1\ 080-1\ 020}{100/\sqrt{16}}=2.4$

由 $\alpha=0.05$,查表得:

临界值 $U_{0.05}=1.645$

由于 $U=2.4>U_\alpha=1.645$,所以应拒绝 H_0 而接受 H_1,即这批产品的使用寿命确有显著提高。

(二)总体方差未知时对正态总体均值的假设检验

设总体 $X \sim N(\mu,\sigma^2)$,但总体方差 σ^2 未知,此时对总体均值的检验不能用上述 U 检验法,因为此时的检验统计量 U 中包含了未知参数 σ。为了得到一个不含未知参数的检验统计量,很自然会用总体方差的无偏估计量——样本方差 S^2 来代替 σ^2,于是得到 T 统计量。检验统计量 T 及其分布为：

$$T=\frac{\overline{x}-\mu_0}{S/\sqrt{n}}\sim t(n-1)$$

利用服从 t 分布的统计量去检验总体均值的方法称为 T 检验法。其具体做法是：根据题意提出假设（与 U 检验法中的假设形式相同）；构造检验统计量 T 并根据样本信息计算其具体值；对于给定的检验水平 α，由 t 分布表查得临界值；将所计算的 t 值与临界值比较，做出检验结论。

双侧检验时，若 $|T|>t_{\alpha/2}$，则拒绝 H_0，接受 H_1。

左侧检验时，若 $T<-t_{\alpha}$，则拒绝 H_0，接受 H_1。

右侧检验时，若 $T>t_{\alpha}$，则拒绝 H_0，接受 H_1。

【做中学 8－20】 从长期的资料可知，某公司生产的某种电子元件服从均值为 200 小时，标准差未知的正态分布。通过改变部分生产工艺后，抽得 10 件做样本得数据（小时）：

202，209，213，198，206，210，195，208，200，207

解：根据题意，检验目的是考察电子元件的平均值数据是否有所提高。因此，可建立如下假设：

$H_0:\mu=200\quad H_1:\mu>200$

根据已知数据求得 $\overline{x}=204.8$，$S=5.789$

检验统计量 $T=\dfrac{\overline{x}-\mu_0}{S/\sqrt{n}}=\dfrac{204.8-200}{5.789/\sqrt{10}}=2.622$

由 $\alpha=0.05$，查表得：

临界值 $t_{\alpha}(n-1)=t_{0.05}(10-1)=1.833\ 1$

由于 $|T|=2.622>t_{\alpha}(n-1)=1.833\ 1$，所以拒绝 H_0 接受 H_1，即可以接受“在新工艺下，这种电子元件的平均值有所提高的假设”。

T 检验法适用于小样本情况下总体方差未知时对正态总体均值的假设检验。随着样本容量 n 的增大，t 分布趋近于标准正态分布。因此大样本情况下（$n>30$），总体方差未知时对正态总体均值 μ 的假设检验通常近似采用 U 检验法。同理，大样本情况下非正态总体均值的检验也可用 U 检验法。因为根据大样本的抽样分布定理，总体分布形式不明或为非正态总体时，样本平均数趋近于正态分布。这时，检验统计量 U 中的总体标准差 σ 用样本标准差 S 来代替。

（三）总体比例的假设检验

由比例的抽样分布定理可知，样本比例服从二项分布，因此可由二项分布来确定对总体比例进行假设检验的临界值，但其计算往往十分烦琐。大样本情况下，二项分布近似服从正态分布。因此，对总体比例的检验通常是在大样本条件下进行的，根据正态分布来近似确定临界值，即采用 U 检验法。其检验步骤与均值检验时的步骤相同，只是检验统计量不同。

首先提出待检验的假设：

$$H_0:P=P_0\quad H_1:P\neq P_0\text{（或 }P<P_0,P>P_0\text{）}$$

检验统计量为：
$$U=\frac{p-P_0}{\sqrt{\dfrac{p(1-p)}{n}}}\sim N(0,1)$$

【做中学 8－21】 调查人员在调查某企业的主要生产线时，被告知性能良好、生产稳定，产品合格率可达 99%。随机抽查了 200 件产品，其中 195 件产品合格，判断企业的说法是否可信？（$\alpha=10\%$）。

解：依题意，可建立如下假设：

$H_0:P=0.99\quad H_1:P\neq 0.99$

样本比例 $p=\frac{m}{n}=\frac{195}{200}=0.975$

由于样本容量相当大，所以可近似采用U检验法。

$$U=\frac{p-P_0}{\sqrt{\frac{p(1-p)}{n}}}=\frac{0.975-0.99}{\sqrt{\frac{0.975\times 0.025}{200}}}=-1.359$$

给定 $\alpha=0.1$，查正态分布表得：

$\mu_{\alpha/2}=\mu_{0.05}=1.645$

由于 $|U|<\mu_{\alpha/2}$，应接受原假设，即认为该企业的说法是可信的。

项目训练

一、单项选择题

1. 抽样调查的目的在于(　　)。

A. 了解总体的基本情况　　B. 用样本指标推断总体指标

C. 对样本进行全面调查　　D. 了解样本的基本情况

2. 抽样调查所特有的误差是(　　)。

A. 由于样本的随机性而产生的误差　　B. 登记误差

C. 系统性误差　　D. 以上三项都不正确

3. 抽样调查和重点调查的主要区别是(　　)。

A. 选取调查单位的方式不同　　B. 调查的目的不同

C. 调查的单位不同　　D. 两种调查没有本质区别

4. 当可靠度大于0.682 7时，抽样极限误差(　　)。

A. 大于抽样平均误差

B. 小于平均误差

C. 等于抽样平均误差

D. 与抽样平均误差的大小关系依样本容量而定

5. 有一批灯泡共1 000箱，每箱200个，现随机抽取20箱并检查这些箱中全部灯泡，此种检验属于(　　)。

A. 纯随机抽样　　B. 类型抽样　　C. 整群抽样　　D. 等距抽样

6. 当总体单位不是很多且各单位间差异较小时，宜采用(　　)。

A. 类型抽样　　B. 纯随机抽样　　C. 整群抽样　　D. 两阶段抽样

7. 在抽样推断中，抽样误差是(　　)。

A. 可以避免的　　B. 可避免且可控制

C. 不可避免且无法控制　　D. 不可避免但可控制

8. 在其他条件不变的情况下，抽样单位数越多，则(　　)。

A. 系统误差越大　　B. 系统误差越小

C. 抽样误差越大　　D. 抽样误差越小

9. 假定10亿人口大国和100万人口小国的居民年龄变异程度相同，现在各自用重复抽样方法抽取本国的1‰人口，则抽样误差(　　)。

A. 两者相等　　B. 前者大于后者

C. 前者小于后者　　D. 不能确定

10. 某地有2万亩稻田,根据上一年资料得知其中平均亩产的标准差为50千克,若以95.45%的概率保证平均亩产的误差不超过10千克,应抽选(　　)亩地作为样本进行抽样调查。

A. 100　　B. 250　　C. 500　　D. 1 000

二、多项选择题

1. 抽样调查的特点有(　　)。

A. 按随机原则抽取样本单位　　B. 把握程度大小

C. 以样本指标推断总体指标　　D. 抽样误差可以计算和控制

2. 抽样调查适用于下列哪些场合?(　　)

A. 不宜进行全面调查而又要了解全面情况

B. 工业产品质量检验

C. 调查项目多、时效性强

D. 只需了解一部分单位的情况

3. 确定样本容量时应考虑的因素有(　　)。

A. 极限误差大小　　B. 全面性检验

C. 取样方式　　D. 抽样的组织形式

4. 区间估计中总体指标所在范围(　　)。

A. 是一个可能范围　　B. 是绝对可靠的范围

C. 不是绝对可靠的范围　　D. 是有一定把握程度的范围

5. 概率度是指(　　)。

A. 置信概率

B. 以抽样平均误差为单位

C. 是样本指标与总体指标的绝对误差范围

D. 表示极限误差是平均误差的几倍

三、简述题

1. 简述抽样推断的含义及特点。

2. 简述抽样推断的作用。

3. 简述抽样误差的概念和影响抽样误差的因素。

4. 简述影响样本容量的因素。

5. 简述假设检验的步骤。

四、综合题

1. 某地区为了解职工家庭的收入情况,从本地区3 000户家庭中,按不重复抽样的方法抽取300户职工家庭进行调查,调查结果如表8—7所示。

表8—7　　某地区职工家庭收入情况调查资料

每户月收入(元)	收入调查户数(户)
400及以下	40
401~600	80

续表

每户月收入(元)	收入调查户数(户)
601～800	120
801～1 000	50
1 001 以上	10
合　计	300

(1)若用这300户家庭的月收入资料推算该地区3 000户家庭月收入情况,则抽样平均误差为多少?

(2)若又从抽样资料知,月平均收入在800元以上的户数的比重为20%,那么月收入在800元以上的抽样平均误差为多少?

2. 已知某种球体直径服从$x\sim N(\mu,\sigma^2)$,μ和σ^2未知,某位科学家测量到的一个球体直径的5次记录为:6.33、6.37、6.36、6.32和6.37厘米。试估计μ和σ。

3. 对某一选举区内随机抽取的100位选民的民意调查表明,他们中的55%支持某位候选人,求所有选民中支持这位候选人的比例(a)95%、(b)99%、(c)99.73%的置信区间。

4. 某进出口公司出口一种名茶,抽样检验结果如表8—8所示。

表8—8

每包重量x(克)	包数f(包)	xf
148～149	10	1 485
149～150	20	2 990
150～151	50	7 525
151～152	20	3 030
$\sum$	100	15 030

又知这种茶叶每包规格重量不低于150克,试以99.73%的概率:①确定每包重量的极限误差;②估计这批茶叶的重量范围,确定是否达到规格重量要求。

5. 对一批成品按不重复随机抽样方法抽选200件,其中废品8件,又知道抽样单位数是成品总量的1/20,当概率为0.954 5时,能否认为这批产品的废品率不超过5%?

6. 某汽车制造企业为了测定某种型号汽车轮胎的使用寿命,随机抽取16只作为样本进行寿命测试,计算出轮胎平均寿命为43 000千米,标准差为4 120千米。试以95%的置信度推断该企业这批汽车轮胎的平均使用寿命。

7. 对生产某种规格的灯泡进行使用寿命检验,根据以往正常生产的经验,灯泡使用寿命标准差$\sigma=0.4$小时,而合格品率90%,现用重复抽样方式,在95.45%的概率保证下,抽样平均使用寿命的极限误差不超过0.08小时,抽样合格率的误差不超过5%,必要的抽样平均数应为多大?

8. 某企业生产的铁丝抗拉力服从正态分布,且知其平均抗拉力服从正态分布,为570千克,标准差为8千克。现在由于原材料更换,虽然认为标准差不会有变化,但不知平均抗拉力是否与原来一样,现从生产的铁丝中抽取10个样品,得平均抗拉力$\overline{x}=575$千克,能否认为平均抗拉力无显著变化?($\alpha=0.05$)

9. 国外某低收入地区居民月收入服从正态分布,现随机抽取10户家庭,测得他们的月收入分别为:3 640元、2 800元、500元、382元、366元、350元、360元、320元、290元、250元。能否认为

该地区居民的月收入为920元？($\alpha=0.05$)

10. 对某电池生产企业所生产的某种型号电池进行电流强度检验，随机从中抽取400只电池，得平均电流强度为5.46安培，标准差0.40安培。能否认为这一批的平均电流强度不超过5.5安培？($\alpha=0.05$)

项目实训

【实训项目】

抽样推断。

【实训目的】

加强对抽样推断的认识。

【实训资料】

根据抽样推断的原理，深入实际，按年级等比例随机抽取100名大学生，再进行实际调查，根据调查结果，在0.90的概率把握程度下，推断目前大学生的日常消费水平(月生活费用)。

【实训要求】

1. 试着去完成实训资料的内容。
2. 撰写《抽样推断》实训报告。

《抽样推断》实训报告		
项目实训班级：	项目小组：	项目组成员：
实训时间：　　年　　月　　日	实训地点：	实训成绩：
实训目的：		
实训步骤：		
实训结果：		
实训感言：		

项目九

相关分析与回归分析

○ **知识目标**

理解:相关关系和回归分析的概念、种类和主要内容。

熟知:相关分析和回归分析的关系;应用相关分析和回归分析应注意的问题。

掌握:相关关系的测定方法;多元线性回归分析;估计标准误差;回归分析的预测和估计;相关分析与回归分析的应用。

○ **技能目标**

能够结合所学的相关分析与回归分析知识,对相关业务进行计算和分析。

○ **素质目标**

运用所学的相关分析与回归分析基本原理知识研究相关案例,培养和提高学生在特定业务情境中分析问题与决策设计的能力;结合行业规范或标准,运用相关分析与回归分析知识分析行为的善恶,强化学生的职业道德素质。

○ **思政目标**

能够正确地理解"不忘初心"的核心要义和精神实质;树立正确的世界观、人生观和价值观,做到学思用贯通、知信行统一;通过相关分析与回归分析知识,运用回归分析模型解决相关问题;并通过研究中国经济社会现象问题,发现我国经济发展中的优势与不足,激发爱国热情,为建设祖国努力奋斗。

○ **项目引例**

变更业务也要办理变更登记吗?

我们知道夏季气温的高低是影响冰激凌销售量的一个重要因素。一般来讲, 气温越高,冰激凌的销售情况会越好。一家大型冰激凌连锁店的经营者想要扩大规模,开设新的连锁店,为了避免盲目开店造成不必要的损失,需要预测一下准备开店的地区当年夏季冰激凌的销售情况,为此可以用该地区以往年份夏季连续若干天进行观察记录得到的每天最高气温与冰激凌的销售额资料,进行定性、定量分析。对夏季气温与冰激凌的销量的关系进行分析,在确认两者之间是相关关系的前提下,构建相应的数学模型,进行回归分析,进而预测当年夏季冰激凌的销售额,再结合气象等其他因素判断是否应当增开连锁店,扩大经营规模。

资料来源:李贺等:《统计学》,上海财经大学出版社 2019 年版,第 189 页。

试分析:根据上述项目引例背景,如何进行相关分析?

○ **知识精讲**

任务一　相关分析概述

一、相关关系的概念

在自然界和社会经济现象中，任何现象都不是孤立存在的，现象间存在着普遍联系和相互制约的关系。现象间的普遍联系、相互制约往往表现为相互依存的关系，这种关系通常有两种类型，即函数关系和相关关系。

(一)函数关系

动漫视频

函数关系

函数关系研究的是确定现象非随机变量间的数量依存关系。在这种关系中，当某一个变量或几个变量取一定的值时，另一个变量都有确定的值与之对应，并且这种关系可以用一个确定的数学表达式表示出来。例如，圆的面积随半径的变化而变化，每给定一个圆的半径，就有一个唯一确定的圆的面积与之相对应，因此面积是半径的函数。在社会经济现象中，同样也存在着这种关系。例如，商品销售额＝销售量×销售价格。当销售价格不变时，销售量发生变化，就有一个确定的销售额与之对应，销售额就是销售量的函数。

函数关系有两个特点：①变量之间的数值以确定的关系相对应；②变量之间的关系可以用一个确定的函数关系式来表达。例如，圆的面积与半径之间的关系，若已知其中一个变量的值，根据圆的面积公式 $S=\pi r^2$ 可以得到另一变量的值。

(二)相关关系

相关关系研究的是非确定现象随机变量间的关系。在这种关系中，当某一个变量或几个相互联系的变量取一定的值时，另一个变量有许多个值与之对应，表现出对应的不确定性。例如，人的体重与身高之间的关系，虽然同一身高的人大多数情况下体重是不同的，但这两个变量间仍然存在一定的规律性。一般来说，身高越高，体重越大，这两个变量间的关系就是相关关系。类似这样的关系在实际生活中是大量存在的，如农作物产量与降雨量之间的关系、商品销售量与销售价格的关系、人的年龄与血压的关系、子女身高与父母身高的关系等。

相关关系有如下的特点：①变量之间确实存在某种数量上的依存关系。这种依存关系表现为一个变量的数量发生变动，另一个变量也会相应地发生数量上的变动。②变量之间在数量上依存的具体值是不确定的。存在相关关系的两个变量，当一个变量取一定的数值时，另一个变量可能有多个数值，表现出一定的波动性，但它仍按某种规律在一定的范围内变化。

(三)相关关系与函数关系的区别与联系

有些函数关系往往因为观察或测量误差，以及各种随机因素的干扰等原因，在实际应用中常常通过相关关系表现出来；而在研究相关关系时，其数量间的规律性通常也是通过函数关系来近似地表现出来的。从这个角度讲，相关关系是相关分析的研究对象，函数关系是相关分析的工具。相关分析就是要通过对大量数据资料的研究，消除偶然因素的影响，探求现象之间相关关系的密切程度和表现形式。由此，我们把研究现象之间相关关系的理论和方法称为相关分析法。

在相关分析中，若相关现象之间存在一定的因果关系，通常把起决定作用的变量作为自变量，也称解释变量，一般用 x 表示；把受自变量影响而相应变化的变量作为因变量，也称被解释变量，

一般用 y 表示。例如,研究劳动生产率与利润之间的关系时,劳动生产率为自变量,利润为因变量。若现象只存在相关关系并不存在明显的因果关系,如每万元产值耗电量与产值之间的关系,究竟哪种现象为自变量,哪种现象为因变量,则要根据研究的目的来决定。

二、相关关系的种类

(一)按照相关关系涉及变量(或因素)的多少,可分为单相关、复相关和偏相关

(1)单相关又称一元相关,是指两个变量之间的相关关系,如广告费用与产品销售量之间的相关关系。

(2)复相关又称多元相关,是指三个或三个以上变量之间的相关关系,如商品销售额与居民收入、商品价格之间的相关关系。

(3)偏相关,即在一个变量与两个或两个以上变量相关的条件下,当假定其他变量不变时,其中两个变量的相关关系。例如,在假定商品价格不变的条件下,该商品的需求量与消费者收入水平的相关关系即为偏相关。

(二)按照相关的形式,可分为直线相关和曲线相关

(1)直线相关也称线性相关,是指当一个变量变动时,另一个变量随之发生大致均等的变动。从图形上看,其观察点的分布近似地表现为一条直线,例如,人均消费水平与人均收入水平通常呈直线相关关系。

(2)曲线相关也称非线性相关,即一个变量变动时,另一个变量也随之发生相应的变动,但这种变动不是均等的,从图形上看,其观察点的分布近似地表现为一条曲线,如抛物线、指数曲线等。例如,农作物的施肥量与亩产量之间的关系,当施肥量在一定限度内,亩产量会上升,上升到一定程度后,随着施肥量的增加,亩产量却会下降,这就是一种曲线相关关系。

(三)按照相关关系变化的方向,可分为正相关和负相关

(1)正相关,即当一个变量的值增加或减少时,另一个变量的值也会随之增加或减少。例如,家庭人均收入的提高,会使家庭支出也随之提高。

(2)负相关,即当一个变量的值增加或减少时,另一个变量的值随之减少或增加。例如,随着单位成本的降低,利润会随之上升;随着产量的增加,单位成本也会随之下降;等等。

(四)按照相关程度,可分为完全相关、不相关和不完全相关

(1)完全相关,即当一个变量的数量完全由另一个变量的数量变化所决定时,两者之间即为完全相关。例如,在价格不变的条件下,销售额与销售量之间的关系即为函数关系,因为此时销售额的数值完全取决于销售量的大小,此时的相关关系就变成了函数关系。

(2)不相关,即当变量之间彼此互不影响,其数量变化各自独立时,则变量之间为不相关。例如,学生的学习成绩与企业的单位成本之间一般情况下是不相关的。

(3)不完全相关,即两种现象介于完全相关和不相关之间,一个变量发生了变化,另一个变量会随之发生相应的变化,但变化值是不确定的。大多数相关关系属于不完全相关关系。

相关关系的各种形态通常表现为:①正相关;②负相关;③曲线相关;④特例相关——函数关系;⑤不相关。如图 9－1 所示。

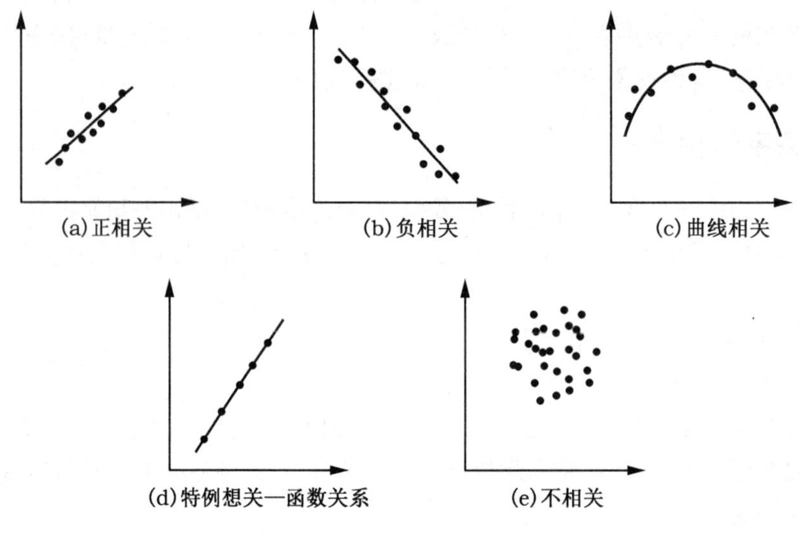

图 9—1　相关关系的表现形态

任务二　相关关系的测定

对于变量间的函数关系，可以通过具体的函数表达式来分析它们之间的确定性关系；而对于变量间相关关系的测度，通常是通过相关分析来完成的。

一、相关分析的主要内容

(一)变量之间是否存在相关关系以及相关关系的表现形式

进行相关分析时，首先需要通过定性分析方法，判定变量之间是否存在关系，变量之间只有存在关系，才能进行相关分析；其次利用相关表或相关图通过观察的方法判断这种关系呈现的具体形态和程度。

(二)确定变量之间关系的密切程度

相关表或相关图观察的方法只能粗略地反映变量之间相关关系的密切程度，若要准确地反映变量之间相关关系的密切程度，则可通过计算相关系数来实现。相关系数能够从数量上反映变量之间相关关系的方向和密切程度。

(三)检验变量之间相关关系的显著性

在对变量之间相关关系进行分析时，往往是利用样本数据计算相关系数作为总体相关系数的估计值，由于样本相关系数具有一定的随机性，它能否说明总体的相关程度往往与样本容量有一定关系。当样本容量很小时，计算出的相关系数不一定能反映总体的真实相关关系，并且当总体不相关时，利用样本数据计算出的相关系数也不一定等于零，有时还可能较大，这就会产生虚假相关现象。为判断样本相关系数对总体相关程度的代表性，需要对相关系数进行显著性检验。

【注意】若在统计上是显著的，说明它可以作为总体相关程度的代表值，否则不能作为总体相关程度的代表值。

二、相关关系的测定方法

要判别现象之间有无相关关系，有两种方法：一是定性分析，二是定量分析。

(一)定性分析

定性分析是依据研究者的理论知识、专业能力和实践经验,对客观现象之间是否存在相关关系,以及有何种相关关系做出判断。并可在定性认识的基础上,编制相关表、绘制相关图,以便直观地判断现象之间相关的方向、形态及大致的密切程度。

1. 相关表

相关表是一种反映变量之间相关关系的统计表。它包括简单相关表、单变量分组相关表和双变量分组表。

(1)简单相关表。将相关的两个变量的变量值一一对应地填列在同一张表格上,这样的表格称作简单相关表。相关内容如表 9—1 所示。

表 9—1　　中国 2012—2020 年国内生产总值与教育经费数据表

年份	国内生产总值(亿元)	教育经费(万元)
2012	538 580	286 553 052
2013	592 963.2	303 647 182
2014	643 563.1	328 064 609
2015	688 858.2	361 291 927
2016	746 395.1	388 883 850
2017	832 035.9	425 620 069
2018	919 281.1	461 429 980
2019	986 515.2	501 781 166
2020	1 013 567	530 338 700

从表 9—1 可以看出,随着国内生产总值的增长,教育经费也在增长,二者呈正相关关系。简单相关表适用于资料的项数比较少的情况。

(2)单变量分组相关表。它是对自变量进行分组,因变量不分组,只是计算出其次数和平均数,这种表格称为单变量分组相关表。例如,从某市所有家庭中抽取 100 户家庭,调查某月家庭收入与支出的情况,得到的数据如表 9—2 所示。

表 9—2　　居民家庭月收入与月消费支出相关表

家庭月收入(元)	家庭户数(户)	家庭月平均支出(元)
1 000 及以下	3	928
1 000~2 000	6	1 243
2 000~3 000	7	1 643
3 000~4 000	10	2 030
4 000~5 000	18	3 568
5 000~6 000	22	3 875
6 000~7 000	16	4 056
7 000~8 000	8	4 239
8 000~9 000	5	4 558

续表

家庭月收入(元)	家庭户数(户)	家庭月平均支出(元)
9 000～10 000	3	4 782
10 000 以上	2	5 043

单变量分组相关表可以大大简化原始资料，在原始数据较多的情况下，使用单变量分组相关表可以更清晰地反映现象的相互依存关系，找出变量间数据变化的规律性。

(3)双变量分组相关表。将自变量和因变量都进行分组编制成的统计表称作双变量分组相关表。可将表 9—2 变化成表 9—3 的形式，表 9—3 即为双变量分组表。

表 9—3 **家庭月收入与月支出相关表**

家庭月收入(元)	家庭月支出(元)					
	1 000 及以下	1 001～2 000	2 001～3 000	3 001～4 000	4 001～5 000	5 001 以上
1 000 及以下	1					
1 000～2 000		6				
2 000～3 000		7				
3 000～4 000			10			
4 000～5 000				18		
5 000～6 000				22		
6 000～7 000					16	
7 000～8 000					8	
8 000～9 000					5	
9 000～10 000					3	
10 000 以上						2

双变量分组相关表可适用于大量复杂数据的处理和分析。

2. 相关图

相关图又称散点图，它是用直角坐标系的 x 轴代表自变量，y 轴代表因变量，将两个变量间相对应的变量值用坐标点的形式描绘出来，用以表明相关点分布状况的图形。

根据表 9—2 的资料，可以绘制相关图，如图 9—2 所示。

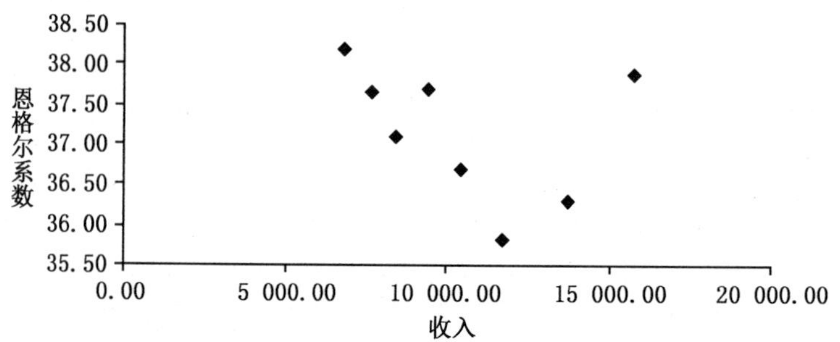

图 9—2 某省城镇居民家庭人均可支配收入与其恩格尔系数相关图

由图 9—2 可知,居民家庭可支配收入与恩格尔系数呈一种直线相关关系,并且随着居民家庭可支配收入的增长,恩格尔系数在不断地下降,二者为负相关关系。

根据表 9—2 的资料所绘制的相关图,如图 9—3 所示。

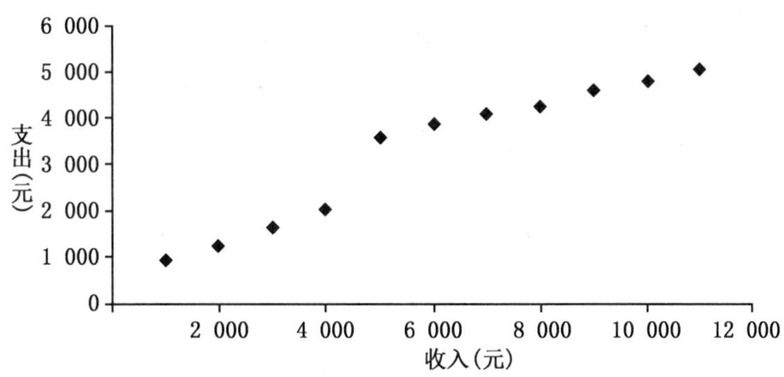

图 9—3　某城市居民家庭月收入与月消费支出相关图

从图 9—3 可以看出,收入和支出二者之间呈正的线性相关,即随着收入的增长,支出也在不断地增加。

(二)定量分析——相关系数

1. 相关关系的概念

相关表和相关图可反映两个变量之间的相互关系及其相关方向,但无法确切地表明两个变量之间相关的程度。著名统计学家卡尔·皮尔逊设计了统计指标——相关系数。相关系数是用于反映变量之间相关关系密切程度的统计指标。依据相关现象之间的不同特征,其统计指标的名称有所不同。如将反映两变量间线性相关关系的统计指标称为相关系数(相关系数的平方称为判定系数);将反映两变量间曲线相关关系的统计指标称为非线性相关系数、非线性判定系数;将反映多元线性相关关系的统计指标称为复相关系数、复判定系数等。这里只介绍相关系数。

2. 相关关系的分类

相关系数根据所要分析的现象的相关形式及相关变量的数量不同,主要分为以下几种:

(1)简单相关系数。它是描述呈线性相关的两个变量之间密切程度及相关方向的指标。

(2)复相关系数。复相关系数是测量一个因变量 y 与其他多个自变量 $x_1,x_2,x_3,\cdots,x_p$ 之间线性相关程度的指标。它不能直接测算,只能采取一定的方法进行间接测算。它可利用单相关系数和偏相关系数求得。复相关系数取值在 0 和 1 之间。复相关系数越接近于 1,表明变量之间的线性相关程度越密切,越接近于 0,表明变量间的密切程度越低。复相关系数只能测定相关的程度,无法测定相关的方向。

(3)曲线相关系数。它也称相关指数,是衡量非线性关系密切程度的指标。简单相关系数和复相关系数,都是用来衡量线性相关的指标,但对于非线性的相关关系,其密切程度不能用它们来测量,而需要用相关指数来计算。相关指数数值越大,表明其相关程度越高。

(4)偏相关系数。它是多元相关分析中,在消除其他变量影响的条件下,所计算的某两变量之间的相关系数。例如,变量 y 与 x_1、x_2、x_3 具有一定的相关关系,在假定 x_1、x_2 对变量 y 没有影响,只计算 x_3 与 y 的密切程度,则此时计算的相关系数就是偏相关系数。偏相关系数不同于简单相关系数。在计算简单相关系数时,只需要掌握两个变量的观测数据,并不考虑其他变量以及这两个变量可能产生的影响;而在计算偏相关系数时,需要掌握多个变量的数据,一方面考虑多个变量相互之间可能产生的影响,另一方面又采用一定的方法控制其他变量,专门考察两个特定变量的净相关关系。

3. 相关系数的计算

相关系数通常用 r 来表示，其计算公式有两种形式：一个是积差法公式，另一个是简捷法公式。

积差法的计算公式为：

$$r=\frac{\sigma_{xy}^2}{\sigma_x\sigma_y}=\frac{\sum(x-\overline{x})(y-\overline{y})}{\sqrt{\sum(x-\overline{x})^2}\sqrt{\sum(y-\overline{y})^2}} \tag{9—1}$$

上式经过变换，可得到简捷法的计算公式：

$$r=\frac{n\sum xy-\sum x\sum y}{\sqrt{n\sum x^2-(\sum x)^2}\sqrt{n\sum y^2-(\sum y)^2}} \tag{9—2}$$

根据这一公式，只需要计算 x^2、y^2、xy，不必计算平均数、协方差和标准差，大大简化了运算过程。

相关系数的值介于－1 和 1 之间，即 $-1\leqslant r\leqslant 1$。其性质如下：

(1)当 $r>0$ 时，表明两变量呈正相关关系；当 $r<0$ 时，表明两变量呈负相关关系。

(2)当 $|r|=1$ 时，表明两变量之间为完全的相关关系，即为函数关系。

(3)当 $r=0$ 时，表明两变量之间没有直线相关关系。

(4)当 $0<|r|<1$ 时，表明两变量存在一定程度的直线相关关系。且 $|r|$ 越接近于 1，两变量间相关关系越密切；$|r|$ 越接近于 0，表明两变量之间相关关系越弱。

(5)相关的密切程度一般可以划分为：$|r|$ 在 0.3 以下为不相关，$|r|$ 在 0.3～0.5 为低度相关，$|r|$ 在 0.5～0.8 是显著相关，$|r|$ 在 0.8 以上是高度相关。

利用相关系数时，需要注意两个问题：①相关系数只适用于测定两个变量的直线相关的密切程度，如果计算结果数值很小，并非就说明二者之间没有相关关系或相关程度很低，也许现象之间还存在着其他形式的相关关系。②相关系数有一个明显的缺点，即它的数值与实际观测的数据组数有关，当 n 较小时，相关系数的波动较大，对有些样本相关系数的绝对值易接近于 1，当 n 较大时，相关系数的绝对值容易偏小，特别是当 $n=2$ 时，相关系数的绝对值总为 1。因此，在样本容量 n 较小时，仅凭相关系数较大就判定变量之间的关系密切程度也是不妥当的。

【做中学 9—1】 在某企业中，随机抽取了 10 名职工进行调查，以了解其工龄与工资水平的关系。调查结果及相关系数计算如表 9—4 所示。

表 9—4　　10 名职工工龄与工资水平相关系数计算表

序　号	职工工龄 x(年)	职工月工资 y(元)	x^2	y^2	xy
1	2	1 200	4	1 440 000	2 400
2	5	1 500	25	2 250 000	7 500
3	7	1 600	49	2 560 000	11 200
4	10	1 750	100	3 062 500	17 500
5	10	1 800	100	3 240 000	18 000
6	11	1 780	121	3 168 400	19 580
7	15	2 200	225	4 840 000	33 000
8	16	2 500	256	6 250 000	40 000
9	18	2 800	324	7 840 000	50 400

续表

序　号	职工工龄 x(年)	职工月工资 y(元)	x^2	y^2	xy
10	20	3 200	400	10 240 000	64 000
合　计	114	20 330	1 604	44 890 900	263 580

将上表计算结果代入简捷法公式中，便得到了相关系数：

$$
\begin{aligned}
r &= \frac{n\sum xy-\sum x\sum y}{\sqrt{n\sum x^2-(\sum x)^2}\sqrt{n\sum y^2-(\sum y)^2}}\\
&= \frac{10\times 263\ 580-114\times 20\ 330}{\sqrt{10\times 1\ 604-114^2}\sqrt{10\times 44\ 890\ 900-20\ 330^2}}\\
&= \frac{318\ 100}{\sqrt{3\ 044}\sqrt{35\ 600\ 100}}\\
&= \frac{318\ 100}{329\ 190.98}\\
&= 0.97
\end{aligned}
$$

计算结果表明，职工的工龄与月工资水平之间存在高度的正相关关系。

通过以上的计算与分析过程，可以看到：统计所研究现象之间的相关关系，应该是真实的、客观存在的相关关系，而不是主观臆造的，或形式上的偶然巧合。这就要求我们在实际进行相关关系分析时，应依据有关科学理论，通过观察和试验，在对现象作深入分析的基础上确定这种相关关系。另外，由于相关系数是根据样本计算得到的统计量，所以其数值的高低有一定的随机性，样本容量越小，这种随机性越大。例如，两个变量只有两对样本数据时，相关系数为 1，但这并不能说明两个变量是完全相关的。因此，只有对相关系数进行显著性检验后，才能下是否相关的结论（本书不涉及相关系数检验的相关内容）。

4. 相关分析中应注意的问题

（1）相关系数不能解释两变量间的因果关系。相关系数只是表明两个变量间互相影响的程度和方向，它并不能说明两变量间是否有因果关系，以及何为因、何为果，即使是在相关系数非常大时，也并不意味着两变量间具有显著的因果关系。例如，根据一些人的研究，发现抽烟与学习成绩有负相关关系，但不能由此推断是抽烟导致了成绩差。

因与果在很多情况下是可以互换的。例如，研究发现收入水平与股票的持有额正相关，并且可以用收入水平作为解释股票持有额的因素，但是，是否存在这样的情况，你赚的钱越多，买的股票也越多，而买的股票越多，赚的钱也就越多。何为因？何为果？众所周知，经济增长与人口增长相关，究竟是经济增长引起人口增长，还是人口增长引起经济增长呢？不能从相关系数中得出结论。

（2）警惕虚假相关导致的错误结论。有时两变量之间并不存在相关关系，但可能出现较高的相关系数。

例如，存在另一个共同影响两变量的因素。在时间序列资料中往往就会出现这种情况，有人曾对教师薪金的提高和酒价的上涨作了相关分析，计算得到一个较大的相关系数，这是否表明教师薪金提高导致酒的消费量增加，从而导致酒价上涨呢？经分析，事实是由于经济繁荣导致教师薪金和酒价的上涨，而教师薪金增长与酒价之间并没有直接关系。

原因的混杂也可能导致错误的结论。例如，有人做过计算，发现在美国经济学学位越高的人，收入越低，笼统地计算学位与收入之间的相关系数会得到负值。但分别对大学、政府机构、企业各类别计算学位与收入之间的相关系数得到的则是正值，即对同一行业而言，学位高，收入也高。

另外，不要在相关关系据以成立的数据范围以外，推论这种相关关系仍然保持。例如，雨下得多，农作物长得好，在缺水地区，干旱季节下雨是好事，但雨量太大，却可能损坏庄稼。又如，广告投入多，销售额上涨，利润增加，但盲目加大广告投入，却未必使销售额再增长，利润还可能会减少。正相关达到某个极限，就可能变成负相关。这个道理似乎人人都明白，但在分析问题时却容易忽视。

任务三 一元直线回归分析

一、回归分析

（一）回归分析的概念

动漫视频

回归分析

回归分析是对具有相关关系的多个变量，通过配合一定的数学模型（方程）测定变量之间数量的变化关系，以便由自变量的数值对因变量的可能值进行估计或预测的一种统计分析方法。

如前所述，相关分析能够测定变量之间相关关系的方向和程度，但不能给出变量之间相互关系的具体形式，即无法从一个变量的数量变化去推测另一个变量的变化情况。此外，在相关分析中，不区分自变量和因变量，也不能说明两个变量的主从关系或因果关系。回归分析则将相关的变量进行测定，确定其因果关系，并以一定的数学模型（方程）表示出来，为进行统计估计或预测提供数理依据。

（二）回归分析的种类

1. 按自变量的数量不同，可分为简单回归分析和多元回归分析

研究一个自变量与一个因变量之间关系的回归分析，称为简单回归分析，又称一元回归分析。研究多个自变量与一个因变量之间关系的回归分析，称为多元回归分析，又称复回归分析。

2. 按相关关系的表现形式不同，可分为线性回归和非线性回归

当变量之间变化关系的形态表现为直线时，称为线性回归。从相关图上看，变量之间的散点图接近于一条直线。当变量之间变化关系的形态表现为某种曲线时，称为非线性回归。从相关图上看，变量之间的散点图接近于一条曲线。

（三）回归分析的内容

1. 根据研究目的和研究现象之间的关系，确定自变量和因变量

根据研究目的与研究现象之间的关系，从定性方面对变量之间的内在联系进行分析，确定变量之间的主从关系或因果关系。将原因变量确定为自变量，将结果变量确定为因变量。

2. 确定回归模型的数学表达式

依据掌握的样本数据，利用变量之间的散点图，找出最佳的回归分析模型，并通过对模型参数的估计，确定回归模型的数学表达式即回归方程。

3. 对回归模型进行评价

确定回归方程后，需要对其进行检验，以判断回归模型的基本假定是否合理、是否得到满足。常用的回归方程检验有线性显著性的 F 检验、变量显著性的 t 检验、拟合优度检验等。

4. 利用回归模型进行估计或预测

回归模型的建立，是对变量之间变化规律的探究，其目的是用于估计或预测，即根据给定的自变量数值估计或预测因变量的数值或置信区间。

二、相关分析和回归分析的关系

(一)相关分析和回归分析的联系

相关分析是回归分析的基础和前提,回归分析则是相关分析的深入和继续。相关分析需要依靠回归分析来表现变量之间数量相关的具体形式,而回归分析则需要依靠相关分析来表现变量之间的相关程度。只有当变量之间存在高度相关时,进行回归分析寻求其相关的具体形式才有意义。如果在对变量之间是否相关以及相关方向和程度做出正确判断之前,就进行回归分析,很容易造成"虚假回归"。与此同时,相关分析的具体形式,也无法从一个变量的变化来推测另一个变量的变化情况,因此,在具体应用过程中,只有把相关分析和回归分析结合起来,才能达到研究和分析的目的。

(二)相关分析和回归分析的区别

(1)在相关分析中涉及的变量不存在自变量和因变量的划分问题,变量之间的关系是对等的;而在回归分析中,则必须根据研究对象的性质和研究分析的目的,对变量进行自变量和因变量的划分,因此在回归分析中,变量之间的关系是不对等的。

(2)在相关分析中所有的变量都必须是随机变量;而在回归分析中,自变量是给定的,因变量才是随机的。

(3)相关分析主要是通过一个指标即相关系数来反映变量之间相关密切程度的大小,由于变量之间是对等的,因此相关系数是唯一确定的;而在回归分析中,对于互为因果关系的两个变量(如人的身高与体重),则有可能存在两个回归方程。

三、一元直线回归模型的建立

(一)一元直线回归模型的描述

一元直线回归模型又称简单直线回归模型,它是根据成对的两个变量的数据,配合直线方程,并根据自变量的变动,来推算因变量发展趋势和水平的一种数学关系式。其数学表达式为:

$$y_c = a + bx \tag{9—3}$$

式中,y_c 代表因变量的估计值,也称理论值。a 和 b 代表两个待定参数,其中 a 代表回归直线的起始值,也是直角坐标系中 y 轴上的截距,即 $x=0$ 时的 y_c 值,从数学意义上理解,它表示在没有自变量 x 的影响时,其他各种因素对因变量 y 的影响;b 代表回归系数,也是回归直线的斜率,表示自变量 x 每变动一个单位时,因变量 y 平均变动 b 个单位。

(二)一元直线回归模型的参数计算

在回归直线的数学表达式中,只要能确定两个待定参数 a 和 b,那么回归模型也就确定了。统计理论已经证明,用最小平方法求解待定参数 a 和 b 而建立的回归模型最具有代表性,也是所有观测点的最优拟合线。

应用最小平方法配合直线方程,其基本要求是实际值与估计理论值的离差平方和为最小值,用公式表示为:

$$\sum (y - y_c)^2 = \sum (y - a - bx)^2 = \text{最小值} \tag{9—4}$$

根据数学中对二元函数求极值的原理,我们可以得到如下求解 a 和 b 的标准方程组:

$$\sum y = na + b\sum x \tag{9—5}$$

$$\sum xy = a\sum x + b\sum x^2 \tag{9—6}$$

将上述两方程组进一步整理,就会得到求解 a 和 b 的计算公式如下:

$$b=\frac{n\sum xy-\sum x\sum y}{n\sum x^2-(\sum x)^2} \tag{9—7}$$

$$a=\frac{\sum y}{n}-b\frac{\sum x}{n} \tag{9—8}$$

【做中学 9—2】 某企业在全国各地都有其产品的代理商，为研究其产品的销售额与其广告费用之间的关系，该企业随机抽取了 10 家代理商进行调查，调查结果及回归方程的建立过程如表 9—5 所示。

表 9—5　　广告费用与销售额回归分析计算表　　金额单位：万元

序　号	年广告投入 x	月销售额 y	xy	x^2
1	12.5	21.2	265.00	156.25
2	15.3	23.9	365.67	234.09
3	23.2	32.9	763.28	538.24
4	26.4	34.1	900.24	696.96
5	33.5	42.5	1 423.75	1 122.25
6	34.4	43.2	1 486.08	1 183.36
7	39.4	49.0	1 930.60	1 552.36
8	45.2	52.8	2386.56	2 043.04
9	55.4	59.4	3 290.76	3 069.16
10	60.9	63.5	3 867.15	3 708.81
合　计	346.2	422.5	16 679.09	14 304.52

设回归方程为 $y_c=a+bx$，其中 a 和 b 分别计算得：

$$b=\frac{n\sum xy-\sum x\sum y}{n\sum x^2-(\sum x)^2}=\frac{10\times 16\,679.09-346.2\times 422.5}{10\times 14\,304.52-346.2^2}=\frac{20\,521.4}{23\,190.76}=0.884\,9$$

$$a=\frac{\sum y}{n}-b\frac{\sum x}{n}=\frac{422.5}{10}-0.884\,9\times\frac{346.2}{10}=11.61$$

将 a 和 b 代入所设的回归方程中，则得到所建立的回归模型为：

$y_c=a+bx=11.61+0.884\,9x$

四、多元线性回归分析

前面研究了一元回归的问题，它反映的是因变量与一个自变量之间的关系。但是，客观现象之间的联系是复杂的，许多现象的变动涉及多个变量之间的数量关系。例如，某块耕地面积上粮食产量的高低，一方面受施肥量的影响，另一方面也受降水量、温度、管理等诸多因素的影响。由于客观现象具有多方面的相互联系，我们就需要进一步研究和掌握分析这类问题的方法。在统计中，把研究一个因变量与多个自变量之间相互关系的理论和方法称为多元回归分析或复回归分析。

多元回归分析可以分为多元线性回归分析和多元非线性回归分析。我们在这里只讨论多元线性回归分析的问题。

动漫视频

多元线性回归

多元线性回归分析是在现象间存在着直线相关关系的条件下，研究现象之间的一般规律，即建立回归方程，并通过回归方程来进行预测。

多元回归方程是用于表达一个因变量与多个自变量之间相互关系及其规律性的一种数学模型。当研究一个变量 y 值的变动受 $x_1, x_2, x_3, \cdots, x_n$ 等多个因素的影响时，我们可以把 y 作为因变量，把 $x_1, x_2, x_3, \cdots, x_n$ 作为自变量。如果它们之间存在着直线相关的关系，这时可以建立的直线回归方程为：

$$y_c = a_0 + a_1x_1 + a_2x_2 + a_3x_3 + \cdots + a_nx_n \tag{9-9}$$

式中，y_c 代表多元回归的估计值，也称为理论值；$a_0, a_1, a_2, a_3, \cdots, a_n$ 分别代表 y 对自变量 $x_1, x_2, x_3, \cdots, x_n$ 的回归系数。

在多元回归方程中，y 对某一自变量的回归系数表示当其他自变量都固定时，该自变量变化一个单位而使 y 平均改变的数值，也通称为偏回归系数。

与研究一元回归时的情形相似，求参数 $a_0, a_1, a_2, a_3, \cdots, a_n$ 的方法，还是采用最小平方法，即要求：

$$\sum(y - y_c)^2 = \text{最小值}$$

通过求极值的方法，我们可以得到多元线性回归方程的参数的求解方程组。以两个自变量为例，设其直线回归方程为：

$$y_c = a_0 + a_1x_1 + a_2x_2 \tag{9-10}$$

则其求解参数 a_0, a_1, a_2 的回归方程组为：

$$\sum y = na_0 + a_1\sum x_1 + a_2\sum x_2 \tag{9-11}$$

$$\sum x_1y = a_0\sum x_1 + a_1\sum x_1^2 + a_2\sum x_1x_2 \tag{9-12}$$

$$\sum x_2y = a_0\sum x_2 + a_1\sum x_1x_2 + a_2\sum x_2^2 \tag{9-13}$$

通过以上的方程组，我们就可以求得 a_0, a_1, a_2，然后代入直线回归方程中，就可以得到直线回归方程。这里我们就不详细叙述了。

五、估计标准误差

（一）估计标准误差的概念

回归方程的一个重要作用在于根据自变量的已知值去估计因变量的理论值，而理论值 y_c 与实际值 y 存在着差距，这就产生了推算结果的准确性问题。如果差距小，说明推算结果的准确性高；反之，说明推算结果的准确性差。为此，分析理论值与实际值的差距有很现实的意义。为了度量 y 的实际水平和估计值 y_c 离差的一般水平，可计算估计标准误差。估计标准误差是说明回归直线代表性大小的统计分析指标，它说明观察值围绕着回归直线的变化程度或分散程度。

（二）估计标准误差的计算

估计标准误差通常用 S_{yx} 表示，其计算公式为：

$$S_{yx} = \sqrt{\frac{\sum(y - y_c)^2}{n-2}} \tag{9-14}$$

这个公式比较形象地说明了估计标准误差的含义，但在实际计算时会非常麻烦。例如上例中，如果按这个公式计算，需要计算出每个自变量观测值的理论值，还需要与其实际值进行比较，才能计算出估计标准误差。其计算表如表 9－6 所示。

表 9－6　**估计标准误差计算表**　金额单位：万元

企业序号	年广告投入 x	月销售额 y	y_c	$y-y_c$	$(y-y_c)^2$
1	12.5	21.2	22.66	－1.46	2.14

续表

企业序号	年广告投入 x	月销售额 y	y_c	$y-y_c$	$(y-y_c)^2$
2	15.3	23.9	25.14	−1.24	1.54
3	23.2	32.9	32.13	0.77	0.59
4	26.4	34.1	34.96	−0.86	0.74
5	33.5	42.5	41.24	1.26	1.58
6	34.4	43.2	42.04	1.16	1.34
7	39.4	49.0	46.47	2.53	6.43
8	45.2	52.8	51.60	1.20	1.45
9	55.4	59.4	60.62	−1.22	1.50
10	60.9	63.5	65.49	−1.99	3.96
合　计	346.2	422.5	422.35	—	21.26

将表 9—6 中的计算结果代入估计标准误差公式，则得：

$$S_{yx}=\sqrt{\frac{\sum(y-y_c)^2}{n-2}}=\sqrt{\frac{21.26}{10-2}}=1.63(\text{万元})$$

从上面的计算来看，这种计算比较麻烦，因此通过对上述公式进行变换，最终得到下面的公式来求解估计标准误差：

$$S_{yx}=\sqrt{\frac{\sum y^2-a\sum y-b\sum xy}{n-2}} \tag{9—15}$$

利用这个公式，就可以用在计算相关系数和建立回归方程时的有关资料来求估计标准误差了。如在这个例子中，我们计算的$\sum y^2=19\ 687.81$，则其估计标准误差为：

$$\begin{aligned}S_{yx}&=\sqrt{\frac{\sum y^2-a\sum y-b\sum xy}{n-2}}\\&=\sqrt{\frac{19\ 687.81-11.61\times422.5-0.884\ 9\times16\ 679.09}{10-2}}\\&=1.71(\text{万元})\end{aligned}$$

用这两个公式计算的估计标准误差有一点误差，这主要是在计算过程中，由取舍小数的问题造成的。

(三)估计标准误差的作用

在相关分析中，一个很重要的任务就是要利用相关资料来建立回归方程，并利用回归方程来预测。那么这个回归方程是否能更好地代表现象之间的一般关系，根据这个方程进行预测得到的预测值(理论值)是否准确，准确程度怎样，这些问题的解决都是要通过估计标准误差来完成的。概括起来，估计标准误差有如下三个作用：①说明以回归直线为中心的所有相关点的离散程度；②说明回归直线的代表性大小；③可以对因变量的值进行区间估计。

(四)估计标准误差与相关系数之间的关系

估计标准误差 S_{yx} 与相关系数 r 在数量上也存在着密切的关系，这就从另一个角度说明了相关分析与回归分析之间的关系。二者之间的关系可由下列公式来表述：

$$r=\sqrt{1-\frac{S_{yx}^2}{\sigma_y^2}} \tag{9—16}$$

$$S_{yx}=\sigma_y\sqrt{1-r^2} \tag{9-17}$$

从这两个公式可以看出，r 与 S_{yx} 的变化方向是相反的。当 r 越大时，S_{yx} 越小，相关密切程度越高，回归直线的代表性越大；当 $r=\pm1$ 时，$S_{yx}=0$，现象间完全相关，各相关点均落在回归直线上，这时对 x 的任何变化，y 总有一个相应的值与之对应；当 r 越小时，S_{yx} 就越大，这时相关密切程度就越低，回归直线的代表性就越小；当 $r=0$ 时，S_{yx} 取得最大值，这时现象间不存在直线关系。

六、回归分析的预测和估计

回归方程概括地描述了现象之间的数量关系，可以反映现象之间的一般规律性，我们可以通过回归方程，用自变量的数值来估计因变量的数值。其估计方法有两种：一种是点估计，另一种是区间估计。

(一)点估计

点估计就是将给定的自变量 x_0 代入回归方程求出 y_0 的估计值。例如，利用年广告投入和月销售收入之间的回归方程式，当自变量年广告投入为 50 万元时，我们对因变量月销售收入进行点估计，其估计值为：

$y_c=a+bx=11.61+0.8849x=11.61+0.8849\times50=55.86$(万元)

(二)区间估计

回归分析的区间估计是在一定的概率下，给出一个自变量 x_0，然后利用回归方程，求出一个因变量 y_0 的估计值的区间范围。

因变量估计值的区间为：$(y_c-tS_{yx}, y_c+tS_{yx})$。式中，$t$ 可通过查正态分布概率表来求得，其方法与抽样推断概率度的求法一样。

这里需要指出，一个回归方程只能作一种推算，不能进行相反推算，即只能以自变量 x 推算因变量 y，而不能以因变量 y 来推算自变量 x 的数值。例如，对于年广告投入和月销售额的回归方程，我们只可以利用这个回归方程的自变量年广告投入来推断因变量月销售额的数值，而不能利用这个回归方程的因变量数值月销售额去推算自变量年广告投入的数值。而在互为因果关系的变量之间，根据研究需要，可建立 y 对 x 的回归方程和 x 对 y 的回归方程，但此时的这两个回归方程是两个不同的回归方程，具有不同的斜率和意义，各自只能根据给定的自变量去推算相应的因变量的数值。

任务四　相关分析与回归分析的应用

一、相关分析应用实例

应用相关分析的理论，我们可以根据现象间数量关系的变化规律，进行静态和动态预测。我们在这里主要讨论在一定时间上对现象之间因果关系的预测，而对现象未来发展的动态预测，将另作讨论。

下面我们举例说明相关分析的主要内容及计算过程。

【做中学 9－3】　为了研究家庭收入和食品支出的关系，我们随机抽取了 10 个家庭的样本，得到的数据如表 9－7 所示。

表 9—7 家庭收入和食品支出样本数据表 单位：百元

家庭收入	20	30	33	40	15	13	26	38	35	43
食品支出	7	9	8	11	5	4	8	10	9	10

根据表 9—7 的资料，要求：

(1)判断家庭收入和食品支出之间是否存在着相关关系以及相关的形式。

(2)如果存在着相关关系，判断二者的相关程度。

(3)建立回归方程。

(4)计算估计标准误差。

(5)在家庭收入为 4 000 元时，对食品支出进行点估计和区间估计(概率保证程度为 95%)。

分析步骤如下：

(1)确定现象之间是否具有相关关系。经验告诉我们，家庭收入与食品支出有一定的关系，一般来说，家庭收入越高，家庭的食品支出也就越多，二者之间存在着正相关的关系。

(2)要判定相关的形式。根据实际调查的资料，我们可以通过相关图来确定家庭收入与食品支出的关系形式。其相关图如图 9—4 所示。可以看出，家庭收入与食品支出二者之间存在着直线相关的关系。

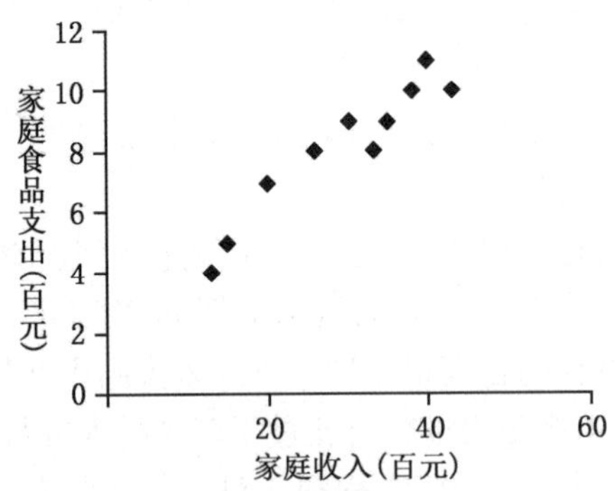

图 9—4 家庭收入与食品支出相关图

(3)通过以上分析，我们知道家庭收入与食品支出二者之间存在着正的直线相关关系，因此可以进一步计算二者之间的相关系数，以便判断二者的密切程度，如表 9—8 所示。

表 9—8 相关分析计算表 金额单位：百元

家 庭	家庭收入 x	食品支出 y	x^2	y^2	xy
1	20	7	400	49	140
2	30	9	900	81	270
3	33	8	1 089	64	264
4	40	11	1 600	121	440
5	15	5	225	25	75
6	13	4	169	16	52
7	26	8	676	64	208
8	38	10	1 444	100	380

续表

家　庭	家庭收入 x	食品支出 y	x^2	y^2	xy
9	35	9	1 225	81	315
10	43	10	1 849	100	430
合　计	293	81	9 577	701	2 574

根据以上计算结果,我们先来计算相关系数:

$$r=\frac{n\sum xy-\sum x\sum y}{\sqrt{n\sum x^2-(\sum x)^2}\sqrt{n\sum y^2-(\sum y)^2}}=\frac{10\times 2\ 574-293\times 81}{\sqrt{10\times 9\ 577-293^2}\sqrt{10\times 701-81^2}}=0.95$$

通过相关系数的计算,我们可以判定二者之间存在着高度的正相关关系。

(4)建立直线回归方程。

设直线回归方程为 $y_c=a+bx$,其 a 和 b 的值分别为:

$$b=\frac{n\sum xy-\sum x\sum y}{n\sum x^2-(\sum x)^2}=\frac{10\times 2\ 574-293\times 81}{10\times 9\ 577-293^2}=\frac{2\ 007}{9\ 921}=0.202$$

$$a=\frac{\sum y}{n}-b\ \frac{\sum x}{n}=\frac{81}{10}-0.202\times\frac{293}{10}=2.18$$

故直线方程为:$y_c=2.18+0.202x$

(5)计算估计标准误差。

$$S_{yx}=\sqrt{\frac{\sum y^2-a\sum y-b\sum xy}{n-2}}=\sqrt{\frac{701-2.18\times 81-0.202\times 2\ 574}{10-2}}=0.75(\text{百元})$$

(6)利用回归方程对因变量进行估计。

①进行点估计。当家庭收入为 4 000 元时,运用回归方程,我们可以得到食品支出为:

$y_c=2.18+0.202x=2.18+0.202\times 40=10.26$(百元)

因此,当家庭收入为 4 000 元时,用在食品上的支出一般应为 1 026 元。

②进行区间估计。当自变量家庭收入为 4 000 元时,食品支出的估计值 $y_c=10.26$ 百元,$S_{yx}=0.75$ 百元。通过查表可知,在概率保证程度为 95%时,$t=1.96$。由此,我们可以得到食品支出的区间为:

下限为:$y_c-tS_{yx}=10.26-1.96\times 0.75=8.79$(百元)

上限为:$y_c+tS_{yx}=10.26+1.96\times 0.75=11.73$(百元)

即在家庭收入为 4 000 元时,以 95%的概率保证程度,食品支出的范围在[8.79,11.73](单位:百元)之间,预测误差为 0.75 百元。

二、应用相关分析和回归分析应注意的问题

(一)在进行相关分析时,必须以现象之间客观存在的相关关系为基础

判断现象之间是否存在相关关系,是进行相关分析首先要解决的问题。但是,由于社会经济现象错综复杂,哪些现象之间确实存在直接的依存关系,哪些现象之间只有间接关系,哪些现象之间根本没有关系,并不是一目了然的。判断现象之间有没有关系,是什么关系,关系是否密切,需要根据经济理论、有关的专业知识和实践经验进行反复研究,获得了准确的定性认识之后才能应用相关方法作进一步的分析。因此,在相关分析中,有无关系和关系密切程度的判断是第一位的,相关分析方法的进一步应用是第二位的。这个顺序不能颠倒,否则就可能把关系搞错。如果把没有关系的现象当作有相关关系,运用相关分析去测定它们之间的数量变化关系,就会发生虚假相关的现象

而导致认识上的错误。

(二)回归方程、相关系数和回归误差应结合起来应用

回归方程抽象地反映了现象之间数量关系变化的规律，根据回归方程，只要确定了自变量的数值，就可以推算出因变量的数值。但是回归方程不能说明现象之间数量相关关系的密切程度，也不能说明根据回归方程所做出的估计或预测的误差和可靠程度，因此要对现象间数量关系进行系统相关分析，必须在配合回归方程的同时，计算并结合运用相关系数及回归标准误差，只有这样才有可能系统地、全面地认识相关现象数量变动的规律，做出较准确的分析和判断。

(三)应用相关分析进行预测要注意其他有关现象所产生的作用

相关分析的预测，是根据历史资料配合的回归方程来进行的，是根据经验公式来进行预测的。因此，运用时要注意条件的相对稳定，尤其是延伸回归直线进行外推预测，要考虑相关关系是否仍然存在、密切程度，回归误差有无变化，应慎重应用为妥。在预测时，不仅要选用最主要的影响因素，而且要充分考虑其他相关因素的影响。在条件发生变化时，只要相关关系仍然较为显著，回归方程还是可以作为预测的依据，但要进行一定的修正，以提高其可靠程度。

(四)注意社会经济现象的复杂性

社会经济现象之间的数量关系比自然技术现象之间的数量关系更为复杂。社会经济现象之间数量关系的变化不仅受自然技术因素的影响，而且不可避免地受到政治、经济、伦理道德、情理等因素的影响，同时这些影响因素往往是交互的，因此要充分注意社会经济现象的复杂性。

例如，商品价格与商品销售量之间有显著的相关关系，但是销售量的变化，不仅受到价格的影响，而且受到政治形势、经济政策、消费心理、产品质量、产品升级换代等许多因素的制约。这些因素都是很难进行定量分析的。

因此，应用相关分析法研究社会经济现象之间数量关系的变化时，不仅要注意它的复杂性，而且要注意定性分析和定量分析相结合应用。

项目训练

一、单项选择题

1. 现象之间相互依存关系的程度越高，则相关系数值(　　)。

A. 越接近于∞　　B. 越接近于-1

C. 越接近于1　　D. 越接近于-1或1

2. 已知变量x与y之间存在着负相关，下列回归方程中(　　)肯定是错误的。

A. $\hat{y}=-10-0.8x$　　B. $\hat{y}=100-1.5x$

C. $\hat{y}=-150+0.9x$　　D. $\hat{y}=25-0.7x$

3. 当所有观察值y都落在回归直线$\hat{y}=a+bx$上，则x与y之间的相关系数(　　)。

A. $r=1$　　B. $-1<r<0$　　C. $r=1$或$r=-1$　　D. $0<r<1$

4. 相关系数$r=0$，说明两个变量之间(　　)。

A. 相关程度很低　　B. 不存在任何相关关系

C. 完全负相关　　D. 不存在直线相关关系

5. 在回归方程$\hat{y}=a+bx$中，回归系数b表示(　　)。

A. 当$x=0$时y的期望值　　B. x变动一个单位时y的变动总额

C. y变动一个单位时x的平均变动量　　D. x变动一个单位时y的平均变动量

6. 相关关系是(　　)。

A. 现象间客观存在的依存关系　　B. 现象间的一种非确定性的数量关系

C. 现象间的一种确定性的数量关系　　D. 现象间存在的函数关系

7. 若要定量研究边际消费倾向,并预测一定收入条件下的人均消费金额,适用的统计方法是(　　)。

A. 相关分析　　B. 回归分析　　C. 偏态分析　　D. 描述分析

8. 判断现象之间相关关系密切程度的方法是(　　)。

A. 作定性分析　　B. 制作相关图

C. 计算相关系数　　D. 计算回归系数

9. 配合直线回归方程比较合理的方法是(　　)。

A. 散点图法　　B. 半数平均法　　C. 移动平均法　　D. 最小平方法

10. 相关图又称(　　)。

A. 散布表　　B. 折线图　　C. 散点图　　D. 曲线图

二、多项选择题

1. 下列现象中属于相关关系的有(　　)。

A. 压力与压强　　B. 现代化水平与劳动生产率

C. 圆的半径与圆的面积　　D. 身高与体重

2. 销售额与流通费用率,在一定条件下存在相关关系,这种相关关系属于(　　)。

A. 正相关　　B. 单相关　　C. 负相关　　D. 复相关

3. 在直线相关和回归分析中(　　)。

A. 根据同一资料,相关系数只能计算一个

B. 根据同一资料,相关系数可以计算两个

C. 根据同一资料,回归方程只能配合一个

D. 根据同一资料,回归方程随自变量与因变量的确定不同,可能配合两个

4. 确定直线回归方程必须满足的条件是(　　)。

A. 现象间确实存在数量上的相互依存关系

B. 相关系数 r 必须等于 1

C. 相关现象必须均属于随机现象

D. 现象间存在着较密切的直线相关关系

5. 在回归分析中,确定直线回归方程的两个变量必须是(　　)。

A. 一个自变量,一个因变量　　B. 均为随机变量

C. 对等关系　　D. 一个是随机变量,一个是可控变量

三、简述题

1. 什么是函数关系? 简述函数关系的特点。

2. 什么是相关关系? 简述相关关系的特点。

3. 简述相关关系与函数关系的区别与联系。

4. 简述相关分析与回归分析的关系。

5. 什么是估计标准误差? 简述估计标准误差的作用。

四、综合题

1. 某地高校教育经费 x 与高校学生数 y 连续 8 年的统计资料如表 9—9 所示。

表 9—9 某地高校教育经费与高校学生数的统计资料

教育经费 x(万元)	312	335	370	375	389	411	428	452
在校学生数 y(万人)	11	15	18	20	21	23	25	29

要求:(1)计算教育经费与在校生人数之间的相关系数,并说明 x 与 y 之间关系的密切程度和方向;

(2)建立 y 对 x 的回归直线方程,指出方程参数的经济意义;

(3)计算估计标准误差;

(4)当教育经费为 430 万元时,对在校生人数进行区间估计(概率保证程度为 90%)。

2. 已知:$N=6$、$\sum X=21$、$\sum Y=426$、$\sum x^2=79$、$\sum y^2=30\ 268$、$\sum xy=1\ 481$。

要求:(1)计算相关系数;

(2)建立回归方程;

(3)计算估计标准误差。

3. 某校随机抽查了 9 名学生的英语入学成绩和第一学期的期末考试成绩,资料如表 9—10 所示。

表 9—10 某校 9 名学生的英语入学成绩和第一学期的期末考试成绩

入学成绩	82	60	77	90	84	80	78	93	55
期末成绩	80	71	79	80	82	80	72	94	73

要求:(1)根据所掌握的知识和表 9—10 的资料,判断现象之间是否存在相关关系;

(2)绘制相关图,并判断现象之间存在的相关形式;

(3)计算相关系数,判断现象的密切程度;

(4)建立期末成绩对入学成绩的回归方程;

(5)当学生入学成绩为 75 分时,估计学生的期末成绩;

(6)计算其估计标准误差,并估计概率保证程度为 95.45%时,学生期末成绩的可能范围。

4. 某企业机床的使用年限和维修费用资料如表 9—11 所示。

表 9—11 某企业机床的使用年限和维修费用

序号	机床使用年限 x(年)	维修费用 y(千元)
1	2	4.3
2	2	5.4
3	3	5.2
4	4	6.4
5	4	7.4
6	5	6.9
7	5	8.1
8	6	7.2

续表

序号	机床使用年限 x(年)	维修费用 y(千元)
9	6	7.6
10	6	9.5

要求：

(1)绘制散点图，判断机床使用年限与维修费用的关系形式；

(2)计算相关系数，说明机床使用年限与维修费用之间的相关方向和关系密切程度。

项目实训

【实训项目】

相关分析与回归分析。

【实训目的】

加强对相关分析与回归分析的认识。

【实训资料】

根据相关分析和回归分析的原理，深入学生中了解100名学生的身高和体重的数据，然后通过绘制相关图，观察其相关的形式，计算相关系数，建立回归方程，计算估计标准误差，然后通过给定的自变量数值来推算因变量的数值。(提示：身高和体重可互为因果关系。)

【实训要求】

1. 试着去完成实训资料的内容。
2. 撰写《相关分析与回归分析》实训报告。

<table>
<tr><th colspan="3">《相关分析与回归分析》实训报告</th></tr>
<tr><td>项目实训班级：</td><td>项目小组：</td><td>项目组成员：</td></tr>
<tr><td>实训时间： 年 月 日</td><td>实训地点：</td><td>实训成绩：</td></tr>
<tr><td colspan="3">实训目的：</td></tr>
<tr><td colspan="3">实训步骤：</td></tr>
<tr><td colspan="3">实训结果：</td></tr>
<tr><td colspan="3">实训感言：</td></tr>
</table>

统计实验——Excel在统计分析中的应用

○ **实验目的：**

利用 Excel 软件进行统计上的一些数据整理和分析的方法，主要包括利用 Excel 进行统计分组，编制统计表，绘制统计图；熟练掌握利用 Excel 进行统计数据描述的方法；熟练掌握利用 Excel 进行统计回归分析的计算；熟练掌握 Excel 公式的编写；掌握利用 Excel 进行统计推断、指数分析和时间序列分析的一些方法。

实验1 Excel的统计数据处理分析功能

一、数据分析工具库宏程序的开户和操作

(一)加载 Excel 数据分析宏程序

作为 Office 电子表格文件处理工具的 Excel，不仅具有进行相关电子表格处理的功能，而且带有一个可以用来进行统计数据处理分析的宏程序库——分析工具库。通常计算机安装了 Office 后，其 Excel 电子表格系统并不能直接用来进行统计数据的处理分析，需要通过加载宏，启动“数据分析”宏“分析工具库”系统后，才能运行统计数据的数理分析工具。

打开 Excel 电子表格系统后，如果在“工具”项的菜单中没有“数据分析”命令出现，则说明 Excel 电子系统尚未加载分析工具宏程序，必须在 Excel 中加载并启动“分析工具库”宏程序。

打开 Excel 后，点击工具栏中的加载宏，在弹出的“加载宏”对话框中勾选“分析工具库”，然后点击“确定”，即完成了 Excel 数据分析宏程序的加载，此时，会在 Excel 的“工具”菜单里出现“数据分析”的命令选项，如附图 1 所示。

(二)使用 Excel 数据分析程序进行统计数据处理分析

完成了 Excel 数据分析程序宏的加载后，点击工具菜单中的“数据分析”命令，即弹出 Excel 的统计分析工具对话框，如果选中其中的某一个统计分析工具，并点击“确定”按钮，就会跳出该分析工具的运行对话框，然后通过运行对话框的对话可以进一步进入该统计分析工具宏程序的运行过程。在整个分析工具宏程序库中，设有各种数据处理分析的工具宏程序，包括用于进行描述统计分析的描述统计和直方图分析工具宏等，也包括可以进行推断统计分析的方差分析、相关和回归分析、统计推断和检验以及时间序列指数平滑法等分析工具宏，如附图 2 所示。

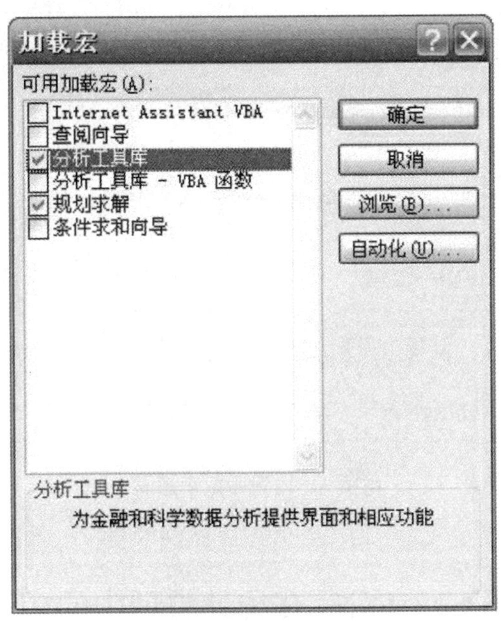

附图 1 “数据分析”的命令选项示意图

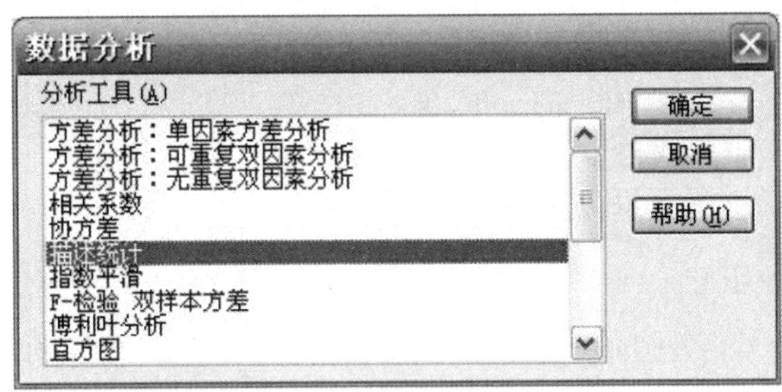

附图 2 数据分析工具示意图

二、Excel 统计函数及其使用

Excel 具有大量的内置函数，如财务函数、日期和时间函数、数学和三角函数以及统计函数，如附图 3 所示。通常在应用 Excel 进行数据处理分析时，应尽量使用这些内置函数，一方面可以减少因计算公式的输入带来的麻烦，另一方面可以根据处理分析的需要，在电子表格上编辑出多种内置函数组合应用研究活动工作簿，以适应某些多步骤运算过程的特殊处理分析需要。

在 Excel 运行过程中，调用统计函数主要采用两种方法：其一，在工作簿的单元格中直接输入统计函数的函数名称(必须在统计函数名称前加“＝”号)，立即就会弹出该函数的初始输入对话框，只要在有关的参数选项内填入确定的参数就能得到函数的计算结果值。其二，在工作簿的单元格内输入“＝”号后，查找工作簿左上方的“名称”显示格内出现的函数选择表，选择某个函数名称，同样会得到该函数的初始输入对话框。

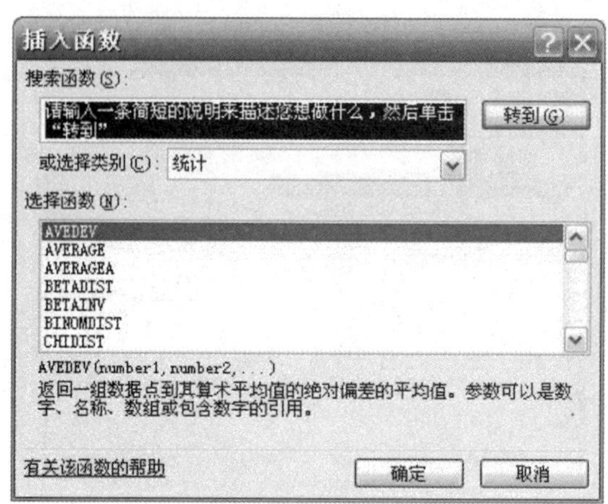

附图 3 内置函数示意图

实验 2 Excel 在统计整理中的应用

统计整理的主要内容包括如何进行统计分组、编制分配数列、编制统计表和绘制统计图等。这里主要介绍如何进行统计分组，并根据编制的分配数列统计表绘制统计图。

实验资料：某高校 30 名学生的统计学考试成绩如下：

48 50 58 60 61 62 65 65 66 68 70 71 73 73 75

75 75 76 77 80 80 81 82 84 85 88 89 91 92 95

根据以上数据，进行统计分组，并编制统计表和绘制统计图。

一、进行统计分组

用 Excel 进行统计分组有两种方法：一是利用“Frequency”函数；二是利用数据分析中的“直方图”工具。这里我们仅介绍利用“Frequency”函数进行统计分组的方法。

函数向导“Frequency”可用来对一系列数据进行分组，并自动计算各级的分配次数。“Frequency”的参数为“Data_array”和“Bins_array”。其中，“Data_array”是待分组的数据的单元地址，存在方式为一个向量区域。“Bins_array”是用于对前述数列进行分组的间隔点的单元地址，存放方式也为一个向量区域。其具体分组步骤如下：

第一步，启动 Excel，新建一个工作簿，并将上面的数据资料输入表格中，如附图 4 所示。

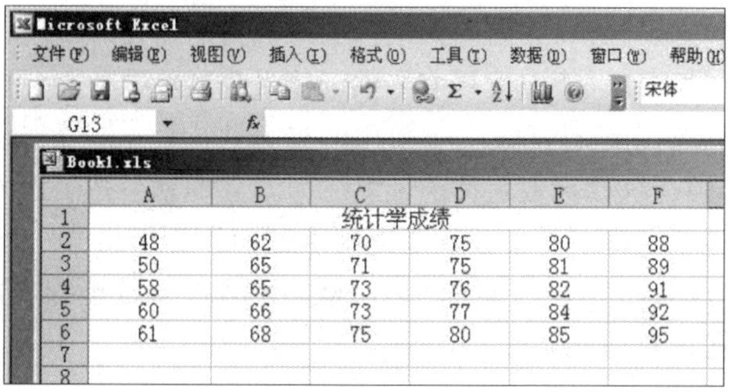

Microsoft Excel
文件(F) 编辑(E) 视图(V) 插入(I) 格式(O) 工具(T) 数据(D) 窗口(W) 帮助(H)
G13
Book1.xls

	A	B	C	D	E	F
1			统计学成绩			
2	48	62	70	75	80	88
3	50	65	71	75	81	89
4	58	65	73	76	82	91
5	60	66	73	77	84	92
6	61	68	75	80	85	95
7						
8						

附图 4 数据输入示意图

第二步,确定每一组的上限值。确定上限值是编制分配数列的关键,确定了每一组的上限值,即确定了每一组的组限和组距。本例中,输入的上限值分别是 59、69、79、89、100,把这些值输入 H2:H6 中,将选取的结果存放的单元格区域为 I2:I6。

第三步,将光标移至拟存放首组频数的单元格 I2 上,启动函数向导"Frequency",如附图 5 所示,然后点击"确定"。

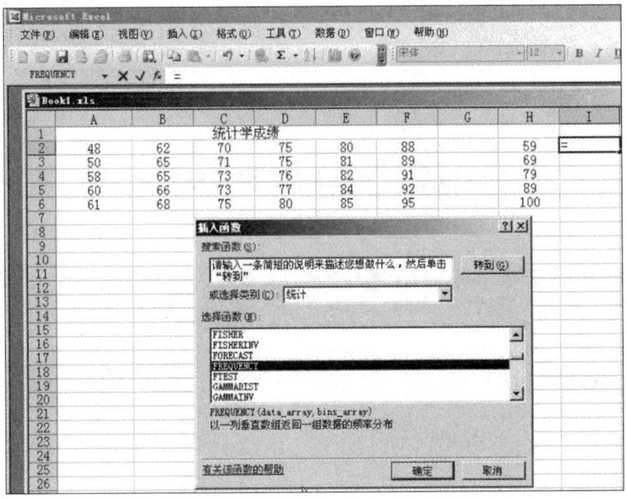

附图 5　函数向导示意图(1)

第四步,在"Data_array"中,引用 A2:F6。在"Bins_array"中,引用 H2:H6,如附图 6 所示。

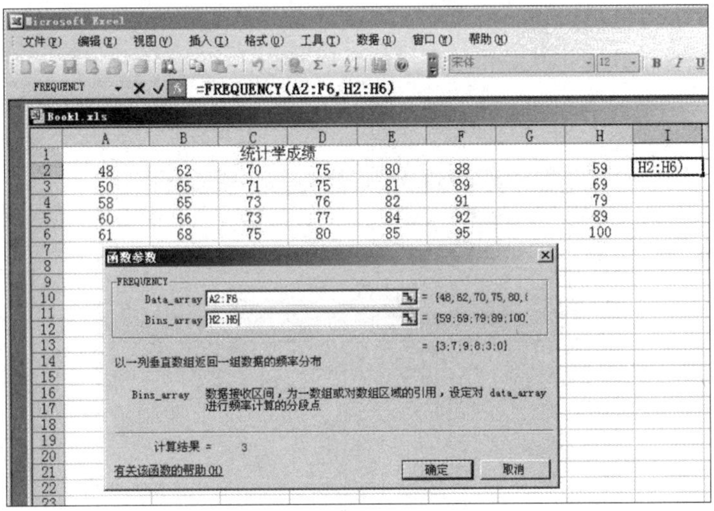

附图 6　函数向导示意图(2)

第五步,点击"确定",得到首组的次数,然后从首组次数单元格 I2 拉动光框到 I6,得一反白区域,如附图 7 所示。

第六步,按下 F2 键,然后按住"Ctrl+Shift+Enter"组合键,即可获得各组相应的次数,得到关于该班级"统计学"成绩的分配数列,如附图 8 所示。

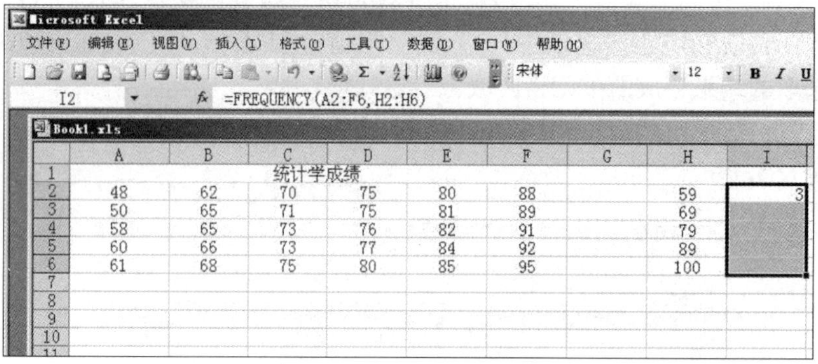

Microsoft Excel

I2　=FREQUENCY(A2:F6,H2:H6)

Book1.xls

	A	B	C	D	E	F	G	H	I
1			统计学成绩						
2	48	62	70	75	80	88		59	3
3	50	65	71	75	81	89		69	
4	58	65	73	76	82	91		79	
5	60	66	73	77	84	92		89	
6	61	68	75	80	85	95		100	

附图 7　函数向导示意图(3)

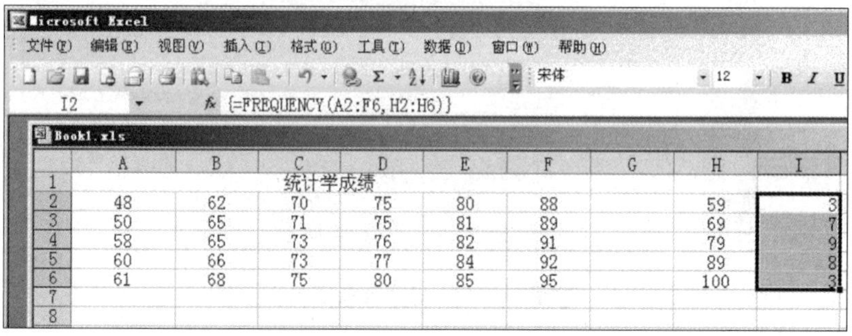

Microsoft Excel

I2　{=FREQUENCY(A2:F6,H2:H6)}

Book1.xls

	A	B	C	D	E	F	G	H	I
1			统计学成绩						
2	48	62	70	75	80	88		59	3
3	50	65	71	75	81	89		69	7
4	58	65	73	76	82	91		79	9
5	60	66	73	77	84	92		89	8
6	61	68	75	80	85	95		100	3

附图 8　分配数列示意图

二、编制统计表

将附图 8 中形成的统计分组重新进行整理后，形成统计表，如附图 9 所示。

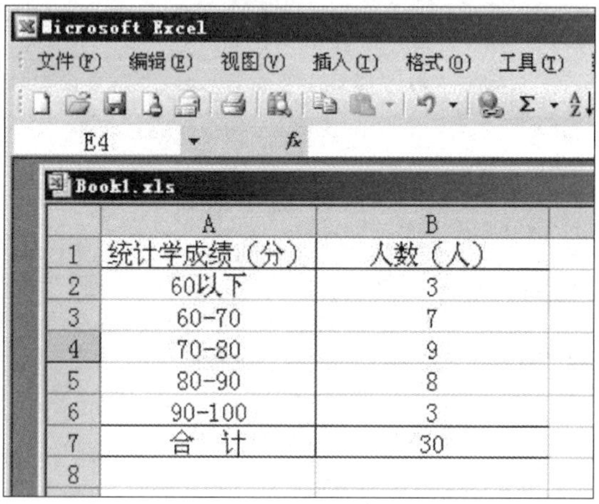

Microsoft Excel

E4

Book1.xls

	A	B
1	统计学成绩（分）	人数（人）
2	60以下	3
3	60-70	7
4	70-80	9
5	80-90	8
6	90-100	3
7	合　计	30

附图 9　编制统计表

在重新编制的统计表中，采用了上下限重叠的方法，并按“上限不在内原则”进行分组。

三、绘制统计图

根据附图 9 所编制的统计表，我们来绘制统计图，以柱形图为例。

第一步，点击“图表向导”，弹出“图表向导”对话框，如附图 10 所示。

附图 10　“图表向导”对话框

第二步，在图表类型中选择柱形图，在子表类型中选择第一个。点击“下一步”，在出现的新对话框的数据区域中，输入“=Sheet1! $A$2:$B$6”，或在统计表中选中统计学成绩和人数的数据区域，如附图 11 所示。

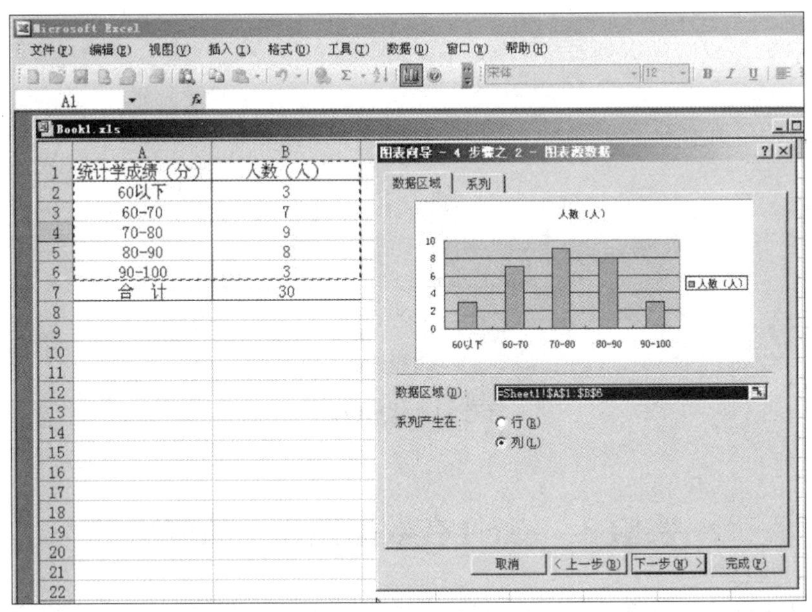

附图 11　选中数据区域

第三步，点击“下一步”，然后在对话框的图表标题中输入“统计学成绩分布统计图”，在“分类(X)轴(C)”中输入“统计学成绩”，在“数值(Y)轴(V)”中输入“人数”，如附图 12 所示。

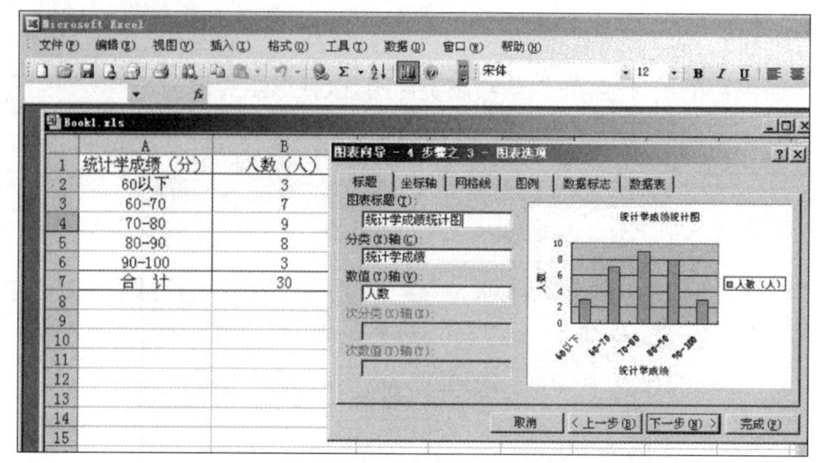

附图 12　数据输入示意图

第四步，点击“下一步”，选择“作为其中的对象插入”，如附图 13 所示。

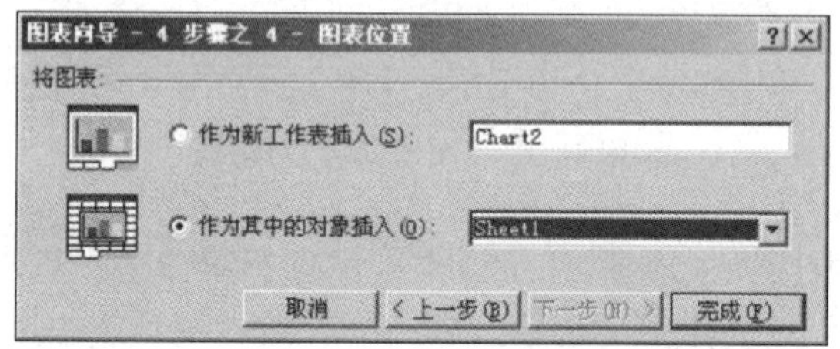

附图 13　插入图表

第五步，点击“完成”，便得到了柱形统计图，如附图 14 所示。

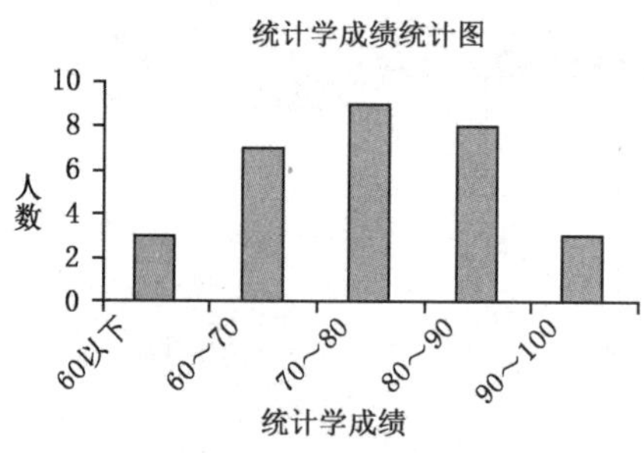

附图 14　柱形统计图

实验 3　Excel 在数据描述中的应用

常用的描述统计指标有算术平均数、调和平均数、几何平均数、中位数、众数、全距、标准差和标准差系数等。我们这里仍用某高校 30 名学生的“统计学”成绩为例，计算各描述统计指标。

利用 Excel 来计算各种描述统计指标，可以采用两种方式：一种是利用函数方法来计算各种描述统计指标，另一种是利用“数据分析”中的“描述统计”工具来计算各种描述统计指标。这里我们利用函数方法来计算各种描述统计指标。

仍以某高校 30 名学生的“统计学”考试成绩为例，资料如下：

48 50 58 60 61 62 65 65 66 68 70 71 73 73 75

75 75 76 77 80 80 81 82 84 85 88 89 91 92 95

其计算步骤如下：

第一步，将 30 名学生的成绩输入表格中，并将描述统计指标输入任意单元格，本例中输入区域为 C5:C12，如附图 15 所示。

C29

Book1.xls

	A	B	C	D	E
1	统计学成绩（分）				
2	48				
3	50				
4	58				
5	60		算术平均数		
6	61		调和平均数		
7	62		几何平均数		
8	65		中位数		
9	65		众数		
10	66		全距		
11	68		标准差		
12	70		标准差系数		
13	71				
14	73				
15	73				
16	75				
17	75				
18	75				
19	76				
20	77				
21	80				
22	80				
23	81				
24	82				
25	84				
26	85				
27	88				
28	89				
29	91				
30	92				
31	95				

附图 15 数据输入示意图(2)

第二步，在 D5 单元格中插入算术平均数的函数“AVERAGE”，如附图 16 所示。

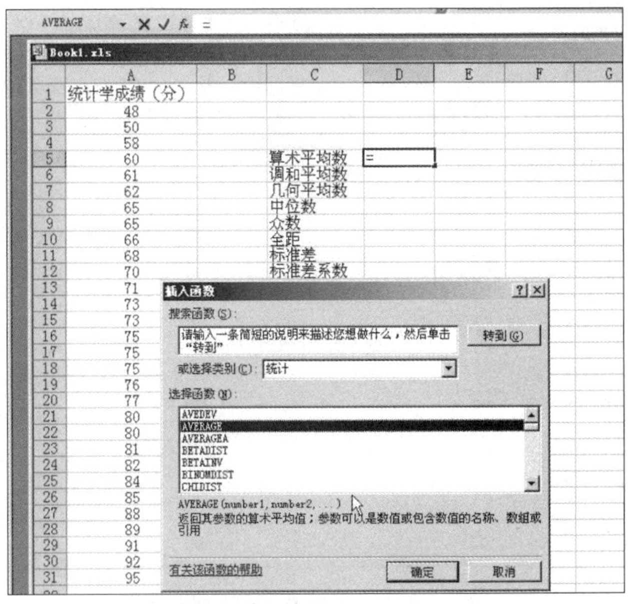

附图 16 插入算术平均数的函数

第三步，单击“确定”，在出现的对话框中，在“Number1”中输入“A2：A31”，如附图 17 所示。

	A	B	C	D	E	F	G	H
1	统计学成绩（分）							
2	48							
3	50							
4	58							
5	60		算术平均数	2:A31)				
6	61		调和平均数					
7	62		几何平均数					
8	65		中位数					
9	65		众数					
10	66		全距					
11	68		标准差					
12	70		标准差系数					
13	71							
14	73							
15	73							
16	75							
17	75							
18	75							
19	76							
20	77							
21	80							
22	80							
23	81							
24	82							
25	84							
26	85							
27	88							
28	89							
29	91							
30	92							
31	95							

附图 17　数据输入示意图(3)

第四步，点击“确定”后，便得到了算术平均数的数值，如附图 18 所示。

D5　=AVERAGE(A2:A31)

Book1.xls

	A	B	C	D	E
1	统计学成绩（分）				
2	48				
3	50				
4	58				
5	60		算术平均数	73.83333333	
6	61		调和平均数		
7	62		几何平均数		
8	65		中位数		
9	65		众数		
10	66		全距		
11	68		标准差		
12	70		标准差系数		
13	71				
14	73				
15	73				
16	75				
17	75				
18	75				
19	76				
20	77				
21	80				
22	80				
23	81				
24	82				
25	84				
26	85				
27	88				
28	89				
29	91				
30	92				
31	95				

附图 18　计算算术平均数的数值

按以上步骤，分别在 D6、D7、D8、D9、D11 中输入计算调和平均数（Harmean）、几何平均数（Geomean）、中位数（Median）、众数（Mode）、标准差（Stdev）的函数，得到结果如附图 19 所示。

Book1.xls

	A	B	C	D
1	统计学成绩（分）			
2	48			
3	50			
4	58			
5	60		算术平均数	73.83333333
6	61		调和平均数	71.7707429
7	62		几何平均数	72.83097852
8	65		中位数	75
9	65		众数	75
10	66		全距	47
11	68		标准差	10.96696214
12	70		标准差系数	0.148536733
13	71			
14	73			
15	73			
16	75			
17	75			
18	75			
19	76			
20	77			
21	80			
22	80			
23	81			
24	82			
25	84			
26	85			
27	88			
28	89			
29	91			
30	92			
31	95			

附图 19　各描述统计指标计算结果

在 D10 单元格中，输入“＝MAX(A2:A31)－MIN(A2:A31)”，然后回车，得到全距。在 D12 单元格中，输入“＝D11/D5”，回车后，得到标准差系数。

实验 4　Excel 在参数估计中的应用

仍以某高校 30 名学生“统计学”的成绩为例，在 95％的概率保证程度下，利用 30 名学生统计学平均成绩估计该校全体学生统计学平均成绩的置信区间。

第一步，将数据输入一个新的工作簿中，同时，以 C2 单元格为起始位置，在 C 列中输入相关的指标名称，如附图 20 所示。

第二步，计算样本个数。在 D2 单元格中，插入统计函数“COUNT”，单击“确定”后，在显示的对话框的“Value1”格内，输入“A2:A31”，如附图 21 所示。单击“确定”，得到样本单位的个数，如附图 22 所示。

Book1.xls

	A	B	C	D	E
1	统计学成绩（分）		样本指标		
2	48		样本个数		
3	50		样本均值		
4	58		样本标准差		
5	60		抽样平均误差		
6	61		置信水平		
7	62		自由度		
8	65		T值		
9	65		误差范围		
10	66		置信区间上限		
11	68		置信区间下限		
12	70				
13	71				
14	73				
15	73				
16	75				
17	75				
18	75				
19	76				
20	77				
21	80				
22	80				
23	81				
24	82				
25	84				
26	85				
27	88				
28	89				
29	91				
30	92				
31	95				

附图 20 数据输入示意图(4)

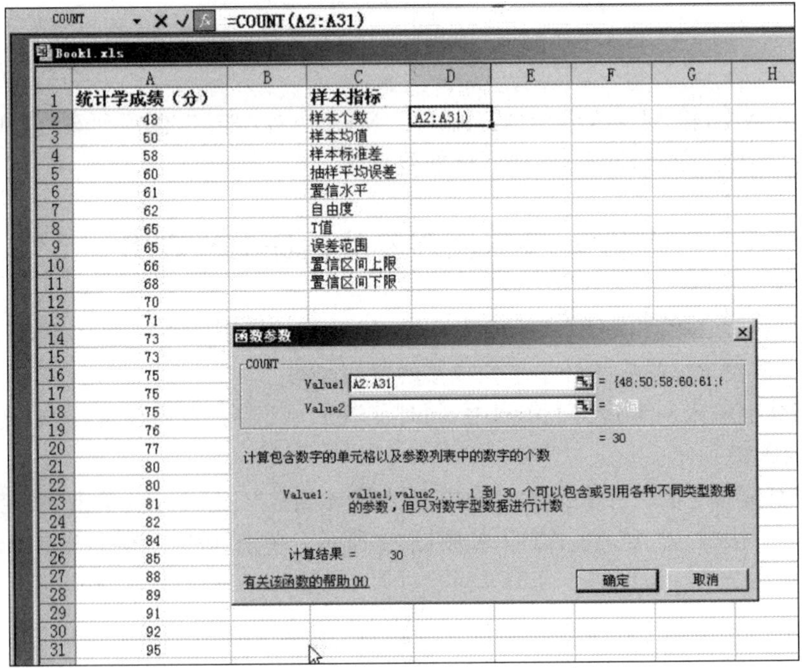

附图 21 数据输入示意图(5)

D2 =COUNT(A2:A31)

Book1.xls

	A	B	C	D	E
1	统计学成绩（分）		样本指标		
2	48		样本个数	30	
3	50		样本均值		
4	58		样本标准差		
5	60		抽样平均误差		
6	61		置信水平		
7	62		自由度		
8	65		T值		
9	65		误差范围		
10	66		置信区间上限		
11	68		置信区间下限		
12	70				
13	71				
14	73				
15	73				
16	75				
17	75				
18	75				
19	76				
20	77				
21	80				
22	80				
23	81				
24	82				
25	84				
26	85				
27	88				
28	89				
29	91				
30	92				
31	95				

附图 22 计算样本个数

第三步，计算样本均值。在 D3 单元格内，插入统计函数“AVERAGE”，单击“确定”后，在出现的对话框的“Value1”格内，输入“A2：A31”，如附图 23 所示。单击“确定”，得到样本均值，如附图 24 所示。

附图 23 数据输入示意图(6)

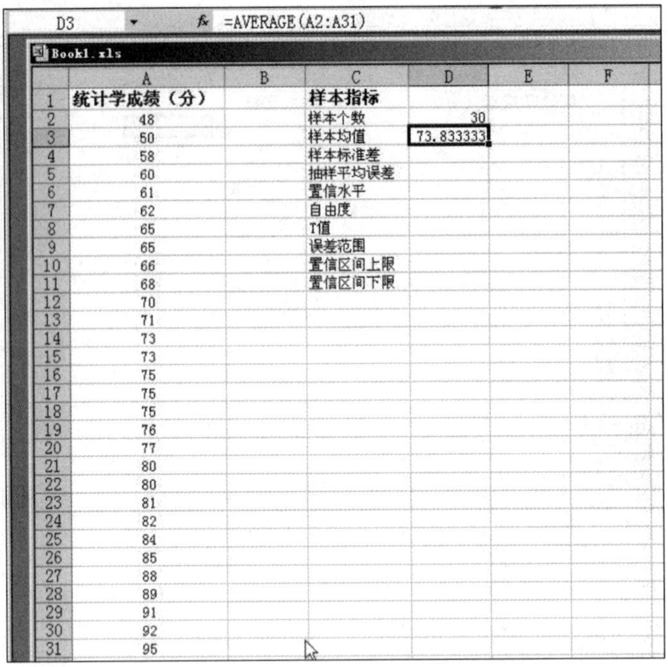

附图 24　计算样本均值

第四步，计算样本标准差。在 D4 单元格内，插入统计函数“STDEV”，单击“确定”后，在出现的对话框的“Number1”格内，输入“A2:A31”，如附图 25 所示。单击“确定”，得到样本标准差，如附图 26 所示。

附图 25　数据输入示意图(7)

第五步，计算抽样平均误差。在 D5 单元格内，输入“=D4/SQRT(D2)”，如附图 26 所示，然后回车，即得到了抽样平均误差，如附图 27 所示。

STDEV　=D4/SQRT (D2)

Book1.xls

	A	B	C	D	E	F
1	统计学成绩（分）		样本指标			
2	48		样本个数	30		
3	50		样本均值	73.833333		
4	58		样本标准差	12.037537		
5	60		抽样平均误差	=D4/SQRT (D2)		
6	61		置信水平			
7	62		自由度			
8	65		T值			
9	65		误差范围			
10	66		置信区间上限			
11	68		置信区间下限			
12	70					
13	71					
14	73					
15	73					
16	75					
17	75					
18	75					
19	76					
20	77					
21	80					
22	80					
23	81					
24	82					
25	84					
26	85					
27	88					
28	89					
29	91					
30	92					
31	95					

附图 26　数据输入示意图(8)

STDEV　=D2-1

Book1.xls

	A	B	C	D	E	F
1	统计学成绩（分）		样本指标			
2	48		样本个数	30		
3	50		样本均值	73.833333		
4	58		样本标准差	12.037537		
5	60		抽样平均误差	2.1977435		
6	61		置信水平	95%		
7	62		自由度	=D2-1		
8	65		T值			
9	65		误差范围			
10	66		置信区间上限			
11	68		置信区间下限			
12	70					
13	71					
14	73					
15	73					
16	75					
17	75					
18	75					
19	76					
20	77					
21	80					
22	80					
23	81					
24	82					
25	84					
26	85					
27	88					
28	89					
29	91					
30	92					
31	95					

附图 27　数据输入示意图(9)

第六步，输入置信度。在 D6 单元格内，输入“95％”。

第七步，计算自由度。在 D7 单元格内，输入“＝D2－1”，如附图 27 所示，回车后，得到自由度，如附图 28 所示。

STDEV　=tinv(1-D6,D7)

Book1.xls

	A	B	C	D	E	F
1	统计学成绩（分）		样本指标			
2	48		样本个数	30		
3	50		样本均值	73.833333		
4	58		样本标准差	12.037537		
5	60		抽样平均误差	2.1977435		
6	61		置信水平	95%		
7	62		自由度	29		
8	65		T值	=tinv(1-D6,D7)		
9	65		误差范围			
10	66		置信区间上限			
11	68		置信区间下限			
12	70					
13	71					
14	73					
15	73					
16	75					
17	75					
18	75					
19	76					
20	77					
21	80					
22	80					
23	81					
24	82					
25	84					
26	85					
27	88					
28	89					
29	91					
30	92					
31	95					

附图 28　数据输入示意图(10)

第八步，计算 t 值。在 D8 单元格内输入"＝tinv(1－D6，D7)"，如附图 28 所示，回车后，得到 t 值，如附图 29 所示。

STDEV　=D8*D5

Book1.xls

	A	B	C	D	E	F
1	统计学成绩（分）		样本指标			
2	48		样本个数	30		
3	50		样本均值	73.833333		
4	58		样本标准差	12.037537		
5	60		抽样平均误差	2.1977435		
6	61		置信水平	95%		
7	62		自由度	29		
8	65		T值	2.0452296		
9	65		误差范围	=D8*D5		
10	66		置信区间上限			
11	68		置信区间下限			
12	70					
13	71					
14	73					
15	73					
16	75					
17	75					
18	75					
19	76					
20	77					
21	80					
22	80					
23	81					
24	82					
25	84					
26	85					
27	88					
28	89					
29	91					
30	92					
31	95					

附图 29　数据输入示意图(11)

第九步，计算误差范围。在 D9 单元格内，输入“＝D8 * D5”，如附图 29 所示，回车后，得到误差范围，如附图 30 所示。

STDEV　=D3+D9

Book1.xls

	A	B	C	D	E
1	统计学成绩（分）		样本指标		
2	48		样本个数	30	
3	50		样本均值	73.833333	
4	58		样本标准差	12.037537	
5	60		抽样平均误差	2.1977435	
6	61		置信水平	95%	
7	62		自由度	29	
8	65		T值	2.0452296	
9	65		误差范围	4.4948901	
10	66		置信区间上限	=D3+D9	
11	68		置信区间下限		
12	70				
13	71				
14	73				
15	73				
16	75				
17	75				
18	75				
19	76				
20	77				
21	80				
22	80				
23	81				
24	82				
25	84				
26	85				
27	88				
28	89				
29	91				
30	92				
31	95				

附图 30　数据输入示意图(12)

第十步，计算置信区间上限。在 D10 单元格内输入“＝D3＋D9”，如附图 30 所示，回车后，得到置信区间的上限，如附图 31 所示。

STDEV　=D3-D9

Book1.xls

	A	B	C	D	E	F
1	统计学成绩（分）		样本指标			
2	48		样本个数	30		
3	50		样本均值	73.833333		
4	58		样本标准差	12.037537		
5	60		抽样平均误差	2.1977435		
6	61		置信水平	95%		
7	62		自由度	29		
8	65		T值	2.0452296		
9	65		误差范围	4.4948901		
10	66		置信区间上限	78.328223		
11	68		置信区间下限	=D3-D9		
12	70					
13	71					
14	73					
15	73					
16	75					
17	75					
18	75					
19	76					
20	77					
21	80					
22	80					
23	81					
24	82					
25	84					
26	85					
27	88					
28	89					
29	91					
30	92					
31	95					

附图 31　数据输入示意图(13)

第十一步，计算置信区间下限。在D11单元格内输入"＝D3－D9"，如附图31所示，回车后，得到置信区间的下限，如附图32所示。

通过Excel的计算，得到该校学生统计学平均成绩的置信区间为[69.34，78.33]。

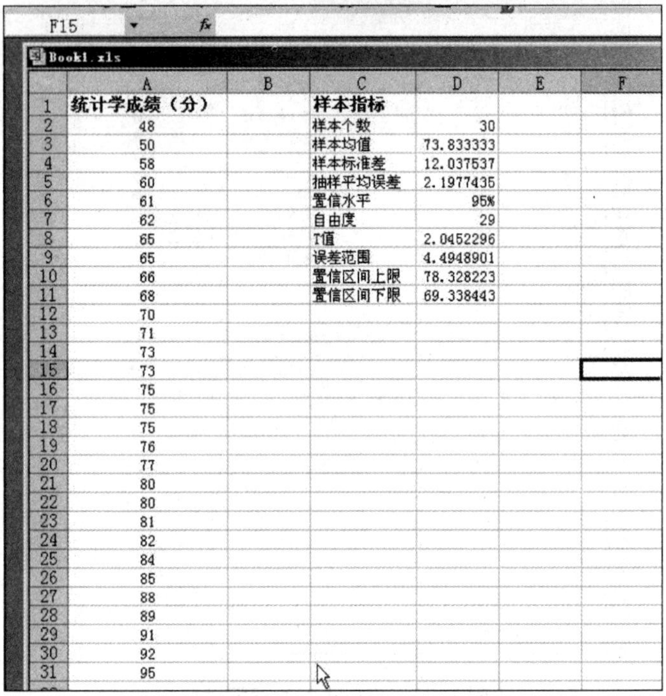

F15 ▾ fx

Book1.xls

	A	B	C	D	E	F
1	统计学成绩（分）		样本指标			
2	48		样本个数	30		
3	50		样本均值	73.833333		
4	58		样本标准差	12.037537		
5	60		抽样平均误差	2.1977435		
6	61		置信水平	95%		
7	62		自由度	29		
8	65		T值	2.0452296		
9	65		误差范围	4.4948901		
10	66		置信区间上限	78.328223		
11	68		置信区间下限	69.338443		
12	70					
13	71					
14	73					
15	73					
16	75					
17	75					
18	75					
19	76					
20	77					
21	80					
22	80					
23	81					
24	82					
25	84					
26	85					
27	88					
28	89					
29	91					
30	92					
31	95					

附图32　该校学生统计学平均成绩的置信区间

实验5　Excel在相关分析和回归分析中的应用

在相关分析和回归分析中，下面主要介绍一元线性相关分析和一元线性回归分析。

例如，某企业的年广告费用与月销售额资料，如附图33所示。

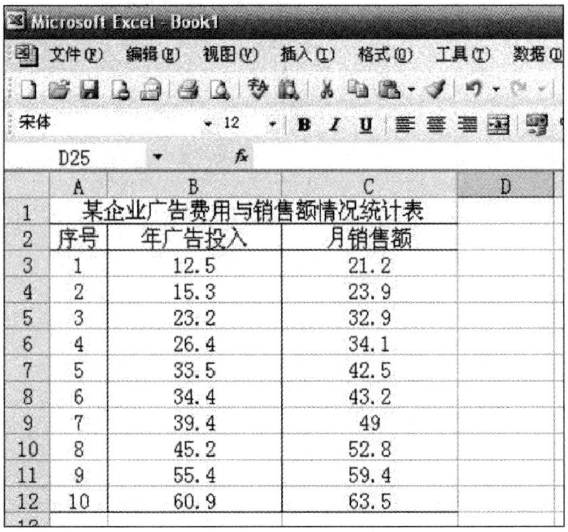

Microsoft Excel - Book1

文件(F) 编辑(E) 视图(V) 插入(I) 格式(O) 工具(T) 数据

宋体 12 B I U

D25 ▾ fx

	A	B	C	D
1	某企业广告费用与销售额情况统计表			
2	序号	年广告投入	月销售额	
3	1	12.5	21.2	
4	2	15.3	23.9	
5	3	23.2	32.9	
6	4	26.4	34.1	
7	5	33.5	42.5	
8	6	34.4	43.2	
9	7	39.4	49	
10	8	45.2	52.8	
11	9	55.4	59.4	
12	10	60.9	63.5	

附图33　某企业的年广告费用与月销售额资料

根据附图 33 的资料，进行相关分析和回归分析。

进行相关和回归分析，可以采用函数方法，也可以采用数据分析的方法。这里我们主要介绍数据分析的方法。

利用数据分析的方法，可计算相关系数、可决系数、调整后的相关系数；确定可解释的离差、残差、总离差和它们的自由度以及由此计算出的 F 统计量和相应的显著水平；建立回归方程。

第一步，在“工具”下拉菜单中选择“数据分析”选项，在打开的对话框中，选择“回归”选项，如附图 34 所示，然后单击“确定”。

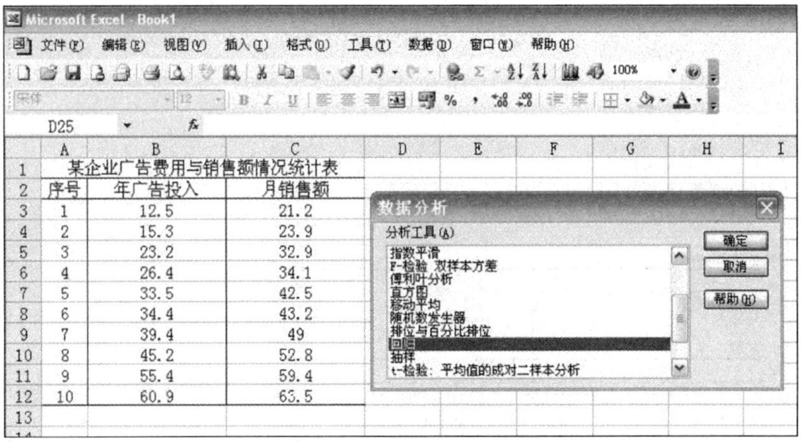

附图 34　数据分析示意图

第二步，在弹出的回归对话框中，在“Y 值输入区域(Y)”中输入“$C$3:$C$12”，在“X 值输入区域(X)”中，输入“$B$3:$B$12”。在“输出选项”中，选择“新工作表组(P)”，如附图 35 所示。

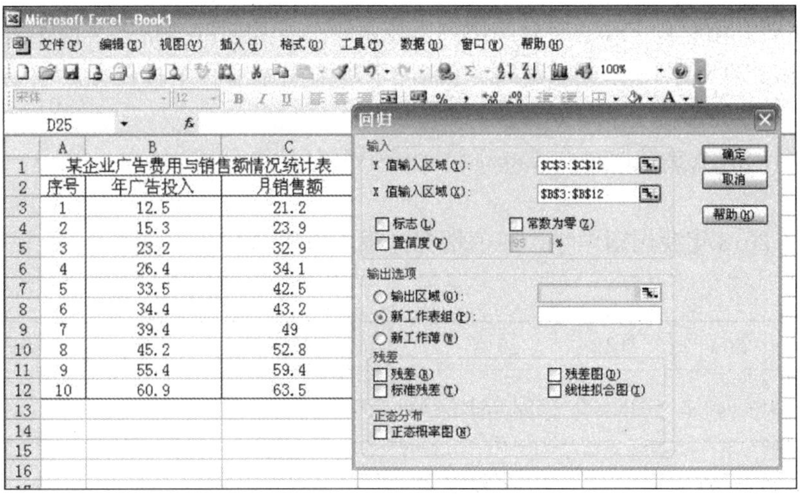

附图 35　数据输入示意图(14)

第三步，单击“确定”，得到回归分析结果，如附图 36 所示。

附图 36 中的结果可以分为三个部分：第一部分是回归统计的结果，包括相关系数，其值为 0.994 198；可决系数 R^2，其值为 0.988 43；调整之后的相关系数，其值为 0.986 984；回归标准误差为 1.630 011，以及样本个数为 10。第二部分是方差分析的结果，包括可解释的离差、残差、总离差和它们的自由度以及由此计算出的 F 统计量和相应的显著水平。第三部分是回归方程的截距和斜率的估计值以及它们的估计标准误差、t 统计量大小、双边拖尾概率值以及估计值的上下界。根据这部分的结果可知回归方程 Y＝11.614 92＋0.884 896x。

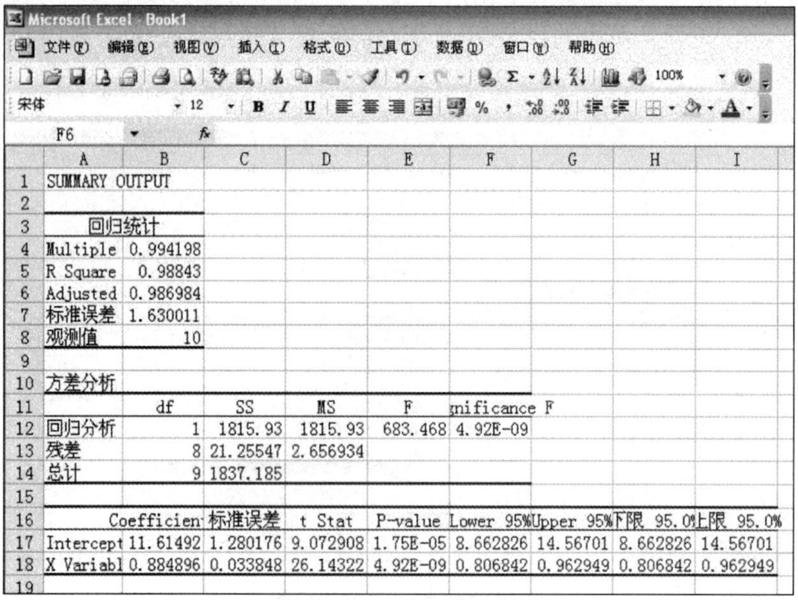

	A	B	C	D	E	F	G	H	I
1	SUMMARY OUTPUT								
2									
3	回归统计								
4	Multiple	0.994198							
5	R Square	0.98843							
6	Adjusted	0.986984							
7	标准误差	1.630011							
8	观测值	10							
9									
10	方差分析								
11		df	SS	MS	F	gnificance F			
12	回归分析	1	1815.93	1815.93	683.468	4.92E-09			
13	残差	8	21.25547	2.656934					
14	总计	9	1837.185						
15									
16		Coefficien	标准误差	t Stat	P-value	Lower 95%	Upper 95%	下限 95.0%	上限 95.0%
17	Intercept	11.61492	1.280176	9.072908	1.75E-05	8.662826	14.56701	8.662826	14.56701
18	X Variabl	0.884896	0.033848	26.14322	4.92E-09	0.806842	0.962949	0.806842	0.962949

附图 36 回归分析结果示意图

实验 6 Excel 在时间序列分析中的应用

这里我们主要介绍利用 Excel 对时间序列进行水平分析和速度分析。下面主要介绍增长量和平均增长量、发展速度和平均发展速度、增长速度、平均增长速度和增长百分之一绝对值的计算方法。

这些指标的计算，主要是通过在 Excel 单元格中编制计算公式，从而计算得到相应的指标数值。

例如，2011—2018 年我国国内生产总值情况如附表 1 所示。

附表 1

年　份	2011	2012	2013	2014	2015	2016	2017	2018
国内生产总值（亿元）	487 940.2	538 580	592 963.2	641 280.6	685 992.9	740 060.8	820 754.3	900 309

根据附表 1 数据，计算时间序列分析指标。

首先，计算逐期增长量。

第一步，将时间序列的数据输入 Excel 中，如附图 37 所示。

第二步，在 C3 单元格内输入“＝C2－B2”，如附图 38 所示。

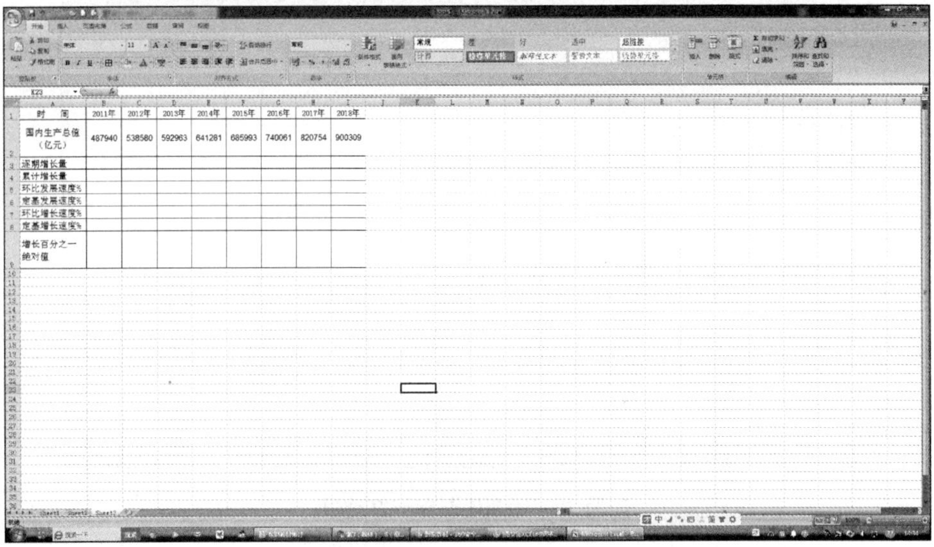

附图 37　时间序列数据图

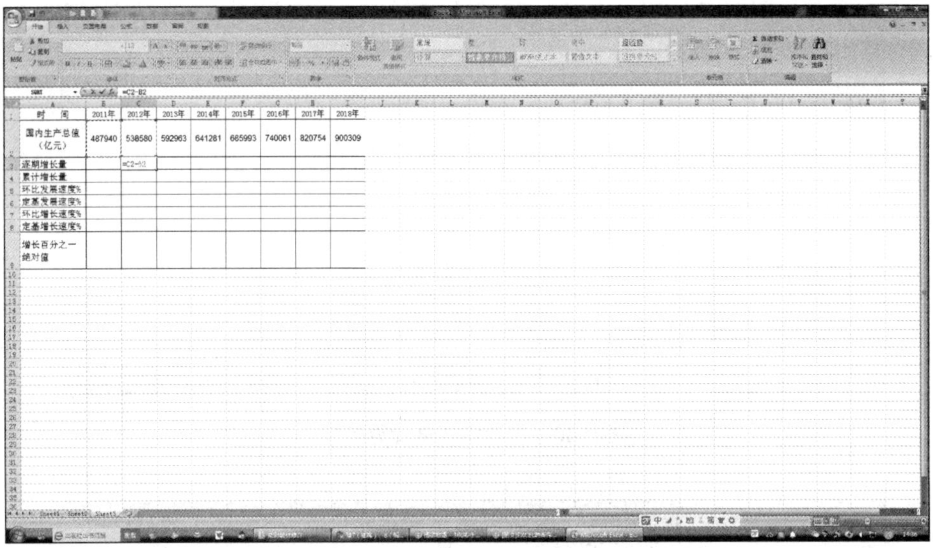

附图 38　逐期增长量计算公式

点击回车后，得到 2012 年的逐期增长量，然后点击 C3 单元格的右下角，变成加号后，用鼠标拖曳到 I3，即可得到各年度的逐期增长量，如附图 39 所示。

其次，计算累计增长量。

第一步，在 C4 单元格中输入“＝C2－487940”，如附图 40 所示。

第二步，回车后，得到 2012 年的累计增长量，然后点击 C4 单元格的右下角，变成加号时，用鼠标拖曳到 I4，即可得到各年度的累计增长量，如附图 41 所示。

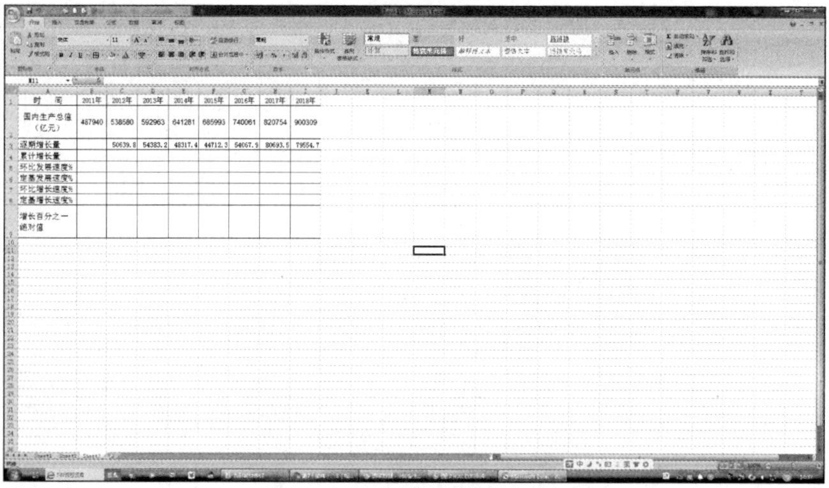

时　间	2011年	2012年	2013年	2014年	2015年	2016年	2017年	2018年
国内生产总值（亿元）	487940	538580	592963	641281	685993	740061	820754	900309
逐期增长量		50639.8	54383.2	48317.4	44712.3	54067.9	80693.5	79554.7
累计增长量								
环比发展速度%								
定基发展速度%								
环比增长速度%								
定基增长速度%								
增长百分之一绝对值								

附图 39　逐期增长量计算结果

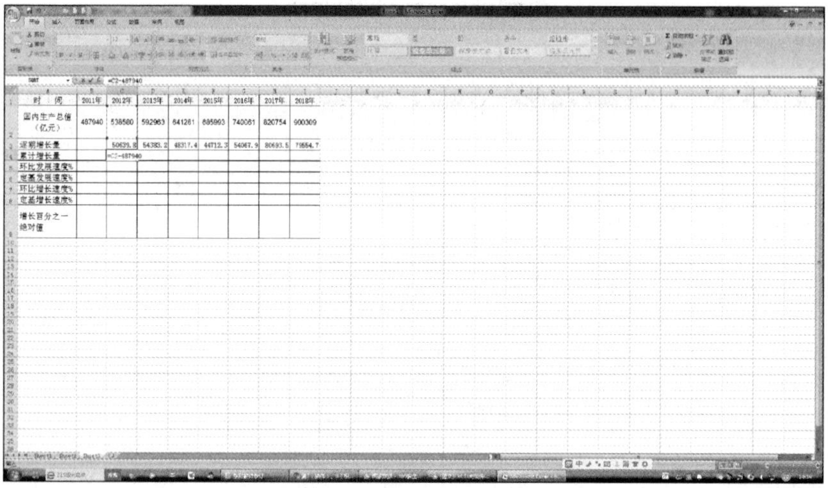

=C2-487940

时　间	2011年	2012年	2013年	2014年	2015年	2016年	2017年	2018年
国内生产总值（亿元）	487940	538580	592963	641281	685993	740061	820754	900309
逐期增长量		50639.8	54383.2	48317.4	44712.3	54067.9	80693.5	79554.7
累计增长量		=C2-487940						
环比发展速度%								
定基发展速度%								
环比增长速度%								
定基增长速度%								
增长百分之一绝对值								

附图 40　累计增长量计算公式

时　间	2011年	2012年	2013年	2014年	2015年	2016年	2017年	2018年
国内生产总值（亿元）	487940	538580	592963	641281	685993	740061	820754	900309
逐期增长量		50639.8	54383.2	48317.4	44712.3	54067.9	80693.5	79554.7
累计增长量		50640	105023.2	153340.6	198052.9	252120.8	332814.3	412369
环比发展速度%								
定基发展速度%								
环比增长速度%								
定基增长速度%								
增长百分之一绝对值								

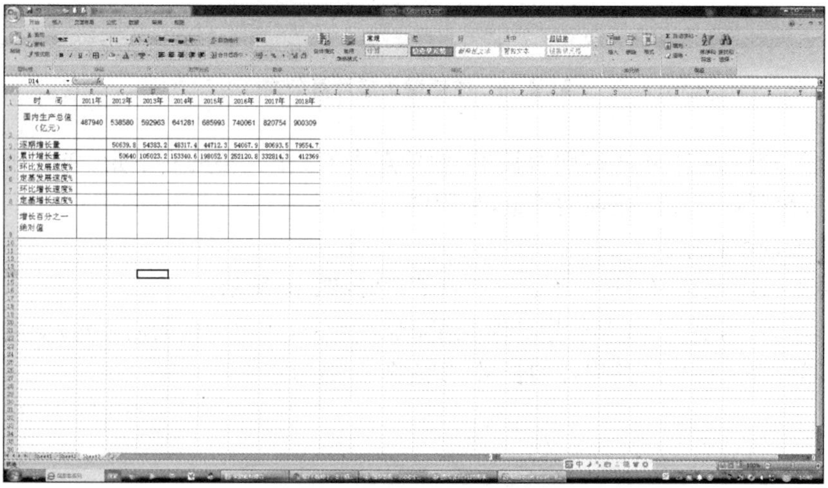

附图 41　累计增长量计算结果

这里需要注意的是,累计增长量的计算公式与逐期增长量的计算公式的不同,逐期增长量是用报告期水平减去前一期水平,用 C2－B2,而累计增长量是用报告期水平减去最初水平,因此这里计算累计增长量时,是用 C2 单元格的数据减去最初水平 487 940 亿元,而不能直接减去 B2。

以此类推,在 C5 单元格中输入"＝C2/B2＊100"回车后,得到 2012 年的环比发展速度,然后点击 C5 单元格的右下角,变成加号时,用鼠标拖曳到 I5, 即可得到各年度的环比发展速度。

在 C6 单元格内输入"＝C2/487 940＊100"回车后,得到 2012 年的定基发展速度,然后点击 C6 单元格的右下角,变成加号时,用鼠标拖曳到 I6, 即可得到各年度的定基发展速度。

在 C7 单元格内输入"＝C5－100"回车后,得到 2012 年的环比增长速度,然后点击 C7 单元格的右下角,变成加号时,用鼠标拖曳到 I7, 即可得到各年度的环比增长速度。

在 C8 单元格内输入"＝C6－100"回车后,得到 2012 年的定基增长速度,然后点击 C8 单元格的右下角,变成加号时,用鼠标拖曳到 I8, 即可得到各年度的定基增长速度。

在 C9 单元格内输入"＝B2/100"回车后,得到 2012 年的增长百分之一绝对值,然后点击 C9 单元格的右下角,变成加号时,用鼠标拖曳到 I9, 即可得到各年度的增长百分之一绝对值。

最终得到的各年度的时间数列分析指标如附图 42 所示。

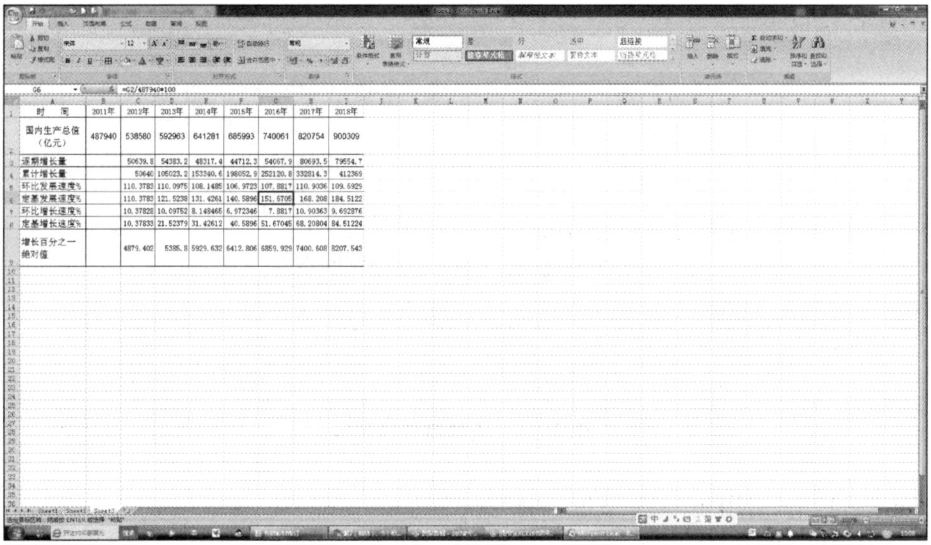

时　间	2011年	2012年	2013年	2014年	2015年	2016年	2017年	2018年
国内生产总值（亿元）	487940	538580	592963	641281	685993	740061	820754	900309
逐期增长量		50639.8	54383.2	48317.4	44712.3	54067.9	80693.5	79554.7
累计增长量		50640	105023.2	153340.6	198052.9	252120.8	332814.3	412369
环比发展速度%		110.3783	110.0975	108.1485	106.9723	107.8817	110.9036	109.6929
定基发展速度%		110.3783	121.5238	131.4261	140.5896	151.6705	168.208	184.5122
环比增长速度%		10.37828	10.09752	8.148465	6.972346	7.8817	10.90363	9.692876
定基增长速度%		10.37833	21.52379	31.42612	40.5896	51.67045	68.20804	84.51224
增长百分之一绝对值		4879.402	5385.8	5929.632	6412.806	6859.929	7400.608	8207.543

附图 42　时间数列分析指标计算结果

平均增长量的计算。

平均增长量等于累计增长量除以时间序列项数减 1,此例中,可以在 B12 单元格内输入"＝I4/7",回车即得到平均增长量,显示在 B13 单元格内。

平均发展速度的计算。

平均发展速度等于环比发展速度连乘积的 n 次方根。此例中,可以利用 Excel 中的几何平均数的函数来进行计算。点击 B13 单元格,然后点击插入函数 fx。选择"GEOMEAN"函数,如附图 43 所示。

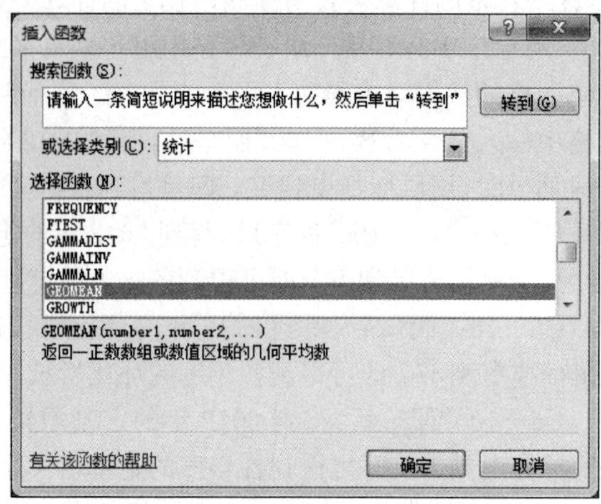

附图 43　几何平均数函数选择对话框

点击“确定”，弹出“函数参数”对话框，如附图 44 所示。

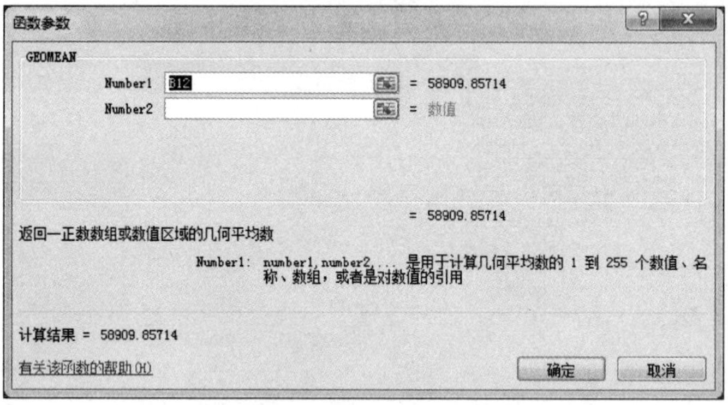

附图 44　函数参数对话框

在“Number1”中，引用“C5:I5”数据，如附图 45 所示。

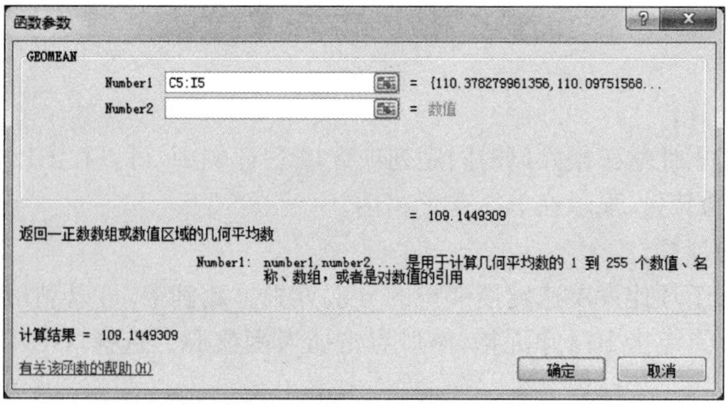

附图 45　选择函数数据对话框

点击“确定”，即可得到平均发展速度，显示在 B13 单元格内。

平均增长速度的计算。

平均增长速度的计算较为简单,直接用平均发展速度减 100 即可。

平均增长量、平均发展速度、平均增长速度的计算结果如附图 46 所示。

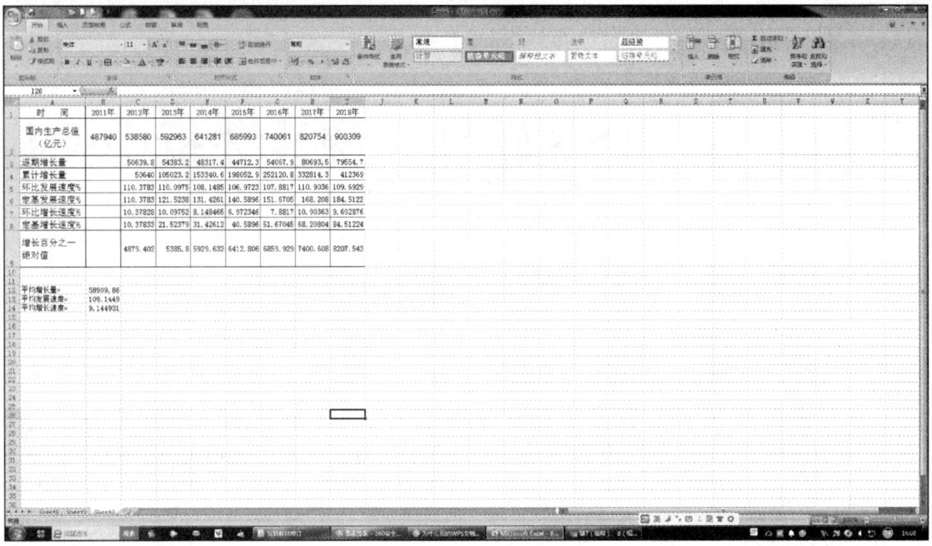

时　间	2011年	2012年	2013年	2014年	2015年	2016年	2017年	2018年
国内生产总值(亿元)	487940	538580	592963	641281	685993	740061	820754	900309
逐期增长量		50639.8	54383.2	48317.4	44712.3	54067.9	80693.5	79554.7
累计增长量		50640	105023.2	153340.6	198052.9	252120.8	332814.3	412369
环比发展速度%		110.3783	110.0975	108.1485	106.9723	107.8817	110.9036	109.6929
定基发展速度%		110.3783	121.5238	131.4261	140.5896	151.6705	168.208	184.5122
环比增长速度%		10.37828	10.09752	8.148465	6.972346	7.8817	10.90363	9.692876
定基增长速度%		10.37833	21.52379	31.42612	40.5896	51.67045	68.20804	84.51224
增长百分之一绝对值		4879.402	5385.8	5929.632	6412.806	6859.929	7400.608	8207.543

平均增长量=	58909.86
平均发展速度=	109.1449
平均增长速度=	9.144931

附图 46　计算结果

平均发展水平的公式较多,计算过于复杂,这里就不一一介绍了。

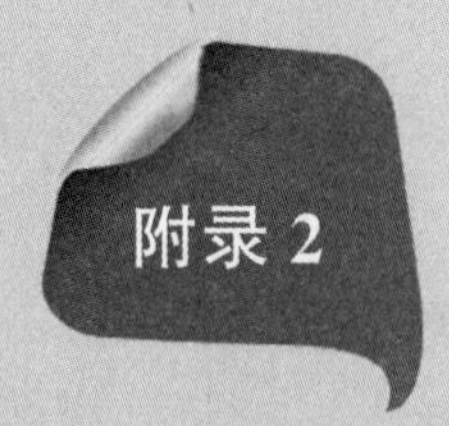

附录 2

统计实验——SPSS 软件在统计分析中的应用

一、SPSS 简介

统计要与大量的数据打交道,涉及十分繁杂的计算和图表绘制,现在的数据分析工作如果离开统计软件几乎是无法正常开展的。因此,在准确理解和掌握了统计方法原理之后,再来掌握一、两种统计分析软件的实际操作,是十分必要的。

常见的统计软件有 SAS、SPSS、S-PLUS、MINITAB、EXCEL 等。这些统计软件的功能和作用基本相同,但各自有所侧重,有的比较专业一些,有的则比较通用。其中,SAS 与 SPSS 是目前在大型企业、各类院校以及科研机构中使用较多的两种统计软件。特别是 SPSS,界面友好、功能强大、易学、易用,包含了几乎全部尖端的统计分析方法,具备完善的数据定义、操作管理和开放的数据接口以及灵活而美观的统计表格和统计图形制作,在各类院校以及科研机构中 SPSS 更为流行。在本教材中,我们选择 SPSS 作为数据处理工具,并结合统计方法原理的讲解进度,逐步介绍 SPSS 的操作方法。

SPSS 原是 Statistical Package for the Social Science 的英文缩写,意思是社会科学统计软件包。但是,随着 SPSS 产品服务领域的扩大和服务深度的增加,SPSS 公司已于 2000 年正式将其英文全称更改为 Statistical Product and Service Solutions,意为统计产品与服务解决方案。SPSS 最初是由美国斯坦福大学的三位研究生在 20 世纪 60 年代末研制的,当时只是面向个别企事业单位的日常数据处理活动,但很快就普及和流行起来。后来,为适应各种操作系统平台的要求经历了多次版本更新。进入 90 年代后,随着微机 Windows 操作系统的出现和盛行,又相继诞生了 SPSS 第 5 到第 16 版,统称为 SPSS for Windows 版。SPSS for Windows 最新版本为 SPSS for Windows17. 0 版。各种版本的 SPSS for Windows 大同小异。至 SPSS for Windows13. 0 版,其各方面的功能几近完全成熟。本教材选用的是 SPSS for Windows16. 0 全模块英文版。

二、SPSS 的安装、启动和退出

(一)安装

作为 Windows 操作系统的应用软件产品,SPSS for Windows 安装的基本步骤与其他常用的软件基本相同。具体步骤如下:

(1)启动计算机,将 SPSS 软件安装光盘插入光盘驱动器。

(2)运行资源管理器,鼠标双击光盘驱动器图标。

(3)在资源管理器目录窗口中找到 SPSS 的起始安装文件 setup 并执行。此时会看到 SPSS 安装的初始窗口,系统将自动进行安装前的准备工作。

(4)按照安装程序的提示,用户根据自己的需要填写和选择必要的参数。一般的选项为:

①接受软件使用协议。

②指定将SPSS软件安装到计算机的某个目录下。

③选择安装类型。SPSS有典型安装(Typical)、压缩安装(Compact)和用户自定义安装(Custom)3种安装类型。一般选择典型安装即可。

④选择安装组件。SPSS具有组合式软件的特征,在安装时用户可以根据自己的分析需要,选择部分模块安装。一般可采用安装程序的默认选择。

⑤选择将软件安装在网络服务器上或者本地计算机上。通常安装在本地计算机上。

⑥输入软件的合法序列号。在购买SPSS软件时厂商会提供序列号。

(二)启动

安装完毕后,应注意查看是否有安装成功的提示信息出现,以判断是否已经将SPSS成功地安装到计算机上了。安装成功后就可以启动运行SPSS for Windows软件了。SPSS有3种启动方法:

(1)由程序启动,步骤如下:点击【开始】→【程序】→【SPSS for Windows】。

(2)双击SPSS图标启动。

(3)如果已经建立了SPSS数据集,可双击SPSS数据集图标启动。

SPSS启动后,屏幕上将会出现显示版本的提示画面和文件选择对话框,并同时打开SPSS主窗口。

(三)退出

SPSS有3种退出方法:

(1)双击主窗口左上角的窗口菜单控制图标。

(2)在主窗口中按下列步骤退出:点击【File】→【Exit】。

(3)单击主窗口右上角叉子图标。

三、SPSS的主要界面

SPSS软件运行过程中会出现多个界面,各个界面用处不同,其中,最主要的界面有3个:数据浏览界面、变量浏览界面和结果输出界面。

(一)数据浏览界面

数据浏览界面是启动SPSS出现SPSS主窗口后的默认界面,主要由以下几个部分组成:标题栏、菜单栏、工具栏、编辑栏、变量名栏、内容栏、窗口切换标签、状态栏,如附图47所示。

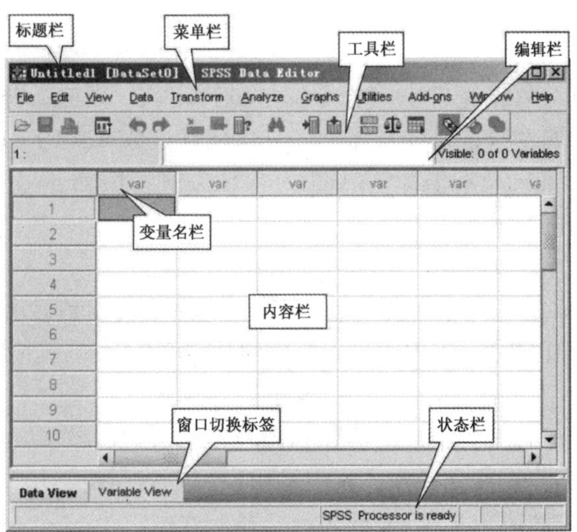

附图47　数据浏览界面

(1)标题栏。标题栏显示数据编辑的数据文件名。

(2)菜单栏。菜单栏包括 SPSS 的 10 个命令菜单,每个菜单对应一组相应的功能。"File"是文件的操作菜单;"Edit"是文件的编辑菜单;"View"是用户界面设置菜单;"Data"是数据的建立与编辑菜单;"Transform"是数据基本处理菜单;"Analyze"是统计分析菜单;"Graphs"是统计图形菜单,输出各种分析图形;"Utilities"是统计分析实用程序菜单;"Windows"是窗口控制菜单;"Help"是帮助菜单。

(3)工具栏。工具栏中列示了一些常用操作工具的快捷图标。操作者可以根据需要增减工具栏中的快捷图标,以使操作更为方便。

(4)编辑栏。编辑栏中可以输入数据,以使它显示在内容区指定的方格里。

(5)变量名栏。变量名栏列出了数据文件中所包含变量的变量名。

(6)内容栏。内容栏列出了数据文件中的所有观测值。左边的序号列示了数据文件中的观测个数。观测的个数通常与样本容量的大小一致。

(7)窗口切换标签。窗口切换标签处有两个标签:"Data View"和"Variable View",即数据浏览和变量浏览。"Data View"对应的表格用于样本数据的查看、录入和修改。"Variable View"用于变量属性定义的输入与修改。

(8)状态栏。状态栏用于显示 SPSS 当前的运行状态。SPSS 被打开时,将会显示"SPSS Processor is ready"的提示信息。

(二)变量浏览界面

在主窗口中的数据浏览界面上点击窗口切换标签中的"Variable View",即可进入变量浏览界面,如附图 48 所示。

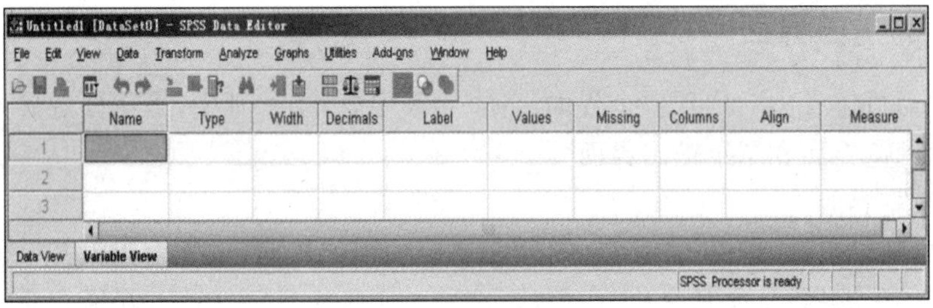

附图 48 变量浏览界面

在变量浏览界面中可对数据文件中的各个变量进行定义。建立 SPSS 数据集时,需要定义变量的 10 个属性。这 10 个属性分别是变量名(Name)、变量记数方式(Type)、宽度(Width)、小数位数(Decimals)、变量标签(Label)、取值标签(Values)、缺失值(Missing)、列宽(Columns)、对齐方式(Align)、数据测量尺度(Measure)。

(三)结果输出界面

结果输出界面是 SPSS 的另一个主要界面,该界面的主要功能是显示和管理.SPSS 统计分析的结果、报表及图形。结果输出界面主要由 4 个部分组成:菜单栏、工具栏、输出结果区和索引输出区,如附图 49 所示。

索引输出区用于显示已有分析结果的标题和内容索引,以简洁的方式反映和提示输出结果区的各项输出内容,以便于用户查找和操作。索引输出以一个索引树结构显示,当需要查找输出结果时,只要单击索引树上相应的图表名称,该图表就会显示在窗口中。

输出结果区输出的是研究者所要得到的具体图表,与索引输出区的内容是一一对应的。输出

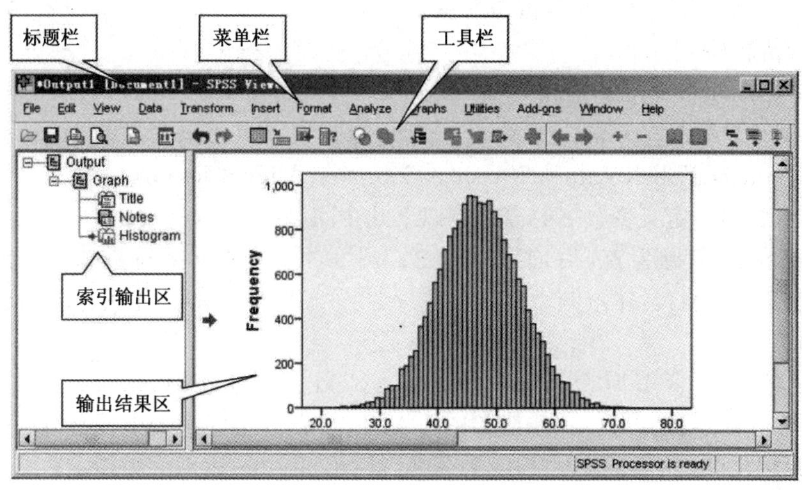

附图 49　结果输出界面

结果区的图表可以进行编辑等操作。如果要选取某一图表进行编辑，可双击该图表，当图表四周出现黑色边框时，即可对图表中的数据进行编辑。

四、建立 SPSS 数据集

将样本数据转换成 SPSS 数据集，这是运用 SPSS 软件进行数据处理的第一步。SPSS 数据集的结构形式的选择和运用是很灵活的，可根据实际需要选择不同的结构形式。为方便此后的数据处理和运算，原则上应按照样本数据的基础结构形式来建立 SPSS 数据集。

现将附表 1 所给出的 30 名青少年身高、体重的样本数据，转换成 SPSS 数据集。

附表 1　　30 名青少年身高、体重的样本数据

序号	性别	年龄	身高(cm)	体重(kg)	序号	性别	年龄	身高(cm)	体重(kg)
1	男	13	156.0	47.5	16	女	14	164.7	44.1
2	男	13	155.0	37.8	17	女	14	160.5	39.2
3	男	13	144.6	38.6	18	女	14	147.0	36.4
4	男	13	161.5	41.6	19	女	14	153.2	39.1
5	男	13	161.3	43.3	20	女	14	157.9	40.4
6	女	13	158.0	47.3	21	男	15	166.0	57.0
7	女	13	161.0	47.1	22	男	15	169.0	58.5
8	女	13	162.0	47.0	23	男	15	170.0	51.0
9	女	13	164.3	43.0	24	男	15	165.1	58.0
10	女	13	144.0	33.8	25	男	15	172.0	55.0
11	男	14	157.9	49.2	26	女	15	159.4	44.7
12	男	14	176.1	54.5	27	女	15	161.3	45.4
13	男	14	168.0	50.0	28	女	15	158.0	44.3
14	男	14	164.5	44.0	29	女	15	158.6	42.8
15	男	14	153.0	45.1	30	女	15	169.0	51.1

具体步骤如下：

(一)确定变量个数

该数据包含序号、性别、年龄、身高、体重 5 个变量，其中性别为品质型变量，年龄、身高、体重为

数值型变量，此处，也可将序号看作数值型变量。

(二)定义变量属性

在 SPSS 主窗口的左下角处，点击“Variable View”标签，切换至变量浏览界面。打开变量浏览界面之后，即可对 5 个变量一一加以定义了。SPSS 数据集要求定义变量的 10 个属性，即 Name、Type、Width、Decimals、Label、Values、Missing、Columns、Align、Measure。

(1)Name：变量名。定义变量名时需注意以下几个问题：

①变量名必须以字母为首，后面跟 A～Z、0～9 字符，对于字符数量，在 SPSS for Windows13.0 以上版本中没有具体限制。但需要注意，“?”“!”“/”“\”等不能用作变量名，变量名也不能带扩展名，如 A1.2。

②有些关键词不能作为变量名，如 AND、NOT、EQ、LT、LE、GT、GE、NE、TO、BY、CROSSTABS、WITH、ALL、THRU、PERCENTAGE。SPSS 不区别大小写字符，但程序中的命令和关键词要用大写字母，表示系统内定，变量名等宜用小写字母，表示人为指定。

③可以用中文作变量名，但最好不用，因为涉及兼容性的问题，很多情况下的输出可能会产生乱码，造成不便。

本数据集中的 5 个变量的变量名可分别定义为 number、gender、age、height、weight。

(2)Type：变量记数方式。点击【Type】按钮，将会出现…标志，点击此标志将会出现如附图 50 所示的记数方式对话框。在此对话框中有 8 种类型可供选择。

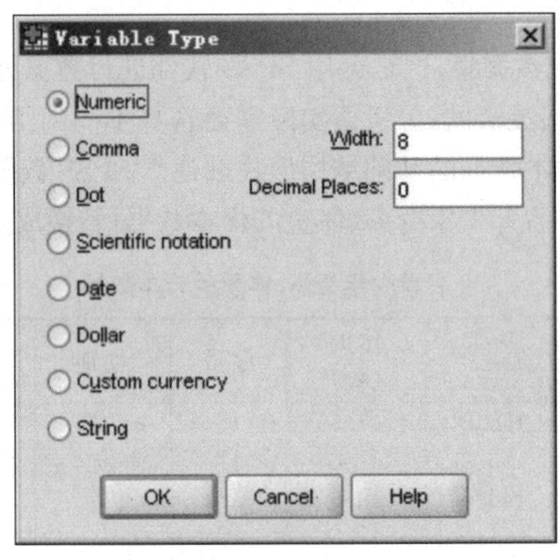

附图 50 记数方式对话框

①Numeric：数值记数。通常情况下，可选 Numeric，这也是 SPSS 的默认选项。系统默认长度为 8，小数位数为 2。本例中的 5 个变量可都选用 Numeric。

②Comma：带逗号记数，即整数部分每 3 位数加一个逗号，其余定义方式与数值记数一样。例如，输入 123456，将显示 123,456。

③Dot：带圆点记数。不论数值大小，均以整数形式出现，每 3 位加一个圆点(但不是小数点)。

④Scientific notation：科学计数。

⑤Date：日期型记数。

⑥Dollar：货币型记数。

⑦Custom currency：自定义记数。

⑧String：字符串。选中该选项后，可在数据输入时输入中文或英文字符。通常情况下字符串

型少用为宜。

(3)Width:宽度。运算宽度,默认值为 8,运算宽度实际上只会改变输出结果的显示宽度,数据的存储结果与运算的精度不受宽度的影响。本例中的 5 个变量,number 选择 2、gender 选择 1、age 选择 2、height 选择 5、weight 选择 4。

(4)Decimals:小数位数。默认为 2 位小数。本例中的 5 个变量,number、gender、age 均选择 0,height、weight 均选择 1。

(5)Label:变量标签。用来扼要说明变量名的含义,本例中 5 个变量名 number、gender、age、height、weight 下的变量标签可分别定义为:序号、性别、年龄、身高、体重。

(6)Values:取值标签。用于针对品质型变量的取值进行编码。例如,在针对性别变量 gender 定义取值标签时,可定义 1 代表男,2 代表女,如附图 51 所示。

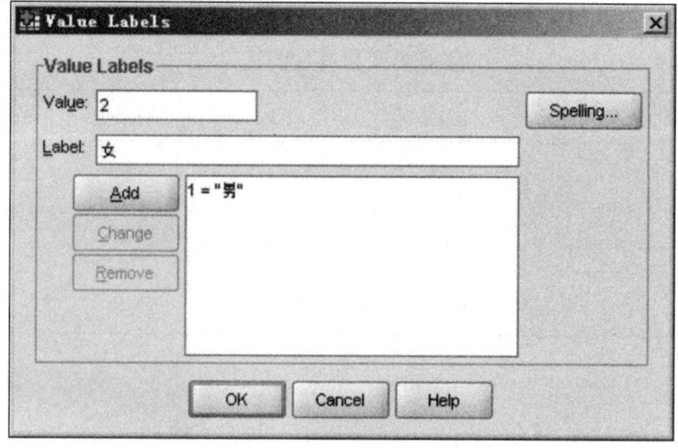

附图 51　取值标签对话框

在第一个"Value"文本框中输入 1,再在第二个"Label"文本框中输入"男",点击【Add】按钮确认,即可定义"1='男'",再定义"2='女'"。最后点击【OK】按钮即可。

(7)Missing:缺失值。SPSS 有两类缺失值,系统缺失值和用户缺失值。在 Data View 界面中,任何空着的数字单元都被认为是系统缺失值,用"."表示。由于特殊原因形成的缺失值,称为用户缺失值。例如在统计过程中,可能需要区别一些被访者不愿意回答的问题,然后将它们标为用户缺失值,统计软件可识别这些标志,带有缺失值的观测将被特别处理。

单击【Missing】按钮,再单击弹出的"…"按钮,进入 Missing Values 对话框,如附图 52 所示。

附图 52　Missing Values 对话框

对话框中有 3 个选项，默认值为最上方的"No missing values"，即无自定义缺失值的方式。第二项"Discrete missing values"，指定离散的缺失值，最多可以定义 3 个值。最后一项"Range plus one optional discrete missing values"，指定缺失值存在的区间范围，并可同时指定一个离散值。本例中不考虑缺失值的存在，采用默认值选项。

(8)Columns：列宽。可输入变量所在列的列宽，默认为 8。

(9)Align：对齐方式。对齐方式有 3 种选择：left 为左对齐，center 为居中对齐，right 为右对齐。

(10)Measure：数据测量尺度。数据测量尺度有 3 种选择：nominal(定类型)、ordinal(定序型)和 scale(数值型)。

本数据中 5 个变量的定义内容如附表 2 所示，其中省略了 Missing、Columns、Align 3 个属性的内容。

附表 2　　数据中变量属性的定义

序号	Name	Type	Label	Values	Width	Decimals	Measure
1	number	Numeric	序号	None	2	0	scale
2	gender	Numeric	性别	1=男,2=女	1	0	nominal
3	age	Numeric	年龄	None	2	0	scale
4	height	Numeric	身高	None	5	1	scale
5	weight	Numeric	体重	None	4	1	scale

(三)录入样本数据

变量定义完成后，在 SPSS 主窗口中的左下角处，点击"Data View"标签，切换至数据浏览界面，通过键盘输入 5 个变量、30 个观测下的 150 个观测值。建立数据集的大部分手动工作量集中在样本数据的录入。首先要求准确，其次要求快捷。本例中的数据录入完成后，所建立起来的 SPSS 数据集如附图 53 所示。

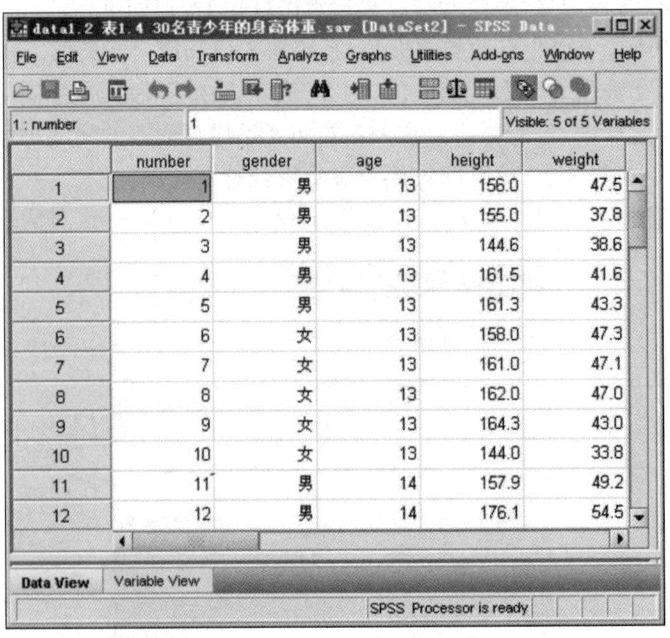

	number	gender	age	height	weight
1	1	男	13	156.0	47.5
2	2	男	13	155.0	37.8
3	3	男	13	144.6	38.6
4	4	男	13	161.5	41.6
5	5	男	13	161.3	43.3
6	6	女	13	158.0	47.3
7	7	女	13	161.0	47.1
8	8	女	13	162.0	47.0
9	9	女	13	164.3	43.0
10	10	女	13	144.0	33.8
11	11	男	14	157.9	49.2
12	12	男	14	176.1	54.5

附图 53　30 名青少年身高体重的 SPSS 数据集

五、建立 SPSS 分组数据集

有时我们拿到手的不是原始的样本数据，而是经过别人分组汇总加工后的二手数据，将这种二手数据转换成 SPSS 数据集有两种方法：一种方法是将其还原为未分组的基础结构形式，建立如上所述的 SPSS 数据集；另一种方法是为减少工作量起见，直接就二手数据的结构形式建立 SPSS 分组数据集。附表 3 给出了一个常见类型的二手数据。

附表 3　　两个民族血型调查的样本数据

组别	A 型	B 型	O 型	AB 型	合计
维吾尔族	442	483	416	172	1 513
回　族	369	384	487	115	1 355
合　计	811	867	903	287	2 868

在该数据的基础结构中，包含血型和民族两个定类变量，观测的个数为 2 868 个，观测值的个数为 5 736 个。显然没必要将其还原为基础结构后，再来编制未分组的 SPSS 数据集，直接利用表中的分组结果编制分组数据集会来得更为简便、快捷。

数据中血型变量的 4 个取值 A 型、B 型、O 型、AB 型，可分别编码为 1、2、3、4；民族变量的两个取值维吾尔族、回族，可分别编码为 1、2。两个变量不同取值联合分组下的交叉频数是一个派生变量。于是，建立分组数据集时，可采用下列方式定义有关变量，参见附表 4。

附表 4　　分组数据集中变量属性的定义

序号	Name	Type	Label	Values	Measure
1	number	Numeric	序号	None	scale
2	blood	Numeric	血型	1＝A 型，2＝B 型，3＝O 型，4＝AB 型	nominal
3	nation	Numeric	民族	1＝维吾尔族，2＝回族	nominal
4	frequency	Numeric	交叉频数	None	scale

数据录入完成后，所建立起来的 SPSS 数据集如附图 54 所示。其中的交叉频数变量 frequency 在此后的计算中将充当权数来使用。

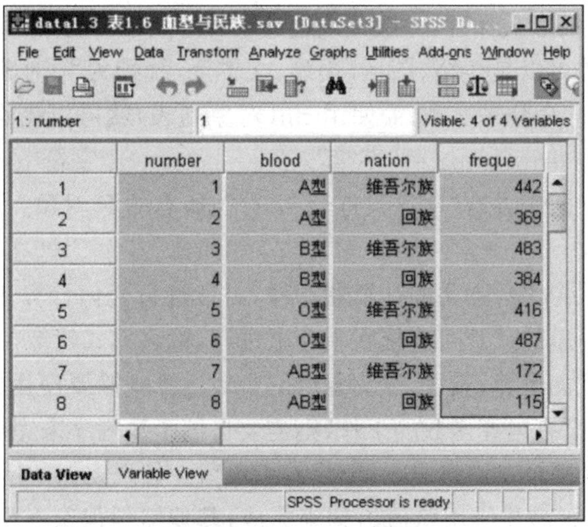

附图 54　血型与民族样本数据的 SPSS 数据集

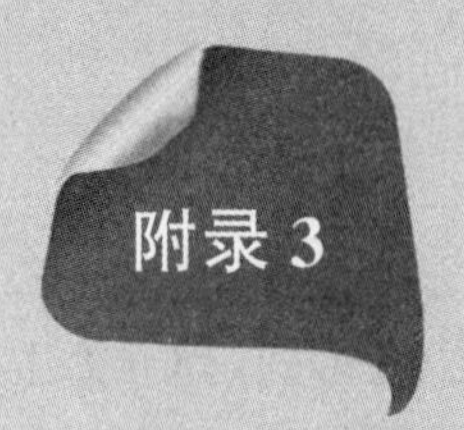

统计实验——R 语言的入门操作

从世界的很多地方服务器上可以下载得到 R 软件，通过互联网下载安装 R 软件，启动后就可以看到运行平台 R GUI (graphic user's interface)的主窗口，在该窗口的“＞|”的光标处，键入行命令来实现各类科学计算。注意 R 不同于 Windows 的地方是严格区分键盘字符的大小写的，键入字符时必须准确，没有容错设计，点击“×”或键入 q()命令就退出 R 系统环境。

一、R 语言的基本操作命令

R 语言是以行命令的方式运行 R 函数内的指令的，R 函数由函数名和随后的括号及括号内的参数组成，基本操作要点如下：

1. R 语言的基本词汇

R 语言的命令函数是 R 中最基本的语言单位，一般形式为：

命令函数名(参数列表)

命令函数名要以英文字母开头，中间可以加入“. ”或“_”来构成；参数列表是命令中使用的主要限定内容，多项时各参数间要以逗号分隔。

2. R 语言工作的基本空间

根据需要可以在 Windows 等操作系统中创建一个工作子目录，使用 setwd(“路径字符”)命令或点击“文件”菜单中的“更改当前工作目录”来指定工作地点。在该工作地点存放工作内容，存放时要以扩展名为 . RData 的形式保存，一般可以通过“文件”菜单中的“保存工作空间”来实现。

工作空间中基本对象可以是表格、图形、模型、文本等，统称为 R 对象。要查看工作空间中拥有哪些对象，可以使用 ls()命令来实现；而使用 rm(对象列表)就可以删除列表中的对象。在这两个命令中的括号内参数是 list=ls(pat=”字符”)、list=ls(pat=”^字符”、rm(list=ls())，则可以有选择地显示或删除工作空间中含有“字符”、首个“字符”、所有的 R 对象。

3. R 语言的运行方式

R 语言的工作平台就像一台强大的计算器一样，可以进行任何计算工作。其工作方式可以分为如下三种情况：首先，简单的计算可直接在平台上进行，输入方式就像在纸上直接书写算式一样，以点击回车键来实现算式的运算；其次，较为复杂的常规运算则需要使用内存中的 R 函数来实现；最后，更为复杂的内存中没有运算函数的工作，则需要自编函数程序来完成了。

R 语言运算的结果在平台上直接显示，但是并不保留。如果要保留运算的结果，可以复制粘贴或将结果保存为 R 对象，则需要使用赋值语句来完成，其他需要保留在空间中的以备后续使用的内容，都需要采用赋值命令来实现。赋值的语句可使用“=”或“减号加大于号”或“小于号加减号”组成的箭头来表达，具体方式如下：

X＜－对象函数;或:对象函数－＞X;或:对象函数＝X

各类对象名的命名规则与函数名的规则相同。

二、R 语言的数据类型

R 语言能够处理各类数据,这些数据的类型大致上可以分为四类:逻辑型(logical)、数值型(numeric)、复数型(complex)、字符型(character)。各类数据的作用不同,经常需要判断或转换数据的类型,基本方法如下:

1. 数据类型的判断

可以使用 is. numeric(x)、is. logical(x)、is. complex(x)、is. character(x)来判断已有的对象 x 属于哪一种类型。

2. 数据类型的转换

可以使用 as. numeric(x)、as. logical(x)、as. complex(x)、as. character(x)将已有的对象 x 转化为相应的类型,当然可以转化的话。

三、R 语言中的运算符

使用计算机语言进行各类运算,需要使用各种运算符号来完成,就 R 语言中的主要运算符简介如下:

1. 逻辑运算符

逻辑运算是常用的运算内容,其结果也使用逻辑字符来表达,常用的逻辑运算符号如附表 5 表所示。

附表 5　　逻辑运算符

数值比较运算		逻辑关系运算	
＞	大于	!	非
＜	小于	&	与(全部)
＞＝	大于等于	&&	与(首项)
＜＝	小于等于	|	或(全部)
＝＝	等于	||	或(首项)
! ＝	不等于	xor(x,y)	异域

逻辑运算的结果,主要以如下字符来表达:

TRUE 表示结果为真,常简记为 T;

FALSE 表示结果为伪,常简记为 F;

NULL 表明该对象为空集,即里面什么都没有;

NA 表示缺损值或称不定值,即待确定的数据;

NaN 表示无法用数字表示的内容;

Fin、Inf、－Inf 分别表示有限、无限大、负无穷等。

2. 数值运算

R 语言是进行各类数学运算有效工具，常数、变量、矩阵、复数等方面的运算都可以很方便地进行。计算中常用的运算符与数学的常规符号相同，但是由于计算机上的键盘符号有限，还需要部分组合符来完成特殊的计算工作。具体如，+、—、*、/、^分别表示加、减、乘、除、乘方等常见符号；再如，%%、%/%、%*%、%o%分别表示模(余数)、整除、矩阵的内积和外积等内容。例如，9/2 等于 4.5；9%%2 等于 1；9%/%2 等于 4；这里的内积是指前面矩阵的各行与后面矩阵的各列的对应元素的乘积和组成的矩阵，而外积是指后面矩阵的各元素分别乘以前面的矩阵所形成的一系列矩阵构成的数组。更为特殊的运算，都采用函数命令进行，常用的命令简介如下：

abs()为数据各元素取绝对值的函数；

sqrt()为求数据对象各元素的平方根函数；

log()为以 e 为底的对数，logN()为以 N 为底的对数；其反函数 exp()为 e 的指数幂函数；

t()矩阵的转置运算函数；det()为方阵的行列式计算函数；solve()为方阵的求逆函数；eigen()为求方阵的特征值与特征向量的函数；qr()$rank 为矩阵求秩的函数。

使用上述函数时，只需将数据对象的名称写入括号内，回车即可获得要求计算的结果。

3. 统计运算

在杂乱无章的某变量或某些变量的大量数据值中，选出特殊值的做法如下：

第一，直接读取函数如下：

max()为取最大值函数；

min()为取最小值函数；

range()为同时选取最小值和最大值的函数；

unique()读取所有的或符合逻辑条件的元素，即剔除逻辑为假的和重复的元素；

embed(X,k)为生成 0 到 k—1 阶滞后的 k 个变量构成的变量组。

第二，计算读取函数如下：

round(x,k)对 x 四舍五入，取 k 位小数；

trunc()为取整函数；

floor()为向下取整(舍弃小数)函数；

ceiling()为向上取整(小数进位)函数；

sign()为判断数据对象各元素符号的函数，其中以—1、0、1 分别表示负数、0、正数。

第三，总计函数，即将某变量或数组的所有数据加总或连续乘积的相关计算方法如下：

sum()为求数组总合计的函数；

prod()为求数组连续乘积的函数；

length()为求数组长度，即元素个数的函数；

nrow()为读取数组行数的命令函数；

ncol()为读取数组列数的函数命令。

第四，逐项计算函数，即累计统计计算的常用函数如下：

cumsum()为逐项给出累计求和值的函数；

cumprod()为逐项给出累计求积值的函数；

cummax()为逐项扩大向量，并给出各向量中的最大元素的序列；

cummin()为逐项扩大向量，并给出各向量中的最小元素的序列；

diff()为差分计算函数，即后项减去前一项的计算过程所形成的序列函数。

第五，综合特征运算，常用的命令有：

mean(x)为平均数的计算函数；

median(x)为中位数的计算函数；

cov(x,y=N)为协方差的计算函数；

cor(x,y=N)为相关系数的计算函数；

var(x)和 sd(x)分别为方差和标准差的计算函数；

第六，统计分布的相关函数命令有如下规则：

函数名是以 d、p、q、r 等字符开头，再加上各种分布名称构成。其开头的 4 个首位字符的含义介绍如下：d：求密度的命令；p：求较小制或较大制累计概率分布的命令；q：测算左侧或右侧概率的临界值命令；r：生成随机向量的模拟命令。例如，pnorm()是正态分布的累计分布概率的计算函数，而 dnorm()则是生成正态分布随机数据的命令。

四、R 语言中数据对象的创建

R 语言中常见的数据对象很多，其创建的方法也各有不同，分别介绍如下：

(一)数组的创建

数组是具有严谨格式的各种数据，主要从维度上划分如下：

1. 一维数组的创建

一维数组也称向量 vector quantity，是最简单的变量。构建的方法主要介绍如下：

(1)联合函数 combine：在 R 语言 RGui 的控制台中生成向量的最基本方法，就是以枚举的方法，将若干元素联合到一个向量之中，其命令函数如下：

c(元素列表)

该命令的参数是顺序枚举出各元素或子集构成一个向量，各元素间以半角的逗号分隔，且各元素可以是数据、向量、矩阵、字符等 R 中的有效数据对象。

(2)时序数列(time series)的创建：按照时间的顺序排列而成的数组，其创建命令如下：

ts(data=NA,start=1,end=numeric(0),fre=1,del=1,
ts. eps=getOption("ts. eps"),class=,names=)

该命令是以某数据源(默认为空)为基础序列，标记上时间特征后形成的新序列，各参数说明如下：

data=为数据源，可以是 R 的数据集等任何数据序列对象；

start=开始时间，要求是年(1979)或年月整数 c(1979,3)向量；

end=结束时间，格式也是年或年月；

fre=时间频数，即 1 到 12 的时间周期，1 为年，2 为半年，4 为季度，12 为月；

del=时间间隔，与 fre 只能选择其一，是 fre 的倒数；

ts. eps=时间序列之间的偏限值；

class=时序的类型；

names=多元时各子序列的命名字符串列表。

【附例 1】　以北京市 2010—2021 年的空气质量达标天数为数据源，建立一个时间序列格式向量 x1. 2 有：

ts(x 1. 1,start=2010,end=2021)−>x 1. 2

结果如下：

```
> x1.2
Time Series:
Start = 2010
End = 2021
Frequency = 1
[1] 229 234 241 246 274 274 286 286 281 167 168 186
```

这也是 R 报告单的基本形式。

(3)规律数列的构建:较为特殊的有规律的数组,都有专有的命令,主要内容介绍如下:

seq(起,止,步长)可以创建一个从起数到止数的等差向量,例如,t1<-q(1,9,2),就是创建一个 10 以内的寄数构成的向量 t1;再如,t2<-seq(8,2,-2)z,则创建了一个 10 以内递减排列的偶数向量 t2。当等差为 1 时,可以直接使用"起:止"来替代该命令。例如,t=1:12,就是创建一个以自然数 1~12 构成的向量 t。

rep(基本向量,循环次数)可以生成一个将基本向量按照指定次数循环的向量。例如要创建一个由 5 个 1 构成的单位列向量,可使用 rep(1,5)来实现。

sequence(c(a,b,c))可以生成到枚举各数为止的自然序列后,连接构成的总序列。例如要创建(1,1,2,3,1,2,3,4,5)向量,可以使用 sequence(c(1,3,5))来实现。

2. 二维数组(矩阵 matrix)的创建

矩阵的构建方法很多,主要方法如下:

(1)直接由数据分配创建:这是最基本创建方法,其命令如下:

matrix(data=数据源,nrow=行数,ncol=列数,byrow=F)

该命令的前三项参数必备,byrow 是决定数据源的数据是否按行排列,如果选 T 则是按行排列。数据源可以为空"NA",也可以不等于矩阵的数据项数,即大于时顺序取前面的数据,少于时则顺序循环补足。

3. 多维数组(array)的创建

数组在三维以上时,使用如下命令构建:

array(数据源,dim=c(维长列表),dimnames=c(各维名列表))

该命令是利用数据源的数据建立一个结构为 dim 的多维数组,前两个参数必备。对已有的数组,使用 dim(数组名)命令可以查看数组结构,即维数分布情况。

(二)数据框(data frame)的创建

数据框是我们最常用的表格,构建的方式也有多种:

1. 自内存中读取生成数据框

如果工作空间中已有创建数据框所需的各向量数据,则可以使用如下命令:

(1)根据向量来构建数据框时,可以使用:

data.frame(向量列表)

在已有数据向量基础上,构建数据框。而要修改数据框各列的变量名,则可使用如下命令:

colnames(数据框名)<-c(各列名字符列表)

可以将数据框理解为最常见的统计表,只是在 R 中能进行特殊的计算使用。

(2)在已有的数据框基础上合并构成新的数据框时,使用如下命令:

merge(x,y,by=c(" "))

参数 x 和 y 是需要合并的两个数据框，by 中的“字符”是作为合并依据的向量，即在 x 和 y 中所共同拥有的索引性变量。

2. 自外部读取生成数据框

自 R 之外获取数据时，有许多方法，如复制后再粘贴等，当数据量较大时，最好使用函数直接读取其他软件的数据，主要方法如下：

(1)获取文本格式的数据表

当大量的数据来源于你不熟悉的格式时，可以将其转化为文本格式，这是多数软件会有的功能，然后使用如下命令来读取：

read. table(‘路径\文件名’，header=T，...)

该函数命令的必选参数是“路径\文件名”字符，是指源头数据所在的计算机或网络上的地址和数据文件名，默认是当前工作目录；文件名要包含扩展名，且必须是规范的文本格式。

若将“路径\文件名”改为字符“clipboard”时，可以自粘贴板读入数据。

其他参数可以不选，待读入数据后再编辑修改。当然使用这些参数可以简化后续工作，主要参数的用法如下：

header：默认值是 T，即读取时将第一行作为变量名来处理。而选 F 时为不包含变量名，这时系统自动生成一系列的变量名。

sep：指明字段分隔符。默认值是“空格”和“回车”。

quote：指明所要选择的数据列。

dec：引用数据时保留小数后的位数设定。

numerals：双精度数据的显示方式。

row. names：指定行名的向量。可以是给出实际行名的向量，或者给出包含行名的表及列的位置数字或名称字符串。

col. names：指定列名。

as. is：读取时将字符变量（未转换为逻辑、数字或复数）转换为因子。由 CulkOrk=“字符”指定哪些列不应该转换为因子。除非指定了 colClasses，否则所有列都被读取为字符列，然后使用 type. convert 适当地转换为逻辑、整数、数字等因子。引用（默认情况下）在所有字段中都是解释的，因此像“42”这样的值列将带来一个整数列。

na. strings：指定空白处是否为缺省值。

skip：在读取数据之前要跳过的数据文件的行数。

通过上述参数的节选，所读取的数据将是简洁明了的 R 数据对象了。

(2)将 Excel 电子表格中的数据读入 R

这是最为常用的数据读取方法，读取前需要先将 Excel 或 WPS 等电子表格文件另存为 . csv 格式后，再使用 read. csv()命令读取，格式如下：

read. csv(‘路径及文件名 . csv’，...)

参数同 read. table()。在使用完相关的软件后，注意要用 close(文件)函数来关闭已打开的 Excel 等的文件，以减少内存的占用。

(三)列单(list)对象的创建

列单是 R 中更宽泛的数据表达方式，它可以将工作空间中的多个 R 对象排列到一起列向表示的 R 对象，其命令格式为：

List(元素列表)

元素列表中的元素只要是 R 中的有效对象即可,元素列表的形式可以带对象名,如“元素名 1”＝对象 1,“元素名 2”＝对象 2,……,这时以对象名标记各对象;若不带对象名,则以[[1]]、[[2]]…的顺序标记。

五、数据对象的编辑管理与应用

读入平台工作空间的数据对象,可以通过编辑修改,以达到我们使用的要求:

(一)数据修改编辑的方法

使用平台中的“编辑”菜单中的“数据编辑器”或键入 fix()函数命令,可以修改和编辑已有数据对象。编辑中可以为某些元素重新赋值或改变数据结构,使用如下命令:

dim(数组名)＜－c(各维长度列表)可以在不改变数据顺序情况下改变数组维度;

dimnames(数组名)＜－c(各维名字列表)可以为数组中各维度命名。

若想在保留原数据框的基础上,将修改后的数据框另存为新的对象名时,可以使用类似的函数 edit()来实现,即 edit(数据框名)－＞新数据框名。

(二)R 对象的定位管理

R 中的对象可以进行管理,具体的定位命令如下:

1. 直接定位标注法

具体定位时使用对象名加方括号,即以方括号表示的下角标来定的方法,例如以对象 a 的元素定位说明如下:

a[i]表明向量 a 中的第 i 个元素;

a[i,j]表明矩阵 a 中的第 i 行第 j 列的元素;

a[i,]表明矩阵 a 中的第 i 行的所有元素;

a[,j]表明矩阵 a 中的第 j 列的所有元素;

a[,,1]表明三维数组中的第三维的第一个矩阵;

a[－1,,]表明三维数组中的第一维的第一个矩阵之外的各矩阵数据。

注意:对象名[[i]]、对象名＄元素名 i、对象名[[“元素名 i”]]三者是完全等价的表述方式。利用各定位方法,结合赋值命令,就可以实现对各位置的子集数据进行赋值和修改等工作。例如 a[2]＜－5,就是将 5 赋给 a 向量的第 2 个元素,这也就实现了对该元素的修改。

2. 间接定位方法

根据某变量的排序来观察或定位管理的方法,常见的方法如下:

match(x,y)函数会以一个与 x 的长度相同的向量来表示,并在向量中列出 x 中的该元素在 y 中的位置,y 中没对应的元素时,则返回 NA。

3. 索引相对定位法

根据索引变量的对应位置来定位管理其他变量的方法,常见于数据框中使用。例如,DSSST[DSSST＄nf＝＝2022,]的定位结果就是在名为 DSSST 矩阵或数据框对象中,子项为 nf 的元素等于 2022 的各行,所对应的所有列的各个元素。

(三)基本取舍管理

按照一定的条件对数据进行取舍时,经常需要操作的主要函数命令如下:

1. 排序管理函数

sort()为从小到大的顺序排列数组中各元素的函数；

rev()为逆序排列的函数。

2. 集合运算

union(x,y)为求两个向量的并集的函数；

intersect(x,y)为求两个向量的交集的函数；

setdiff(x,y)为求向量 x 中不同于 y 中各元素的元素。

(四)R 中数据对象的保存

在 R 中如果需要对某些数据对象进行存储，具体方法如下：

1. 文本格式存在对象的基本命令：

write. table(对象名，file='路径及文件'，row. names=F，quote=F)

该命令是将数据对象存为文本文件。row 参数决定是否将行名写入文件，quote 参数决定变量名是否加引号表示。注意其相近命令函数为 write. csv()，只是在所存文件中各数据间的分隔符为逗号。

2. R 格式保存对象的命令

以 R 空间文件的格式保存各类对象，可以在操作系统中直接点击打开该类对象，函数命令的格式为：

save(对象名，file='路径\文件名 . RData')

该函数中 file=路径参数要写全，为避免书写麻烦可先更改工作目录，进入预存空间地点，再使用 getwd()函数读取空间路径，并复制该路径，粘贴到该命令中。

六、R 语言的绘图方法

最常用的基本图形是二维平面图，绘制该类图形的基本命令格式为：

plot(横轴变量名，纵轴变量名，参数列表)

执行函数会弹出一个基础绘图窗口，可以通过命令和参数的修改，来改变图形的效果。

(一)参数的使用说明

各参数使用方法介绍如下：

1. 坐标轴的选择说明

坐标轴是前两个必备的要素，它决定着图形系统基础和基调，其选择的基本要求如下：

(1)一般情况下横轴写在前，纵轴写在后，两个变量是长度必须相等。

(2)当坐标轴变量是时间序列或被默认为时序时，写入一个变量也能绘图，这时程序会将向量视为纵轴数据，并以自然顺序作为横轴处理。

(3)当坐标轴变量在三个以上时，程序会自动生成两两组合的多幅图形，这在相关变量的选择时，是很方便的工具。

2. 可选参数的使用

没有参数时的图形就是一个简单的散点图。只有加入各种可选参数后，图形才产生一系列的效果改变。

这些可选参数是根据需要而加入的附属要素，参数加入的基本形式是：

参数名="设置符"

例如，在基础图的 plot()命令中，加入参数 type 的不同取值，就会改变基础图形基本形态，如附图 55 就是在上述恩格尔系数走势图的命令中，分别选择加入 type='l'、type='h'和 type='b'

的三种效果。

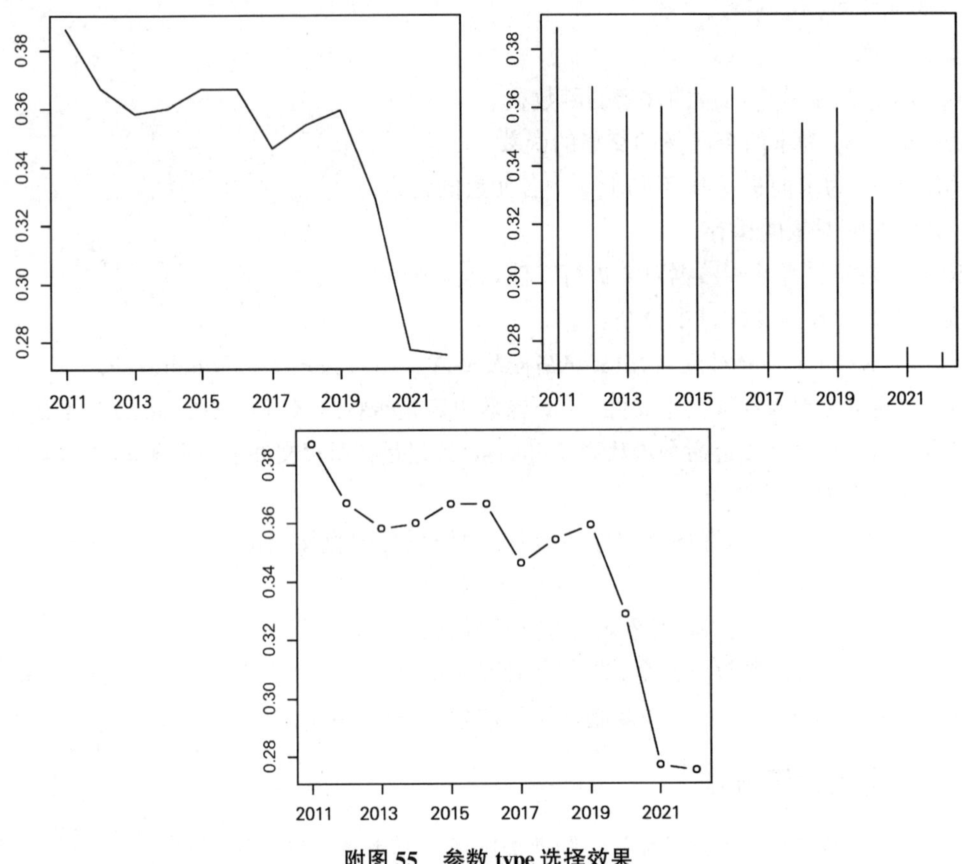

附图 55　参数 type 选择效果

可供选择的参数还有很多，各参数的有关信息如附表 6 所示。

附表 6　　**绘图参数说明表**

参数名	设置符	功能解释
type	"p" "l" "b" "c" "h" "o" "s" "n"	默认的散点图 线型图 点线图 非点处的点间线图 竖线图 点线合一图 梯度线图 不描绘图形
axes	T 或 F	是否有坐标轴
main sub	主标题内容 副标题内容	主标题在图像的上方居中 副标题在图像的下方居中
xlab ylab	横轴标题 纵轴标题	在横轴下方标记的 X 轴所表示的内容 在纵轴左侧标记的 Y 轴所表示的内容
xlim ylim	c(最小值,最大值) c(最小值,最大值)	设置横轴的最小和最大刻度值 设置纵轴的最小和最大刻度值

续表

参数名	设置符	功能解释
pch	0:25	设置数据点标记显示的符号样式如下： □ ○ △ + × ◇ ▽ ⊠ ✳ ⊕ ⊕ ✡ ⊞ ⊠ ⊠ ■ ● ▲ ◆ ● • ○ □ ◇ △ ▽
lwd	取整数	1 是默认的线宽，2 是两倍的线宽设置
lty	取整数	1 是实线，2 是虚线设置，3 以上其他线型
col	1 至 17	1 黑 2 红 3 绿 4 蓝 5 浅蓝 6 水粉 7 黄 8 灰等
add	T 或 F	是否叠加在前图上
log	“x”、“y”、“xy”	对哪个坐标轴取对数

在表中选择所需要的参数，加入 plot()函数的命令中，就会进一步改进图形的效果，且参数的个数不限，各参数之间要以逗号分隔。

(二)图像的修改和编辑

R 语言中绘制的基础图形，只是最简单的图形骨架，而统计图的绘制目的是可视化尽量多的信息，因此在基础图上还需要添加许多其他内容，同时还经常需要将图像在程序或软件中自动生成和布局，为此进一步介绍图形的修改和编辑。

1. 图形的修改

可在基础图形读入内存之后，添加如下命令来实现：

points(横轴变量，纵轴变量，参数列表）＃在已有图上加点及其连线。

lines(横轴变量，纵轴变量，参数列表）＃在已有的图上添加线。

abline(截距，斜率)或(a＝x 或 b＝y 或回归对象）＃在已有图上加线。

title(“字符”）＃在图上添加总标题。

legend(横坐标，纵坐标，c(说明字符列表)，lty＝c(线型顺序)，...）＃在图上加图示说明。

text(横标，纵标）＃以坐标点为中心添加字符。

axis(标记，side＝1 或 2 或 3 或 4）＃在轴上添加标记，1 下，2 左，3 右，4 上。

2. 多图阵形布置

如果程序需要输出多个图形的结果，则需要在指定的地方并列安排多个图形，可以使用如下命令：

par(mfrow＝c(行数，列数)）＃建立一个无边框的表格，在该命令之后对应数目的绘图命令就会自动分配按行逐一添加各图到相应的位置上。

layout(matrix(1:图数，行数，列数)）＃建立一个矩阵，依顺序为矩阵的各单元赋予非负的整数值，代表后续所绘制图形的安放位置。

如果受图像大小的限制，某些图像可以占据多个单元，这时所占单元应赋予相同的图号；不放置图形的位置应该赋予 0 值。

(三)其他各类图形的绘制函数简介

R 语言可以完成很多图形的绘制，还有各种绘图程序包在不断地产生，因此，想绘制什么样的图像，R 语言都可以找到相应的程序。常见的 R 绘图程序的函数列表(如附表 7 所示)。

附表 7 R主要绘图函数列表

命令名	参数	解释说明
plot(x,y=NA,…)	横轴变量,纵轴变量,其他参数	绘制曲线或散点分布图
hist(x,…)	绘图变量,组距	绘制直方图
qqnorm(x,…); qqline(x,…)	数据,数据	QQ图;为QQ图加线
stem(x,…)	数据,scale=K	绘制10*K组分布的茎叶图
boxplot(x,…)	数据,分组因子,是否有奇异点	箱形图
pie(table(x),…)	分组统计后的数据	饼形图
barplot(x,…)	数据	柱形图
pairs(x,…)	矩阵或数据框	两两变量多组散点图
stars(x,full=T,dra=T)	多元数据	雷达星象图
plot(ecdf(C1),verticals=T,do.p=F)	是否:ver画竖线,do.p带点	经验分布图
coplot(y~x|a)	a变量或因子的区域分布条件	给定a的前提下,xy的散点图
dotchart(矩阵)	矩阵的各列数据	顺序散点图列
contour(矩阵)	cbind(x,y,z)	三维等值线图
image(矩阵)	同上	三维映象图
Persp(矩阵)	同上	三维透视图

统计图的绘制需要熟练运用这些函数和参数,因此要在掌握基本方法后,多加练习,最好是将生活中需要绘图的工作都采用R来实现,做到熟能生巧。

七、R语言的编程方法

任何软件都是人们根据团队自身的专业理解编制的,其功能十分有限,经常不能满足现实的新情况和新需求。因此,人们时常需要将复杂的操作过程以批处理方式编制成为计算机可执行的函数,这一过程就是编程过程。在R语言中,编程是较易实现的,它与Python语言构成了当今世界最为流行的高级语言,就是因为它们具有同等的简洁高效的编程能力。

(一)编程原理

R程序最好不要在Rconsole窗口编写,可以编写在任何的文本对象中,多数可以使用“文件”菜单中的“新建脚本文件”打开一个文本编辑器,并在其中编写R程序。编程规则如下:

1. 定义函数的命令

要建立一个R可执行的函数是很简单的,其基本命令如下:

函数命名<-function(参数列表){函数命令列表}

函数命令列表的内容就是我们需要一步步执行的行命令,每个命令都以“;”结尾。例如,要编制一个计算平均数的程序pjs(),则可以在文本或写字板中编写如下程序:

```
pjs=function(x){sum(x)->hj; hj/length(x)}
```

该自编函数的名称为pjs;x为自编函数的参数,指明计算平均数的数组对象;括弧内就是行命令构成的命令列表,每条命令之间以半角的分号分隔;如sum(x)->hj是求和命令,hj/length(x)是平均的计算。该程序的编写中使用了R内存中的两个基本函数sum()和length(),其中sum是求和函数,length是求数组的元素数量的函数。

2. 自编函数的执行

使用自编函数与 R 原有函数一样，只是需要将该函数加载到 R 内存中，具体方法为：

首先，点击“文件”菜单中的“运行脚本文件”或使用 source(“路径及文件名”)命令，就可以实现自编程序加载到内存。加载后就会在工作空间形成一个同名的 R 对象名。

其次，在加载自编函数后，才能使用自编程序中的“函数命名”的同名函数，即通过键入“函数名(参数列表)”来实现自编程序的运行。

(二)R 程序常用的结构命令

在 R 编程中如果需要使用结构性设计时，如下几个命令能基本满足需要：

1. 判断执行命令

如果在某种环境下，就应该进行某种操作时，我们可以使用如下命令：

while(逻辑){语句}

该命令首先进行逻辑运算和判断，如果逻辑为真时，则执行语句给出的命令。例如，

n=1;s=0;while(n<4){s=s+n;n<-n+1};s

则运行的结果为 6。

2. 有限循环命令

如果想将某项工作进行有限的 n 次，则可以使用如下基本命令：

for(变量 in 序列){语句}

该命令以变量在序列中的循环取值来控制语句的执行次数。例如，

sum=0;for(i in 4:1){sum=sum+i};sum

运行结果为 10。

3. 备选式命令

在需要进行判断并选择时使用的基本命令，格式如下：

if(逻辑运算){语句 1}else{语句 2}

该命令首先进行逻辑运算和判断，如果逻辑为真时，则执行语句 1 的命令；如果逻辑为假，则执行语句 2 的命令。例如，

n=8;s=1;if(s<10&n==4|sum>20){z=30}else{z=-20};z

运行结果为-20。

4. 多项分支选择命令

当需要在某些条件形成后，再自列单对象之间选择其一时，可使用分支选择命令如下：

switch(表达式,列单)

该程序将按表达式的值 k，选择列单中第 k 项内容。当 k 超出列单范围时给出 NULL。例如，

X<-2;switch(X,‘A’,’B’,’C’)

则运行的结果将是”B”。

(三)程序设计原则

编程是一项将大量重复工作规范化成批处理的过程，为了提高效率，就应该遵循一定的编写原则。

1. 简单原则

首先，如使用一次性可以生成 100 个随机数据构成的向量的函数，要比每次生成一个随机数据，并循环 100 次的命令要简单得多。

其次，使用结构化的设计思路，要比简单的平铺直叙的方式优秀得多。

2. 规范性原则

要注意程序的可读性和易理解性，并要注意养成如下良好的习惯：

首先，为了程序的可读性，要在各条命令间以空格的方式实现语句间的对齐。在某些程序编辑器中是可以主动形成的，因此建议使用这类编辑系统进行编辑。

其次，要善于使用注解，即在各语句的后面以"#"号，表明后续的内容为解释的文本。借助这种表达方式，本书后续的程序命令的说明，也采取这种方式进行。

最后，文件名要具有普识性，要符合 R 规范的要求。即要以字母开头，不与关键词重名；又要以普遍接受习惯用词或字母来表述等。

3. 注意事项

首先，避免死循环。使用循环操作的命令，能巧妙地构建一个循环变量，并能借助该变量实现程序的循环是个熟能生巧的过程。但是，一定要注意不能让程序无限地循环下去，一般在循环命令之后要加上如下两个函数：

break() # 函数可以终止执行当前的循环等程序；

next() # 函数要求继续执行后续程序。

其次，最大限度地利用内存函数，这就需要充分理解各内存函数的内容，一般使用"? 函数名"就可以上网查看该函数的帮助说明。

最后，在操作平台上直接键入函数名，回车就可以看到该函数的程序内码，可以借鉴、截取、修改使用该函数。

(四)软件包的使用

使用 R 内存中没有，而软件库中拥有的程序，需要到 R 的专有服务器中下载安装，再加载后才能实现。具体的操作内容如下：

1. 选择服务器

在操作控制平台上选择"程序包(Packages)"菜单，然后在下拉的选项菜单中选择"设定 CRAN 镜像(set CRAN mirror…)"选项，接下来在弹出的窗口中选择一个地点的服务器。

2. 选择要下载的程序包

在选定服务器后，使用"程序包(Packages)"菜单的下拉选项"选择软件库(Select repositories)…"中的一个或同时选定多个库，程序包都在这些库内保存。

3. 安装软件包

选定库后会按照字母顺序显示出程序包列表，选择所需"软件包(Packages)"下载，并使用下拉菜单中的"安装软件包(Install package)…"选项，弹出已下载程序列表中按字母顺序列示的软件包列表，点击就会自动安装。

4. 程序的加载

当使用外部程序包中的程序时，需要在控制平台上加载该软件包，加载的方法如下：

首先，点击"程序包(Packages)"下拉菜单，并选择首项"加载程序包(Load packages)…"；

其次，在弹出的窗口程序包列表中选择要加载的程序包，并点击"确定"。

加载后的程序就可以如内存中的程序一样使用了。另外要注意，R 程序会经常优化和更新，可在程序包的下拉菜单中选择镜像后，再选择"更新程序包(Update packages)…"即可。

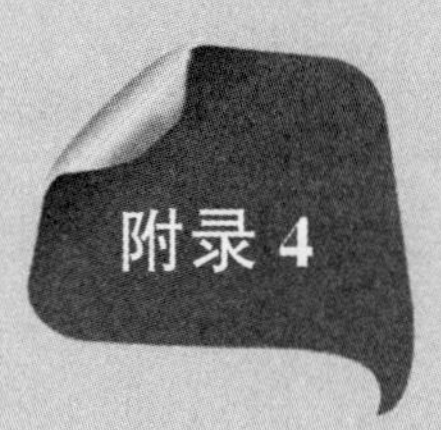

正态概率表

t	$F(t)$	t	$F(t)$	t	$F(t)$	t	$F(t)$
0.00	0.000 0	0.32	0.251 0	0.64	0.477 8	0.96	0.662 9
0.01	0.008 0	0.33	0.258 6	0.65	0.484 3	0.97	0.668 0
0.02	0.016 0	0.34	0.266 1	0.66	0.490 7	0.98	0.672 9
0.03	0.023 9	0.35	0.273 7	0.67	0.497 1	0.99	0.677 8
0.04	0.031 9	0.36	0.281 2	0.68	0.503 5	1.00	0.682 7
0.05	0.039 9	0.37	0.288 6	0.69	0.509 8	1.01	0.687 5
0.06	0.047 8	0.38	0.296 1	0.70	0.516 1	1.02	0.692 3
0.07	0.558 0	0.39	0.303 5	0.71	0.522 3	1.03	0.697 0
0.08	0.063 8	0.40	0.310 8	0.72	0.528 5	1.04	0.701 7
0.09	0.717 0	0.41	0.318 2	0.73	0.534 6	1.05	0.706 3
0.10	0.797 0	0.42	0.325 5	0.74	0.540 7	1.06	0.710 9
0.11	0.087 6	0.43	0.332 8	0.75	0.546 7	1.07	0.715 4
0.12	0.096 0	0.44	0.340 1	0.76	0.552 7	1.08	0.719 9
0.13	0.103 4	0.45	0.347 3	0.77	0.558 7	1.09	0.724 3
0.14	0.111 3	0.46	0.354 5	0.78	0.564 6	1.10	0.728 7
0.15	0.118 2	0.47	0.361 6	0.79	0.570 5	1.11	0.733 0
0.16	0.127 1	0.48	0.368 8	0.80	0.576 3	1.12	0.737 3
0.17	0.135 0	0.49	0.375 9	0.81	0.582 1	1.13	0.741 5
0.18	0.142 8	0.50	0.382 9	0.82	0.587 8	1.14	0.745 7
0.19	0.150 7	0.51	0.389 9	0.83	0.593 5	1.15	0.749 9
0.20	0.158 5	0.52	0.399 6	0.84	0.599 1	1.16	0.754 0
0.21	0.166 3	0.53	0.403 9	0.85	0.604 7	1.17	0.758 0
0.22	0.174 1	0.54	0.410 8	0.86	0.610 2	1.18	0.766 0
0.23	0.181 9	0.55	0.417 7	0.87	0.615 7	1.19	0.768 0
0.24	0.189 7	0.56	0.421 5	0.88	0.621 1	1.20	0.769 9
0.25	0.119 7	0.57	0.431 3	0.89	0.626 5	1.21	0.773 7
0.26	0.205 1	0.58	0.438 1	0.90	0.631 9	1.22	0.777 5
0.27	0.212 8	0.59	0.444 8	0.91	0.637 2	1.23	0.781 3
0.28	0.220 5	0.60	0.451 5	0.92	0.642 4	1.24	0.785 0
0.29	0.228 2	0.61	0.458 1	0.93	0.647 6	1.25	0.788 7
0.30	0.235 8	0.62	0.464 7	0.94	0.652 8	1.26	0.792 3
0.31	0.233 4	0.63	0.471 3	0.95	0.657 9	1.27	0.795 9

续表

t	F(t)	t	F(t)	t	F(t)	t	F(t)
1.28	0.799 5	1.61	0.892 6	1.94	0.947 6	2.54	0.988 9
1.29	0.803 0	1.62	0.894 8	1.95	0.948 8	2.56	0.989 5
1.30	0.806 4	1.63	0.896 9	1.96	0.950 0	2.58	0.990 1
1.31	0.809 8	1.64	0.899 0	1.97	0.951 2	2.60	0.990 7
1.32	0.813 2	1.65	0.901 1	1.98	0.952 3	2.62	0.991 2
1.33	0.816 5	1.66	0.903 1	1.99	0.953 4	2.64	0.991 7
1.34	0.819 8	1.67	0.905 1	2.00	0.954 5	2.66	0.992 2
1.35	0.823 0	1.68	0.907 0	2.02	0.956 6	2.68	0.992 6
1.36	0.826 2	1.69	0.909 0	2.04	0.958 7	2.70	0.993 1
1.37	0.829 3	1.70	0.910 9	2.06	0.960 6	2.72	0.993 5
1.38	0.832 4	1.71	0.912 7	2.08	0.962 5	2.74	0.993 9
1.39	0.835 5	1.72	0.914 6	2.10	0.964 3	2.76	0.994 2
1.40	0.838 5	1.73	0.916 4	2.12	0.966 0	2.78	0.994 6
1.41	0.841 5	1.74	0.918 1	2.14	0.967 6	2.80	0.994 9
1.42	0.844 4	1.75	0.919 9	2.16	0.969 2	2.82	0.995 2
1.43	0.847 3	1.76	0.922 6	2.18	0.954 5	2.84	0.995 5
1.44	0.850 1	1.77	0.923 3	2.20	0.972 2	2.86	0.995 8
1.45	0.852 9	1.78	0.924 9	2.22	0.973 6	2.88	0.996 0
1.46	0.855 7	1.79	0.926 5	2.24	0.974 9	2.90	0.996 2
1.47	0.858 4	1.80	0.928 1	2.26	0.974 2	2.92	0.996 5
1.48	0.861 1	1.81	0.929 7	2.28	0.977 4	2.94	0.996 7
1.49	0.863 8	1.82	0.931 2	2.30	0.978 6	2.96	0.996 9
1.50	0.866 4	1.83	0.932 8	2.32	0.979 7	2.98	0.997 1
1.51	0.869 0	1.84	0.943 2	2.34	0.980 7	3.00	0.997 3
1.52	0.871 5	1.85	0.935 7	2.36	0.981 7	3.20	0.999 3
1.53	0.874 0	1.86	0.937 1	2.38	0.982 7	3.40	0.999 6
1.54	0.876 4	1.87	0.938 5	2.40	0.983 6	3.60	0.999 7
1.55	0.878 9	1.88	0.939 9	2.42	0.984 5	3.80	0.999 8
1.56	0.881 2	1.89	0.941 2	2.44	0.985 3	4.00	0.999 9
1.57	0.883 6	1.90	0.942 6	2.46	0.986 1	4.50	0.999 99
1.58	0.885 9	1.91	0.943 9	2.48	0.986 9	5.00	0.999 99
1.59	0.888 2	1.92	0.945 1	2.50	0.987 6		
1.60	0.890 4	1.93	0.946 4	2.52	0.988 3		

Excel 统计函数

函　数	说　明
AVEDEV 函数	返回数据点与它们的平均值的绝对偏差平均值
AVERAGE 函数	返回其参数的平均值
AVERAGEA 函数	返回其参数的平均值，包括数字、文本和逻辑值
AVERAGEIF 函数	返回区域中满足给定条件的所有单元格的平均值（算术平均值）
AVERAGEIFS 函数	返回满足多个条件的所有单元格的平均值（算术平均值）
BETA. DIST 函数	返回 Beta 累积分布函数
BETA. INV 函数	返回指定 Beta 分布的累积分布函数的反函数
BINOM. DIST 函数	返回二项式分布的概率值
BINOM. INV 函数	返回使累积二项式分布小于或等于临界值的最小值
CHISQ. DIST 函数	返回累积 Beta 概率密度函数
CHISQ. DIST. RT 函数	返回 χ^2 分布的单尾概率
CHISQ. INV 函数	返回累积 Beta 概率密度函数
CHISQ. INV. RT 函数	返回 χ^2 分布的单尾概率的反函数
CHISQ. TEST 函数	返回独立性检验值
CONFIDENCE. NORM 函数	返回总体平均值的置信区间
CONFIDENCE. T 函数	返回总体平均值的置信区间（使用学生的 t 分布）
CORREL 函数	返回两个数据集之间的相关系数
COUNT 函数	计算参数列表中数字的个数
COUNTA 函数	计算参数列表中值的个数
COUNTBLANK 函数	计算区域内空白单元格的数量
COUNTIF 函数	计算区域内符合给定条件的单元格的数量
COUNTIFS 函数	计算区域内符合多个条件的单元格的数量
COVARIANCE. P 函数	返回协方差（成对偏差乘积的平均值）
COVARIANCE. S 函数	返回样本协方差，即两个数据集中每对数据点的偏差乘积的平均值

续表

函 数	说 明
DEVSQ 函数	返回偏差的平方和
EXPON. DIST 函数	返回指数分布
F. DIST 函数	返回 F 概率分布
F. DIST. RT 函数	返回 F 概率分布
F. INV 函数	返回 F 概率分布的反函数
F. INV. RT 函数	返回 F 概率分布的反函数
F. TEST 函数	返回 F 检验的结果
FISHER 函数	返回 Fisher 变换值
FISHERINV 函数	返回 Fisher 变换的反函数
FORECAST 函数	返回沿线性趋势的值
FREQUENCY 函数	以垂直数组的形式返回频率分布
GAMMA. DIST 函数	返回 γ 分布
GAMMA. INV 函数	返回 γ 累积分布函数的反函数
GAMMALN 函数	返回 γ 函数的自然对数，$\Gamma(x)$
GAMMALN. PRECISE 函数	返回 γ 函数的自然对数，$\Gamma(x)$
GEOMEAN 函数	返回几何平均值
GROWTH 函数	返回沿指数趋势的值
HARMEAN 函数	返回调和平均值
HYPGEOM. DIST 函数	返回超几何分布
INTERCEPT 函数	返回线性回归线的截距
KURT 函数	返回数据集的峰值
LARGE 函数	返回数据集中第 k 个最大值
LINEST 函数	返回线性趋势的参数
LOGEST 函数	返回指数趋势的参数
LOGNORM. DIST 函数	返回对数累积分布函数
LOGNORM. INV 函数	返回对数累积分布的反函数
MAX 函数	返回参数列表中的最大值
MAXA 函数	返回参数列表中的最大值，包括数字、文本和逻辑值
MEDIAN 函数	返回给定数值集合的中值
MIN 函数	返回参数列表中的最小值
MINA 函数	返回参数列表中的最小值，包括数字、文本和逻辑值
MODE. MULT 函数	返回一组数据或数据区域中出现频率最高或重复出现的数值的垂直数组
MODE. SNGL 函数	返回在数据集内出现次数最多的值

续表

函　数	说　明
NEGBINOM. DIST 函数	返回负二项式分布
NORM. DIST 函数	返回正态累积分布
NORM. INV 函数	返回标准正态累积分布的反函数
NORM. S. DIST 函数	返回标准正态累积分布
NORM. S. INV 函数	返回标准正态累积分布函数的反函数
PEARSON 函数	返回 Pearson 乘积矩相关系数
PERCENTILE. EXC 函数	返回区域中数值的第 k 个百分点的值，其中 k 为 0 到 1 之间的值，不包含 0 和 1
PERCENTILE. INC 函数	返回区域中数值的第 k 个百分点的值
PERCENTRANK. EXC 函数	将某个数值在数据集中的排位作为数据集的百分点值返回，此处的百分点值的范围为 0 到 1(不含 0 和 1)
PERCENTRANK. INC 函数	返回数据集中值的百分比排位
PERMUT 函数	返回给定数目对象的排列数
POISSON. DIST 函数	返回泊松分布
PROB 函数	返回区域中的数值落在指定区间内的概率
QUARTILE. EXC 函数	基于百分点值返回数据集的四分位，此处的百分点值的范围为 0 到 1(不含 0 和 1)
QUARTILE. INC 函数	返回一组数据的四分位点
RANK. AVG 函数	返回一列数字的数字排位
RANK. EQ 函数	返回一列数字的数字排位
RSQ 函数	返回 Pearson 乘积矩相关系数的平方
SKEW 函数	返回分布的不对称度
SLOPE 函数	返回线性回归线的斜率
SMALL 函数	返回数据集中的第 k 个最小值
STANDARDIZE 函数	返回正态化数值
STDEV. P 函数	基于整个样本总体计算标准偏差
STDEV. S 函数	基于样本估算标准偏差
STDEVA 函数	基于样本(包括数字、文本和逻辑值)估算标准偏差
STDEVPA 函数	基于总体(包括数字、文本和逻辑值)计算标准偏差
STEYX 函数	返回通过线性回归法预测每个 x 的 y 值时所产生的标准误差
T. DIST 函数	返回学生的 t 分布的百分点(概率)
T. DIST. 2T 函数	返回学生的 t 分布的百分点(概率)
T. DIST. RT 函数	返回学生的 t 分布
T. INV 函数	返回作为概率和自由度函数的学生 t 分布的 t 值
T. INV. 2T 函数	返回学生的 t 分布的反函数

续表

函　数	说　明
TREND 函数	返回沿线性趋势的值
TRIMMEAN 函数	返回数据集的内部平均值
T. TEST 函数	返回与学生的 t 检验相关的概率
VAR. P 函数	计算基于样本总体的方差
VAR. S 函数	基于样本估算方差
VARA 函数	基于样本(包括数字、文本和逻辑值)估算方差
VARPA 函数	计算基于总体(包括数字、文本和逻辑值)的标准偏差
WEIBULL. DIST 函数	返回 Weibull 分布
Z. TEST 函数	返回 z 检验的单尾概率值

参考文献

[1] 宫春子、刘卫东等编著:《统计学原理》(第二版),机械工业出版社 2017 年版。

[2] 李洁明、祁新娥:《 统计学原理》(第七版),复旦大学出版社 2017 年版。

[3] 冯力主编:《统计学实验》(第四版),东北财经大学出版社 2018 年版。

[4] 马丽平、张玉春主编:《统计学原理 》,电子工业出版社 2018 年版。

[5] 孙海涛、宋荣兴:《统计学》,东北财经大学出版社 2018 年版。

[6] 危磊主编:《统计学基础》(第二版),人民邮电出版社 2018 年版。

[7] 冯力主编:《统计学》(第三版),东北财经大学出版社 2019 年版。

[8] 宫春子主编:《统计学基础》,东北财经大学出版社 2019 年版。

[9] 廖颖杰主编:《统计学》(第二版),人民邮电出版社 2019 年版。

[10] 李丽清、管仕平主编:《统计学原理及应用》,华中科技大学出版社 2019 年版。

[11] 李贺、相飞、王晓佳主编:《统计学》,上海财经大学出版社 2019 年版。

[12] 栗方忠主编:《统计学原理》(第七版),东北财经大学出版社 2020 年版。

[13] 董云展主编:《统计学》(第三版),高等教育出版社 2020 年版。

[14] 全国统计专业技术资格考试用书编写组:《统计业务知识》(初级、中级),中国统计出版社 2021 年版。

[15] 贾俊平、何晓群、金勇进编著:《统计学》(第八版),中国人民大学出版社 2021 年版。

[16] 刘后平、王丽英主编:《统计学》(第三版),东北财经大学出版社 2022 年版。

[17] 中华人民共和国国家统计局网站,http://www.stats.gov.cn。